Jeremy Bentham

Unsinn auf Stelzen
Schriften zur Französischen Revolution

Herausgegeben von
Peter Niesen

Schriften zur
europäischen Ideengeschichte

Herausgegeben von
Harald Bluhm

Band 5

Jeremy Bentham

Unsinn auf Stelzen

Schriften zur Französischen Revolution

Herausgegeben von
Peter Niesen

Übersetzt von
Michael Adrian
und Bettina Engels

Akademie Verlag

Abbildung auf S. 5 aus: Catherine Fuller (Hg.), The Old Radical, London 1998.

Lektorat: Mischka Dammaschke
Herstellung: Christoph Neubarth
Einbandgestaltung: hauser lacour

Bibliografische Information der Deutschen Nationalbibliothek
Die Deutsche Nationalbibliothek verzeichnet diese Publikation in der Deutschen Nationalbibliografie; detaillierte bibliografische Daten sind im Internet über http://dnb.d-nb.de abrufbar.

Library of Congress Cataloging-in-Publication Data
A CIP catalog record for this book has been applied for at the Library of Congress.

www.degruyter.de/akademie
Ein Unternehmen von De Gruyter

Dieses Papier ist alterungsbeständig nach DIN/ISO 9706.

ISBN 978-3-05-005056-0
E-Book-ISBN 978-3-05-005821-4

Jeremy Bentham (1748 – 1832)

Inhalt

V. Politische Ökonomie

Vorwort

Eine Lektüre von Jeremy Benthams hierzulande weitgehend ignorierten politischen Schriften zur Französischen Revolution kann der deutschsprachigen Demokratietheorie und politischen Philosophie wichtige Anregungen geben, vor allem eine Reihe kursierender Vorurteile über den Charakter und die Form des Utilitarismus als politische Theorie aufklären. Nicht mehr und nicht weniger als die Erhärtung dieser These wird mit der vorliegenden Auswahlausgabe angestrebt. Dieser Band lässt *Unsinn auf Stelzen* und die flankierenden Texte erstmals auf deutsch zu Wort kommen; die ausführliche Einleitung ist als der Versuch zu verstehen, den systematischen Zusammenhang zu rekonstruieren, in dem sie miteinander stehen.

Eine Reihe von Freundinnen, Kolleginnen und Stiftungen haben dazu beigetragen, dass dieser Band erscheinen konnte. Mein erster Dank gilt Harald Bluhm, dem Reihenherausgeber der „Schriften zur Europäischen Ideengeschichte“, von dem die Anregung stammt, über einen deutschsprachigen Auswahlband mit Werken Jeremy Benthams nachzudenken, und der die Ausgabe über mehrere Jahre fachkundig und mit Nachdruck bis zum Erscheinen begleitet hat. Philip Schofield, Leiter des *Bentham Project* am University College London und Generalherausgeber der *Collected Works* gebührt Dank für die freundliche Begleitung bei der Auswahl der zugrunde liegenden Schriften während mehrerer Aufenthalte. Die Fritz Thyssen Stiftung hat dankenswerter Weise den ersten, entscheidenden Aufenthalt am University College mit einem Reisestipendium gefördert. Die Vereinigung von Freunden der Technischen Universität Darmstadt und die Carlo- und Karin Giersch-Stiftung haben die Übersetzung und den Erwerb der Rechte unterstützt; weitere Förderung verdankt der Band dem Exzellenzcluster „Herausbildung normativer Ordnungen“ an der Goethe-Universität Frankfurt/M., der Zeitschrift *Berliner Debatte/ Initial* und der Universität Hamburg. Philip Schofield hat auch beim Erwerb der Rechte von Oxford University Press Überzeugungsarbeit geleistet. Wichtige Anregungen kamen von Catherine Pease-Watkin und Michael Quinn (London), Stephen Engelmann (Chicago) sowie in einer frühen Phase von Klaus Günther, Rainer Forst und Ingeborg Maus (Frankfurt/M.) und von Oren Ben-Dor (Southampton). Darmstädter Diskussionen mit Oliver Eberl, Angela Marciniak, Jens Steffek und Ulrich Thiele habe ich viel zu verdanken; für die Deutung von Benthams Menschenrechtskritik habe ich sehr von Diskussionen mit Regina Kreide (Gießen) profitiert. Für Forschungsassistenz danke ich Felix Gerlsbeck, Niels Genzel, Markus Patberg und Lisa Philippi. Ein besonderer Dank gebührt den Übersetzerinnen Michael Adrian und Bettina Engels, deren Belesenheit, Witz und Sprachgefühl diese Ausgabe prägen.

Hamburg, im Juli 2013
Peter Niesen

Peter Niesen

Einleitung: Jeremy Bentham – Utilitarismus und Demokratie in Zeiten der Revolution

Es mag verwundern, in einer Reihe von Schriften zur Europäischen Ideengeschichte eine Auswahlausgabe von Werken Jeremy Benthams vorzusehen, gilt dieser doch seit Marx als „rein englisches Phänomen".[1] Wenn dies nur heißen soll, bei Bentham handle es sich um einen Autor, der außerhalb der Tradition britischer Exzentriker schwer vorstellbar wäre, so lässt es sich kaum bestreiten. Benthams Zeitgenossen schüttelten den Kopf über den Eremiten vom Queen's Square Place, der kaum das Haus verließ und permanent schrieb, der kaum publizierte und wenig las, und wenige Leser, die Benthams präpariertes Skelett, angekleidet und mit einem Wachskopf versehen, im University College London aufgesucht haben, werden die Erfahrung bei der Lektüre ganz ausblenden können. Wenn aber Marx den „schwatzledernen" Bentham allein als Apologeten des bourgeoisen Lebens beschreibt oder Friedrich Nietzsche, mit anglophobem Zungenschlag, Benthams Hedonismus als Sonderweg aus der philosophischen Tradition hinaus begreift,[2] so wird in ihren Vorwürfen eine bedauerliche Selbstprovinzialisierung des kontinentaleuropäischen Denkens deutlich, die erst mit dem ausgehenden 20. Jahrhundert behoben werden sollte. Die Rezeptionsschwierigkeiten auf dem Kontinent, insbesondere in Deutschland, sind breit dokumentiert worden.[3] Auch wenn sich die Rezeptionsgeschichte in Spanien, Frankreich und den skandinavischen Ländern etwas günstiger darstellt,[4] so hat der Begründer des klassischen Utilitarismus im kontinentalen Europa wenig Anerkennung gefunden. Trotz des zähneknirschenden Respekts, den man seinem Beitrag zur Modernisierung von Rechtswissenschaft, Politikwissenschaft und Philosophie zollt,

1 *Das Kapital*, Bd. 1, VII, 22, 5 Fn. (*Ökonomische Schriften*, Teil 1, Darmstadt 2013, 728f.). Marx bezeichnet dort den „Urphilister" Bentham, „dieses nüchtern pedantische, schwatzlederne Orakel des gemeinen Bürgerverstandes des 19. Jahrhunderts", auch als „Genie in der bürgerlichen Dummheit".

2 „Der Mensch strebt *nicht* nach Glück; nur der Engländer tut das." (Friedrich Nietzsche, Götzen-Dämmerung oder Wie man mit dem Hammer philosophiert. In ders., *Werke II*, hg. v. Karl Schlechta, Darmstadt 1997, 939–1033, 944).

3 Wilhelm Hofmann, *Politik des aufgeklärten Glücks. Jeremy Benthams philosophisch-politisches Denken*, Berlin 2002; für die gegenüber Philosophie und Politik vergleichsweise intensivere juristische Rezeption vgl. Steffen Luik, *Die Rezeption Jeremy Benthams in der deutschen Rechtswissenschaft*, Köln 2003.

4 Vgl. z. B. Emmanuelle de Champs & Jean-Pierre Cléro (Hg.), *Bentham et la France. Fortune et Infortunes de l'Utilitarisme*, Oxford 2009.

nimmt Bentham keinen festen Platz im Kanon europäischer Ideengeschichtsschreibung ein. Im deutschsprachigen Raum ist die Situation besonders desolat: Vollständige Übersetzungen auch nur der Hauptwerke Benthams fehlen, selbst von den geistesgeschichtlich einflussreichen Schriften liegen keine heutigen, lieferbaren Übersetzungen vor.[5] Der Mainstream deutschsprachiger Ideengeschichtsschreibung teilt nach wie vor John Stuart Mills, seines wichtigsten Schülers Einschätzung, Bentham sei eine Art *idiot savant* gewesen, ein grausames Kind, ein Theoretiker des „merely business part of social arrangements".[6] Mills Verdikt spielt nicht zuletzt dem deutschen Ressentiment gegenüber einer „nation of shopkeepers" in die Hände. Selbst Nietzsches Pointe, dass sich Moral und Recht nicht in der Kalkulation eines nicht weiter qualifizierten Sinnenglücks erschöpfen lassen, bereitet Mill vor, auch wenn er sich selbst als utilitaristischer Denker versteht. Wer über solche philosophischen Freunde verfügt, braucht keine Gegner mehr.

Die Lage stellte sich vor zweihundert Jahren für kurze Zeit anders dar. Bentham war ein wichtiger Referenzautor in den aufgeklärten, liberalen Kreisen Europas. Seine Schriften fanden von Frankreich aus Verbreitung und wurden in nahezu alle europäischen Sprachen übersetzt, das Deutsche nicht ausgenommen. Da Bentham in England wenig und in kleiner Auflage publizierte, verlief seine Karriere als Autor zunächst nahezu vollständig auf dem Umwege über Paris. Beispielhaft lässt sich auf das Schicksal seiner pionierhaften parlamentarischen Verfahrensordnung *Essay on Political Tactics* verweisen, die während der Französischen Revolution entstand, aber erstmals 1816 unter dem Titel *Tactique des Assemblées Deliberantes* in Frankreich erschien und sich dann über ganz Europa verbreitete, innerhalb von wenigen Jahren aus dem Französischen ins Deutsche und aus dem Deutschen ins Norwegische übersetzt wurde.[7] Erst in der Gestalt, die sein kongenialer Herausgeber Étienne Dumont ihnen verlieh, wurden Benthams Werke zu überwältigenden verlegerischen Erfolgen und ihr Autor zu der publizistischen Marke, auf die man sich bis zu den 1960er Jahren zurückbeziehen konnte.[8] Ohne Dumonts französische Ausgaben hätte Bentham keinen Eingang in die europäischen Diskussionen gefunden und auch zuhause kaum die Reputation erreichen können, die seinen Entwürfen und Parteinahmen zuteil wurde. Weder „Götter, noch Menschen, noch Buchhändler" waren in der Lage zu bestreiten, dass Bentham einen Mittelsmann zum Publikum brauchte,

---

5 Von Benthams drei bedeutendsten Werken *Fragment on Government* (1776), *Introduction to the Principles of Morals and Legislation* (1789) und *Constitutional Code* (1830) liegt nur ein Ausschnitt von knapp 30 Seiten der *Einführung in die Prinzipien der Moral und der Gesetzgebung* übersetzt vor, in O. Höffe (Hg.), *Einführung in die utilitaristische Ethik*, Tübingen ²1992, 55–83.

6 John St. Mill, Bentham, in John M. Robson (Hg.), *The Collected Works of John Stuart Mill*, Bd. viii, Toronto 1985, 99. Vgl. Philip Lucas & Anne Sheeran, Asperger's Syndrome and the Eccentricity and Genius of Jeremy Bentham, *Journal of Bentham Studies* 8, 2006, 6.

7 *Tactik oder Theorie des Geschäftsganges in deliberirenden Volksständeversammlungen*, dt. von Ludwig Friedr. Wilh. Meynier, Erlangen 1817. *Tactik eller Theorie, for raadslaaende Folkeforsamlingers Forretninger*. Übs. aus dem Dt. v. P. Flor, Christiania 1821.

8 Vgl. Cyprian Blamires, *The French Revolution and the Creation of Benthamism*, Basingstoke 2008; Peter Niesen, Nützlichkeit, Sicherheit, Demokratie: Zur neueren Diskussion um Jeremy Benthams Utilitarismus, *Neue Politische Literatur* 54, 2, 2009, 241–259.

und Étienne Dumont war dieser Mittelsmann.[9] Seine Editionen glätten und ergänzen, wo sie es für nötig halten, so dass dort, wo keine Originalmanuskripte mehr vorliegen, an ihrer Authentizität gezweifelt worden ist. Historisch einflussreiche Texte wie Benthams Kritik der Menschenrechte, die 1817 auf Französisch als *Sophismes Anarchiques* erschien und erst 1843 in einer englischsprachigen Version unter dem Titel *Anarchical Fallacies* bekannt wurde, lagen bis vor wenigen Jahren nur in Form angreifbarer Fassungen vor, so dass die Forschung begonnen hat, zwischen dem historisch wirkmächtigen „Bentham" und dem tatsächlichen Verfasser seiner Texte zu unterscheiden.[10] Um nur ein Beispiel für den potentiell irreführenden Charakter der Ergänzungen zu nennen, die Dumont vorgenommen hat: Benthams bereits genanntes parlamentarismustheoretisches Hauptwerk *Political Tactics* versammelt Argumente für und gegen die Einrichtung von zweiten Kammern. Bentham ist aber bekannt als lebenslanger, unbeugsamer Gegner des Bikameralismus, so dass die Pro-Argumente notwendig auf Dumont zurückgehen müssen.[11] Die vorliegende Ausgabe greift daher (mit einer weiter unten bezeichneten Ausnahme) nicht auf die Bearbeitungen Dumonts oder anderer zeitgenössischer Herausgeber zurück und verwendet stattdessen die Textgrundlage der *Collected Works,* die seit den 1960er Jahren am *Bentham Project* des University College London betreut werden und die vor der sperrigeren Textgestalt der Originalmanuskripte nicht zurückschrecken. Wie die *Collected Works* beschränkt sich auch die vorliegende Ausgabe (mit der erwähnten Ausnahme) auf Schriften zweierlei Ursprungs: erstens auf solche, deren Druckfassung Bentham selbst verantwortet hat, zweitens auf Transkriptionen von Manuskripten. Damit ist auch der Versuch verbunden, in Benthams typische Arbeitsweise einzuführen. Wie die Ausgabe der *Collected Works* dokumentiert auch die vorliegende Edition Benthams charakteristische Artikulationsformen, die variantenreichen und häufig umwegigen Anläufe, die er nimmt, um seinen Punkt zu machen, die Abwege und Ausflüchte, in die er seine Argumentationsverläufe unweigerlich verfolgt. Bentham gehört zur kleinen Anzahl an Autoren, die ihrem Argument dorthin folgen, wohin es sie führt, und sei es zur Abänderung oder Widerlegung der eigenen Position. Bereits Robert von Mohl, dessen Anerkennung von Benthams Kreativität als leuchtende Ausnahme in einer ansonsten weitgehend gescheiterten deutschsprachigen Rezeptionsgeschichte gelten muss, würdigt Benthams „völlig[e] Furchtlosigkeit selbst vor einer Absurdität der Folgesätze".[12]

Jeremy Bentham wurde am 15. Februar 1748 in London geboren. Er war das älteste von sieben Kindern von Alicia Whitehorn und Jeremiah Bentham, doch neben seinem jüngsten Bruder Samuel war er der einzige, der das Erwachsenenalter erreichte. Sein Vater war ein wohlhabender Anwalt und Grundstücksinvestor. Er sollte bei seinem Tod

9 Sydney Smith, Bentham's Book of Fallacies, *Edinburgh Review* xlii, 84, 1825, 367; vgl. H. L. A. Hart, *Essays on Bentham*, Oxford 1982, 1.

10 Philip Schofield, *Bentham. A Guide for the Perplexed*, London 2009, 23.

11 *Political Tactics*, hg. v. M. James, C. Pease-Watkin & C. Blamires, Oxford 1999, 25f.

12 Robert v. Mohl, *Die Geschichte und Literatur der Staatswissenschaften,* Bd. I, Erlangen 1855, 384. Eine ausführliche Würdigung findet sich in ders., Jeremias Bentham und seine Bedeutung für die Staatswissenschaften, *Die Geschichte und Literatur der Staatswissenschaften,* Bd. III, Erlangen 1858, 593–635.

1792 seinem Haupterben Jeremy ein so großes Vermögen hinterlassen, dass dieser eine unbelastete Existenz als Privatgelehrter führen konnte.[13] Bereits mit 12 Jahren wurde der junge Bentham zum Studium nach Oxford geschickt, um später nach dem Vorbild des Vaters Anwalt zu werden. Das dogmatische Studium ließ ihn traumatisiert zurück, und obwohl er sein Examen erfolgreich abschloss und in der Folge die mehrjährige Ausbildung vor Gericht an Lincoln's Inn in London durchlief, praktizierte er nie als Jurist. Stattdessen setzte er seinen Ehrgeiz in zwei ganz unterschiedliche Karrieren als Rechtstheoretiker und Gefängnisunternehmer. Sein rechtstheoretisches Interesse wurde zunächst durch die unkritische Verklärung der gewohnheitsrechtlichen Verfassung Englands provoziert, wie sie der Oxforder Professor der Rechtswissenschaft William Blackstone in seinem vierbändigen Kommentar zum Common Law niedergelegt hatte.[14] Bentham hatte Blackstone 1762 in Oxford gehört und in der Auseinandersetzung mit dessen Werk seine eigenen Kategorien entfaltet. Sein *Fragment on Government* von 1776, ein ausgedehnter Verriss von Blackstones Einleitung, wurde zu einem großen Publikumserfolg. Benthams langjähriges Bemühen um eine unternehmerische Karriere scheiterte dagegen völlig. Hartnäckig betrieb er die Realisierung einer einfachen architektonischen Idee, die er gemeinsam mit seinem Bruder Samuel entwickelt hatte und die für seinen bleibenden, wenn auch zwielichtigen Nachruhm sorgen sollte. In den Kulturwissenschaften wird Bentham heute meist mit dem Projekt des „Panoptikums" verbunden, eines transparenten, kreisrunden Gefängnisses, dem bereits Grundzüge des Überwachungsstaats eingeschrieben scheinen.[15] Benthams Idee war es, die Gefangenen in gut beleuchteten Zellen dem Eindruck ständiger Aufsicht auszusetzen, so dass ein Gefühl von Überwachung und Disziplinierung all ihre täglichen Verrichtungen begleiten würde.[16] Seine Panoptikum-Abhandlungen verfolgten nicht vorrangig einen theoretischen Zweck; sie sollten die britische Regierung vielmehr davon überzeugen, öffentliche Aufträge für Aufsichtshäuser mit verschiedenen Funktionen zu vergeben, für die Bentham sich selbst als Generalunternehmer ins Spiel brachte. Nach langer Auseinanderset-

13 Die biographischen Einzelheiten sind Philip Schofield, *Bentham. A Guide for the Perplexed*, 1–43, und Mary P. Mack, *Jeremy Bentham 1748–1792. An Odyssey of Ideas*, New York 1992, entnommen. Nachdem die autobiographischen Fragmente, die Bentham seinem Werkherausgeber John Bowring diktiert hat (*Works*, Bd. x und xi, Edinburgh 1843), als unzuverlässig gelten müssen, wird die angekündigte Biographie von Frederick Rosen mit Spannung erwartet.

14 William Blackstone, *Commentaries on the Laws of England* [1765–1769], Bd. 1–4, Repr. Chicago 1979.

15 Benthams Entwurf des vielseitig einsetzbaren Aufsichtshauses liegt nun in deutschen Übersetzungen vor. *Panoptikum oder Das Kontrollhaus*. Hg. v. Christian Welzbacher, dt. von Andreas Leopold Hofbauer. Berlin 2013. Vgl. die Auswahlausgabe Panoptikum oder Das Aufsichtshaus, dt. von Michael Adrian und Bettina Engels, *Neue Rundschau* 2, 2003.

16 Michel Foucault entwickelte daraufhin in *Überwachen und Strafen* (Frankfurt/M. 1977) den „Panoptismus" zu einem gesamtgesellschaftlichen Ordnungsmodell. Das Standardwerk zum Panoptikum-Plan ist immer noch Janet Semple, *Bentham's Prison. A Study of the Panopticon Penitentiary*, Oxford 1993. Für zwei sehr unterschiedlich ausfallende Kalkulation der Ökonomie des Gefängnisunternehmens vgl. Gertrude Himmelfarb, The Haunted House of Jeremy Bentham, in dies., *Victorian Minds*, New York 1968, 32–81, und P. Schofield, *Bentham*, 70–93.

zung mit dem Parlament in Westminster, das dem Vorhaben zwischenzeitlich gewogen schien, schlugen die Pläne im Jahre 1803 endgültig fehl. Später wurde Bentham eine Entschädigung zuteil, doch zu diesem Zeitpunkt war er nicht mehr darauf angewiesen, seinen Lebensunterhalt als *projector* zu verdienen. Er hatte sich zwischenzeitlich als Inspiration und Kopf der *philosophic radicals* etabliert, einer Gruppe intellektueller Sozialreformer links von den *Whigs,* die einige seiner zunehmend radikaldemokratischen Überzeugungen teilten.

Mit diesem Prozess verbindet sich eine zentrale Frage in Benthams intellektuellem Werdegang, die seinen Interpreten Rätsel aufgegeben hat. In der Literatur ist es üblich, die Entwicklung von Benthams politischem Denken als Konversionsgeschichte vom überzeugten *Tory*, Sohn eines dominanten, königstreuen Vaters, zum entschiedenen Vorkämpfer des *philosophic radicalism* zu erzählen.[17] Es ist sehr umstritten, wann und warum diese Entwicklung einsetzte und ob tatsächlich eine plötzliche, entscheidende Kehre stattgefunden hat – mit dem Ausbruch der Französischen Revolution, oder erst nach dem Zusammentreffen mit seinem späteren Sekretär James Mill, im ersten Jahrzehnt des 19. Jahrhunderts? Zugleich soll diese Kehre eine Wendung vom Parteigänger eines aufgeklärten Absolutismus, der den Monarchen des Kontinents teils liberale, teil autoritäre Verfassungsentwürfe und panoptische Bauprojekte anempfahl, zum überzeugten Demokraten markieren.[18] Die beiden Kategorien – *radical* und Demokrat – sind aber offensichtlich ebenso wenig deckungsgleich wie die des königstreuen Engländers und des Befürworters aufgeklärt-autokratischen Regierens. Aus der Perspektive der politischen Theorie sind die Kriterien für eine Affiliation als *Tory* am Ende des 18. Jahrhunderts – die Verteidigung der königlichen Prärogative, der Staatskirche und einer sehr eng umschriebenen Pressefreiheit[19] – nur ein zufällig aufgelesenes Bündel von Intuitionen und strategischen Allianzen, die Bentham überdies niemals alle gemeinsam vertrat.[20] Auch die Schlüsselforderungen des späteren *radicalism* – allgemeines und geheimes Wahlrecht, kurze Legislaturperioden, Abwahlmöglichkeiten für Parlamentarier[21] – verbleiben, auch wenn Bentham sie sämtlich vertritt, an der Oberfläche; sie sind nicht aussagekräftig genug, um die philosophischen Grundlagen der nunmehr ausgebildeten Demokratietheorie erkennen zu lassen. Strategische Affiliationen, taktische Bewertungen und der Bezug auf die kaum verallgemeinerbaren Formelemente der englischen Mischverfassung erschweren die Einordnung. Was soll es weiterhin heißen, dass Bentham einerseits zum *radical,* andererseits zum Demokraten *konvertierte*? Bereits der französische Ideenhistoriker Elie

17 Eine Zusammenfassung des Diskussionsstandes bei P. Schofield, *Utility and Democracy. The Political Thought of Jeremy Bentham*, Oxford 2006, 78–83.

18 J. H. Burns, Bentham and the French Revolution, *Transactions of the Royal Historical Society*, Fifth Series 16, 1966, 95–114.

19 Mary P. Mack, *Jeremy Bentham, 1748–1792,* 88–90.

20 Benthams Kritik des autoritären *libel law* zieht sich durch alle Werkepochen. Bereits im frühen *A Fragment on Government* (hg. v. J. H. Burns & H. L. A. Hart, Cambridge 1988, 10) bezeichnet er den Grundsatz *To obey punctually; to censure freely* als „Motto eines guten Bürgers".

21 Vgl. Joseph Hamburger, Philosophic Radicalism, in David Miller et al. (Hg.), *The Blackwell Encyclopedia of Political Thought*, Oxford 1987, 369–372.

Halévy, dem wir die erste ausführliche Gesamtdarstellung von Benthams Werk und Einfluss verdanken, führt die Konversionsmetapher im Munde: „Bentham thus, at first sight, appears to have been converted to the democratic view by the example of France." Andere datieren „Bentham's eventual conversion to radical democracy" auf den Zeitraum um 1809.[22] Zog Bentham die Konsequenzen aus einer plötzlichen Eingebung wie Paulus auf dem Weg nach Damaskus? Um ein auf Prinzipien gegründetes Verständnis davon zu erlangen, was Benthams utilitaristische Doktrin mit der Demokratie zu tun hat, führt die Unterstellung eines Bekehrungserlebnisses in keinem Fall weiter.

Die Frage ist umso dringender, als die Demokratieverträglichkeit utilitaristischen Denkens heute äußerst umstritten ist. Während einige Autoren den Utilitarismus als Parteigänger expertokratischer Heimlichkeit identifizieren, erscheint er anderen als prinzipientreuer Bundesgenosse demokratischer Bewegungen.[23] Tatsächlich gibt es in Benthams intellektueller Biographie, in der er größten Ehrgeiz darauf verwendet, sich in verschiedenen Ländern für die Mitwirkung an Kodifizierungsprozessen ins Gespräch zu bringen, keine vorgängige Festlegung auf demokratische im Gegensatz zu autokratischer Gesetzgebung. Selbst anti-monarchisches Denken sucht man nicht nur beim frühen Bentham, sondern auch während der Französischen Revolution und in den Folgejahren fast vergeblich.[24] Die Amerikanische Revolution ruft, bevor ihr historischer Erfolg außer Frage steht, wenig Begeisterung für die Ideale von Freiheit und Selbstregierung hervor; als Katalysator für Benthams demokratisches Denken scheinen allererst die Umbrüche in Frankreich in Frage zu kommen. Hier kann nun die Beschäftigung mit Benthams Schriften zur Französischen Revolution ein differenziertes Bild des Zusammenhangs von Demokratie und *utility* entstehen lassen.

Bentham hatte den theoretischen Kern seines Denkens, das Prinzip der Nützlichkeit (*principle of utility*), in seinem philosophischen Hauptwerk von 1789, der *Einführung in die Prinzipien der Moral und der Gesetzgebung* niedergelegt, aber dort keine Festlegung auf eine bestimmte Staatsform vorgenommen. Da das Werk als Einleitung zu einer detaillierten Strafrechtstheorie fungieren sollte, glaubte Bentham darauf verzichten zu können, dort Überlegungen zum politischen System anzustellen. Seine Gesetzgebungstheorie entwickelt sich in ihren Anfängen völlig neutral zur Staatsform. Dass sich diese Enthaltsamkeit in verfassungsrechtlichen Fragen nicht durchhalten ließ, deutete sich

22 Elie Halévy, *La Formation du Radicalisme Philosophique*, 3 Bde., Paris 1901–1904. Zit. nach der engl. Ausgabe, *The Growth of Philosophic Radicalism*, London 1928, 168. John Dinwiddy, Bentham's Transition to Political Radicalism [1975], in ders., *Bentham*, Stanford 2004, 110–133, 122.

23 Den Utilitarismus als plausibelste Grundlage der demokratischen Idee verteidigt John Hart Ely, *Democracy and Distrust. A Theory of Judicial Review*, Cambridge, Mass. 1980, 237 Fn. 54. Die demokratischen Ansprüche des Utilitarismus werden unter anderem von Autoren wie Bernard Williams kritisiert, auf den der Ausdruck *government house utilitarianism* zurückgeht. Williams bestreitet die Verträglichkeit utilitaristischen Denkens mit Transparenz und Publizität, s. ders. & J. J. C. Smart, *Utilitarianism: For and Against*, Cambridge 1973, 135–140.

24 Zu Benthams überraschend später (d. i. post-1810) Festlegung auf eine republikanische Position s. James Crimmins, *Utilitarian Philosophy and Politics*, London 2011, 117–133.

zunächst mit der Amerikanischen Revolution an, die Bentham aus rechtstheoretischer Sicht äußerst kritisch begleitete, bevor er dem erfolgreich verlaufenden Experiment in den 1790er Jahren seine Anerkennung nicht länger vorenthält. Es ist vor allem die Semantik natürlicher Rechte, die ihm bereits an der US-amerikanischen Unabhängigkeitserklärung missfällt,[25] lange bevor die Französische Nationalversammlung ebenfalls eine Erklärung natürlicher Rechte hervorbringt und ihr Verfassungsrang zubilligt. Fragt man nach Benthams charakteristischem Beitrag zur Französischen Revolution, so fällt unweigerlich zunächst seine beißende Kritik an den Menschenrechten ins Auge.

Mit Benthams unversöhnlicher Polemik gegen die Menschen- und Bürgerrechtserklärungen der Französischen Revolution wählt die vorliegende Ausgabe einen etwas ungewöhnlichen Kristallisationspunkt für eine Zusammenstellung, die über den demokratischen Charakter des klassischen Utilitarismus Aufschluss geben soll. Im Unterschied zu anderen Projekten präsentiert dieser Band die Schrift *Unsinn auf Stelzen* nicht im Zusammenhang paralleler, historisch wirkmächtig gewordener Menschenrechtskritiken,[26] sondern in ihrem problemgeschichtlichen Entstehungskontext, indem sie dem rechtstheoretischen Haupttext weniger bekannte verfassungs- und repräsentationstheoretische, antikoloniale und polit-ökonomische Beiträge an die Seite stellt, die alle ihren Ursprung in Benthams Auseinandersetzung mit der revolutionären Situation in Frankreich haben. Erst ihre Einbettung in ein umfassendes Geflecht von Argumenten kann den systematischen Ort deutlich machen, in dem *Unsinn auf Stelzen* steht, nämlich den Versuch, auf der Basis des utilitaristischen Denkens eine radikaldemokratische Doktrin zu etablieren. Lange vor dem Ausbruch der Französischen Revolution beginnt Bentham nicht nur damit, seine Entwürfe bei revolutionären Aktivisten und gewählten Vertretern ins Spiel zu bringen, sondern auch den Zusammenhang zwischen dem größten Glück der größten Zahl und seiner demokratischen Hervorbringung zu reflektieren. Die Aufgabe dieses Bandes ist es, sowohl die destruktiven als auch die konstruktiven Elemente seiner demokratischen Theorie, die Warnungen vor der überstürzten Einrichtung von Fesseln und Bremsen wie auch die Ratschläge zur Einrichtung einer institutionellen Ordnung zu dokumentieren. Das Auswahlprinzip für diese Sammlung politischer und philosophischer Texte ist daher Benthams Entscheidung für die legislative Suprematie eines von gewohnheits- ebenso wie naturrechtlichen Hindernissen entfesselten, permanent lernfähigen demokratischen Gesetzgebers. Der historische und systematische Zusammenhang wirft ein scharfes, eng umrissenes Licht auf diesen Ausschnitt aus Benthams Werk und der Systematik utilitaristischen Denkens. Damit unterscheidet sich die Ambition des vorliegenden Bandes von Zusammenstellungen, die einen einführenden oder repräsentativen Überblick über Benthams Gesamtwerk geben.[27] Eine umfassende Würdigung der

25 [Jeremy Bentham, John Lind], Short Review of the Declaration [1776], in David Armitage (Hg.), *Declarations of Independence. A Global History*, Cambridge, Mass. 2007, 173–186.

26 Jeremy Waldron (Hg.), *Nonsense Upon Stilts. Bentham, Burke and Marx on the Rights of Man*, London/New York 1987.

27 Stephen G. Engelmann (Hg.), *Jeremy Bentham. Selected Writings*, New Haven 2011; für eine traditionelle Zusammenstellung vgl. Mary P. Mack (Hg.), *A Bentham Reader*, New York 1969. Engelmanns Ausgabe versammelt ein breites Spektrum charakteristischer, teils bisher

Vielfalt von Benthams Interessen und Interventionen wird im gegenwärtigen Kontext nicht angestrebt. Der prägnante zeitliche, thematische und systematische Ausschnitt soll zeigen, welche Beiträge die Kombination einer utilitaristischen, rechtspositivistischen und radikaldemokratischen Agenda zur europäischen Demokratie- und Verfassungstheorie leisten konnte.

Alle Texte dieses Bandes stehen im zeitlichen und auch im inhaltlichen Zusammenhang der Französischen Revolution, auch wenn sie teils vorher, teils nachher entstanden sind. Bereits lange vor dem Zusammentreten der Generalstände äußert Bentham sich in der selbst gewählten Rolle als verfassungspolitischer Berater, der Einfluss im Bereich der semantischen Klärung, der verfassungsrechtlichen Grundentscheidungen und der prozeduralen Einrichtung der beteiligten oder noch zu schaffenden Institutionen auszuüben sucht. Zunächst hatte er versucht, Einfluss auf die Verfahrensordnung der Generalstände zu nehmen, und zwar sowohl auf englisch als auch in einem eigentümlichen „dog French", wie er es in Briefen an britische Gesprächspartner selbstironisch nannte.[28] Teile des bereits erwähnten *Essay on Political Tactics* wurden im Februar 1789 an den Abbé Morellet geschickt, der eine Übersetzung in Auftrag gab. Diese wurde jedoch nicht rechtzeitig vor dem Zusammentreten der Generalstände am 5. Mai fertig.[29] Benthams Interesse hatte sich in der Zwischenzeit jedoch drei anderen Themenbereichen zugewandt, der politischen Ökonomie, der Reform des Justizwesens sowie Fragen der Staatsform und Verfassungstheorie, insbesondere solchen der Repräsentation. In all diesen Fragen leitete er seine Empfehlungen aus fundamentalen Prinzipien ab, so dass er die Vorzüge der zunächst für das französische Experimentierfeld entwickelten Konzeptionen später auch für die Reform des britischen Parlamentarismus geltend machen konnte. Mirabeau hatte sich in einem Beitrag vom Oktober 1789 zustimmend zu Benthams Pamphlet *Verteidigung des Wuchers* (*Defense of Usury*, 1779) geäußert, was Bentham darin bestärkte, Pläne für die politisch-ökonomische Reform Frankreichs auszuarbeiten. Sein Pamphlet erschien 1790 in französischer Übersetzung. Außerdem reagierte Bentham auf einen Entwurf für ein reformiertes Justizsystem, den das Verfassungskomitee der Nationalversammlung Ende 1789 präsentiert hatte.[30] Weder der Plan des Verfassungskomitees noch Benthams Skizze übten allerdings Einfluss auf die Beratungen der Nationalversammlung aus, die im Mai 1790 abgeschlossen wurden. Schließlich befasste sich Bentham mit Fragen der Repräsentation und den Befugnissen von Repräsentativkörperschaften. Es sind die letztgenannten, verfassungs-, insbesondere repräsentationstheoretischen Überlegungen, mit denen der vorliegende Band beginnt.

---

unveröffentlichter Texte, auf der Höhe der editorischen Standards der *Collected Works* und stellt somit den besten Ausgangspunkt für eine heutige Beschäftigung mit Benthams Gesamtwerk dar.

28 *Correspondence,* hg. v. A. T. Milne, in *Collected Works,* Bd. IV, London 1981, 17.

29 S. J. H. Burns, Bentham and the French Revolution, 100f.

30 Sein *Draught of a New Plan for the Organisation of the Judicial Establishment in France* erschien im März und April 1790 in England; Auszüge in französischer Übersetzung erschienen zwischen März und Mai 1790 im *Courier de Provence.* S. Bentham, *Works*, hg. v. J. Bowring, Edinburgh 1843, Bd. iv, 285–406; *Defense of Usury, Works,* Bd. iii, 1–30.

Die politischen Reforminstitutionen skizziert und begründet Bentham zwischen 1788 und 1790 in mehreren in sich geschlossenen, aber nur teilweise vollendeten oder publizierten Arbeiten. Die bekannteste dieser Arbeiten ist der bereits erwähnte *Essay on Political Tactics,* über dessen Inhalt der Titel der deutschen Übersetzung von 1817, *Tactik oder Theorie des Geschäftsgangs in deliberirenden Volksständeversammlungen,* Auskunft gibt. Die demokratische Bedeutung, die dieses Werks für sich selbst genommen hat, wird aber allgemein überschätzt.[31] Bentham befasst sich dort mit der Arbeitsweise politischer Versammlungen, nicht aber mit ihrer Zusammensetzung. Er entwirft die Grundzüge einer Ordnung deliberativer Verfahren, die in größtmöglicher innerer und äußerer Transparenz und in rational aufeinander aufbauenden Schritten ablaufen. Damit ist aber noch kein notwendiger Zusammenhang zwischen deliberativem Parlamentarismus und einer demokratischen Bestellung der Abgeordneten hergestellt, noch ist die parlamentarische Beratung bereits notwendig mit legislativen Vollmachten ausgestattet. Zwar umfasst die öffentliche Einflussnahme auf parlamentarische Beratungen und Entscheidungen auch die mögliche Vorenthaltung der Wiederwahl, was nur unter Voraussetzung eines häufig und auf breiter Basis gewählten Parlaments effektiv sein kann. Allerdings gedeiht der deliberative Parlamentarismus aus *Political Tactics* auch in Situationen, in denen weite Bereiche der Öffentlichkeit von der Wahl ausgeschlossen sind. Weiterhin ist er neutral zwischen Parlamentsfunktionen und -kompetenzen; ob das Parlament die Gesetzgebungsfunktion für sich allein ausübt, ob es mit einer Vetoposition der Exekutive rechnen muss oder ob seine Tätigkeit sich in Beratungen und Resolutionen erschöpft, ist nicht die entscheidende Frage. Auch ein schwacher Parlamentarismus kann von einer rationalen Verfahrensordnung profitieren. Der enorme Publikumserfolg, den die Schrift im Gefolge des Wiener Kongresses, im restaurativen Klima des Europa des 19. Jahrhunderts, haben sollte, ist wohl nur damit zu erklären, dass sie die radikaldemokratischen Anknüpfungspunkte in den wahlrechts- und verfassungstheoretischen Texten, die zur selben Zeit entstanden waren, weitgehend ausblendet.

Hier setzen nun die in diesem Auswahlband vorgelegten Texte an. Sie zeigen, dass Benthams Denken während der Französischen Revolution eine genuin demokratische Dimension gewinnt. Er sucht die Anschlussfähigkeit des utilitaristischen Denkens zum kontinentalen Vokabular der Freiheit, Gerechtigkeit und des allgemeinen Willens herzustellen, indem er den Utilitarismus als eine radikaldemokratische Tradition neu erfindet. In der vorgestellten Phase fallen die Versuche, die eigenen normativen Intuitionen in ein Rousseausches Vokabular zu kleiden, roh und experimentell aus, und bei allen Anstrengungen, eine kommensurierende Sprache für den Umsturz auf dem Kontinent zu erzeugen, ringt sich Bentham dennoch nicht die kleinste Konzession an ihn ab. Er gibt eine egalitaristische Demokratiebegründung, die den gleichen politischen Einfluss einer jeden Person, verstanden als allgemeines gleiches Wahlrecht zur parlamentarischen Legislative, aus utilitaristischen Annahmen abzuleiten beansprucht (1). Er führt in weiteren Arbeiten die außerordentliche Breite von Kompetenzen aus, die eine so zustande gekommene Legislative im Verhältnis zu den anderen Staatsapparaten und im Verhältnis zu

31 S. z. B. Amy Gutmann & Dennis Thompson, *Democracy and Disagreement*, Cambridge, Mass. 1996, 98.

den Bürgern geltend machen kann (2). Auf dieser Grundlage präsentiert er die berühmte Kritik der Menschen- und Bürgerrechte. Sie beleuchtet das Verhältnis zwischen demokratischer Gesetzgebung und dem universalistischen Verständnis der Menschenrechtserklärungen, die für alle und in Permanenz zu gelten beanspruchen (3), bevor im nächsten Schritt die normativen Prinzipien der Revolution in der Frage der Kolonialpolitik einem Test unterworfen werden (4). Den abschließenden Baustein bildet ein Text zur politischen Ökonomie, in dem Bentham die Grenzen legislativer Steuerungsfähigkeit der Gesellschaft nachzeichnet. Seine pessimistische Einschätzung hindert ihn nicht daran, einen überraschenden Weg für die Reform der Staatsfinanzen vorzuschlagen (5). Nach einem kurzen Überblick über den thematischen Bogen, den die Texte aufspannen, soll weiter unten die Argumentation der Texte im Detail und vor dem Hintergrund von Benthams anderen Schriften erörtert werden.

(1) Die beiden ersten ausgewählten Texte gehen auf die grundlegende Frage ein, wer einen Anspruch darauf hat, über seine Interessenvertretung selbst zu entscheiden. Bentham gibt eine qualifiziert universelle Antwort, die sich sukzessive radikalisiert. Die hier abgedruckten Auszüge aus Ausführungen zur *Zusammensetzung der Generalstände* wurden bei ihrer teilweisen Erstveröffentlichung 1901 zunächst als *L'Essai sur la Représentation* betitelt,[32] sie enthalten die wohl früheste utilitaristische Rechtfertigung politischer Gleichheit.[33] Bereits Elie Halévy, der den *Essay* unter den Manuskripten entdeckte, versteht Bentham so, als erprobe er die Möglichkeit, ein demokratisches Regime auf dem *principle of utility* und Axiomen der „mentalen Pathologie" zu begründen. Es handle sich um eine „Deduktion des politischen Egalitarismus".[34] Allerdings nimmt Bentham dort geschlechts- und eigentumsbasierte Beschränkungen des Wahlrechts vor, die er ein Jahr später im *Entwurf eines Verfassungsgesetzes für Frankreich,* aus dem ebenfalls Auszüge abgedruckt werden, abwerfen sollte.

(2) Die beiden folgenden Beiträge sind ebenfalls zu Lebzeiten Benthams unveröffentlicht geblieben; sie sind erstmals 2002 erschienen. Die *Notwendigkeit einer allmächtigen Gesetzgebung* und *Zur Gewaltenteilung* dokumentieren seine Interventionen in die Debatte um die Einrichtung der Staatsgewalt in der ersten Französischen Revolutionsverfassung. Die Girondistenverfassung hatte bekanntlich den Französischen König auch nach der Revolution weiterhin als Oberhaupt der Exekutive vorgesehen und ihm ein suspensives Veto in der Gesetzgebung eingeräumt. In seinen frühen Entwürfen für eine Französische Verfassung erwägt Bentham die Mitwirkung des Königs an der Gesetzge-

32 Elie Halévy, *La Formation du Radicalisme Philosophique*, Bd. 1, *La Jeunesse de Bentham,* Paris 1901, 424–439.

33 Philip Schofield, Jeremy Bentham, the French Revolution and Political Radicalism, *History of European Ideas* 30, 2004, 381–401.

34 Halévy, *Growth of Philosophic Radicalism,* 147. Für Halévy bedeutet das nicht, dass Bentham von der Semantik gleicher Rechte, in der er die Begründung verfasste, selbst überzeugt gewesen wäre. „But ... since the egalitarianism of Rousseau was in fashion, he set himself and laboured to find its Utilitarian formula", *ebd.* Vgl. J. H. Burns, Bentham and the French Revolution, 98: Bentham „asserts quite sweepingly democratic principles derived from utilitarian assumptions".

bung noch zur Steigerung der deliberativen Qualität des politischen Systems – ein königliches Veto sei nicht anders zu verstehen denn als Aufforderung zur umfassenderen Begründung von Gesetzesvorhaben. Im Gegensatz zur britischen, aber auch zur frühen revolutionären Phase in Frankreich schließt Bentham aber in *Zur Gewaltenteilung* bereits aus, dass von der Gewaltenbalance eine Rationalisierung politischer Entscheidungen zu erwarten ist. Benthams Texte atmen in ihrer unbarmherzigen Kritik aller Relikte der Mischverfassung einen authentischeren Rousseauschen Geist als die Ergebnisse der revolutionären Verfassungsberatungen, allerdings mit einem wichtigen *caveat*. Während für Rousseau, Kant und einen wichtigen Teil der republikanischen Tradition in Europa Volkssouveränität und parlamentarisches Regierungssystem eine Kompetenzverteilung zwischen allgemeinen und auf den Einzelfall bezogenen Entscheidungen nach sich ziehen, setzt sich Bentham über diese Grenze hinweg. Nicht minder heftig als gegen die Gewaltenbalance der Mischverfassung, die einheitliche Regierungsfunktionen, insbesondere die Gesetzgebung, unter verschiedene Akteure aufteilt, wendet er sich gegen die funktionale Gewaltenteilung des parlamentarischen Regierungssystems, in der aus normativen Gründen dem Parlament Einzelfallentscheidungen vorenthalten bleiben. Eine dezentralisierende Weitergabe legislativer Befugnisse gilt Bentham nicht ihrerseits als Gewaltenteilung. Die einzigen Surrogate der Gewaltenteilung, die er zulässt, sind Formen von Arbeitsteilung, die verhindern sollen, dass die Mitglieder der Legislative an ihre medizinischen Grenzen stoßen, und die Differenzierung zwischen der Macht der Wähler und der Macht ihrer gewählten Amtsträger.

(3) Der zentrale Text in diesem Band ist *Unsinn auf Stelzen*, und seine Plazierung drückt die Auffassung aus, dass er nicht allein als grandiose Einseitigkeit und Verirrung, sondern ebenso als Meilenstein in der Entfaltung einer utilitaristischen Demokratietheorie gelesen und interpretiert werden sollte; nicht allein als polemisch-äußerliche Reaktion auf die Semantik des Naturrechts und die Gewaltexzesse der Revolution nach 1792, sondern als systematische Kritik an einer sich selbst begrenzenden und ad absurdum führenden revolutionären Praxis. Benthams Polemik berührt mehrere Ebenen, von rechtstechnischen Fragen bis zu solchen der Sozialpsychologie, und selbst wenn wir uns auf die rechtsphilosophischen und rechtspolitischen Stränge beschränken, laufen eine Vielzahl von Argumenten parallel. Der Titel, unter dem der umfangreichste Teil der Menschenrechtskritik bekannt wurde, *Anarchische Trugschlüsse (Anarchical Fallacies),* legt sich darauf fest, dass es Bentham vorrangig um die Verteidigung der öffentlichen Ordnung gegen ebenso fehlerhafte wie frivole Umsturzrhetorik gegangen sei. Ein anderer Schwerpunkt der Menschenrechtskritik erschließt sich erst, wenn wie in diesem Band die postrevolutionäre Fassung von *Unsinn auf Stelzen* von 1795 mit Benthams ursprünglicher Reaktion auf die Entwürfe der Menschen- und Bürgerrechtserklärung von 1789 verglichen werden. Die frühere Schrift kommt zu einem ebenso kritischen Verdikt, argumentiert aber sympathetischer und konstruktiver. Erst in der Zusammenschau wird klar, dass ein wichtiger, im Blick auf *Unsinn auf Stelzen* bisher ausgeblendeter Schwerpunkt der Kritik sich gegen den antidemokratischen Gehalt der Menschenrechtserklärungen wendet. Zwar treibt Bentham die berechtigte Sorge vor den expertokratischen Folgen unabänderlicher Erklärungen, vor dem Versuch einer Generation, sich die Nachwelt für immer zu unterwerfen, rhetorisch auf die Spitze. Aber die theoretische Ver-

mittlung von Menschenrechtserklärungen mit demokratischen Verfahren ist ein schwergewichtiges Problem, das auch heute noch nicht als vollständig gelöst gelten darf. An die Präsentation des Vorläufer- und des Haupttextes knüpfen zwei Fragmente an: erstens die wirkungsgeschichtlich bekannte zusammenfassende Schlussbemerkung der nicht von Bentham autorisierten *Anarchical Fallacies* aus John Bowrings Werkausgabe von 1843, die ebenfalls vorrevolutionäres Material verwendet und Manuskripte aus verschiedenen Zusammenhängen kombiniert, sowie schließlich unter dem Titel *Einwand V* eine aus späteren Manuskripten zum Erbrecht entnommene Naturrechtskritik an die Adresse nicht der französischen, sondern der britischen Nation. Sie zeigt, dass Benthams Spott nicht nur das abstrakt-moralische Naturrecht der Französischen Aufklärung trifft, sondern sich ebenso scharf gegen den naturrechtlich verbrämten Traditionalismus richtet, der der ‚vollkommenen' britischen Verfassung als Stütze dient. Die hier vorgenommene Zusammenstellung erlaubt es, die Genese von Benthams Kritik aus der frühen revolutionären in die postrevolutionär-restaurative Phase hinein zu verfolgen und in ihren vielfältigen Zielen zu verstehen. Für Abhilfe von naturrechtlichen Festschreibungen sollte im revolutionären wie im reformerischen Kontext das jederzeit lernfähige Statutenrecht einer allzuständigen Volksgesetzgebung sorgen.

(4) An die Kritik der Menschenrechte schließt ein selbständiger, bereits zu Benthams Lebzeiten veröffentlichter Beitrag an, der mit der internationalen Politik ein weiteres wichtiges Themengebiet einführt. Dabei handelt es sich um Benthams erste komplett durchargumentierte Kritik am Kolonialismus, die er als französischer Bürger zeichnet. Der Bürgerstatus verdankt sich einem Beschluss der Gesetzgebenden Versammlung vom 26. August 1792. Auch wenn Benthams verfassungsreformerische Eingaben letztlich ohne Einfluss auf Generalstände oder Nationalversammlung geblieben waren, würdigte das französische Parlament seine Anteilnahme und Unterstützung, indem es ihm (gemeinsam mit, unter anderen, Thomas Paine, George Washington und Friedrich Schiller) das Bürgerrecht verlieh.[35] Bentham wendet sich in *Gebt eure Kolonien frei!* gegen die Doppelzüngigkeit der Regierung und Gesetzgebung, die im revolutionären Überschwang nicht nur den Franzosen, sondern gleich allen Weltbürgern die Freiheit von Unterdrückung verspricht, aber an der Herrschaft über die eigenen Kolonien festhält. Sein Text ist aber nicht frei von Ambivalenzen gegenüber dem Kolonialismus insgesamt, insbesondere gegenüber dem britischen Kolonialismus in Indien, und wirft daher bis heute große Interpretationsschwierigkeiten auf.

(5) Chronologisch und inhaltlich beschließt *Staatseinnahmen ohne Belastung*, eine konstruktive, philosophisch begründete, aber *policy*-orientierte Schrift zur politischen Ökonomie diesen Band. Zum Zeitpunkt ihrer Veröffentlichung im Jahre 1795 ist ihr nicht mehr deutlich zu entnehmen, welchem Entstehungskontext sich Benthams Idee zur Reform des Erbrechts verdankt. Bentham hat alle Spuren ihres revolutionären Ursprungs getilgt. Doch die Idee, die Staatsfinanzen auf eine völlig neue Basis zu stellen, verdankt sich ebenfalls der französischen Situation. Einen Vorläufertext (*Supply – New Species Proposed*) hatte Bentham als Entwurf zweier Briefe an Mirabeau 1788 zu Pa-

35 Michael Rapport, *Nationality and Citizenship in Revolutionary France. The Treatment of Foreigners 1789–1799*, Oxford 2000, 137.

pier gebracht.[36] Sein Vorschlag ist unkompliziert: Anstelle aus direkter oder indirekter Steuererhebung soll sich der Staat aus dem Heimfall großer Vermögen refinanzieren. In Fällen, in denen nur entfernte Verwandte ein Erbe antreten könnten, würden diese nicht geschädigt, wenn der Staat das Vermögen des Verstorbenen einstriche; das Vererben in der Seitenlinie soll insgesamt aufhören. Im Kontext der Französischen Revolution ist das Augenmerk wichtig, das Bentham auf das Vermögen des Klerus wirft, der ja über keine direkten, legitimen Nachkommen verfügt. Allerdings wurden die Briefentwürfe nicht fertiggestellt und nicht versandt; Bentham greift das reformierte Heimfallrecht erst in postrevolutionärer Zeit für die Reform der britischen Staatsfinanzen wieder auf. Er antizipiert, dass auch das Argument aus *Staatseinnahmen ohne Belastung* sich naturrechtlich basierter Kritik erwehren muss. Gleichzeitig beruft sich Bentham in *Staatseinnahmen* auf prinzipielle Grenzen der Fungibilität der Gesetzgebung. Auch ein omnipotenter Gesetzgeber müsse sich über psychologische Gesetzmäßigkeiten bei den Gesetzesunterworfenen im Klaren sein und dürfe nicht beliebig gegen sie verstoßen. An erster Stelle ist dies ihr Bedürfnis nach Erwartungssicherheit, deren Verletzung kaum kompensierbare Schmerzen erzeuge und daher aus utilitaristischer Sicht einen nahezu absoluten Schutz verdiene.

Zu den Texten:

I. Erweiterung des Wahlrechts

Der Essay *Überlegungen eines Engländers zur Zusammensetzung der Generalstände* (1788) reagiert auf eine Anfrage, die der Abbé Morellet an Bentham gerichtet hatte. „Wir, und ebenso Ihr und Europa und Amerika, brauchen eine gute Theorie der nationalen Repräsentation ... Niemand ist besser geeignet, dieses gute Werk zu vollbringen als Sie." Morellet wünschte vor allem sein eingefleischtes Vorurteil entweder widerlegt oder bestätigt zu wissen, „dass unsere Nation zu zahlreich und zu unaufgeklärt, oder vielmehr zu grob ignorant ist, um eine wirklich demokratische Repräsentation zu haben, vollständig, geprägt durch das Wahlrecht, über das die untersten Schichten der Bürger verfügen".[37] Soll jeder einzelne Bürger über die Zusammensetzung der Generalstände mitbestimmen dürfen? Benthams Manuskript ist in französischer Sprache verfasst; es richtet sich an das reformorientierte französische Publikum. Es fordert im Ergebnis ein eingeschränkt allgemeines und gleiches Wahlrecht für Männer, das in einem einzelnen simultanen geheimen Wahlgang ausgeübt werden soll. Die Einschränkung rührt aus einer Eigentumsqualifikation, auf die noch einzugehen ist; die Ausschließung von Frauen wird hingenommen, aber als systemwidrige Abweichung deklariert. Was den Essay von seinen anderen Werken aus Anlass der Umwälzungen in Frankreich unterscheidet, ist, dass Benthams Argumentation eng an das *principle of utility* in seiner präzisen technischen Bedeutung anknüpft. Während Bentham auch in den meisten anderen Beiträgen

36 Jeremy Bentham, Supply – New Species Proposed, in ders., *Rights, Representation and Reform*, hg. v. Philip Schofield, Catherine Pease-Watkin & Cyprian Blamires, Oxford 2002, 205–226.

37 Halévy, *Formation du Radicalisme Philosophique*, Bd. I, 425ff.

auf die überragende Bedeutung von Nützlichkeit zurückkommt, wird nur hier genau ausformuliert, was die Festlegung der Politik auf den Standard der Nützlichkeit heißen kann.

In seinem philosophischen Hauptwerk, der *Einführung in die Prinzipien der Moral und der Gesetzgebung* von 1789, hatte Bentham die utilitaristische Lehre gleich im ersten Absatz als Konjunktion von zwei Thesen eingeführt.[38] Er beruft sich auf zwei Prinzipien: erstens, das utilitaristische Prinzip des größten Glücks, welches besagt, dass in Fragen moralischer und politischer Gesetzgebung für eine gegebene Population der Nutzen, d. h. die Menge an Glück, das dieser Population zur Verfügung steht, maximiert werden solle. Das Prinzip der Nützlichkeit formuliert eine universelle Verpflichtung. Das zweite Prinzip ist dagegen nicht präskriptiv, sondern deskriptiv. Das Prinzip des psychologischen Hedonismus besagt, dass Individuen durch ihre Handlungen ihren eigenen Nutzen maximieren wollen, so dass ihre Handlungsziele normalerweise nicht mit denen, die das utilitaristische Prinzip vorgibt, zusammenfallen. Das Thema von Benthams *Einführung* ist es nun zu zeigen, wie die staatliche Gesetzgebung beide Ziele miteinander in Einklang bringen kann, indem sie selbstinteressiertes Handeln mit der Berücksichtigung der Interessen aller zusammenfallen lässt. Die Gesetzgebung setzt auf unerwünschte Handlungen einen Preis, der aus der Perspektive des Eigennutzes Einzelner zu hoch erscheint, um solche Handlungen noch vollziehen zu wollen.[39] Aus wohlverstandenem Eigeninteresse wird der Gesetzesadressat all das unterlassen, was den allgemeinen Nutzen beschädigt. Aber die so zu schaffende Harmonie zwischen Einzel- und Allgemeininteresse setzt voraus, dass die Gesetzgebung selbst im Dienste des allgemeinen Interesses steht. Die entscheidende Frage jedoch, bei welchen Akteuren die Gesetzgebung angesiedelt sein soll, wird in der *Einführung in die Prinzipien* nicht thematisiert. Dabei liegt auf der Hand, dass Benthams psychologische These auch auf diejenigen zutreffen wird, die die Gesetzgebung innehaben: Sie werden anstreben, den eigenen, nicht den allgemeinen Nutzen zu mehren. Alles kommt also auf die empirische Motivlage derer an, die die Gesetzgebung kontrollieren. Das staatsrechtliche und demokratietheoretische Werk Benthams ist dem Versuch gewidmet, diese Einsicht in Verfahrensvorschläge zu übersetzen. In seinen Schriften zur Französischen Revolution argumentiert Bentham ebenso wie in der „radikalen“ Phase seines Spätwerks, dass die gesetzgeberische Fusion von Pflicht und Interesse, von Utilitarismus und Hedonismus am ehesten von repräsentativen Institutionen auf der Basis der Volkssouveränität vollzogen werden wird. Seine Beweisführung folgt dabei zwei Hauptlinien: der Erweiterung des Kontrollbefugnisse einer umfassenden Wählerschaft und der Einwirkung der Öffentlichkeit in Gestalt eines „Tribunals der öffentlichen Meinung“. In den hier präsentierten Texten geht es aus-

38 *An Introduction to the Principles of Morals and Legislation*, hg. v. J. H. Burns & H. L. A. Hart, mit einer Einleitung von F. Rosen neu aufgelegt, Oxford 1996. Die 1780 bereits gedruckte, aber nicht veröffentlichte Schrift erschien in ergänzter Form erstmals 1789.

39 Ich vermeide an dieser Stelle die Erörterung der Interpretationsprobleme, vor die uns die Passage stellt, weise nur vorsichtshalber darauf hin, dass persönlicher Hedonismus Bentham zufolge nicht dasselbe ist wie eng verstandene Selbstsucht.

schließlich um die erste Dimension. Sie ist es, was Benthams Demokratietheorie von seinen späteren Überlegungen zur Liberalisierung autokratischer Staaten unterscheidet.[40]

In seiner Ableitung des politischen Egalitarismus stellt Bentham vier axiomatische Behauptungen auf. (1) Er beginnt mit der Behauptung, jeder habe „das gleiche Recht auf all das Glück, dessen er von Natur aus fähig ist" (70). (2) Im nächsten Schritt hält er fest, dass wir keine Möglichkeit haben, das Maß an Glück, dessen verschiedene Individuen fähig sind, festzustellen. Daher müssen wir davon ausgehen, dass alle im gleichen Grad empfindungsfähig sind. (3) Drittens seien Individuen in sehr unterschiedlichem Grad mit dem Vermögen ausgestattet, darüber zu urteilen, was zum Glück beiträgt. Doch um diese Unterschiede in der Zuschreibung politischer Rechte berücksichtigen zu dürfen, müssten die Indikatoren für sie so klar, offensichtlich und beweiskräftig sein, dass man sie vor Gericht verwenden könne. Solche unumstrittenen Zeichen gebe es nur in zwei Fällen; bei Minderjährigen und Verwirrten. (4) Schließlich habe jede Person einen gleich intensiven Wunsch (*désir*) nach Glück: falls es hier Differenzen gebe, so wären diese ebenfalls nicht mess- und beweisbar, so dass die Gleichheitsunterstellung der Wahrheit am nächsten komme.

Die entscheidende normative Prämisse ist die erste. Was bedeutet es, dass eine Person ein gleiches „Recht" auf alles Glück, dessen sie ihrer Natur nach fähig ist, hat?[41] Benthams Erklärung gibt Aufschluss darüber, wie er sich den Zusammenhang von Utilitarismus und Egalitarismus vorstellt. Er erläutert den Zusammenhang folgendermaßen.

> Angesichts einer beliebigen Ansammlung von Menschen wird ein höheres Wesen, das ihnen hinreichend wohlgesonnen ist, um sich für ihr Schicksal zu interessieren, also an der Vorstellung ihres Wohlergehens Gefallen findet, ohne dass es ein persönliches Interesse damit verbände, den einen von ihnen einem anderen vorzuziehen, naturgemäß genausoviel Gefallen (*plaisir égal*) daran finden, zum Glück irgendeines von ihnen beizutragen wie zu dem irgendeines anderen: Das Glück eines beliebigen Mitglieds der Gruppe wäre in seinen Augen nicht wertvoller als das eines beliebigen anderen: Jedoch wäre ein wie auch immer geartetes größeres Glück, das irgendeiner von ihnen haben könnte, um genau so viel wert-

40 Zur Theorie des *Public Opinion Tribunal* siehe J. Bentham, *Securities against Misrule and Other Constitutional Writings for Tripoli and Greece*, P. Schofield (Hg.), Oxford 1990, sowie Peter Niesen, Tribunal der Zeitungsleser. Bentham über schwache und starke Öffentlichkeiten, in Olaf Asbach (Hg.), *Vom Nutzen des Staates. Staatsverständnisse des klassischen Utilitarismus. Hume – Bentham – Mill*, Baden-Baden: Nomos 2009, 153–182.

41 Im französischen Original „droit". Mack übersetzt „right" (*Jeremy Bentham, 1748–1792,* 449). Vermutlich nimmt Bentham in der Auseinandersetzung mit dem französischen Publikum bewusst die Assoziation in Kauf, es handle sich um ein natürliches Recht. Dass er selbst unter „droit" hier kein einschränkungsfreies subjektives Recht, sondern einen Anspruch auf Gleichberücksichtigung versteht, geht aus der im Anschluss zitierten Passage hervor.

voller, wie es das geringere Glück, das irgendein anderer von ihnen haben könnte, überträfe.[42]

Im gegenwärtigen Zusammenhang ist es nun entscheidend, den Zusammenhang zwischen dem Anspruch eines jeden auf unparteiliche Berücksichtigung seiner Interessen und einem „Recht" auf Glück aufzuklären. Ein gleiches Recht auf alles Glück, dessen eine Person fähig ist, ist eben kein *Recht* auf alles Glück, dessen eine Person fähig ist. Der letztere Gedanke ist Bentham völlig fremd. Die Rede von einem „gleichen Recht" wird hier nicht eingesetzt, um einen individuellen Rechtsanspruch auf das ganze Glück, das man empfinden könnte, zu stützen, sondern um ihn zu dementieren und in einen Anspruch auf gleiche Berücksichtigung bei der Teilhabe am verfügbaren Glück zu überführen. Die zugrundeliegende Idee eines gleichen Anspruchs ist die Idee einer wohlwollenden Unparteilichkeit: Sie lässt sich durch die altruistische Freude einer zum Glück der Individuen beitragenden unbeteiligten Person ausdrücken.[43] Einer solchen Person ist es gleich, wer von den Handlungen, die sie beeinflussen kann, profitiert. Die hier erstmals formulierte Gleichheitskonzeption sollte in der Geschichte des Utilitarismus bedeutsam werden. Bereits John Stuart Mill war der Ansicht, das entscheidende Merkmal von Benthams Utilitarismus liege in seiner strikt unparteilichen Gleichberücksichtigung aller von einer Handlung Betroffenen und zitierte aus dem Gedächtnis, was als *Bentham's dictum* bekannt geworden ist: „everybody to count for one and nobody for more than one".[44] In jüngerer Zeit ist sogar geltend gemacht worden, das eigentliche Verdienst des Utilitarismus liege darin, dass er eine präzise Art und Weise angibt, wie man sich die vage Idee einer gleichen Berücksichtigung aller vorstellen kann.[45]

---

42 S. u. S. 70 Fn.. Bentham hat an dieser Stelle nicht die theologische Bedeutung eines „höheren Wesens" im Sinn; er denkt, wie der Wortlaut im Folgenden deutlich macht, an den französischen König: „Le Roi est précisément cet être supérieur: il s'est déclaré tel." Es ist nicht das erste Mal, dass Bentham die Idee eines unparteilichen Zuschauers benutzt, s. *Fragment on Government* IV, 27 (98).

43 Die Idee eines unparteilichen empathischen Beobachters, zunächst für die Zwecke moralisch-universalistischer Beurteilung entwickelt, stammt von Adam Smith, *The Theory of Moral Sentiments* [1759], s. insbes. VII, 2, 1, 49 (Hg. v. D. D. Raphael, Oxford 1976, 294; zur Entwicklung des Konzepts bei Smith s. ebd. 15–18).

44 Mill, *Utilitarianism* [1861], Collected Works, hg. v. J. Robson, Toronto, Bd. x, 257. Man nimmt an, dass Mill sich auf eine Passage aus der von ihm edierten Schrift Benthams *Rationale of Judicial Evidence* bezieht, die „Every individual in the country tells for one; no individual for more than one." lautet. Schofield, Jeremy Bentham, the French Revolution and Political Radicalism, 382 Fn. 4.

45 Will Kymlicka hat zwischen einem Utilitarismus der Nutzenmaximierung und einem Utilitarismus der Gleichberücksichtigung unterschieden (*Contemporary Political Philosophy. An Introduction,* Oxford 1990, 31–35). Ronald Dworkin verwendet eine analoge Unterscheidung zwischen egalitärem und teleologischem Utilitarismus in *Sovereign Virtue. The Theory and Practice of Equality*, Cambridge, Mass. 2000, 62f. Er macht mit dem egalitaristisch begründeten Utilitarismus kurzen Prozeß: Dieser könne nicht erklären, warum die Maximierung von Leid nicht ebenso gut sei wie die Maximierung von Glück. Bentham umgeht diese Konsequenz, indem er dem unparteilichen Beobachter ein Interesse am Wohlergehen der Individuen zuschreibt.

Wichtig ist nun die Präzisierung des Unparteilichkeitsgedankens, die Bentham im unmittelbaren Anschluss vornimmt. Unter dem gleichen Anspruch auf alles Glück, dessen eine Person ihrer Natur nach fähig ist, ist nicht der Anspruch einer jeden Person auf eine gleiche Menge Glücks zu verstehen. Der gleiche Anspruch auf Glück wird vielmehr durch solche Maßnahmen respektiert, die ohne Ansehen der Person die größtmögliche Gesamtmenge oder den höchsten Grad an Glück produzieren:

> Nehmen wir nun zwei Maßnahmen, von denen die eine darauf hinausläuft, zehn Empfänger jeweils in den Genuß einer einzigen Portion Glück kommen zu lassen, während die andere darauf hinausläuft, fünf Empfänger jeweils in den Genuß zweier solcher Portionen Glück kommen zu lassen. Der jeweilige Verdienst dieser beiden Maßnahmen ist genau gleich: Es gibt nicht den geringsten Grund, eine der anderen vorzuziehen (70).

Der Anspruch auf Gleichberücksichtigung führt selbst in Fällen, in denen wie im genannten Beispiel eine gleichmäßige Verteilung an alle möglich wäre und dieselbe Gesamtsumme an Glück erzeugte, nicht dazu, dass die alle Individuen begünstigende Variante gewählt werden muss. Zehn einzelne Portionen Glück für zehn Personen sind nicht besser einzuschätzen als fünf doppelte Portionen für fünf Personen. Allerdings, so beeilt sich Bentham hinzuzufügen, bestehe in der Hervorbringung von Glück keine proportionale Beziehung zwischen der Größe der Ursache und der Größe der Wirkung. „Eine doppelte Quantität der Glücksursache wird keine doppelte Quantität Glück bewirken, sondern sehr viel weniger" (71),[46] so dass die Gleichverteilung von 10 Glücks*ursachen* (im Gegensatz zu Glücks*einheiten*) ihrer Verteilung an 5 Personen oft überlegen sein wird. Der gleiche Anspruch auf alles Glück, dessen die Natur einer Person fähig ist, ist aber weder als Verteilungsgleichheit im Ergebnis (d. h. in der Distribution von Glücks„portionen"), noch als das der Gleichbehandlung durch Maßnahmen (d. h. in der Distribution von Glücksursachen oder -instrumenten) zu verstehen, sondern als Gebot an den Gesetzgeber, in seinen Beiträgen zum Glück der Bevölkerung keine anderen Faktoren zu berücksichtigen als die erreichte Gesamtmenge. Dies ist aber nichts anderes als das, was das *principle of utility* in seiner Standardbedeutung besagt: ziehe Handlungen vor, deren Glücksbilanz höher ist als die von Alternativen. Das Prinzip des größten Glücks erschöpft den Sinn dessen, was es heißt, den gleichen Anspruch eines jeden auf alles Glück, dessen man seiner Natur nach fähig ist, zu respektieren. Natürlich gilt die Äquivalenz zwischen Maßnahmen, die Individuen gleich berücksichtigen, und solchen, die das Gesamtglück maximieren, nur bei einer gleichbleibenden Zahl von glücksfähigen Individuen. Es könnte daher eingewendet werden, dass Bentham auch die Steigerung der Bevölkerungsanzahl als möglichen Weg zur Glücksvermehrung verfolgen und damit die Maximierung der durchschnittlichen Glückserwartung Einzelner verletzen

46 Heute bezeichnet man dieses Prinzip als das des abnehmenden Grenznutzens. Bentham zieht es regelmäßig dort heran, wo aufgrund des utilitaristischen Aggregationsprinzips inegalitäre Verteilungen nicht ausgeschlossen werden können. Vgl. Bentham, *Works*, hg. v. J. Bowring, Bd. iii, 229; vgl. Bd. iv, 542.

könnte. Dieses Verdachts ist sich Bentham bereits in der Phase der Französischen Revolution bewusst; er weist ihn entschieden von sich: „Happiness, not population, is the proper end of our endeavours".[47]

Nach dieser Klärung des Zusammenhangs zwischen Gleichberücksichtigung und Nutzenmaximierung können wir uns dem demokratischen Gehalt des Nutzenprinzips zuwenden. So inegalitär die Ergebnisse eines wohlwollend-unparteilichen Maximierungsverfahrens sein mögen, so leistet Axiom (1) (jede Person hat ein gleiches Recht auf alles Glück, dessen sie ihrer Natur nach fähig ist) doch einen belastbaren Beitrag zur Ableitung *politischer* Gleichheit. Für die politische Repräsentation ergibt sich Bentham zufolge wenigstens, dass die Interessen einer jeden Person in der politischen Vertretung gleich repräsentiert werden müssen. Was sich aus Axiom (1) *alleine* nicht ergibt, ist dagegen, dass jede Person *selbst* aktiv Einfluss auf die Repräsentation ihrer Interessen oder deren Berücksichtigung in der parlamentarischen Versammlung beanspruchen könnte; ein gleiches Wahlrecht etwa ist daraus nicht abzuleiten. Auch Axiome (2) und (4) scheinen zur Begründung gleicher Aktivbürgerschaft nichts Wesentliches beitragen zu können. Axiom (3) besagt nun, dass Personen ganz verschieden kompetent darin sind einzuschätzen, was zum Glück beiträgt. Dieses Axiom wird als einziges eingeführt, indem zunächst eine manifeste Ungleichheit behauptet, deren Berücksichtigung aber aufgrund unüberwindlicher Schwierigkeiten für unmöglich erklärt wird. Bei der Einführung von Axiom (2) und (4) ging Bentham umgekehrt vor: Sie werden als Gleichheitsunterstellungen vorgebracht, bevor dann Abweichungen in einem nicht messbaren Bereich eingeräumt werden. Die Funktion von Axiom (3) ist aber keine andere als die der Axiome (1), (2) und (4): Sie liegt darin, eine weitere fundamentale Gleichheitshinsicht einzuführen, die Gleichheit der Beurteilungskompetenzen. Die Frage ist nur, worauf sich die Beurteilung richtet. Wenn die zentrale Fähigkeit die ist, „zu beurteilen, was zum Glück beiträgt" (71), um wessen Glück geht es dann, um das eigene oder um das gesamte Glück der Gesellschaft? Die Fähigkeit zu wissen, welche Operationen dem Glück zuträglich sind, kann sich auf das individuelle Glück oder auf das aus den individuellen Zuständen aggregierte Glück oder auf beides richten, und außerdem darauf, dass man die Tauglichkeit der Mittel zum Glück beurteilen kann.[48] Bentham begründet den Ausschluss von Minderjährigen und geistig Behinderten vom Wahlrecht mit deren mangelnder Selbständigkeit der Lebensführung, also mit ihrer Unwissenheit darüber, was zum individuellen Glück beiträgt. Der Ausschluss der Frauen vom Wahlrecht beruht Bentham zufolge dagegen allein auf konventionellen und inkonklusiven Argumenten, die teils ihre individuelle, teils ihre allgemeine Glückskompetenz bestreiten: ihnen fehle häufig aufgrund ihrer häuslichen Pflichten der Überblick; sie seien andererseits in ihrem Glück von den Entscheidungen des Partners abhängig. Der Ausschluss von Männern, die auch eine minimale Besitzqualifikation verfehlen, wird schließlich im Gegensatz zur

47 *Rights, Representation and Reform,* 226 Fn.

48 M. James, Bentham's Democratic Theory at the Time of the French Revolution, in B. Parekh (Hg.), *Jeremy Bentham. Critical Assessments,* Bd. III, London 1993, 608–620, ist der Ansicht, es gehe um die Zuschreibung von „‚appropriate intellectual aptitude', or the ability to make sound judgements about what the universal interest required" (614), also um das allgemeine Glück.

ursprünglichen Gleichheitsunterstellung mit einem rein resultatsorientierten Argument begründet: So gering der persönliche Besitz auch ist, er wird die Wahlberechtigten daran hindern, mit den Nichtbesitzenden gemeinsame Sache zu machen und die Gleichverteilung von Eigentum oder die Zerstörung der Institution des Eigentums zu verfolgen.

Die letztgenannte Einschränkung resultiert daraus, dass politische Gleichheit nicht der einzige Orientierungspunkt ist, den ein Wahlrechtssystem sich vor Augen führen muss. Zwar wird der Gleichheitsaspekt in den *Überlegungen eines Engländers zur Zusammensetzung der Generalstände* als einziger systematisch ausgeführt. Aber neben der Gleichheit zieht Bentham auch „Sûreté, Liberté, Tranquillité, Simplicité" sowie „Incontestabilité" heran (69). Sicherheit (*security, sûreté*) ist im Fall der Vergabe politischer Rechte dazu geeignet, die Gleichheit zu übertrumpfen. Bentham vermutet, die entgegengesetzte Überordnung der Gleichheit würde die Sicherheit, und damit die Motivation zum Eigentumserwerb, und damit die Erhaltung der Gesellschaft, sabotieren. Der Ausschluss der Nichtbesitzenden vom Wahlrecht erfolgt mithin unabhängig davon, ob die elementaren Fähigkeiten zur Beurteilung des eigenen oder des allgemeinen Glücks bei ihnen vorliegen, sie bemisst sich an einer prosaischen Gefahrenabschätzung. Was als politische Gefahr betrachtet werden muss, darüber ist Aufschluss letztlich erst beim Prinzip der Nützlichkeit zu erlangen:

> Wenn aus der vollständigen Egalisierung, das heißt aus der vollkommenen Subversion aller Eigentumsrechte allen Gesellschaftsmitgliedern zusammengenommen eine größere Summe Glücks erwüchse, dann sollte es nicht das Wort der Subversion sein, das den Gesetzgeber davon abhielte: (...) Ja, aber diese Voraussetzung entspricht gerade nicht der Wahrheit. (78)

Im Unterschied dazu lässt sich die von Bentham alternativ erwogene Ausschließung der Analphabeten vom allgemeinen Wahlrecht als Indiz dafür verstehen, dass die in Frage stehende Beurteilungskompetenz sich zumindest auch auf die Mittel und Entscheidungen richtet, die das *allgemeine* Glück betreffen. Jemandem, der nicht lesen kann, das Wahlrecht zu verleihen, hieße ihm „ein Recht zuzusprechen, von dem man verläßlich wüßte, daß er sich dessen niemals, sei es nun zum Vorteil der Öffentlichkeit oder zu seinem eigenen, bedienen könnte" (79). Wir sollten daher davon ausgehen, dass das doppeldeutige Axiom (3) die Kompetenz dazu unterstellt, die Mittel des eigenen wie des gesellschaftlichen Wohlergehens zutreffend zu bewerten. Axiom (3) erlaubte dann nicht nur eine, sondern zwei utilitaristische Ableitungen des allgemeinen Wahlrechts. Es sicherte einerseits gleichen Einfluss darin, das zu propagieren, was man für sein eigenes Glück für geeignet hält. Es sicherte gleichzeitig die Propagierung dessen, was man dem gesellschaftlichen Glück für zuträglich hält, und es sicherte außerdem die Freiheit der Wahl zwischen diesen beiden Optionen.

Übrigens enthalten die *Überlegungen* noch ein weiteres, weniger komplexes Argument für politische Gleichheit. „Eine rechtliche Ungleichheit ist doch zumindest eine Ungleichheit an Würde; somit Ungleichheit an Achtung und Beachtung; somit Ungleichheit hinsichtlich jener Freude, die von der Wertschätzung und Liebe des anderen abhängt: Und ist diese Freude etwa nichts?" (75) Fragen des gleichen Wahlrechts sollen nicht nur am Beitrag gemessen werden, den sie zur mittelbaren Verwirklichung des

Nutzenprinzips leisten. Zumindest die Vorenthaltung gleichen Wahlrechts hat insofern direkte Folgen für das Glück der Individuen, als sie eine Ungleichheit an Würde und Berücksichtigung signalisiert, und damit Ungleichheit an derjenigen Freude, die von der Achtung und Liebe anderer abhängt.

Im *Entwurf eines Verfassungsgesetzes für Frankreich* vom Oktober 1789, aus dem dieser Band zwei kurze Auszüge enthält, radikalisiert Bentham seine Überlegungen zum Wahlrecht für die Verfassunggebende Nationalversammlung. In den Marginalien dieses Verfassungsentwurfs beruft er sich mehrfach auf ein Prinzip politischer Gleichheit. Eine Vielzahl prozeduraler Regeln – von der Ausschaltung von Wahlmännern bis zur numerischen Gleichheit von Wahlbezirken – soll verhindern, dass „Ideen der Einflussgleichheit, die jetzt so allgemein verbreitet sind", verletzt werden. Sein Verfassungsentwurf sieht ein gleiches und geheimes Recht auf Direktwahl der Abgeordneten vor, das jedem französischen Bürger zustehe, „männlich oder weiblich, sofern volljährig, von gesundem Verstand und des Lesens kundig".[49] Im Gegensatz zu den *Überlegungen* aus dem vorigen Jahr, in denen er den zeitbedingten Vorbehalten gegen das Frauenwahlrecht nicht widersprochen hatte, geht Bentham hier in die Offensive und widerlegt ein Argument nach dem anderen. Die Leistungsfähigkeit von Monarchinnen beweise, dass die intellektuellen Fähigkeiten von Frauen denen von Männern nicht durchweg unterlegen seien. Auch das Argument, politische Rechte hielten Frauen von der Hausarbeit ab, lässt Bentham nicht gelten, indem er auf die häuslichen Verpflichtungen der Männer verweist (82). Außerdem nehme die Teilnahme an der Wahl weniger Zeit in Anspruch als der Besuch eines Theaterstücks oder Balls. Analphabetentum bleibt dagegen weiterhin ein Ausschließungsgrund. Es ist das einzige Indiz dafür, dass gesunde Erwachsene das Wahlrecht weder zu „ihrem eigenen Vorteil oder dem Vorteil anderer", insbesondere nicht „zum Vorteil ihrer Gemeinschaft" ausüben können (81, 83). Analphabeten könnten die Benachteiligung durch eigene Anstrengung überwinden, dies erzeuge überdies einen hilfreichen zivilisatorischen Druck in der Gesellschaft. Der Nachweis der Lesekompetenz und die Inklusion in die Aktivbürgerschaft könnten freilich zusammenfallen, wenn öffentlich aus dem Gesetzeskodex vorgelesen würde, der jeder jungen Bürgerin und jedem jungen Bürger zur Volljährigkeit überreicht würde (83). Auf die Besitzqualifikation und die mit ihr verbunden Vorteile für die Sicherheit des Eigentums geht Bentham dagegen nicht mehr ein. Das ist nicht nur aus dem Grunde wichtig, weil damit eine weniger vorurteilsbehaftete, inklusivere Wahlrechtstheorie verbunden ist. Mit der Lesequalifikation verbindet Bentham eine epistemisch-kognitive Kompetenz, während es bei der Besitzqualifikation (die ja als solche keine Lesequalifikation verlangt) naheliegt, dass die allein eigeninteressierte Dimension der Besitzwahrung für die Zulassung zur Wahl die entscheidende Rolle spielt. Damit soll nicht behauptet werden, dass es unter Benthams Prämissen kein hinreichendes Argument dafür gäbe, eine Besitzqualifikation mit einer nicht-egoistischen Konzeption der Wahl zu kombinieren. Es liegt bei der Lesequalifikation aber weniger nahe, von einer ausschließlichen Umsetzung seiner Interessen als Lesebürger auszugehen, als dies bei den Interessen der Besitzbürger der Fall zu sein scheint.

49 *Rights, Representation and Reform*, 244, 231.

Ebenfalls radikal für den politischen Egalitarismus sind Benthams Ausführungen zum passiven Wahlrecht im *Entwurf eines Verfassungsgesetzes:* „Vom passiven Wahlrecht soll kein menschliches Wesen ausgeschlossen werden.“ (81) Dies ist ganz wörtlich zu verstehen. In einer etwas inkongruenten Zusammenstellung fordert Bentham die Möglichkeit ein, dass die Wahlbevölkerung sich für „einen Schwachsinnigen, einen Säugling, eine Frau, einen Neger oder einen verurteilten Mörder“ ausspricht: Deren Ausschluss vom passiven Wahlrecht könne nicht anders denn als Verletzung der Rechte der Wähler (und nicht etwa, so wäre zu ergänzen, ihrer eigenen Rechte) interpretiert werden. Die objektive Gefahr, die mit seinem Vorschlag verbunden ist, schätzt Bentham als gering ein: Glaubt man im Ernst, eine ganze Provinz werde sich darauf einigen, ein Mitglied der genannten Aufzählung ins Parlament zu entsenden? Wegweisend ist auch Benthams Vorschlag, beliebige Ausländer in die genannte Liste aufzunehmen und auch ihnen das passive Wahlrecht zu verleihen. Ihm schweben transnational agierende Experten wie Jacques Necker oder womöglich auch Jeremy Bentham vor, die jedem Parlament oder Kabinett zur Zierde gereichten: Werden sie künstlich aus dem Pool der Bewerber ausgeschlossen, beraubt dies das Wahlpublikum eines Teil seiner Freiheit, die bestgeeignete Person auszuwählen. Insbesondere als Idee der reziproken Einräumung passiver (und womöglich, worauf Bentham hier nicht abzielt, aktiver) Wahlrechte könnte dieser Vorschlag in der Lage sein, auch heute noch Plausibilität zu entfalten.

II. Allzuständigkeit der Gesetzgebung

Über welche Kompetenzen sollte eine Versammlung, die auf der Basis einer utilitaristisch begründeten politischen Gleichheit ausgewählt wurde, gegenüber den anderen Staatsapparaten und gegenüber den Bürgern verfügen? Was soll diese Versammlung tun können? Benthams kurze Antwort ist: alles. In den hier edierten Manuskripten *Zur Gewaltenteilung* und *Die Notwendigkeit einer allmächtigen Gesetzgebung* wendet er sich in den Verfassungsdebatten der französischen Nationalversammlung gegen alle bekannten Formen von Gewaltenteilung und -balance: gegen eine funktionale Trennung in Legislative, Judikative und Exekutive ebenso wie gegen die Souveränitätsteilung, wie sie die Tradition der gemischten Verfassung von der antiken Staatslehre bis zur gegenwärtigen englischen Konstitution vorgesehen hatte. Montesquieus wie Blackstones Lehre von der Gewaltenbalance als „effektive Ursache verfassungsmäßiger Freiheit“ stellt Bentham als hohl und irreführend dar (111), aber er spart auch gegenüber der funktionalen Gewaltenteilung nicht mit Kritik. Die von ihm propagierte Alternative betont zwei Faktoren: die „Omnipotenz“ einer gesetzgebenden Versammlung sowie die Abhängigkeit aller Machtausübung von der Berufung und Abberufung durch das Volk. Konstruktiv spricht er sich für eine Dezentralisierung von Gesetzgebungskompetenzen innerhalb eines streng hierarchischen Gesamtmodells der Volkssouveränität aus:

> Die wirklich effektive Ursache und das Maß verfassungsmäßiger Freiheit, oder vielmehr Sicherheit, liegt in der Abhängigkeit der Inhaber effektiver politischer Gewalt von der einsetzenden Gewalt der Gesamtheit des Volkes. (113)

Auch Benthams Alternative zum Gewaltenteilungsmodell beruht auf einer Proto-Gewaltenteilung, auf der Unterscheidung zwischen „effektiver" oder wirksamer und „einsetzender" oder originärer Gewalt. Aber im Gegensatz zu den traditionellen Gewaltenteilungslehren sei diese Teilung leicht nachzuvollziehen, insofern sie ein Verhältnis von Über- und Unterordnung ausdrücke.[50] Was in diesem Zusammenhang über- und unterordnen heißt, entwickelt Bentham an einem Sanktionsmodell der Verpflichtung: Die Inhaber wirksamer Gewalt müssen gewärtigen, dass sie im Fall ihrer Abkopplung vom allgemeinen Interesse mit Abberufung gestraft werden. Abhängigkeit heißt dann: Jemand weiß um seine Verpflichtung, seine Macht zugunsten desjenigen einzusetzen, von dem er abhängt. Die Notwendigkeit, Gewaltausübung nur in einem Verhältnis der Abhängigkeit zuzulassen, beruht auf einer psychologischen Regelmäßigkeit, von der für alle Amtsträger (Machthaber) auszugehen sei, „auf der allgemeinen, notwendigen, unbezweifelten und nicht einmal beklagenswerten Eigenschaft der menschlichen Natur – der Vorherrschaft eigennütziger Affekte über die sozialen" (118). Was Bentham für private Individuen noch zugesteht, dass nämlich ihre faktischen Interessen mit dem Allgemeininteresse zusammenfallen *können*, das schließt er für die Regierenden aus. Selbst unterstellte Tugendhaftigkeit und religiöse Überzeugungen werden sie nur unzureichend motivieren. Ihre Machtposition führe stets dazu, dass sie Interessen entwickeln, die Bentham später als „sinister" bezeichnen wird: Interessen, die nur auf Kosten der gleichmäßigen Berücksichtigung der Interessen anderer zu verfolgen sind.[51]

Die funktionale Konzeption der Gewaltenteilung verfällt Benthams Kritik ebenso wie die der Souveränitätsteilung und Gewaltenbalance. Er lehnt die Aufteilung der Regierungsgewalt ab, egal ob „sie auf drei verschiedene Formen aufgeteilt und jedem Organ eine unterschiedliche Form zugewiesen würde" oder ob sie „ungeteilt bliebe und es erforderlich wäre, daß alle drei Organe in jedem Falle ihrer Ausübung zusammenwirkten." (114) Dabei ist er bereit, zugunsten der letzteren zumindest eines geltend zu machen: Gewaltenbalance *wäre* dort von Vorteil, wo sie zu intelligenteren Entscheidungen beitrüge. Dies tue sie allerdings nur dort, wo sich aus der Aufteilung von Gewalten auf mehrere Akteure zwischen ihnen Debatte und Diskussion entspinnen, was aber nicht zwangsläufig der Fall sein müsse und etwa im Verhältnis zwischen Ober- und Unterhaus in Großbritannien auch nicht der Fall sei.[52]

Benthams Kritik der Gewaltenbalance hat zwei Aspekte. Der eine Aspekt betrifft den Umstand, dass die Versammlung das Volk ausschließlich repräsentiert. Da es nach utilitaristischer Auffassung die Aufgabe der Legislative ist, das größte Glück der Bevölkerung zu realisieren, drohte die Aufteilung der legislativen Gewalt zwischen Versammlung und König die Interessen des Volks zu sabotieren. Allerdings schließt dieses

50 Vgl. Michael James, Bentham's Democratic Theory at the Time of the French Revolution, 611.

51 Die Entwicklung der Kategorie „sinistrer Interessen" nach 1806 gilt in der Forschung als der wesentliche Fortschritt von Benthams später über seine frühe Demokratietheorie zur Zeit der Französischen Revolution. Vgl. P. Schofield, *Utility and Democracy*, 109–136.

52 Bentham wird diesen Gedanken später in seiner Kritik am Bikameralismus der US-Verfassung wieder aufnehmen. *Anti-Senatica*, hg. v. C. Everett, *Smith College Studies in History* 11, 4, 1926, bes. 224ff.

Argument nicht alle Formen von Gewaltbalance aus. Es verhindert zwar, dass „eine einzelne Person – man nenne sie König oder sonstwie – ... irgendeinen effektiven Anteil an der Gesetzgebung haben sollte“. Ein „nomineller“ Anteil jedoch wie beispielsweise das suspensive Veto, das die Girondistenverfassung vorgesehen hatte, kann unter diesem Argument dem König als Appell „einer vom Volk gewählten Gruppe von Abgeordneten [an eine] nachfolgende, auf dieselbe Weise gewählte Abgeordnetengruppe“ zugestanden werden (111). Noch 1789 hatte Bentham dem französischen König eine solche Berufung als „Appell vom Willen der Nationalversammlung an die Nation insgesamt“ zugebilligt – jeder Appell sollte sich an einen unabhängigen Dritten wenden.[53] Der Übergang vom Appell an die Nation zum Appell an die darauffolgende Versammlung markiert nun einen wesentlichen Unterschied in der Souveränitätstheorie. Hatte im früheren Fall das suspensive Veto ermöglicht, dass an den eigentlichen Souverän appelliert wird, ist es im späteren Fall als Appell an eine spätere, verfahrensmäßig komplexer erfasste Versammlung zu verstehen.[54]

Der zweite Aspekt, unter dem Gewaltenteilung sinnvoll erscheinen kann, liegt in der Unterordnung der Exekutive. Wie Bentham später formulieren sollte, „it is a matter of absolute necessity that, with reference to one of them, namely the legislative, the other, namely the Executive, should be subordinate.“ Dieses hierarchische Verhältnis könnte nicht beibehalten werden, wenn die Exekutive auch nur über verzögernde Gewalt verfügte (und läge diese auch nur in Funktionen der Zustellung oder Unterzeichnung von Beschlüssen).[55] Dieses Argument, das sich zugunsten einer funktionalen Gewaltenteilung mobilisieren lässt, sieht in der Gewaltenbalance eine Aufhaltefunktion, die der Umsetzung von Entscheidungen im Wege steht und damit ein eigenständiges, nichtverantwortliches Machtpotential auf seiten der Exekutive ansiedelt.

Benthams Ablehnung der funktionalen Gewaltenteilung hat einen anderen theoretischen Hintergrund. In einem frühen Fragment kritisiert Bentham, dass dem König die exekutive Gewalt zugeschrieben werde, ohne dass bisher eine analytische Unterscheidung der Gewalten anhand ihrer Merkmale geleistet worden wäre. Die Grenzen zwischen den drei Gewalten seien bisher „noch nicht einmal der Idee nach“ gezogen worden. Dies hält Bentham für eine „metaphysische“ Arbeit, die allererst zu leisten wäre.[56] Als „verworren“ bezeichnet er in *Zur Gewaltenteilung* die Annahme, dass die

---

53 *Rights, Representation and Reform*, 238. Dies stimmt mit der Semantik der Nationalversammlung, die das aufschiebende Veto diskutiert, überein (s. z. B. Sieyès, Rede vom 7.9.1789 über die Frage des königlichen Vetos, in ders., *Politische Schriften, 1788–1790,* hg. v. E. Schmitt & R. Reichardt, München, Wien, 2. Aufl. 1981, 259–276, 266ff.).

54 Keith Michael Baker, Art. Souveränität, in Francois Furet & Mona Ozouf (Hg.), *Kritisches Wörterbuch der Französischen Revolution,* Bd. 2, Frankfurt/M. 1996, 1332–1353, 1348.

55 Observations by an Englishman, in Bentham, *Securities against Misrule,* 225.

56 „[L]es lignes qui les séparent personne ne les a jamais tirées même en idée“. *Rights, Representation and Reform,* 172. In einem MS aus derselben Phase (Constit. Law Heads) spricht Bentham neben einer „metaphysisch“ begründeten plausibler auch von einer „logischen“ Gewaltenteilung, „according to their logical genuses or emanation from the different modes of action of the law“, MS 170–174, *University College London.*

Ausübung aller politischen Gewalt dem einen oder anderen von zwei bis drei Handlungstypen angehört: legislativ, exekutiv, judikativ. Zutreffend schildert er zunächst die dem Verfassungsentwurf zugrunde liegende funktionale Konzeption folgendermaßen:

> Die Gewalt, die [die Nationalversammlung] haben sollte, sollte sie ganz für sich allein haben, und kein anderer sollte das kleinste Atom von ihr besitzen. Die Gewalt, die sie nicht haben sollte, sollte ein anderer ganz und gar haben, und sie nicht das kleinste Atom davon. ... Was folgt daraus? Zunächst einmal, daß es niemandem außer der Nationalversammlung gestattet sein sollte, irgend etwas hervorzubringen, was ein Gesetz heißen darf. (109)

Die Nationalversammlung soll ausschließlich durch Gesetzgebung herrschen, und kein anderer darf durch Gesetzgebung herrschen. Der zentrale Begriff in einer theoretisch respektablen Gewaltenteilungslehre müsste daher der des Gesetzes sein. Hier geraten die Verfassungskonstrukteure in Schwierigkeiten, da sie über keinen klaren und trennscharfen Begriff der Gesetzgebung verfügen. Unproblematisch erscheint für Bentham, dass Budgetgesetz und Steuergesetze unter den Gesetzesbegriff fallen. Wie ist es aber mit dem Aufnehmen von Schulden? Für Bentham ist gesetzgebendes Handeln durch seinen hierarchischen Charakter definiert. Es ist dadurch charakterisiert, dass ein Wille einseitig auferlegt wird. Dies kann man beim Borgen nicht unterstellen, auch wenn es das Parlament sein sollte, das eine Kreditaufnahme beschließt.[57] Ähnlich problematisch sind die Entscheidungen über Krieg und Frieden. Wenn auch Kriegserklärungen am ehesten der gesetzgebenden Tätigkeit zu subsumieren sind, so trifft dies doch für Friedensschlüsse nicht zu. Ein weiterer problematischer Fall ist der, in dem eine Versammlung eine Person in ein Amt wählt. Vom Handlungstyp her schlägt Bentham dies der Ausübung administrativer Gewalt zu, während er Akte der Rechnungsprüfung durch ein Parlament nicht anders denn als Ausübung judikativer Gewalt verstehen kann.[58] Selbst die Kompetenz, Mitglieder der Regierung zur Verantwortung zu ziehen, das zentrale Institut des Parlamentarismus, kann kaum als legislative Tätigkeit aufgefasst werden. Es gibt also einerseits keine klare Theorie, die die Ausübung bestimmter Aufgaben auf eine handlungstheoretisch überzeugende Weise zweifelsfrei der Legislativen zuweisen könnte. Andererseits folgte aus jeder überzeugenden und konsistenten Theorie der Gesetzgebung, dass die Versammlung wichtiger Kompetenzen beraubt würde.

Dieses Argument ist aus der Perspektive des britischen Parlamentarismus besonders plausibel. Dem Parlament waren traditionell drei Aufgaben zugeschrieben worden: seine Verantwortung als Gesetzgeber, als Gerichtshof (*Magna Curia*) sowie als Ort, an dem der König Beratung finden konnte (*Commune Concilium Regni*).[59] Durch die Routinisierung der Gesetzgebung in den Jahrzehnten nach der *Glorious Revolution*, insbesondere

57 „Asseoir un impôt, c'est établir des loix. Quant à l'Emprunt, en faire ce n'est pas établir une loi, mais c'est prendre un engagement." *Rights, Representation and Reform*, 173.

58 *Rights, Representation and Reform*, 261.

59 David Lieberman, The Mixed Constitution and the Common Law, *UC Berkeley Public Law and Legal Theory Working Paper* No. 99–4, 1999.

durch die jährliche Festlegung von Steuern und Budget, war die Gesetzgebungsfunktion in der öffentlichen Wahrnehmung wie auch in der Selbstbeschreibung des Parlaments in Führung gegangen. Aber die beiden Häuser verfügten weiterhin über sehr weitgehende judikative Befugnisse, darunter die des *impeachment* von Ministern vor dem Oberhaus auf die Anklage des Unterhauses hin.[60] Auch für Bentham ist es eine zentrale Funktion des Parlaments, korrupte Beamte, Abgeordnete oder Beauftragte von Firmen wie der *East India Company* zur Rechenschaft zu ziehen.[61] Eine handlungstheoretische Fixierung von Legislative, Exekutive und Judikative, die die entsprechenden Handlungsweisen jeweils exklusiv bestimmten institutionellen Akteuren zuschriebe, wäre also mit dem Prinzip parlamentarischer Suprematie offensichtlich unverträglich.

Ein zweiter Einwand gegen die funktionale Gewaltenteilungslehre des Verfassungskomitees lautet, dass sie legislative mit souveräner Gewalt verwechsle. Dies mache eine Dezentralisierung legislativer Kompetenzen auch in solchen Fällen unmöglich, in denen die untergeordnete Versammlung unter der Aufsicht und Kontrolle der Nationalversammlung stehe. Das Französische Verfassungskomitee hatte daher den gewählten Provinzialverwaltungen allein administrative Kompetenzen zuschreiben wollen.[62] Benthams Verfassungsentwurf hatte hier weitergehende Kompetenzen unter der Bezeichnung „provinzieller" und „sub-provinzieller Versammlungen" vorgesehen, deren Funktion es ist, „Gesetze zu geben, deren räumliche Ausdehnung auf die Provinz [bzw. Sub-Provinz] beschränkt ist und die auf den Bedürfnissen der Provinz [Sub-Provinz] beruhen".[63] Werden Souveränität und die faktische Ausübung der Gesetzgebung nicht länger miteinander identifiziert, so lässt sich auch die Tätigkeit der dezentralen Versammlungen als Gesetzgebung auffassen, wenn sie im hierarchisch-asymmetrischen Typ ihrer Machtausübung mit dem Handlungstyp der zentralen Legislative übereinstimmt:

> Den Einwohnern einer Gemeinde eine Steuer für die Reparatur einer Straße, einer Kirche oder eines Hospitals aufzuerlegen, ist ebenso ein Akt der Gesetzgebung

60 Im Gegensatz dazu hatten bereits die vom Verfassungskomitee vorgelegten Neunzehn Verfassungsartikel vom Oktober 1789 der französischen Nationalversammlung alle justizförmige Machtausübung untersagt (Art. XIX, s. *Rights, Representation and Reform*, 229).

61 Nancy Rosenblum betont, dass Bentham das Unterhaus als „sitting in perpetual judgment over the conduct of functionaries" ansah (Rosenblum, *Bentham's Theory of the Modern State,* Cambridge, Mass. 1978, 135). Dennoch sei Bentham bereit gewesen, die *impeachment*-Kompetenz des Parlaments aufzugeben, wenn es ansonsten gezwungen gewesen wäre, sich auf seine „niedrigere" Pflicht auf Kosten der Gesetzgebung zu konzentrieren. Bentham befürchtete, dass die Abzweigung von Ressourcen des Parlaments, die für *impeachment*-Prozesse beansprucht werden, eine geregelte Weiterarbeit an der Gesetzgebung nicht zulassen könnte. Vgl. Bentham, *Official Aptitude Maximized, Expense Minimized,* P. Schofield (Hg.), Oxford 1993, 186.

62 *Rights, Representation and Reform*, 260 Fn. Zu den allein administrativen Kompetenzen der „Provinzverwaltungen" s. auch Albert Soboul, *Die große französische Revolution*, Frankfurt/M. 1973, 166–169.

63 *Rights, Representation and Reform*, 234f.

> wie die Besteuerung der gesamten Nation für die Errichtung eines Hafens oder einer Werft.[64]

Lokale Versammlungen sollten Gesetze ohne ausdrückliche Zustimmung der zentralen Kammer verabschieden können, aber auf alle erdenklichen Arten unter ihrer nachträglichen Kontrolle stehen. Eine gesetzgeberische Kontrolle sei aber von einem Gesetzgebungsmonopol zu unterscheiden. „Die Wahrheit ist, dass Abhängigkeit oder Unabhängigkeit, Unterwerfung oder Überlegenheit nichts mit der Unterscheidung zwischen legislativer, exekutiver und judikativer Gewalt zu tun hat."[65]

Zusammenfassend lässt sich sagen, dass Benthams konstruktive Position ebenso radikal wie folgerichtig ist, auch wenn sie letztlich das zentrale Motiv der funktionalen Gewaltenteilung ignoriert. Natürlich hat sein Festhalten an uneingeschränkter parlamentarischer Suprematie einen hohen Preis. Es kann nicht überzeugen, dem Parlament eine bunte Mischung höchstrangiger Kompetenzen zuzuordnen, ohne es gleichzeitig den zugehörigen „Sichtblenden" zu unterwerfen, die das allgemeine parlamentarische Gesetz von der einzelfallbezogenen Maßnahme oder einzelnen Entscheidungen trennen.[66] Andererseits beeindruckt seine ebenso grundsätzliche wie folgerichtig durchgearbeitete Reaktion auf eine auf beiden gegnerischen Seiten nicht durchdachte Verfassungstheorie. Beide gegnerischen Lager müssen Begründungsleistungen nachliefern: sowohl die Vertreter der Mischverfassung (sei es mit, sei es ohne König), die gedankenlos dem Vorurteil einer intensiveren Beratung und besseren Argumentation im Austausch zwischen staatlichen Instanzen folgen, als auch die Parteigänger einer hierarchisch-funktionalen Gewaltenteilung des kontinentalen Typs, die sich über die faktische Machtfülle und Kompetenzbreite des Parlaments keine Rechenschaft ablegen, wenn sie verkünden, alle allgemeinen Beschlüsse, und nur sie, lägen in der Hand des parlamentarischen Gesetzgebers.

III. Kritik der Menschenrechte

Im Kontext der einrahmenden Beiträge, und als Folge der bis hierher vertretenen Interpretation von Benthams institutionellem Denken während der Französischen Revolution lässt sich nun ein neues Licht auf einen weiteren, in der Rezeptionsgeschichte weithin berüchtigten Teil seiner utilitaristischen Theoriebildung werfen. Der Grund für die Rechteskepsis des Utilitarismus wird gewöhnlich unmittelbar im Prinzip der Nützlichkeit lokalisiert: Die Frage „Was tun?" werde unmittelbar in die Frage „Welche Maßnahme oder gesetzgeberische Option produziert das meiste Glück?" übersetzt, so dass die Realisierung dessen, was im allgemeinen Interesse liegt, sich nicht mit der Respektierung

64 *Rights, Representation and Reform*, 261

65 Ebd., 261.

66 Ingeborg Maus, *Über Volkssouveränität. Elemente einer Demokratietheorie*, Berlin 2011.

individueller Ansprüche aufhalten könne.[67] Tatsächlich bezieht sich Bentham hier und da auf das Konzept der Nützlichkeit, um dem seiner Ansicht nach unverständlichen Konzept angeborener Rechte ein rationales Element entgegegenzuhalten. Dennoch ergibt die Lektüre von Benthams Text, dass Nützlichkeit im Hintergrund steht und vor allem der aggregative Grundzug des Utilitarismus in der Bekämpfung des Menschenrechtsgedankens kaum eine Rolle zu spielen scheint. An keiner Stelle lässt er die Vermutung durchblicken, dass Rechte oder die lose Vorstellung von „allgemeiner Wohlfahrt" oder dem „allgemeinen Nutzen", wie sie die Verfassungsentwürfe und -texte evozieren, mit der technischen Konzeption des Allgemeininteresses im Utilitiarismus nicht vereinbar seien. Wie die Auseinandersetzung mit der Menschenrechtskritik und auch mit einem weiteren Text in diesem Band zeigen werden (zu *Staatseinnahmen ohne Belastung* s. u. 54–63), sind daher juridische Rechte oder „Sicherheiten" für Individuen nichts weniger als unverträglich mit dem utilitaristischen Demokratiemodell.

Benthams Bemerkung: „Natürliche Rechte sind schlichter Unsinn, natürliche und unantastbare Rechte rhetorischer Unsinn, Unsinn auf Stelzen" ist der Höhepunkt einer großangelegten Polemik gegen die Entwürfe und verabschiedeten Fassungen mehrerer Französischer Menschen- und Bürgerrechtserklärungen (147). Die Erstveröffentlichung durch Étienne Dumont war unter dem Titel *Sophismes Anarchiques* ediert und einer ausführlichen Taxonomie politischer Fehlschlüsse an die Seite gestellt worden.[68] Die kritische Werkausgabe hat die Manuskripte 2002 erstmals mit dem von Bentham erwogenen Titel *Nonsense upon Stilts, or, Pandora's Box Opened* überschrieben. Als alternative Überschriften hatte Bentham unter anderem „No French Nonsense: or, A Cross-Buttock for the first Declaration of Rights: together with a Kick of the A- for the second: by a practioner of the Old English Art of self-Defence" und „Pestilential Nonsense Unmasked" erwogen.[69] Die ausgedehnteste Analyse widmet er der ersten *Déclaration*, d. h. den 17 Artikeln, die von der Verfassunggebenden Versammlung am 26. August 1789 angenommen und später der französischen Verfassung von 1791 vorangestellt worden waren.[70] Diese Analyse verfasst er im Jahre 1795, nachdem seine ursprüngliche Sym-

67 Für eine Standardversion des Arguments s. Steven Lukes, Five Fables About Human Rights, in S. Shute & S. Hurley (Hg.), *On Human Rights. The Oxford Amnesty Lectures 1993*, New York 1993, 19–40, 21f.

68 Der Ausdruck „Anarchical Fallacies" fällt erstmals in Manuskripten vom 7./8. August 1811, s. Editorial Introduction, *Rights, Representation and Reform*, li.

69 Editorial Introduction, *Rights, Representation and Reform*, xlviii.

70 Nicht in diesen Band aufgenommen wurden Benthams Auseinandersetzung mit 14 Artikeln der *Erklärung der Rechte und Pflichten des Menschen und Bürgers*, die der Direktoriumsverfassung von 1795 voransteht (*Declaration of the Rights and Duties of the Man and Citizen A° 1795*, in *Rights, Representation and Reform*, 376–388), sowie die *Beobachtungen zur Erklärung der Rechte im Entwurf des Bürgers Sieyès* (*Observations on the Declaration of Rights as Proposed by Citizen Sieyès*, in *Rights, Representation and Reform*, 389–397. Sieyès' Entwurf stammte aus dem Jahr 1789.). Benthams Zorn richtet sich in unverminderter, aber auch ungesteigerter Intensität gegen die frühe wie gegen die späte Erklärung. Seine Abrechnung mit der restaurativen Verfassung sechs Jahre nach der ursprünglichen *Déclaration* fällt nicht milder aus, entwickelt aber

pathie für die Revolution längst erkaltet und seine konstruktive verfassungspolitische Mitarbeit beendet ist. Er bietet den Aufsatz allerdings erst 1801 – erfolglos – u. a. der reaktionären *Anti-Jacobin Review* zum Druck an.[71] Zwar habe er, so erinnert sich Bentham später, eine anarchistische Tendenz der Menschenrechtserklärung bereits bei ihrem ersten Erscheinen durchschaut – doch habe er damals für möglich gehalten, dass die Erklärung nur die verwirrte, aber letztlich harmlose informelle Funktion einer moralischen Ermahnung übernehmen werde. Erst ihre „Umsetzung (*execution*)" habe die spätere fundamentale Kritik notwendig gemacht.[72] Erwähnenswert ist entgegen dieser späteren Rationalisierung, dass eine erste Auseinandersetzung mit vom Verfassungskomitee vorgelegten Entwürfen von Menschenrechtserklärungen bereits 1789 bei Bentham eine maßvollere, vor allem an prozeduralen Fragen orientierte Kritik ausgelöst hatte, die er mit dem etwas sperrigen, aber neutralen Titel *Anmerkungen zu den Entwürfen der Menschen- und Bürgerrechtserklärungen, die dem Verfassungskomitee der Französischen Nationalversammlung vorgelegt wurden* versah. Die Bowring-Ausgabe von 1843 hatte es ebenso wie Dumonts Version von 1817 in einem Zusammenschnitt der früheren und späteren Manuskripte unmöglich gemacht, Phasen der Kritik zu unterscheiden.

Bereits Benthams frühe Rezeption ist durch und durch skeptisch. Er bedauert, dass überhaupt ein so „metaphysisches" und in seinen Folgen unkontrollierbares Unternehmen wie eine Erklärung der Menschen- und Bürgerrechte begonnen wurde, bevor die Grundlagen dazu geschaffen waren: „Political science is not far enough advanced for such a declaration".[73] Der Hauptkritikpunkt seiner Auseinandersetzung in den *Anmerkungen zu den Entwürfen* ist aber nicht die Semantik natürlicher Rechte als solche, sondern vielmehr deren verfassungsförmig zu installierende Unveränderlichkeit, die Bentham als Unfehlbarkeitsbehauptung der Verfassunggeber interpretiert. Er beurteilt die Entwürfe als „unausgegoren und verfrüht" und beklagt ihre verfassungsmäßige Verewigung. Die änderungsfeste Verankerung natürlicher Rechte gehorche dem „alten Gelüst, die Nachwelt zu beherrschen, dem alten Rezept, das die Toten in den Stand

keine neuen Gesichtspunkte. Die 35 Artikel der zweiten Menschen- und Bürgerrechtserklärung, die der (Jakobiner-)Verfassung von 1793 beigefügt waren, würdigte Bentham keiner Kritik – ihn interessiert weder die Radikalisierung der vergleichsweise liberalen Menschenrechtserklärung von 1789, noch fällt sein Urteil über deren Abschwächung 1795 milder aus.

71 J. H. Burns, Bentham and the French Revolution, 104. Die englische Erstveröffentlichung erfolgte erst in der Werkausgabe John Bowrings von 1843 (Bd. ii, 489–534).

72 Da von einer rechtsförmigen „Umsetzung" der Menschen- und Bürgerrechtserklärung während der Französischen Revolution kaum die Rede sein kann, bezieht sich Bentham mit dem „attempt ... to give it execution, or carry it into practice" sichtlich auf die *terreur* und andere praktische Folgen der Revolution, wie die militärische Bedrohung der europäischen Staaten, die vom revolutionären Frankreich ausging. MS U.C. 146–223, zit. nach Editorial Introduction, *Rights, Representation and Reform*, xlvii.

73 Brief an Brissot aus der Mitte des Jahres 1789, zitiert nach der Editorial Introduction, *Rights, Representation and Reform*, xxxiii. Die drei Entwürfe, mit denen sich Bentham in den *Observations* auseinandersetzen wollte, stammten von Target, Sieyès und Servan (ebd., 180–184).

versetzen soll, die Lebenden zu knechten“ (129). Weiterhin kritisiert er die Verwechslung von deskriptiven und normativen Aussagen, die er im Entwurf wahrnimmt:

> Die Ausdrücke *kann* und *kann nicht* werden hier insofern mit größerer und verderblicherer Wirkung gebraucht. ... Ein Verwaltungsbeamter kann dieses oder jenes nicht tun – d. h. er hat keine Macht, dieses oder jenes zu tun. Wenn er einen derartigen Befehl ergehen läßt, ist man nicht in höherem Maße verpflichtet, diesen zu befolgen, als wenn er von einer beliebigen Privatperson ergangen wäre. Wird ebendieser Ausdruck aber auf die Gewalt angewendet, die anerkanntermaßen die oberste ist und von keiner bestimmten Institution begrenzt wird, dann entladen sich Wolken der Mehrdeutigkeit und Verwirrung in einem Unwetter, das man kaum heil überstehen kann. (132)

Dennoch traut Bentham sich zu diesem Zeitpunkt noch zu, paternalistisch-korrigierend in die Debatte um die Menschenrechtserklärung einzugreifen:

> Man ändere die Sprache und setze *sollte nicht* an die Stelle von *kann nicht*, dann liegt der Fall ganz anders. ... Ein solches Gesetz *sollte nicht* erlassen werden, weil es nicht mit der allgemeinen Wohlfahrt im Einklang steht. (132, Hv. PN)

Statt fälschlich eine im geltenden Recht bereits bestehende Unmöglichkeit zu behaupten, soll die Wünschbarkeit einer solchen Immunität, und damit die Wünschbarkeit der Schaffung einer solchen Norm, ausgedrückt werden. Damit ist aber, wie Bentham betont, das Problem noch nicht vom Tisch, wie eine Bindung nicht nur der durch die Verfassung autorisierten Staatsgewalten, sondern auch des Souveräns selbst gelingen soll. Die frühe Kritik schließt mit der Aufzählung von vier Defekten der vorliegenden Entwürfe einer *Déclaration*:

- die Entwürfe behaupten Tatsachen, die offensichtlich unwahr sind (wie die angeführten Unmöglichkeitsbehauptungen, die mit der Theorie einer allmächtigen Legislative nicht in Einklang gebracht werden können),
- sie proklamieren allgemeine Gesetze, denen in der Anfertigung einzelner Gesetze nicht entsprochen werden kann,
- sie schaffen nur unverbindliche Erwartungen an zukünftige Gesetzgeber,
- sie enthalten Normen, die aufgrund ihres speziellen Charakters eher als einfache Gesetze kodifiziert werden sollten (133).

Bei allen vier Einwänden handelt es sich um vorrangig rechtstechnische Überlegungen, die auf mögliche Verbesserungen zielen und, wie am Beispiel des ersten Einwandes bereits erörtert, wenigstens die Konsistenz, wenn auch nicht die unzweideutige Nützlichkeit einer dergestalt revidierten Erklärung erwarten lassen. Im Vordergrund steht die problematische Kompatibilität zwischen einfachem und höherem Recht, die Bentham zufolge alle zukünftige einfache Gesetzgebung vor ein Dilemma stellt. Man wird nie ein Gesetz erlassen können, das gegen den Vorwurf immun sein wird, es verletze die in der

Déclaration proklamierten Rechte. Ein solcher Vorwurf lasse sich nur auf zwei Weisen beantworten: entweder, indem man ein durchaus wünschenswertes Gesetz zurückzieht. Oder aber, indem man „der Erklärung der Rechte eine falsche Färbung gibt (gefährliches Unterfangen!). Der Kommentar wird dem Text widersprechen ...".[74] Festhalten lassen sich mithin zwei Merkmale der frühen Kritik an der ersten französischen *Déclaration.* Erstens steht sie im Dienst der rechtlichen Bestimmtheit, Klarheit und Konsistenz der entstehenden Verfassung sowie der im vorangegangenen Abschnitt bereits erörterten einschränkungsfreien Handlungsfähigkeit der Legislative. Zweitens erscheint Bentham, trotz seiner fundamentalen Skepsis gegenüber der Form einer jeden *Déclaration*, die er ebenso gegenüber der US-amerikanischen Unabhängigkeitserklärung an den Tag legt,[75] 1789 noch an der Verbesserung und am möglichen Erfolg einer solchen Konstruktion orientiert. Im Gegensatz dazu können die späteren, bekannteren Auseinandersetzungen nur als destruktive Kritik aufgefasst werden.

Benthams Kritik von 1795 hat, wie der im Titel unterstellte „Nonsense" impliziert, eine bedeutungstheoretische Basis. Dieser Punkt ist in der Bentham-Literatur bereits seit den 1930er Jahren herausgearbeitet worden,[76] allerdings hat erst der semantische Fokus der analytischen Rechtstheorie seine systematischen Grundlagen in Benthams Arbeiten erkennen lassen. „Unsinn" muss im gegenwärtigen Kontext als Unterstellung strikter Bedeutungslosigkeit angesehen werden: ein subjektives „Recht" und eine „Pflicht" sind zunächst einmal bedeutungslose Vorstellungen, wo ihre Existenz außerhalb von bestehenden Rechtsordnungen behauptet wird.[77] Mit einem Rigorismus, der die empiristische Sinnkritik des Wiener Kreises im 20. Jahrhundert vorwegnimmt, erklärt Bentham alle Referenz auf „fiktive" Gegenstände für übersetzungsbedürftig. Diese Leistung soll ein Verfahren namens „Paraphrase" übernehmen. In diesem Verfahren sollen allerdings nicht bedeutungslose Referenzen gleichsam atomistisch gegen bedeutungsvolle ausgetauscht werden; es sollen vielmehr Behauptungen, die bedeutungslose Referenzen enthalten, durch solche ersetzt werden, die keine solchen Referenzen enthalten. Nur im Kontext eines (behauptenden, fragenden, befehlenden etc.) Satzes könne die Bedeutung von Ausdrücken fixiert werden. Als Kandidaten für die Übersetzung von Ausdrücken wie „Recht" oder „Pflicht" bieten sich die empirischen Begriffe der Rechtslehre an, in erster Linie der Gesetzes- und Sanktionsbegriff des positiven Rechts: „Ohne den Begriff der Strafe, das heißt ohne den Begriff des Schmerzes, der mit einer Handlung verbunden

74 Brief an Brissot, *Rights, Representation and Reform*, xxxiii, die Einfügung in Klammern entstammt dem Original.

75 Vgl. H. L. A. Hart, The United States of America, in ders., *Essays on Bentham,* 53–78, 63, und Benthams Verweis auf eine „American Declaration-of-Rights", *Rights, Representation and Reform,* 190.

76 Zum Zusammenhang von Benthams politischer Theorie und seiner Theorie der Fiktionen s. C. K. Ogden (Hg.), *Bentham's Theory of Fictions,* New York 1932.

77 Zum Folgenden s. Ross Harrison, *Bentham,* London 1983, 53–74, sowie J. H. Burns, Bentham's Critique of Political Fallacies, in B. Parekh (Hg.), *Jeremy Bentham: Ten Critical Essays*, London 1974, 154–167, 159, der die Einbettung von Benthams semantischer Kritik in eine Kritik des politischen Prozesses betont.

wird, und der aus einem bestimmten Grund und aus einer bestimmten Quelle herrührt, können wir weder von einem Recht noch von einer Pflicht einen Begriff haben."[78] Das Verständnis der Rede von „Recht" und „Pflicht" setzt die konkrete Vorstellung einer sanktionierenden Instanz voraus, was für die als vorstaatlich-überzeitlich verstandenen Menschenrechte schwierig ist.[79] Bentham weigert sich strikt, die moderne Ausweichoption anzuerkennen, derzufolge Menschenrechte eben bereits im Bereich der Moral Verbindlichkeit haben können, ohne im Recht anerkannt zu sein, indem er auf der internen Verbindung zwischen Recht und gewaltsamer Erzwingbarkeit beharrt. Ebenso wichtig ist es, eine Vorstellung davon zu haben, *wer* Handlungsweisen in der Idee mit der Erwartung eines Schmerzes kombiniert, das heißt: wer als Gesetzgeber oder Souverän fungieren kann. Wäre es möglich, Aussagen über Rechte und Pflichten der Menschen in Behauptungen über Gesetze, also sanktionsbewehrte, regelmäßig eingehaltene, einseitig vom Souverän ausgehende Befehle, zu übersetzen, haftete dem Menschenrechtsdiskurs nichts Mysteriöses an.[80] Allerdings bestreitet der Menschenrechtsdiskurs die Existenz von Sanktionen ebenso wie die Existenz eines Gesetzgebers. Die Autoren der Französischen Erklärung lassen keinen Zweifel daran, dass sie den Ausweg, den das Naturrecht noch vorgesehen hatte, nämlich Gott als positiven Gesetzgeber eines überzeitlichen Rechts anzusehen, ausschlagen: Die Geltung natürlicher Rechte resultiere eben nicht daraus, dass sie den Menschen von einem (sei es immanenten, sei es transzendenten) Gesetzgeber verliehen worden seien. Damit bricht aber die vermutete Korrelation zwischen Gesetzen und natürlichen Rechten zusammen.

Bentham erläutert das Motto „Recht, Kind des Gesetzes", das er *Unsinn auf Stelzen* voranstellt, in den zeitgleich entstehenden Überlegungen zu *Einwand V* aus den Manuskripten zu *Staatseinnahmen ohne Belastung*:

> Recht und Gesetz sind Ausdrücke, die aufeinander verweisen wie Sohn und Vater. Ein Recht ist für mich das Kind des Gesetzes: aus verschiedenen Maßnahmen

78 *Fragment on Government* V, 6, Fn.; vgl. Peter Niesen, Benthams Rechtspositivismus, in Rainer Schmidt (Hg.), *Rechtspositivismus*. Baden-Baden (im Erscheinen).

79 Da Benthams Rechtsbegriff auf die Erwartung von Sanktionen bezogen ist, steht es Bentham nicht frei, die Kollision von vorpositiven und positiven Rechten dadurch abzuwenden, dass er erstere der Moral, letztere dem Recht zuschlägt (Markus Stepanians, Menschenrechte als moralische und als juridische Rechte, in Klaus Martin Girardet & Ulrich Nortmann (Hg.), *Symposium Menschenrechte und europäische Identität – die antiken Grundlagen*, Stuttgart 2005, 1–20.) Eine solche Auflösung des Problems verschleierte nur den entscheidenden Schritt, dass bestimmte, als moralisch gekennzeichnete Rechte dennoch öffentlich erzwungen werden sollen. Klarer ist hier die Rechtstheorie von H. L. A. Hart, die in der Redeweise von natürlichen Rechten impliziert sieht, dass die Anwendung eines Mechanismus von gewaltsamer Erzwingung nicht unangemessen wäre (H. L. A. Hart, Are there any natural rights?, in J. Waldron (Hg.), *Theories of Rights*, Oxford 1984, 77–90, 79f.).

80 Vgl. Jeremy Waldron, Jeremy Bentham's Anarchical Fallacies, in ders. (Hg.), *Nonsense Upon Stilts*, 29–45, 35.

> innerhalb des Rechts resultieren verschiedene Arten von Rechten. Ein natürliches Recht ist ein Sohn, der nie einen Vater hatte. (195)

Auf der Basis der bisherigen Interpretation, die auf den demokratischen und gesetzespositivistischen Charakter von Benthams Utilitarismus verweist, lässt sich nun dieser Gedanke nicht als bloß empiristischer Etatismus, sondern als das zentrale Motiv der Benthamschen Kritik natürlicher Rechte identifizieren, nämlich dass die Emanzipation eines Rechts von einem politischen Gesetzgeber dieses gleichermaßen seines Sinns wie seiner politischen Funktionalität beraubt. Dieses gemeinsame Motiv ist dennoch schillernd und vielschichtig; im Folgenden soll daher versucht werden, es durch die Zerlegung in vier verschiedene Argumentkomplexe zu entschlüsseln:

(1) Die semantisch-epistemische Fragwürdigkeit natürlicher Rechte führt zu gewaltsamen Auseinandersetzungen.
(2) Ihre Erklärung führt zu Anarchie.
(3) Sie führt zur Schädigung des Gemeinwohls.
(4) Sie führt zur Entmachtung des demokratischen Gesetzgebers.

(1) Bentham ist der Ansicht, an der Verrohung der Sprache lasse sich eine rohe Politik unmittelbar ablesen. Sie liegt seiner Mission als Sprachhygieniker zugrunde: „In einem törichten Wort schlummern leicht tausend Dolche." (140) Aus aufklärerischer Sicht trägt Sprachkritik zur Durchsichtigkeit und Verständlichkeit rechtlich-politischer Phänomene für alle gesellschaftlichen Schichten bei. Sie untergräbt damit einen juristischen Expertendiskurs und entmystifiziert das Rechtswesen im Ganzen.[81] Die Autoren der *Déclaration* hatten den graduellen Rationalisierungsprozess mit einem Schlag rückgängig gemacht, indem sie ihren Katalog so unkonkret wie nur möglich formulierten: „Was also war ihre Absicht, als sie die Existenz unantastbarer Rechte erklärten, ohne auch nur eines von ihnen durch ein solches Merkmal zu präzisieren, an dem man es würde erkennen können?" (147). Ein Kriterium öffentlicher Vergleichbarkeit, das gemeinsame „Merkmal (*mark*)" fehlt sowohl für die Erfüllung als auch für die Verletzung des Menschenrechts.[82] Da sie rational weder zu bestätigen noch zu dementieren sind, steuern Menschenrechtsbehauptung von sich selbst aus auf gewaltsame Auseinandersetzungen zu: „Die Stärke der Vorhaltung liegt in der Stärke der Lungen; das heißt, in erster Instanz, denn letztlich liegt sie in der Schärfe der Dolche, die ihre Parteigänger in der Tasche führen." (196)

(2) Die zentrale Intuition, die der vormalige Titel *Anarchical Fallacies* ausdrückt, ist die mögliche Sabotage von legitimen Herrschaftsbeziehungen, die von der Behauptung unveräußerlicher Rechte ausgehen kann. Die Rede von natürlichen Rechten verrate sich

81 Zur Benthamschen „Sprachverfassung" und „Sprachpolitik" sehr eindringlich Wilhelm Hofmann, *Politik des aufgeklärten Glücks*, 108–156, bes. 130ff. Zur Sprachkritik im Recht vgl. H. L. A. Hart, The Demystification of the Law, in ders., *Essays on Bentham*, 21–39.

82 H. L. A. Hart hat dies als den zentralen Kritikpunkt in Benthams Angriff auf natürliche Rechte identifiziert: Solche Rechte seien „kriterienlos" und damit hoffnungslos unbestimmt, so dass Berufungen auf sie in unauflösbaren Kontroversen münden müssen. Hart, Natural Rights: Bentham and John Stuart Mill, in ders., *Essays on Bentham*, 79–104, 82.

bereits in ihrer „Sprache des Terrors": Solche Ansprüche sind Todfeinde des Rechts, Saboteure an der Regierung und Meuchelmörder gesetzlicher Sicherheit (147). Sie halten die Widerstandsdrohung als ständiges Erpressungsmittel auch gegen eine dem Gemeinwohl verpflichtete Regierung aufrecht. Behauptungen natürlicher Rechte deuten an, dass der vorstaatliche Zustand noch nicht definitiv überwunden ist, indem sich der einzelne Untertan im Falle eines Gesetzes, „das er nun eben einmal nicht mag", auf der Basis seines jeweiligen Eigeninteresses Ungehorsam und Obstruktion vorbehält (142). Sogar zur Einschränkung der Äußerungsfreiheit tendiert Bentham dort, wo Gesetzen nicht etwa ihre Weisheit oder Angemessenheit, sondern ihre juridische Geltung abgesprochen wird.[83] Von der Menschenrechtssemantik erwartet er sich solche Leugnungen in Permanenz: Sie unterminieren damit den Rechtscharakter von Gesetzen und, in einem nächsten Schritt, die soziale Verlässlichkeit und Berechenbarkeit, die von solchen Gesetzen ausgeht, und seien sie noch so unvollkommen. Bentham identifiziert den perfektionistischen Anspruch, den seiner Ansicht nach eine Erklärung der Menschenrechte an Regierungen richtet, mit der steten Androhung von Aufständen und Umstürzen; insofern sei „das unmittelbare Ziel dieses Manifests, Aufruhr gegen jede Staatsführung zu schüren, die diesen Erwartungen in irgendeiner Hinsicht nicht entspricht" (156). Als psychologische Grundlage erkennt Bentham eine Neigung der Revolutionäre, ihrem eigenen Umsturz in der Erklärung überzeitlicher Menschenrechte eine nachträgliche Rechtfertigung zu verleihen: Die Menschenrechte übernehmen die Funktion einer Aufforderung zur permanenten Insurrektion; sie verstetigen die Revolution und wenden sie schließlich auch gegen andere Völker (158). Ob Benthams psychologische Erklärung zutrifft oder nicht, seine Prognose, Erklärungen von Menschenrechten wirkten sich generell anarchistisch aus, wirkt im Rückblick hysterisch und ungerechtfertigt. Dagegen ist ihm darin Recht zu geben, dass die Installation eines Widerstands*rechts* innerhalb einer Verfassung die von Bentham beklagten epistemischen Schwierigkeiten aufwerfen kann. Es ist aber nicht notwendig, dass Menschenrechtserklärungen ein Revolutionsrecht enthalten. Insbesondere dort, wo solche Erklärungen einer demokratischen Verfassung vorangestellt sind, kann die Berufung auf die Volkssouveränität selbst dazu führen, dass die Inhaber der Herrschaft ausgetauscht und problematische Gesetze abgeändert werden.[84]

Neben diesen Argumentationen gegen die Gefahr sozusagen vertikaler Anarchie verwendet *Unsinn auf Stelzen* ein weiteres Argument, das aus einem spezifischen Verständnis der Extension natürlicher Rechte erwächst und das man als Unterstellung eines horizontalen Anarchismus der Menschenrechte bezeichnen könnte. Artikel 2 der Menschenrechtserklärung zählt Freiheit, Eigentum, Sicherheit und Widerstand gegen Unterdrückung zu den natürlichen und unveräußerlichen Rechten des Menschen. Bentham ist nicht einverstanden:

83 Vgl. *Fragment on Government*, 12 Fn.

84 W. Twining, The Contemporary Significance of Bentham's Anarchical Fallacies, in B. Parekh (Hg.), *Jeremy Bentham. Critical Assessments,* Bd. 3, London 1993, 700–726, 710. Vgl. Ingeborg Maus, *Zur Aufklärung der Demokratietheorie*, Frankfurt/M. 1992.

> Man beachte den Umfang dieser angeblichen Rechte, von denen ein jedes jedem Menschen zukommt, und zwar alle zusammen ohne Einschränkungen. – Unbegrenzte Freiheit: Dazu zählt, unter anderem, jedermanns Freiheit, in jedem Moment tun und lassen zu können, was ihm gefällt (148).

Analog vermutet Bentham auch im Fall der anderen behaupteten Rechte, dass sie einschränkungsfrei zu gewährleisten seien und daher letztlich mit jeder gesetzlichen Regulierung, die ja notwendigerweise in die persönliche Freiheit eingreift, unverträglich sein müssen. Aber nicht erst mit gesetzlichen Einschränkungen sind solche Rechte unverträglich – sie sind ebensowenig verträglich mit der gleichberechtigten Koexistenz von Individuen. Benthams Verständnis eines Rechts auf natürliche Freiheit orientiert sich am Rechtsbegriff des Hobbesschen Naturzustandes, in dem die Semantik natürlicher Rechte nicht auf die Koexistenzfähigkeit der Rechte verschiedener Individuen miteinander festgelegt ist, sondern im Gegenteil jeder ein „Recht auf alles" besitzt.[85] Die *Déclaration* lasse zu, dass Individuen wechselseitig ihre jeweiligen Rechtssphären verletzen, was mit der Beendigung des Zustands natürlicher Gesellschaft unverträglich ist. „Wo es aber um den Zwang geht, den ein einzelner auf einen einzelnen ausübt, kann Freiheit einem Menschen nur in dem Maße gegeben werden, wie sie einem anderen genommen wird." (150) Solche Einschränkungen, die vom Gesetzgeber festgelegt werden müssten, führten aber in ein praktisches und ein theoretisches Dilemma. Das praktische Dilemma liegt darin, dass diese Aufgabe dem Gesetzgeber anvertraut werden müsste, dem man ja ausweislich der Menschenrechtserklärung in Fragen, die die Rechte der Person betreffen, misstraut. Das theoretische Dilemma liegt darin, dass die Extension natürlicher Rechte als vorstaatlich und überzeitlich vorgestellt wird und daher nicht konsistent der Interpretation des fehlbaren Gesetzgebers anheimgestellt werden kann. Die Menschenrechtserklärungen verwischen die Differenz zwischen der Behauptung unveräußerlicher Menschenrechte und der Notwendigkeit ihrer konkreten Interpretation, Ausgestaltung und Eingrenzung durch den Gesetzgeber.

(3) Ein weiterer Einwand Benthams gegen die französischen Menschenrechtserklärung figuriert in seiner Argumentation längst nicht so prominent, wie dies auf der Basis einer unmittelbaren Anwendung des Prinzips der Nützlichkeit zu erwarten gewesen wäre. Im Rückblick auf die Theorieentwicklung der vergangenen 200 Jahre sind wir geneigt zu behaupten: Rechte sind Trümpfe gegenüber staatlichen Handlungsweisen, die aus der Perspektive des Gesamtnutzens gerechtfertigt erscheinen.[86] Ganz im Gegensatz zu dieser Annahme macht Bentham einen konstruktiven Vorschlag, wie sich aus utilitaristischer Perspektive die Erklärung von Menschenrechten verstehen lasse: Rechtebehauptungen sollen als Wünsche und *prima facie*-Gründe verstanden werden, solche Rechte als juridische Ansprüche einzuführen. Eine solche rechtliche Festschreibung unterscheide sich ums Ganze von den Postulaten der *Déclaration*: Sie setze nicht die Präexistenz solcher Rechte voraus und sei verträglich damit, sie nur dann zu positivieren, wenn es „richtig

85 „[I]n such a condition every man has a right to everything, even to one another's body." Hobbes, *Leviathan* I, XIV, 4, E. Curley (Hg.), Indianapolis 1994, 80.

86 Vgl. Ronald Dworkin, *Bürgerrechte ernstgenommen,* Frankfurt/M. 1984, 303ff.

oder angemessen – will sagen: von Vorteil für die jeweilige Gesellschaft – ist, dieses oder jenes Recht, ein Recht dieses oder jenes Inhalts einzurichten und beizubehalten" (147). Wenn man die Redeweise von natürlichen Rechten wohlwollend aufnimmt, so Bentham, dann besagt die Behauptung, man verfüge über sie, immerhin, dass es einen Grund gebe, solche Ansprüche rechtlich abzusichern. Gründe und Ansprüche dürften aber nicht miteinander verwechselt werden:

> Der Mangel an Glück infolge des Mangels an Rechten gibt uns Grund zu wünschen, es gäbe so etwas wie Rechte. Aber Gründe zu wünschen, es gäbe so etwas wie Rechte, sind keine Rechte. Ein Grund zu wünschen, es gäbe ein bestimmtes Recht, ist nicht dieses Recht. Wünsche sind keine Mittel. Hunger ist kein Brot. (147)

Allerdings müssen sich solche Ansprüche jederzeit in der Öffentlichkeit argumentativ belegen und verteidigen lassen. Sie können nicht automatisch gegenüber Einwänden in Schutz genommen werden, so wie dies für die Menschenrechte der *Déclaration* charakteristisch ist: Es gibt „kein Recht ..., welches nicht, wenn seine Abschaffung der Gesellschaft einen Vorteil bietet, abgeschafft werden sollte" (147). Um aber festzustellen, ob ein Recht erhalten oder abgeschafft werden sollte, bedürfe es einer genauen Formulierung seiner Extension und einer genauen Kenntnis der gegenwärtig herrschenden Umstände, in Bezug auf die es als vorteilhaft oder nachteilig erscheine. Dies leisten die Menschenrechtserklärungen nicht.

Auch angesichts des Umstandes, dass die Gründe für die Etablierung von Rechten auf das größte Glück der größten Zahl Bezug nehmen müssen, geht Bentham also nicht von einer generellen normativen Konkurrenz zwischen individuellen Rechten und dem größten Glück der Gesellschaft aus. Einerseits lässt sich das dadurch illustrieren, dass Benthams Verweise auf Nützlichkeit eher im allgemeinen Sinn des Gemeinwohls oder Gemeininteresses, nie jedoch mit Aggregation und Maximierung verbunden sind. Sein eigenes Arbeitsprogramm charakterisiert er sogar an einer Stelle als das Projekt herauszufinden, „was jeweils unsere juridischen Rechte auf der Basis des Prinzips der Nützlichkeit sein sollten, das heißt, was die Rechte sind, die, wenn das Gesetz sie hervorbrächte, jeweils zum Glück der Gemeinschaft beitrügen." (196) Zweitens lässt sich die unspezifische Bedeutung des Nutzenbegriffs in der Kritik der Menschenrechte auch daran zeigen, dass die verschiedenen proto-utilitaristischen Bezüge der Menschenrechtserklärungen und -entwürfe nicht minder Benthams Spott verfallen als ihre Behauptungen von Rechten. Wenn die Verfassung von 1791 in Art. 1 formuliert: „Les distinctions sociales ne peuvent être fondées que sur l'utilité commune", so wird Benthams Kritik durch den Bezug auf Nützlichkeit nicht besänftigt. Im Gegenteil, er erhebt dieselben anti-anarchistischen Einwände, die er gegen die Rede von Menschenrechten angemeldet hatte: „Dies sind die Worte, die Dolche im Mund führen, wenn Dolche im Mund geführt werden können: Sie führen Dolche im Mund, und es bleibt nichts weiter, als sie wirklich zu zücken" (145).[87] Wenn aber die unterstellte Unverträglichkeit zwischen dem

87 Wenn Sieyés in Art. 2 seines Entwurfs vorträgt, das Ziel einer politischen Gesellschaft könne kein anderes sein als „le plus grand bien de tous", so verliert Bentham kein Wort über das ‚größte

Prinzip der Nützlichkeit und der Ausstattung von Personen mit individuellen Rechten keine wesentliche Rolle in Benthams Rechte-Kritik spielt, woraus speist sich dann seine nicht nur bedeutungstheoretisch-konsequentialistische, sondern auch normative Kritik? Ein zentrales Motiv liegt in der Funktion, die Rechte-Behauptungen im politischen Diskurs übernehmen. Bentham ist der Ansicht, dass man sich mit ihrer Behauptung der Rechtfertigungspflicht für Handlungen und Zustände entziehen kann:

> Wenn ein Mensch sich eine politische Laune erfüllen will und fest vorhat, sie sich zu erfüllen, wenn möglich um jeden Preis; wenn er den brennenden Wunsch verspürt, ihr nachzugeben, ohne daß er dafür über einen Grund verfügte; wenn er es für notwendig hält, die Menge auf seine Seite zu bringen, aber es entweder versäumt hat nachzuforschen, ob die Menschen dadurch besser gestellt oder glücklicher würden, oder sich nicht in der Lage sieht, das zu beweisen, so stimmt er einen Ruf nach Rechten an. (195)

Dass man mit der Behauptung von Rechten aus einem sozialen Raum des Verlangens und Gebens von Gründen herausoptiert, ist ein Vorwurf, den Benthams Rechtekritik mit der des Kommunitarismus der 1990er Jahre teilt.[88] Die Berufung auf Rechte ist oftmals kein Zug innerhalb einer politischen Auseinandersetzung, sondern vielmehr der Abbruch der Auseinandersetzung. Die Befriedigung von Wünschen und Bedürfnissen unterliegt Bentham zufolge einer ganz generellen Rechtfertigungspflicht, von der sie eine Behauptung von Rechten nicht entbinden kann.

(4) Ein weiterer Gesichtspunkt tritt besonders klar in Benthams Kritik an der Berufung auf natürliche Rechte in Eigentumsfragen hervor. In seinem Pamphlet *Staatseinnahmen ohne Belastung,* das später noch ausführlicher vorgestellt werden soll, macht er einen Vorschlag, wie die Staatsfinanzen mit einer „schmerzlos“ erscheinenden Abgabe – der Einziehung von Grundbesitz in Fällen, in denen keine nah verwandten Erben zur Verfügung stehen – saniert werden könnten. Der Haupteinwand, mit dem sich Bentham konfrontiert sieht, ist, dass ein solcher Vorschlag gegen natürliche Rechte verstößt:

> Eine Verletzung natürlicher Rechte, so könnte man annehmen, zu denen das Eigentumsrecht gehört: ein Recht, das vom Gesetz nicht verändert, sondern nur gesichert werden soll. Unter den Eigentumsrechten ist eines das natürliche Recht, in sein Erbe einzutreten. Dieses Recht hat keine Grenzen, solange natürliche Erben vorhanden sind. (193)

Die Behauptung natürlicher Rechte scheint hier den Gesetzgeber an Vorgaben der Biologie zu binden, an eine so fragwürdige Kategorie wie den verfügbaren Vorrat an „natürlichen“ Erben. Auf den zweiten Blick gibt sie sich, wie Bentham in *Einwand V* geltend

Glück‘ und verfolgt den verwendeten Ausdruck „können“ ebenso unbarmherzig als „mischief-making“ und „anarchy-exciting“, wie er das für die Behauptung natürlicher Rechte getan hatte. *Rights, Representation and Reform,* 390.

88 S. Mary Ann Glendon, *Rights Talk. The Impoverishment of Political Discourse,* New York 1991.

macht, als fragwürdige Bindung an ein tief verankertes Gewohnheitsrecht zu erkennen. Dass etwa Landbesitz in England nicht der Erbteilung unterliegt, drapiert ein feudales Privileg als natürliches Recht. Benthams Breitseiten gegen natürliche Rechte richten sich mithin gleichermaßen gegen das abstrakte Naturrecht der Aufklärung, gegen die Überbleibsel kosmologischen und religiösen Naturrechts (besonders eindrucksvoll in seiner Kritik an der Kriminalisierung von Homosexualität),[89] sowie schließlich auch gegen die traditionellen Vorstellungen von einem universellen Gewohnheitsrecht, einem *ius gentium,* das das bei allen Völkern gemeinsam und tief verwurzelte Recht gegenüber dem einfachen Statutenrecht in Schutz nimmt.

Benthams Haupteinwand gegen alle Formen natürliche Rechte ist ein und derselbe: dass sie ein Gegenmodell zur rationalen, demokratischen Allokation juridischer Rechte darstellen. „Wie man Scheren erfand, um Stoff in Stücke zu schneiden, so hat man natürliche Rechte erfunden, um das Gesetz und juridische Rechte in Stücke zu schneiden." (195) Natürliche Rechte stehen in ständiger Konkurrenz mit den Rechten der politischen Gesellschaft: „natürlich, auf Rechte bezogen, heißt, sofern es überhaupt etwas heißt, im Gegensatz zu gesetzlich verbrieft" (145). Die politische Gesellschaft findet solche Rechte also als präexistent vor; sie gewährt sie nicht, sondern sie erkennt sie an. Aus einer anti-utilitaristischen Tradition heraus hat Jürgen Habermas eine solche Sichtweise als bleibendes Problem menschenrechtlicher Vorstellungen beschrieben:

> Menschenrechte mögen als moralische Rechte noch so gut begründet werden können; sobald wir sie aber als Bestandteil des positiven Rechts konzipieren, liegt es auf der Hand, dass sie einem souveränen Gesetzgeber nicht gleichsam paternalistisch übergestülpt werden dürfen.[90]

Habermas kritisiert, dass die Adressaten des Rechts sich unter der Herrschaft objektiv gültiger Menschenrechte „nicht zugleich als dessen Autoren verstehen könnten, wenn der Gesetzgeber die Menschenrechte als moralische Tatsachen vorfände" (ebd.). Auch wenn Bentham nicht mit einem Autonomieargument für Demokratie operiert, sondern, wie wir gesehen haben, mit einem Anspruch auf gleiche Interessenberücksichtigung, der sich in einen Anspruch auf gleiche Vertretung von Interessen umwandeln lässt, diagnostiziert er ein und dasselbe Problem. Den Autoren der Menschenrechtserklärung unterstellt er selbst- und fremdversklavende Absichten: „Was ist der wahre Quell dieser unantastbaren Rechte, dieser unwiderruflichen Gesetze? – Macht, geblendet von der Höhe, von der sie herabsieht; Verblendung und Tyrannei, bis zum Wahnsinn gesteigert. Kein Mensch sollte irgendeinen anderen zum Knecht haben; alle Menschen aber sollten für immer ihre Sklaven sein." (148) Was den frühesten wie den späten menschenrechtskritischen Schriften Benthams gemeinsam ist, ist mithin, dass sie die politische Freiheit zur Steuerung der Gesellschaft in Schutz nehmen: Im Jahre 1789 und im im Jahre 1795 denunzieren

89 Zum „State of the public mind in England in relation to the irregularities of the sexual appetite" s. Bentham, Sex, in ders., *Selected Writings*, hg. v. Stephen G. Engelmann, New Haven 2011, 33–100.

90 Jürgen Habermas, Nachwort zur vierten Auflage, in ders., *Faktizität und Geltung*, Frankfurt/M. 1994, 661–680, 670.

sie gleichermaßen die performative Absicht der Autoren der *Erklärungen*, die Nachwelt in Ketten zu legen. Auch wenn aus utilitaristischer Perspektive der Anspruch, autonom unter selbstgegebenen Gesetzen zu leben, keine selbständige normative Kraft neben dem Nutzenprinzip entfalten kann, so muss aus ihr doch die Änderungsfestigkeit von Gesetzen sowie ihre Immunisierung gegenüber Einwänden unzulässig erscheinen. Benthams Menschenrechtskritik, insofern sie sich nicht konsequentialistisch auf die vorgeblich terroristischen Folgen des Rechtediskurses richtet, ist daher letztlich gespeist von der Ablehnung unverfügbarer Vorgaben, die auf der Basis vernünftiger Überlegungen, etwa im Appell an gemeinsame Interessen, nicht durchbrochen werden können. Benthams Menschenrechtskritik entfaltet in dieser Lesart eine bemerkenswerte Kontinuität in ihren beiden Phasen von 1789 und 1795, während letztere in der Literatur einer vom demokratischen Denken abrückenden Phase zugerechnet wird.[91] Sieht man von den „panischen" (Hart), teils auch chauvinistisch frankophoben Passagen der späteren Auseinandersetzung ab, stellt sich als gemeinsames zentrales Motiv beider Phasen die Verteidigung eines Bereichs demokratischer Gesetzgebung gegen kritikimmune Einschränkungen heraus. Die Revidierbarkeit auch von Rechte-etablierenden Gesetzen und die Verteidigung eines uneingeschränkten, nur immanenten Auseinandersetzungen der politischen Gesellschaft unterworfenen Gesetzgebungsprozesses erweisen sich so als die beiden Seiten derselben Medaille. Benthams demokratisches Denken erweist sich zumindest in seinem Skopus dem der Autoren der Menschenrechtserklärungen überlegen.

IV. Utilitaristischer Antikolonialismus

In der Erforschung des klassischen Utilitarismus wird immer wieder seine ideologische Vorbereitung und Begleitung britischer Weltmachtpolitik im 19. Jahrhundert betont. In den Schriften von James und John Stuart Mill, die beide in leitender Funktion in der britischen Ostindienverwaltung tätig waren, deren Werke eine ausgearbeitete Rechtfertigung expansionistischer Politik enthalten und die als Begründer einer spezifischen Variante imperialistischer Herrschaft, des „liberalen Imperialismus" gelten, liegen die Anknüpfungspunkte auf der Hand.[92] Bei Bentham stellt sich die Lage komplizierter dar, und jüngere Auslegungen haben die gegenteilige Auffassung vertreten. Benthams glühender Antikolonialismus sei von seinen utilitaristischen Nachfolgern ins Gegenteil verkehrt worden.[93] Benthams zeitlich weit gestreute Arbeiten zur internationalen Politik, zu Kolonial- und Rüstungsfragen, die überdies ganz verschiedenen Textgenres angehören, erschließen sich für die Einordnung in ein imperialistisches oder anti-imperialistisches Rahmenwerk zweifellos nicht von selbst.

---

91 S. erneut J. H. Burns, Bentham and the French Revolution.

92 Jennifer Pitts, *A Turn to Empire*. Princeton 2005, 123–162.

93 Jennifer Pitts, Legislator of the World? A Rereading of Bentham on Colonies, *Political Theory* 31, 2, 2003, 200–234, vorsichtiger Lea Campos Boralevi, *Bentham and the Oppressed*, Berlin/New York 1984; David Armitage, Globalising Bentham, *History of Political Thought* XXXII, 1, 2011, 63–82.

Einer seiner wichtigsten Beiträge zur Französischen Revolution, in dem Bentham gleich zu Beginn stolz seinen französischen Bürgerstatus reklamiert, ist *Gebt eure Kolonien frei!* (*Emancipate Your Colonies!*). Der Aufsatz wurde im Januar 1793 unter dem Titel *Jeremy Bentham an die Französische Nationalversammlung* privat gedruckt, aber bis 1830 nicht veröffentlicht. Er entstand unter dem Eindruck des sich ankündigenden Französisch-Britischen Krieges, der im Februar 1793 ausbrach, bekennt sich aber deutlich zu den revolutionären Idealen, auch wenn Bentham sich mit der aufziehenden *terreur* seit September 1792 von der Revolution abgewandt hatte. Benthams Beschäftigung mit dem Thema scheint von dem Versuch motiviert, den Kriegsausbruch abzuwehren, den er auf den Streit über koloniale Besitzungen zurückführte. Der Beitrag enthält eine lange, erst für die Publikation von 1830 hinzugefügte Endnote, die vom Juni 1829 datiert, große interpretatorische Schwierigkeiten bereitet und der wir uns abschließend zuwenden werden. *Gebt eure Kolonien frei!* hat eine Schlüsselstellung für die Interpretation von Benthams Verständnis von Imperialismus und Kolonialismus; der Beitrag präsentiert seine Position in vollständiger und charakteristischer Ambivalenz.

Wie stellt sich das Phänomen der Kolonisierung entfernter Erdteile aus utilitaristischer Perspektive dar? Benthams Position speist sich aus Überlegungen des Völkerrechts, der politischen Ökonomie, der Bevölkerungspolitik, aber auch aus verfassungsrechtlichen und demokratietheoretischen Motiven. Bentham ist ein nahezu lebenslanger, nahezu konsequenter Verfechter kolonialer Befreiung. Von der frühen *Verteidigung des Wuchers* bis zu späten Manuskripten zur Besiedlung Australiens vertritt er eine Politik der Emanzipation. Eine in ihren Grundzügen analoge Position entwickelt er in zwei berühmten Werken, die sich an Frankreich und Spanien richten. Sein Aufruf an seine französischen Mitbürger, die ihm im Jahr zuvor die französischen Bürgerrechte zuerkannt hatten, liegt in diesem Band erstmals auf Deutsch vor. Während der Text an die Adresse der Franzosen die Emanzipation der Kolonien im Titel führt, heißt ein späteres Pamphlet für Spanien *Befreit euch selbst von Ultramaria (Rid Yourselves of Ultramaria)* und spielt *mutatis mutandis* dieselben Nachteile kolonialer Herrschaft für sich reformierende, republikanische oder liberale Regierungen durch.[94] Bereits die Austauschbarkeit der Titel drückt aus, dass Bentham die Kolonialherrschaft als Beziehung ansieht, die sich für die Kolonisierenden ebenso verderblich äußert wie für die Kolonisierten: „Colony-holding is a species of slave-holding equally pernicious to the tyrant and to the slave."[95] An die Adresse der Franzosen gerichtet heißt es: „Zunehmend bedrängen Kriege euer Land: Ich werde euch eine unermeßliche Ressource zeigen: – GEBT EURE KOLONIEN FREI. ... Ich wiederhole: *Gebt eure Kolonien frei*. Gerechtigkeit, Folgerichtigkeit, weise Voraussicht, Sparsamkeit, Ehre, Großzügigkeit – sie alle verlangen es von euch." (201) Eine Batterie ganz verschiedenartiger Gründe – von Forderungen der Gerechtigkeit über die

94 Bentham, Rid Yourselves of Ultramaria, in ders., *Colonies, Commerce, and Constitutional Law*, P. Schofield (Hg.), Oxford 1995, 3–196. *Ultramaria* ist ein Ausdruck, den Bentham für die lateinamerikanischen Besitzungen Spaniens einführt, der sich aber ähnlich wie *Felicitania* für Australien nicht durchgesetzt hat.

95 Bentham, Short Views of Economy, in ders., *Rights, Representation and Reform*, 202.

konsequente Anwendung der eigenen moralischen Prinzipien bis hin zu Überlegungen politischer Klugheit, Wirtschaftlichkeit, Ehre und Wohltätigkeit – kommt zu demselben Ergebnis: Gebt eure Kolonien frei. Benthams Argumente lassen sich in zwei Klassen einordnen, entlang der Unterscheidung zwischen der Verfolgung des allgemeinen Nutzens und der Verfolgung des Eigennutzes. Am allgemeinen Wohl orientierte Argumente, die das Interesse der Kolonialmächte wie auch das Interesse und den geäußerten Willen der kolonialen Bevölkerung betreffen, sind solche der Gerechtigkeit, Reziprozität und Wohltätigkeit (2). Am Eigeninteresse orientierte Argumente, vom Umfang der Ausführungen her bedeutsamer, sind politische Klugheit, Wirtschaftlichkeit und Ehre (1).

(1) Wie Adam Smith hält Bentham Kolonien für Zuschussgeschäfte. Die merkantilistisch geschlossene Handelsbeziehung zwischen Mutterland und Kolonien könne aus dem Grund keine Vorteile abwerfen, weil die Eröffnung neuer Märkte keine Kapitalvermehrung leisten könne. „DER HANDEL IST DAS KIND DES KAPITALS“: Die Handelsmenge folge der Menge des Kapitals, nicht etwa der Größe der Märkte (208). Tatsächlich nähert sich Frankreich auch wegen seiner kolonialen Belastungen dem Staatsbankrott an, und das Argument, dass Staaten aufgrund ihrer exklusiven Handelsbeziehungen zu Kolonien von Monopolen profitieren, nennt Bentham eine „aristokratische Verirrung“. Der Kolonialismus verletzt fundamentale Ansprüche, nämlich „Freiheit, Eigentum und Gleichheit einer großen Klasse von Bürgern (der Kolonisten)“; er erfordert hohe Steuereinnahmen, um das Monopol durchzusetzen; schließlich erfordert er dadurch auch eine innerstaatliche Umverteilung, in der die Armen durch ihre Steuern die Reichen dafür bezahlen, dass die Reichen Zucker essen. Die Passage ist eine der wenigen Stellen, an denen Bentham den in seinem Werk nur äußerst sparsam verwendeten Ausdruck „Ungerechtigkeit“ einsetzt (209). Weiterhin wird der freie Markt den Wert des Zuckers auf seinen „natürlichen Preis“, wie Bentham mit Smith annimmt, drücken – und darunter kann selbst ein Monopolist die Erzeuger nicht zum Verkauf bewegen (210). Dasselbe gilt für die Abnahme französischer Güter, zu der die Kolonisten gezwungen sind: Bentham kontrastiert sie mit der Handelsfreiheit, die die Vereinigten Staaten mit ihrer Loslösung vom britischen Kolonialherren gewannen. Das Handelsvolumen zwischen beiden Staaten hatte bereits 1790 wieder den Stand erreicht, den es vor der Unabhängigkeitserklärung hatte. Auch versäumt das Argument zugunsten des monopolistischen Handels, die Nachteile anderer Monopole in Rechnung zu stellen: Die französische Bevölkerung kann ebensowenig günstigere Produkte aus britischen Kolonien kaufen wie die britische aus französischen. Die Einnahmen, die der französische Staat aus der Besteuerung des Kolonialhandels erzielt, lässt Bentham ebenfalls nicht gelten: Gegenüber den europäischen Staaten wird der Handel genauso besteuert, ohne dass daraus die zusätzlichen Ausgaben erwüchsen, die aus der Beherrschung fremder Länder resultieren.

Auch die machtpolitischen Argumente verwirft Bentham. Kolonien machen den Mutterstaat anfällig für entfernte Angriffe, die seine Streitkräfte abziehen: Frankreich werde es kaum gelingen, gleichzeitig koloniale Aufstände und die britische Flotte in Schach zu halten (214). Unverhohlen unterstellt er seinem französischen Publikum, es zähle darauf, in kriegerischer Auseinandersetzung zu den revolutionären Werten zu bekehren. Die revolutionäre Nation überschätze aber die Motivation, die sie auf

See aus der Fortschrittlichkeit ihrer Einrichtungen, der Überzeugungskraft ihres Eifers ziehen könne:

> So bedenkt doch: Ein Schiff ist keine Stadt, die man mit Rednern bombardieren könnte und mit ... Erklärungen der Menschenrechte; ein Schiff ist keine Stadt, aus der sich die Halbherzigen davonstehlen oder zu der euch ein paar Freunde Zutritt verschaffen könnten. (215)

Die feindlichen Seeleute werden sich kaum zum Überlaufen bewegen lassen: Sie werden die Lehre einer „erzwungenen Freiheit" kaum verstehen. Warum sollen sie den ungedeckten Scheck auf eine zukünftige Verfassung vorziehen, wenn sie zuhause eine „bestehende Verfassung, die für Ruhe (*tranquillity*) sorgt", voraussetzen können (216)?

Das Argument der Verringerung der Kriegsgefahr, auf das Bentham wiederholt in seinen Schriften zur Dekolonisierung zurückkommt,[96] ist ein zweischneidiges. Einerseits überlagern sich in ihm Eigen- und Gemeininteresse, so dass sein Publikum aus Gerechtigkeitsgründen wie auch solchen des Eigennutzes zustimmen kann. Bentham weist zu Recht darauf hin, dass die Kolonien bevorzugte Kriegsanlässe geboten haben, und auch im aktuellen Konflikt zwischen Frankreich und England stellten sie einen Streitpunkt dar. Aber strenggenommen folgt aus seiner Argumentation nicht, dass die europäischen Staaten ihre Kolonien aufgeben sollen. Es folgt allein, dass höchstens ein europäischer Staat Kolonien behalten sollte.[97] Bentham wäre nicht Bentham, wenn er hier nicht mit offenen Karten spielen würde. „Seid nicht ungerecht, wir sind keine Piraten" (217): Es läge im Interesse Frankreichs, es läge im Interesse Englands, und es ist kein Grund ersichtlich, warum es nicht im allgemeinen Interesse aller Staaten liegen würde, wenn England Frankreich nicht mehr in einen Krieg um seine Kolonien verwickeln könnte. Die Emanzipation der französischen Kolonien erscheint zumindest verträglich mit verbleibendem Kolonialbesitz bei einem einzigen, militärisch übermächtigen internationalen Akteur.

(2) Bentham macht sich das Selbstbild der revolutionären Nation zu Nutze, die sich öffentlich verpflichtet hat, keine Eroberungen zu machen und militärische Expeditionen höchstens zur Emanzipation unterdrückter Völker zu unternehmen. Die Staaten Europas und die Bevölkerungen in ihren Kolonien werden erst dann einräumen, dass die Nation „für uns Fremde die Freiheit [will], wenn wir gesehen haben, wie ihr sie euren eigenen Brüdern bringt" (218). An die Franzosen gewandt, deklamiert Bentham:

---

96 Principles of International Law, in ders., *Works,* J. Bowring (Hg.), Bd. ii, 535–560, dt. von Camil Klatscher, in Oskar Kraus (Hg.), *Jeremias Benthams Grundsätze für ein künftiges Völkerrecht und einen dauernden Frieden,* Halle a. S. 1915; Short Views of Economy, 193–203.

97 Vgl. *Jeremias Benthams Grundsätze für ein künftiges Völkerrecht und einen dauernden Frieden,* 112: „Wenn England sich taub und unzugänglich erweisen sollte, so sollte Frankreich ohne Bedingung seine Kolonien freigeben und seine Flotte auflösen. Der Vorteil auch unter dieser Bedingung wäre ungeheuer, Gefahr keine."

> Ihr verabscheut die Tyrannei: Ihr verabscheut sie im ganzen nicht weniger als im Detail: Ihr verabscheut die Unterwerfung eines Volkes unter das andere: Ihr nennt es Sklaverei. ... Ihr wählt eure eigene Regierung, warum sollten es euch andere Völker nicht gleichtun? Habt ihr ernstlich vor, die Welt zu beherrschen, und nennt ihr das *Freiheit*? Was ist aus den Menschenrechten geworden? Seid ihr die einzigen Menschen, die Rechte haben? Ach, meine Mitbürger, meßt ihr mit zweierlei Maß? (202)

Wie im Fall der Verfassungsberatung verwendet Bentham auch in der Dekolonisierungsfrage die Semantik seines Publikums. Um die Verwerflichkeit der betreffenden Praktiken zu kritisieren, muss er sich nicht selbst auf die Geltung der Menschenrechte, nicht auf die Vorzugswürdigkeit politischer Autonomie festlegen. Es genügt, die Ablehnung von Fremdherrschaft und die Analogie von Tyrannei und Versklavung in den Prinzipien des Gesprächspartners aufzusuchen und die französische Nation an der konsequenten Anwendung ihrer eigenen normativen Prinzipien zu messen.

Die Gerechtigkeitsargumente formuliert Bentham in einer Metaphorik der Distanz, wobei zwischen drei Konzeptionen der Entfernung zu unterscheiden ist. Zum einen besteht eine epistemologische Distanz, so dass die Interessen der Regierten, an denen sich die Legitimität der Politik bemisst, nicht zuverlässig zu erheben sind (203). Zweitens besteht eine räumliche Distanz der Emotion, die Grausamkeiten zulässt, ohne dass ihr natürliches Korrektiv, die öffentliche Meinung, sich einschaltete: „Entfernte Übeltaten machen wenig Eindruck auf die, von denen es abhängt, dass ihnen abgeholfen wird. Ein einzelner Mord in London macht mehr Einruck als Tausende von Morden und anderen Grausamkeiten, wenn sie in Ostindien begangen würden. Die Lage von Hastings, nur weil er anwesend war, entzündete Mitleid in denen, die alle von ihm begangenen Grausamkeiten mit Gleichmut angehört hatten."[98] Diese psychologische Beobachtung erscheint wenig angreifbar. Sie muss Kants Beschwörung einer Weltbürgergesellschaft, in der die Rechtsverletzung an einem Platz der Erde an allen gefühlt wird, die ja ebenfalls anhand der Problematik des Kolonialismus entwickelt wird, modifizierend an die Seite gestellt werden. Letztlich besteht auch eine zeitliche Distanz der Intervention, die die Beendigung von Grausamkeiten oder die Reform ungerechter Zustände betrifft. „Misshandlung ist ein Dromedar, Abhilfe eine Schildkröte".[99] Dies bringt Bentham dazu, despotische absolute Herrschaft vor Ort selbst komplizierten repräsentativen Institutionen in der Ferne vorzuziehen. Den Distanzargumenten ist (im Gegensatz zum Argument der Kriegsgefahr) nicht anders als durch vollständige Entkolonisierung zu entsprechen, auch wenn es interessanterweise nichts gegen die Eroberung unmittelbar angrenzender Gebiete aussagt.

Angesichts der Vielfalt und der zumindest relativen Stichhaltigkeit der antikolonialen Argumente, die auf Unterdrückung und Grausamkeit, auf Unproduktivität, Korruption

98 Warren Hastings war Generalgouverneur Britisch-Indiens, genauer der indischen Provinz Bengalen. Nach seiner Rückkehr nach England sollte er in einem *impeachment*-Prozeß wegen Korruption und Willkür zur Verantwortung gezogen werden. Er wurde schließlich freigesprochen. Bentham, *Works*, hg. v. J. Bowring, Bd. ii, 547f.

99 *Rid Yourselves*, 161.

und Umverteilung zugunsten der Reichen verweisen, ist nun eines erklärungsbedürftig. Bentham macht fast durchgängig eine einzige Ausnahme von einer konsistent antikolonialen Position, nämlich im Falle Britisch-Indiens.[100] Die Frage ist aus verfassungspolitischer Sicht umso drängender, weil Frankreich im Rahmen seiner republikanischen Verfassung einigen seiner Kolonien Repräsentanten in seiner Legislative einräumt, während England in Indien mittels der *East India Company* völlig despotisch herrscht. Trotz seiner Bereitschaft, den Kolonien eine parlamentarische Vertretung einzuräumen, wird Frankreich dazu gedrängt, seine Kolonien zu emanzipieren, um sich nicht weiter der Tyrannei und Versklavung schuldig zu machen. Was Indien angeht, so schlägt Bentham in entwaffnender Offenheit vor, Frankreich solle seine Besitzungen an die britische *East India Company* übergeben:

> Wenn es beschlossene Sache ist, daß sie Herren haben müssen, dann werdet ihr euch nach den vergleichsweise am wenigsten schlechten umsehen, die sich ihrer annehmen könnten; und nach allem, was wir gehört haben, bezweifle ich, daß ihr unschädlichere finden dürftet als unsere englische Kompanie. (220)

Zieht man allein das Argument der Kriegsvermeidung heran, so wird eine solche Ausnahme unter Prämissen eines britisch-imperialen Selbstverständnisses keine Inkonsistenzen in der außenpolitischen Positionierung aufwerfen. Eine andere Frage ist es, ob diese Ausnahme sich auch unparteilich rechtfertigen lässt.

Ein Teil der Erklärung für den Ausnahmecharakter Indiens liegt darin, dass es in Benthams Auseinandersetzung mit Frankreich, aber auch mit Spanien und den Vereinigten Staaten vorrangig um die Emanzipation der *Kolonisierer (colonists)* und ihrer Nachkommen geht. *Gebt eure Kolonien frei!* spricht nicht von indigenen Kolonisierten, sondern von den Kolonialunternehmern: „[N]ehmen wir einmal an, die Kolonisten bäten euch einhellig darum, unter eurer Herrschaft zu bleiben, solltet ihr sie dann behalten? Auf keinen Fall ..." (206) Wenn das antikoloniale Argument für besteuerte, repräsentationsberechtigte französische Mitbürger in Siedlungskolonien gilt, so ist es doch nicht automatisch auf Kolonien mit im wesentlichen indigener Bevölkerung anzuwenden.[101] Eine universalistische Repräsentationstheorie ist im Gefolge der Französischen Revolution in der Lage, den französischen Kolonialismus umfassend zu destabilisieren; auf die britischen Kolonien trifft sie aufgrund ihres despotischen Selbstverständnisses und ihrer restriktiven Vergabe von Bürgerrechten nicht zu.

Wie kann Bentham dennoch aus unparteilicher Sicht die indische Ausnahme rechtfertigen? Voraussetzung für seine zumindest tentative Stützung der britischen Kolonialherrschaft in Indien ist ein Machtvakuum. Indien wird von Bentham als Ansammlung von *failed states* angesehen: Nicht zuletzt aufgrund der erfolgreichen europäischen Feldzüge

---

100 Es gibt allerdings auch auch Passagen, die Gründe für eine Trennung von den Besitzungen in Indien nahelegen, insbesondere in der Phase 1786–89, s. *Jeremias Benthams Grundsätze*, 104.

101 Es ist daher unklar, wie Jennifer Pitts behaupten kann, dass Bentham „did not ... tend to distinguish between settler colonies and colonies populated mostly by indigenous peoples: the arguments against empire were the same for all" (Pitts, Legislator 209).

gebe es keine einheimischen Kandidaten für die Übernahme staatlicher Macht. Bentham gesteht zu, dass die problematische Situation, die nur noch Frankreich oder die britische *East India Company* als mögliche „Herren“ übrigbleiben lässt, durch die Vernichtung der traditionalen Herrschaftsstrukturen in Indien erst hervorgebracht wurde: „Tipu Sahib ist nicht mehr an der Macht.“ (219) Die generelle Vorzugswürdigkeit nicht-indigener Beherrscher, die im liberalen Imperialismus später als weltpolitische Pflicht empfunden werden wird,[102] wird von Bentham in bezug auf Indien nicht behauptet. Wenn wir einen Seitenhieb auf die Problematik der Übersetzbarkeit der französischen Menschenrechtserklärung ins Sanskrit beiseite lassen, bleibt dann neben der abzuwendenden Anarchie die indigene Kastendifferenzierung als Haupthindernis übrig, die Inder sich selbst zu überlassen (220). Die Stärken der britischen Kolonialverwaltung liegen darin, dass sie einerseits eine Sub-legislative einsetzt, die speziell den indischen Bedingungen angepasstes Recht setzen kann und damit einige der Distanz-Argumente entkräft. Andererseits ist die *East India Company* als organisierter Betrieb den konkurrierenden Bürokratien im Zeitmanagement überlegen. Sie verspricht, endlose Verschleppung zu verhindern; sie verspricht auch eine größere Effizienz, die Bekämpfung von Korruption und daher weniger Umverteilung von der steuerzahlenden Mittelschicht zur protegierten Oberschicht. Nachdem sich Bentham von der Untauglichkeit einer lokalen demokratischen Lösung überzeugt hat, lässt die höhere Effizienz ihrer Despotie die Waage zugunsten des Festhaltens der Briten an ihren indischen Besitzungen ausschlagen.

V. Politische Ökonomie

Als Bentham sich im Jahre 1787 erstmals Fragen der politischen Ökonomie zuwendet, knüpfen seine Überlegungen direkt an Adam Smiths *Wohlstand der Nationen* an. Die *Verteidigung des Wuchers* überbietet Smith in ihrem uneingeschränkten Plädoyer für ökonomische Deregulierung.[103] Sie stellt nach dem *Fragment on Government* Benthams zweiten Publikumserfolg dar und ermutigt ihn, sich ökonomischen Fragen auf systematische Weise zuzuwenden. Einen zweiten Anlauf unternimmt er bereits 1789, nachdem in einer Petition der Nationalversammlung auf die *Verteidigung des Wuchers* verwiesen wurde. Diesmal beschränkt Bentham sich nicht darauf, Staatseingriffe in die Wirtschafts- und Finanzwelt zu skandalisieren, sondern setzt einen konstruktiven Vorschlag an deren Stelle. *Staatseinnahmen ohne Belastung* erscheint 1795; an der Inte-

102 Vgl. J. Stuart Mill, A few words on non-intervention, in C. Brown, T. Nardin & N. Rengger (Hg.), *International Relations in Political Thought,* Cambridge 2002, 486ff.

103 *Defence of Usury; shewing the Impolicy of the Present Legal Restraints on the Terms of Pecuniary Bargains,* London 1787. Dt. *Verteidigung des Wuchers,* Halle a. S. 1788. Auch andere frühe und mittlere Schriften zur politischen Ökonomie erschöpfen sich in dem Versuch, die Grenzen wünschenswerter Staatstätigkeit zu bestimmen, vgl. Manual of Political Economy, in W. Stark (Hg.), *Jeremy Bentham's Economic Writings*, Bd. 1, 219–273; Institute of Political Economy, *Economic Writings*, Bd. 3, 303ff.

grität des vorliegenden Textes ist nicht zu zweifeln.[104] Er richtet sich an das britische Publikum, beruht aber gänzlich auf einer Idee, die Bentham 1789 in zwei vermutlich nie abgeschickten Briefen an Mirabeau formuliert hatte.[105] Das Pamphlet ist die erste Veröffentlichung, in der Bentham seine Neigung zu praktischen Verbesserungsvorschlägen auf dem Gebiet der politischen Ökonomie zur Geltung bringt. Es liefert einen Beitrag zur Konsolidierung des Staatshaushaltes, in für Bentham charakteristischer Umständlichkeit und beträchtlichem Detail. Ross Harrison hat über Benthams Arbeitsweise gesagt, dass er keinen Entwurf für ein Armenhaus ausarbeiten konnte, ohne die Form der Hüte, die die Insassen tragen sollten, bis ins Detail zu regeln.[106] Dies trifft auch auf die vorliegende Schrift zu, deren Grundidee so einfach wie bestechend ist. Der Nachlass von Verstorbenen ohne nahe Angehörige und ohne Testament soll der Allgemeinheit anheim fallen (engl. *escheat*) und so den Staatshaushalt von der Notwendigkeit entlasten, sich weiterhin über Steuern zu finanzieren. Testamentarisch soll der Erblasser weiterhin über die Hälfte seines Besitzes verfügen können, während die andere Hälfte eingezogen wird. Dieselbe Staatsquote von 50 % soll für den Fall gelten, dass das Vermächtnis kinderloser Erblasser an ihre Verwandten zweiten Grades geht. Kinderlose Erben erhalten anstelle ihres Erbteils dessen jährliche Verzinsung, bevor dieser nach ihrem Tod an den Staat fällt. Unverminderte, unbesteuerte Vermächtnisse gehen allein an Eheleute, Geschwister, Eltern und eigene Kinder.

Der Charme des Vorschlags ist, dass er im Gegensatz zur Besteuerung von Erbschaften für niemanden eine Härte darstellen soll: nicht für den verstorbenen Erblasser und auch nicht für die entfernten Angehörigen, die sich womöglich gar nicht auf ein Erbe eingerichtet haben. Auch aus der Hälfte des Vermögens lassen sich Ansprüche befriedigen, die sich auf Gründe der Bedürftigkeit oder Verdienstlichkeit stützen, so dass keine nahen Angehörigen darben werden und niemandes Leistungen unvergolten bleiben.[107] Der Wert der Familie, mindestens aber der Wert der innigen Beziehung zu den unmittelbaren Angehörigen, soll nicht angetastet werden. Intrafamiliäre Solidarität wird sich somit zwanglos in der emotionalen Bindung an die Kleinfamilie verstärken, in der Großfamilie dagegen abschwächen. Schließlich soll auch der Familienfrieden gegen eine rechtliche Überformung der Verhältnisse geschützt werden. Zwar erscheint die „Steuer auf Ehelosigkeit“, und damit die Diskriminierung zölibatärer Lebensformen, als „fragwürdiger Vorzug“ seines Vorschlags. Gleichwohl ist es Bentham ernst damit, dass der Heimfall von Vermögen die Anzahl der Fälle, in denen Erbstreitigkeiten vor Gericht ausgetragen werden, vermindern kann.

Benthams Idee, durch den Heimfall von Vermögen die Staatsausgaben zu bestreiten, ist nichts weniger als ein spontanes Patentrezept. Wie die vorangehenden Texte baut sie

104 *Supply without Burthen, or Escheat vice Taxation* gehört zu den Werken, die Bentham nicht nur beendet, sondern auch selbst zum Druck befördert hat.

105 Supply – New Species Proposed, *Rights, Representation and Reform*, 205–226.

106 Ross Harrison, *Democracy*, London 1995, 89.

107 Ohne dies systematisch in seinen Vorschlag zu integrieren, kritisiert Bentham die Enterbung von bedürftigen Witwen oder Waisen, was als Argument für ein Pflichtteilsrecht verstanden werden kann (S. u. 235).

auf utilitaristischer Grundlage auf, formuliert Annahmen in ökonomischer Psychologie, die in eine Kritik des Naturrechts eingebettet sind. *Staatseinnahmen* zeigt, dass Benthams Utilitarismus entgegen dem libertären Furor der *Verteidigung des Wuchers* keine prinzipielle Vorentscheidung gegen staatliche Interventionen in das Privateigentum getroffen hat. Wie in allen anderen Schriften Benthams steht das Prinzip der Nützlichkeit – das Prinzip des größten Glücks aller, soweit möglich – hinter seiner praktischen Empfehlung. Aber aufgrund der Offenheit und Unbestimmtheit des Prinzips, aufgrund seines kalkulatorischen Aufwandes ebenso wie wegen der Schwierigkeit, Einzelhandlungen unter es zu subsumieren, gewinnt es erst in dem Moment Relevanz für politische Fragen, in dem Bentham vier ‚untergeordnete Ziele' identifiziert, deren Verfolgung insgesamt das *principle of utility* realisieren soll. Oben haben wir gesehen, dass Bentham der Sicherheit (*sureté*) in der Ableitung des Wahlrechts den ersten Rang einräumt (29). Systematisch formuliert, sind die vier dem Nützlichkeitsprinzip untergeordneten Ziele Sicherheit, Subsistenz, Gleichheit und Wohlstand,[108] wobei die ersten beiden für die Politik von unmittelbarer, die anderen beiden von mittelbarer Verbindlichkeit sind. Mit der Identifizierung der vier untergeordneten Ziele begründet Bentham eine indirekte Form von Utilitarismus, die seine Theorie nicht nur dem Einwand kalkulatorischer Überkomplexität entzieht, sondern ebenso einigen normativen Einwänden, die etwa gegen seine angebliche Insensitivität für die Verletzung von Freiheitsrechten und für massive Ungleichverteilung geltend gemacht werden. Die Orientierung an Sicherheit und Subsistenz schafft die Möglichkeit, den Utilitarismus als eine liberale Konzeption zu entwerfen, während die nachgeordnete Orientierung an Egalität ihn gleichzeitig, wenn auch weniger bindend, auf eine sozialstaatliche Orientierung verpflichtet.

Die Priorisierung der Ziele Sicherheit, Subsistenz, Egalität und Wohlstand resultiert nun nicht aus einem normativen, sondern aus einem funktionalen Gefälle zwischen ihnen. Aus einer Reihe von Gründen, nicht zuletzt wegen des abnehmenden Grenznutzens der Glücksgüter, liegt die Verteilungsgleichheit dem Utilitarismus besonders am Herzen. *Ceteris paribus* wird umso mehr gesellschaftliches Glückspotential vernichtet, je einseitiger die Glücksursachen verteilt sind. Die Realisierung von Gleichheit jedoch muss umsichtiger vorangetrieben werden als die Förderung von Sicherheit und Subsistenz. Bentham glaubt, eine in erster Linie egalitätsorientierte Politik werde die Verwirklichung von Sicherheit, und damit auch von Subsistenz, insgesamt sabotieren. Der Gesetzgeber, der zuerst auf Gleichverteilung achtet, würde die Anreize für die Individuen, ihre Talente produktiv einzusetzen, untergraben. In *Staatseinnahmen* zeigt sich dieser Gedanke in der Bewahrung der Testierfreiheit über die Hälfte des Nachlasses: ihre vollständige Abschaffung setzte den Wert des Eigentums überhaupt herab, indem der Besitzende zu Müßiggang und Verschwendung ermutigt würde (s. u. 244). Der Gesetzgeber soll

108 Bentham hat die vier Prinzipien „hundertfach" (W. Stark, Introduction, *Economic Writings*, Bd. 1, 18) erörtert, aber die klassische Einführung geschieht in den zunächst von Dumont herausgegebenen, später als erstem Teil der *Theory of Legislation* rückübersetzten *Principles of the Civil Code*, hg. v. Charles Milner Atkinson, Oxford 1914, Bd. 1, 123ff. Das Standardwerk dazu ist Paul J. Kelly, *Utilitarianism and Distributive Justice. Jeremy Bentham and the Civil Law*, Oxford 1990.

vor allem auf Sicherheit zielen, um den Individuen selbst die für die Verfolgung ihres eigenen Glücks wichtigen Rahmenbedingungen und Anreize zu liefern und so schließlich auch für gesellschaftliche Glücksmaximierung zu sorgen.[109] Dabei wird Sicherheit auf fundamentaler Ebene als psychologisches Konzept verstanden, nämlich als Erwartungssicherheit der Individuen. Der Schutz von Erwartungen und die Abwendung von Enttäuschungen sollen im Zentrum des gesetzgeberischen Handelns stehen. Nicht nur frustriert die wiederholte und nachhaltige Enttäuschung von Erwartungen die Präferenzen der Individuen; Erwartungssicherheit spielt auch eine gleichsam ‚transzendentale' Rolle in ihrer Bedeutung für die Handlungsfähigkeit von Individuen überhaupt. Permanente Erwartungsenttäuschungen würden das Bewusstsein persönlicher Kontinuität über Zeit und damit die Grundbedingung eines sinnhaften Entwurfs persönlicher Identität untergraben.[110] Das Heimfallrecht wahrt die Erwartungsstabilität, insofern entfernte Verwandte, die ja keine oder kaum Erwartungen in bezug auf ein Erbe ausbilden konnten, nicht enttäuscht werden können, wenn das Vermögen ihres Verwandten in Gänze an den Staat fällt. Aber dies kann nicht für alle Verhältnisse zwischen Erblassern und Erben gelten. Auch nahe Verwandte der Seitenlinie und die Verfasser von Testamenten selbst müssen ja mit schwerwiegenden Abstrichen rechnen, so dass die ‚Unbeschwerlichkeit' des Heimfallrechts, die Bentham so sehr betont, wieder in Frage gestellt wird. Auf diese Schwierigkeit geht Bentham mit zwei gegenläufigen Argumenten ein. Einerseits stellt er klar, dass das *disappointment prevention principle* auf rein kognitive Weise, und in der Folge gesetzespositivistisch, zu verstehen ist.[111] „Eine *Enttäuschung* ist eine Erwartung, die sich nicht erfüllt hat", und die Erwartung folgt „dem Fingerzeig des Gesetzes, solange man den Menschen das Gesetz nur recht vor Augen hält" (235f.). Erwartungen sind daher fungibel und dem Gesetzgeber insofern verfügbar, als er sie mit veröffentlichten Statuten begründen, ändern und beenden kann. Enttäuschung dürfte sich mithin vermeiden lassen, wann immer sich die Zukunftsorientierung als stabil erweist. In dieser Deutung wäre eine hohe Steuerbelastung aber ebenso verträglich mit maximaler Erwartungssicherheit wie die Ausweitung des Heimfallrechts. Das kann nicht in Benthams Sinn sein. Erwartungssicherheit kann nicht allein in der Gewissheit des Eintreffens angekündigter Folgen bestehen, sonst wird unklar, warum stets mit Enttäuschung auf ihr Ausbleiben reagiert werden soll.

Es ist letztlich ein anderer psychologischer Mechanismus, der das Heimfallrecht als mit „der grundlegenden Verfassung der menschlichen Gefühle" verträglich, Besteuerung jedoch als mit ihr unverträglich erweist. Nicht jede beliebige gesetzliche Regelung respektiert das Prinzip der Enttäuschungsvermeidung, denn auch Gesetze können „die Erwartungen bei jedem Schritt durchkreuz[en]", falls sie sich nicht „von der Natur an die Hand nehmen" lassen (248). Die ‚natürlichen' Grundlagen, an die die gesetzliche Erwartungsstabilisierung anknüpfen soll, liegen in der psychologischen Bewertung des Bekommens, Behaltens und Weggebens von Dingen. Dass es sich schmerzhafter aus-

109 Vgl. Frederick Rosen, Liberty and Constitutional Theory, in ders. (Hg.), *Jeremy Bentham*, Aldershot 2007, 195–246.

110 S. Kelly, *Utilitarianism and Distributive Justice*, Kap. 5.

111 Vgl. zu diesem Prinzip Wilhelm Hofmann, *Politik des aufgeklärten Glücks*, 200–209.

wirkt, wenn eine Erbschaft besteuert wird, als wenn man völlig leer ausgeht, liegt daran, dass der Erbe sich als Besitzer imaginiert: Die „Vorstellungskraft umschließt also zuerst einmal das Ganze, seine Erwartung richtet sich auf das *Ganze*: dann kommt das Gesetz und erhebt Anspruch auf seinen *Teil* und zwingt ihn, seinen Griff zu lockern." (237) Wenn Bentham diesen zentralen Gedanken anhand eines hungrigen Kindes illustriert, das sich über den vorenthaltenen Teil eines geschenkten Kuchens grämt, so will er nicht darauf hinaus, dass unwillkürliche und womöglich unabänderliche Reaktionen in Objektbeziehungen uns Fesseln anlegen in bezug auf die Frage, wie wir unsere Eigentumsverhältnisse regeln sollen. Im Gegenteil, die Lehre, die Bentham aus der psychologischen Konstante zieht, dass es mehr schmerzt, wenn ein Gut weggenommen wird, als es erfreut, wenn einem ein Gut derselben Größenordnung zufällt,[112] ist nicht, dass solche Intuitionen respektiert werden müssen, sondern dass Schmerz und Vergnügen, die am Besitz hängen, der öffentlichen Inszenierung von Eigentumsverhältnissen unterliegen. Wann ein Gut als ‚besessen', wann als ‚weggenommen' gelten kann, lässt sich von der Politik innerhalb eines weiten Spielraums fingieren. Die Überlegungen zum praktischen Vollzug des Heimfallrechts sind daher ganz wesentlich für den Erfolg des Unternehmens. Der theatralische Einzug des Nachlassverwalters, der den Nachlass von öffentlicher Seite abwickelt und der nirgendwo hinkommt, „wo er nicht *zu Hause* wäre", spielt eine ebenso wichtige Rolle wie die Öffentlichkeit der Auktion, in der das Vermögen des Verstorbenen seine anschauliche Gestalt verliert und unmittelbar in Bargeld verwandelt wird. Nachdem der „Einfluss von Bezeichnungen auf die Vorstellungskraft wohlbekannt" ist, kommt alles darauf an, die dem Erben zukommenden Güter nicht als Rest nach Steuern, sondern als steuerfreien Anteil zu deklarien (238). Natürlich ist die Erwartungsenttäuschung nicht der einzige Schmerz, den das Recht vom Individuum abwenden soll. Wer hungert, leidet auch dann, wenn seine Erwartungen sämtlich erfüllt werden. Aber die öffentliche Repräsentation von Privateigentum und Allgemeingut steht dem Gesetzgeber zur Disposition.

Dieser konstruktivistische Zugang stellt Benthams Vorschlag zum Heimfallrecht in den Kontext seiner Kritik am Naturrecht. Während die zugrundeliegende Idee von *Staatseinnahmen,* wie bereits erwähnt, auf die beginnende Französische Revolution zurückgeht, fällt die endgültige Version in die Phase der Abrechnung mit den Menschen- und Bürgerrechtserklärungen, mit der auch systematisch ein enger Zusammenhang besteht.[113] Erbrecht und Testierfreiheit eignen sich besonders gut dazu, die Bodenlosigkeit naturrechtlicher Auffassungen zu demonstrieren.[114] In *Staatseinnahmen* kritisiert er die Sichtweise William Blackstones, der Heimfall des Eigentums Verstorbener sei vom Naturrecht gedeckt. Wenn Bentham daher im Vorübergehen auf einen häufig verwendeten Einwand zurückgreift, der die Testierfreiheit als Recht einer Person bestimmt, „über ein

112 Benthams Beobachtung ist in der empirischen Glücksforschung nach wie vor unumstritten, vgl. Richard Layard, *Happiness. Lessons from a New Science*, London 2005.

113 Vgl. *Einwand V* aus dem Anhang von *Supply without Burthen*, in diesem Band 193–197.

114 Vgl. Jeremy Waldron, Supply without burthen revisited, *Iowa Law Review* 82, 1997, 1467–1485. Nachdruck in G. J. Postema (Hg.), *Bentham: Moral, legal and political philosophy*, Bd. 1, Aldershot 2002, 293ff.

Eigentum zu verfügen, wenn sie nicht mehr am Leben ist, um sich seiner zu erfreuen" (249), so will er damit nicht sagen, dass Testate notwendigerweise an dem metaphysischen Problem scheitern, dass man sich über den Tod hinaus keine Willenserklärungen vorstellen kann.[115] Dies scheint vielmehr selbst eine Position zu sein, die nur naturrechtlich begründet sein kann. Bentham behauptet schlicht, dass Tote keine Erwartungen mehr haben, die enttäuscht werden könnten, so dass ihnen kein Schmerz entstehen wird, wenn ihr Vermächtnis der Allgemeinheit zugute kommt. Dieser normativ relevante Umstand soll wie alle anderen Gesichtspunkte – die Versorgung der Kinder, die Erfüllung von Erwartungen, die Belohnung von Diensten, die Interessen des Staates – „unter dem Aspekt der Nützlichkeit" (252), also der gleichen Berücksichtigung der Glücksinteressen aller, in die Gesetzgebung eingehen. Bentham kritisiert, indem er die Existenz menschenrechtlicher Ansprüche insgesamt leugnet, das Naturrecht also offensichtlich nicht, um die Gesetzgebung von normativen Anforderungen zu entlasten. Er wendet sich vielmehr gegen die Immunisierung von Ansprüchen ‚von Natur aus', seien dies Ansprüche auf vollständige testamentarische Übertragung oder auf die Früchte der ‚natürlichen' Erbfolge, gegenüber der Forderung, für ihre Existenz selbst normative Argumente geltend zu machen.

Was ist der sozialstaatliche Sinn eines erweiterten Heimfallrechts? Eine bleibende Herausforderung für die Bentham-Forschung liegt in dem Umstand, dass Bentham seine libertäre Psychologie durchgehend mit einer autoritär-wohlfahrtsstaatlichen Institutionenlehre verknüpft.[116] Bekannt sind seine Planungen sozialtechnologischer Großexperimente im Arbeits- und Gefängnispanoptikum. Diese Projekte weisen auch ökonomisch Modellcharakter auf, indem sie die (Re-)Sozialisierung von Delinquenten und Armen in einen profitablen Zusammenhang stellen und so die Allgemeinheit von Leistungen entlasten sollen. Benthams Vorschlag zum Heimfallrecht unterscheidet sich, auch wenn er sich derselben ‚Unbeschwerlichkeit' rühmt, von den institutionellen Projekten des Wohlfahrtsstaats in mehreren Hinsichten. Erstens zielt er nicht in disziplinierender Absicht auf Randgruppen der Gesellschaft, ihm haftet kein erzieherischer Auftrag an. Selbst die Benachteiligung kinderloser Lebensläufe durch die Begrenzung der Testierfreiheit wird man kaum als zielgerichtete Maßnahme verstehen können. Zweitens richtet sich der Vorschlag auf die wohlhabende gesellschaftliche Mitte und macht auch vor den größ-

115 So Hillel Steiner, *An Essay on Rights*, Oxford 1994, 251. Für eine historische Einordnung siehe Jens Beckert, *Unverdientes Vermögen. Soziologie des Erbrechts*, Frankfurt/M. 2004, 35–101.

116 Das Spannungsverhältnis zwischen libertären und sozialtechnologischen Elementen seiner Politiktheorie hat bereits Elie Halévy in *Growth of Philosophic Radicalism* zur Diagnose eines „autoritären Liberalismus" bei Bentham geführt. Diese Diagnose ist von der liberalen Rezeption des späten 20. Jhs. scharf kritisiert worden (F. Rosen, Elie Halevy and Bentham's Authoritarian Liberalism, in B. Parekh (Hg.), *Jeremy Bentham. Critical Assessments*, Bd. 3, London 1993, 917–33), findet jedoch in neueren deutschsprachigen Arbeiten zu Bentham wieder größeren Rückhalt. Vgl. Matthias Bohlender, *Metamorphosen des liberalen Regierungsdenkens. Politische Ökonomie, Polizei und Pauperismus*, Weilerswist 2007.

ten Vermögen nicht halt.[117] Zwar wird man einen ausdrücklichen Bezug auf distributive Gleichheit, das vierte dem Nützlichkeitsprinzip untergeordnete Ziel, in *Staatseinnahmen* vergeblich suchen. Im Gegensatz zu den *Prinzipien des Zivilrechts*, die das Erbrecht zumindest nominell unter drei Imperative stellen – für die nachfolgende Generation sorgen, Enttäuschungen vermeiden, Vermögen egalisieren[118] – und sich für die Abschaffung des Erstgeburtsrecht aussprechen, spielt Gleichheit in *Staatseinnahmen* nicht einmal an der Oberfläche eine Rolle. Vielmehr werden der Abbau von Steuern und Staatsschulden und die Vermeidung ihrer Neuaufnahme im Kriegsfall als die wesentlichen Ziele der Maßnahme angeführt.[119] Ein unmittelbarer Zusammenhang mit Umverteilungsmaßnahmen ist schwer zu sehen. Zwar argumentiert Kelly, ein Hauptziel von *Staatseinnahmen* sei es, „die Umverteilung von Eigentum innerhalb des Gemeinwesens zu ermöglichen."[120] Der Heimfall großer Vermögen und die Versteigerung von Landgütern leistet aber ebensowenig einen direkten Beitrag zur Egalisierung der Lebensverhältnisse innerhalb des Gemeinwesens wie die Einführung der Erbteilung innerhalb wohlhabender Familien.[121] Auch ein weiteres egalitäres Argument gegen die unverminderte Weitergabe großer Vermögen, das in heutigen Diskussionen der Erbgerechtigkeit eine wichtige Rolle spielt, der Grundsatz der Chancengleichheit,[122] hat für *Staatseinnahmen* keine Bedeutung. Allerdings tritt ein mittelbarer Umverteilungseffekt durch die Abschaffung der Verbrauchssteuern und anderer Abgaben ein, durch die die Ärmsten besonders verwundbar sind. In der Abschaffung ungerechter Steuern und Gebühren, der ‚tax upon justice' vor Gericht sowie der Besteuerung lebensnotwendiger Güter, liegt die vorrangige sozialpolitische Bedeutung von Benthams Vorschlag. Gerichtsgebühren dienen der „Vorenthaltung der Gerechtigkeit, bestenfalls der Besteuerung von Verzweiflung; (...) der Kollaboration mit jeder Verletzung und jedem Verbrechen; (...) der Belastung der Benachteiligten und damit der großen Mehrheit der Bevölkerung".[123] Mit Verbrauchssteuern verhält es sich grundsätzlich anders. Sie wirken sich im Prinzip unter allen Steuerarten am wenigsten problematisch aus, treffen sie doch nur diejenigen, die sich frei für den Kauf von Produkten entscheiden und auch die Mittel haben, sie zu bezahlen. Aber dies gilt nicht für alle

---

117 Der Adel wird aus pragmatischen Gründen (das erweiterte Heimfallrecht muss das House of Lords passieren) von dem Vorschlag ausgenommen, insoweit erbliche Titel am Grundbesitz hängen. Er unterliegt ihm folglich in bezug auf andere Eigentumsformen, insbesondere den gesamten beweglichen Besitz.

118 Bentham, *Theory of Legislation*, Bd. 1, 234.

119 Die Abkoppelung militärischer Leistungsfähigkeit von der Belastung des Bürgertums wird von Bentham in *Gebt eure Kolonien frei!* – im Einklang mit der aufklärerischen Tradition von Smith bis Kant – aus friedenspolitischen Gründen kritischer gesehen.

120 *Utilitarianism and Distributive Justice*, 197. Ebenso Takuo Dome, *The political economy of public finance in Britain, 1767–1873*, London 2004, 71.

121 Michael Quinn, A failure to reconcile the irreconcilable? Security, Subsistence and Equality in Bentham's Writings on the Civil Code and on the Poor Laws, *History of Political Thought* 2, 29, 2008, 320–343, 331.

122 Liam Murphy & Thomas Nagel, *The Myth of Ownership*, Oxford 2002, 154–158.

123 Bentham, A Protest Against Law-Taxes, *Works*, hg. v. John Bowring, Bd. ii, Edinburgh 1843, 582.

Verbrauchssteuern. Es sind die Steuern auf existenznotwendige Dinge, die dem Klienten keine Wahl lassen – Salz, ohne das der Fischfang nicht konserviert werden kann –, gegen die sich Bentham wendet und die das Heimfallrecht ersetzen soll. Wenn im Kampf gegen den Steuerstaat sicherheitsbezogene Gründe dominieren und Gleichheitsgründe ohne Relevanz sind, so spielen doch subsistenzbezogene Argumente eine entscheidende Rolle.

Bentham geht ein beträchtliches Risiko ein, wenn er seine Innovation in die Sprache des mittelalterlichen Gewohnheitsrechts kleidet. Die lehnsrechtlichen Wurzeln des *escheat* evozieren im späten 18. Jahrhundert ganz unwillkürlich ein finstereres Zeitalter: soll etwa der „Lehnsbaum seinen düsteren Schatten“ wieder über England werfen? Soll etwa eine vom Kontinent importierte Praxis wieder belebt werden (249)? Überdies ist das Heimfallrecht Teil der höchst irregulären königlichen Prärogative, die William Blackstone, Benthams Oxforder Nemesis, bereits 1765 als „von Natur aus singuläre und exzentrische Gewalt“ bestimmt hatte, und betrifft in der zeitgenössischen Praxis eher abgelegene Rechtsfragen wie das königliche Eigentum an Schatzfunden, Stören und Schwänen.[124] Schließlich weist das gewohnheitsrechtliche Prinzip in der bisherigen Rechtspraxis all die Nachteile und Unklarheiten auf, gegen die Bentham mit seinen Kodifikationsanstrengungen zu Felde zieht. Im Blick auf den Entstehungskontext zeigt sich, dass Benthams Idee ganz im Gegenteil an die Akte revolutionärer Enteignung in Frankreich anknüpft. In den Briefentwürfen an Mirabeau von 1789, die *Staatseinnahmen* zugrunde liegen, skizziert Bentham seine Idee nicht als „Heimfallrecht“, sondern unter dem Titel einer „Konfiskation“ oder „Aneignung“ von Erbschaften in der Seitenlinie. Dies ermöglicht es ihm, seinen Vorschlag auf die Diskussion um die Säkularisierung der Kirchengüter zu beziehen.[125] Der Klerus bietet einen natürlichen Anwendungsfall für das Heimfallrecht, da er ohne legitime Nachkommen bleiben muss. Auch hier plädiert Bentham dafür, die natürlichen Empfindsamkeiten nicht zu verletzen: man solle zu Lebzeiten der Kleriker keine Erwartungen enttäuschen und ihren Besitz nicht mit einem Schlag, sondern erst mit dem jeweiligen Tod einziehen.[126] Darüber hinaus müsse die Konfiskation des Kirchenbesitzes semantisch ins rechte Licht gerückt werden, um Lauffeuer der Beunruhigung, die sich bis weit ins Lager der bürgerlichen Eigentü-

---

124 Volker Blase, *Das Heimfallrecht der englischen Krone*, Diss. Münster 1965, 10.

125 Supply – New Species Proposed, in *Rights, Representation and Reform*, 213f., 215f.

126 Das Prinzip, auch im Falle von problematischen Besitzverhältnissen nur im Fall des Todes des Besitzers ohne direkte Nachkommen ihr Eigentum einzuziehen, wird besonders deutlich in Benthams Bemerkungen zur Abschaffung der Sklaverei. Bentham ist im Gegensatz zu seinem Schüler John Stuart Mill ein lebenslanger prinzipieller Gegner der Sklaverei (Frederick Rosen, Jeremy Bentham on Slavery and the Slave Trade, in Bart Schultz & Georgios Varouxakis (Hg.), *Utilitarianism and Empire*, Lanham, Md. 2005, 33–56.). Sein bevorzugter Weg der Reform enteignet Sklavenhalter (zumindest in Étienne Dumonts Version von Benthams Zivilrecht) allerdings erst bei ihrem Tod ohne nahestende Erben, um das System des Eigentums als eines Systems persönlicher Erwartungssicherheit nicht zu beschädigen. Auch die Sklavenemanzipation soll für ihre Herren ‚unbeschwerlich [*unburthensome*]‘ erfolgen. Bentham, *Theory of Legislation*, Bd. 1, 267–276, 274f.

mer verbreiten könnten, zu vermeiden. Kleriker sind Anspruchsberechtigte, aber keine *Eigentümer*: „Enteigne den Klerus, weil er sich aus überbezahlten Stipendienempfängern zusammensetzt, und das Übel, so groß es sein mag, richtet sich ausschließlich auf ihn. Enteigne eine Menge von Eigentümern, bloß weil sie wohlhabend sind, und das Übel verbreitet sich über die gesamte Gemeinschaft."[127] Der Vorschlag, die britischen Staatsfinanzen über eine Einschränkung des Erbrechts zu sanieren, greift den Aspekt gezielter Enteignung nicht wieder auf. Dennoch wirft der Entstehungszusammenhang in der generellen Neubestimmung des Eigentumsrechts in den Verfassungsrevolutionen des 18. Jahrhunderts ein anderes Licht auf Benthams Vorschlag, als es die bloße Wiederbelebung einer lehnsrechtlichen Kategorie tun könnte.

Im Hintergrund von Benthams prinzipieller Korrektur des Erbrechts, dies sei abschließend angemerkt, steht eine Lebensgeschichte, für die die Kontingenzen von Erbe und Testat von unmittelbarer Bedeutung waren. Bentham selbst profitierte vom traditionellen Erbrecht, ohne dass sein eigener Vorschlag zum Heimfallrecht dem entgegengestanden hätte,[128] während sein Bruder Samuel, Miturheber der Panoptikum-Idee, leer ausgeht. Eine verpflichtende Gleichstellung der Nachkommen, wie sie Bentham in anderen Schriften entwickelt,[129] hätte die ökonomische Sicherheit seines Lebenslaufs gefährden können. Während Jeremy unverheiratet und kinderlos bleibt, stehen die Beziehungen zur Familie seines Bruders, insbesondere zum Neffen George, stets im Zeichen finanzieller Fragen und der zu erwartenden Erbschaft. Offenbar setzt Jeremy das Familienerbe erfolgreich als Druckmittel gegen den Bruder und gegen eine juristische Karriere von George ein.[130] In *Staatseinnahmen* plädiert Bentham dafür, in Abwesenheit besonderer Umstände das Erbe von Neffen und Nichten zu halbieren (229) und sieht keine besonderen Pflichten auf Seiten des Erblassers (231f. Fn. e). In „Supply – New Species Proposed" von 1789 bestreitet er ausdrücklich, dass Neffen auf das Vermächtnis ihrer Onkel Ansprüche stellen können: weder aus Gründen ihrer Erhaltung, noch aus solchen der Erwartungssicherheit.[131] Eine Woche vor seinem Tod macht Bentham extravaganten Gebrauch von seiner Testierfreiheit, wenn er die Präparierung seines Körpers als ‚Auto-Ikone' und den Verbleib seiner Körperreliquien bis ins kleinste Detail regelt.[132] Als Bentham 1832, ein Jahr nach seinem Bruder, stirbt, vermacht er seinen materiellen

127 Supply – New Species Proposed, 216.

128 Zwar sollte Bentham (* 1748) kinderlos bleiben, hatte aber beim Tod seines Vaters die selbstgesetzte Altersgrenze von 60 Jahren, nach der ihm der eigene Entwurf eine Leibrente anstelle der Erbschaft zugesichert hätte, noch nicht erreicht.

129 Vgl. *Theory of Legislation*, Bd. 1, 236–40.

130 Catherine Pease-Watkin, Jeremy and Samuel Bentham – The Private and the Public, *Journal of Bentham Studies* 5, 2002.

131 „Is the Nephew left by his Father an orphan without provision? But so may any other child be who has no Uncle. Whatever provision is made for orphans in general may serve for this particular case." In *Rights, Representation*, 212; vgl. *Theory of Legislation*, Bd. 1, 239.

132 Locken seines Haupthaars gehen, eingefasst in Erinnerungsringe, an Verwandte und die führenden utilitaristischen Intellektuellen und Bannerträger einer säkularen Wissenschaft, s. James E. Crimmins, Introduction, in ders. (Hg.), *Jeremy Bentham's Auto-Icon and Related Writings*, Bristol

Besitz an seinen Neffen George und an seine Nichten Sarah und Mary Sophia – eine Erbfolge, die der eigene *escheat*-Vorschlag um die Hälfte vermindert hätte, und an deren gefühlsmäßiger und damit politischer Notwendigkeit Bentham Zweifel gesät hatte.

***

Der Zusammenhang zwischen Utilitarismus und Demokratie stellt sich für Bentham zur Zeit der Französischen Revolution mithin äußerst komplex dar. Er wird ganz anders gezogen, als es die kalkulatorische Grundbedeutung des Prinzips der Nützlichkeit erwarten ließ. Bentham rechnet seinem französischen Publikum nicht die Menge aggregierten Glücks vor, die durch die Verfolgung bestimmter *policy*-Optionen verwirklicht werden könnte, sondern schwört es vielmehr auf die egalitäre Programmierung hierarchischer, zukunftsoffener Institutionen ein. In der Einleitung habe ich zu zeigen versucht, wie sich Bentham einer Reihe von einfachen utilitaristischen Ableitungen verweigert und sich aus der Zusammenschau seiner Aussagen zu Wahlrecht, Gesetzgebung, Naturrecht und „Sicherheiten" ein stimmiges institutionelles Gesamtbild ergibt. Der erste Schritt entscheidet darüber, wie der egalitäre Grundzug des Utilitarismus das Gesamtbild prägt: Die Gleichberücksichtigung der Interessen aller, zentrales Prinzip der utilitaristischen Moral- und Politiktheorie, kann, wie wir gesehen haben, nicht durch eine materielle Gleichausstattung aller Individuen gewährleistet werden. Selbst wenn man völlig absieht von Benthams Vorbehalten gegenüber den Gefahren materieller Umverteilung, verweigert sich das Prinzip der Glücksmaximierung ohnehin einer solchen distributiven Lösung. Bentham rettet das egalitäre Moment des Utilitarismus, indem er den ursprünglichen Anspruch auf gleiche Berücksichtigung des Glücks einer jeden Person in einen Anspruch auf starke prozedurale Gleichausstattung transformiert, der im allgemeinen Erwachsenenwahlrecht festgeschrieben werden soll, in der politischen Gleichberechtigung von Frauen und Männern, mit der einzigen Einschränkung einer Lesequalifikation. Auf dieser Basis empfiehlt er im nächsten Schritt die Einsetzung einer jederzeit abhängigen, d. h. der Kontrolle des Wahlpublikums unterworfenen Gesetzgebung. Dieser Akteur, der „allmächtige" Gesetzgeber, nimmt Anweisungen nur von der Wählerschaft entgegen und ist allen anderen politischen Apparaten gegenüber weisungsberechtigt. Er schuldet den anderen Organen weder eine Ausbalancierung seiner Entscheidungen, wie es in der Mischverfassung vorgesehen ist, noch die Abtretung bestimmter funktionaler Kompetenzen. Die enorme Konzentration von Kompetenzen in den Händen der parlamentarischen Legislative ermöglicht ihr eine gesellschaftsprägende, nicht allein die bestehenden ständischen Machtverteilungen und traditionellen Erwartungen nachzeichnende Funktion. Sie muss sich keinerlei vorherigen Festschreibungen beugen, sondern hat das Privileg, aus Erfahrungen lernen und ihren Kurs ändern zu können. Der dritte Schritt liegt folgerichtig in der Entmachtung von Ewigkeitsklauseln und änderungsfest verbürgten Rechtsansprüchen in kodifizierten Verfassungen; dasselbe gilt *mutatis mu-*

2002, 12–14. Vgl. Jeremy Bentham, *Auto-Ikone oder Weitere Verwendungmöglichkeiten von Toten zum Wohle der Lebenden*, zweisprachige Ausgabe von Michael Hellenthal, Essen 1995.

tandis für das Common Law. Die Zurückweisung allen überpositiven Rechts als *Unsinn auf Stelzen* trifft das rationale Naturrecht der Aufklärung nicht weniger als den hergebrachten, als vollkommen gefeierten und gegenüber Veränderungen abgeschirmten Verfassungskern des britischen Gewohnheitsrechts. Wenn Bentham den impliziten Gewaltcharakter des überpositiven Rechts skandalisiert, so macht er darauf aufmerksam, dass die rhetorische und tatsächliche Entwaffnung der Akteure im staatlichen Zustand eine Voraussetzung für den Bestand und Schutz von Rechten überhaupt sind. Bentham lastet den Menschenrechtserklärungen an, dass sie selbst die Drohung, sich kollektiven Interpretationen nicht zu beugen und seine Ansprüche unilateral zu befriedigen, noch innerhalb des geltenden Rechts ansiedeln.

Zwiespältig fällt im vierten Schritt die utilitaristische Perspektive auf den Kolonialismus aus: Während Bentham eine Reihe normativer Argumente mittlerer Reichweite gegen die Unterwerfung entfernter Schutzgebiete mobilisiert, vermag er sich prinzipiellen Rückhalt in bezug auf Werte wie Gerechtigkeit und Selbstregierung nur dort zu verschaffen, wo er um des Arguments willen aus dem Begriffshaushalt seines Publikums, der Semantik der Revolution schöpft. Im Falle Britisch-Indiens bringt er dagegen nur Nutzenargumente unmittelbar, und diese nur in despotischer Realisierung, zur Geltung. Benthams Kolonialismuskritik muss, weil sie nur unzureichend mit der utilitaristischen Demokratiekonzeption verklammert ist, halbherzig bleiben. Der fünfte Schritt schließlich wird 1795 in *Staatseinnahmen ohne Belastung* getan. Auch als post-revolutionäre Schrift ist *Staatseinnahmen* ebensowenig wie *Unsinn auf Stelzen* ein post-demokratischer Traktat. Sie verbleibt in der Spur, die Volkssouveränität, die Kritik des Naturrechts und die prinzipielle Omnipotenz der Gesetzgebung ausgebildet haben. Aber im Gegensatz zu einem vollständig voluntaristischen Verständnis von politischer Gesetzgebung ist es hier die Identifikation eingespielter, psychologischer Faktoren, die die Normsetzung von innen her begrenzen soll. *Staatseinnahmen* gibt Aufschluss darüber, welche Instrumente Bentham an die Stelle der untauglichen Menschen- und Bürgerrechtsdeklarationen zu setzen sucht. Die Einrichtung von „Sicherheiten" gegenüber willkürlicher Enteignung, aber auch bereits gegenüber der Enttäuschung von Erwartungen, soll rechtlich belastbare funktionale Äquivalente zu den flüchtigen Menschen- und Bürgerrechten bereitstellen. Der Zusammenhang zwischen Sicherheiten und utilitaristischer Kalkulation ist allerdings ein anderer als der Zusammenhang zwischen utilitaristischer Kalkulation und ihrem Forum, der demokratischen Legislative. Auch Sicherheiten dienen dem allgemeinen Glück auf indirekte Weise, aber auf eine andere indirekte Weise. Sicherheiten dienen als Faustformel dafür, auf welche Schutzmechanismen die meisten Glücksstrategien zurückgreifen. Ebenso wie Bentham es von den Menschenrechten verlangt, müssen auch sie sich dem politischen Begründungsstreit stellen und dürfen ihm nicht entzogen bleiben.

Das politiktheoretische Selbstexperiment, dem sich der Utilitarist Jeremy Bentham aus Anlass der Französischen Revolution unterzieht, lässt sich somit erfolgreicher zum Abschluss bringen, als Bentham selbst es empfunden haben mag. Angefangen mit der Interpretation politischer Gleichheit gelingt es ihm, sich die demokratische Sprache seiner intendierten französischen Leser nicht allein taktisch anzuverwandeln, sondern ihr revolutionäres Projekt als indirekte Anstrengung zu verstehen, dem allgemeinen Glück in einer der utilitaristischen Deutung zumindest nicht entgegenlaufenden Weise zur Realisierung zu verhelfen. Es gelingt ihm sogar weitgehend, die Revolution dort immanent zu kritisieren, wo sie nach seiner Diagnose vom Weg des demokratischen Gesetzespositivismus abweicht. In dieser Lesart hat die Französische Revolution bei Bentham weniger eine Konversionserfahrung ausgelöst als dass sie ihm Einblick in die Möglichkeit verschaffte, seine eigene Konzeption konsequent als demokratische auszuformulieren.

I. Erweiterung des Wahlrechts

1. Überlegungen eines Engländers zur Zusammensetzung der Generalstände [Auszug] (1788)

Zur Bezwichnung der Prinzipien, die herangezogen werden sollten, um diese wichtigen Fragen zu beantworten, sollen mir sechs wichtige Begriffe als Orientierungspunkte dienen: Sicherheit, Gleichheit, Freiheit, Ruhe, Einfachheit, Unbestreitbarkeit. Nicht etwa, weil ich vom Klang dieser eindrucksvollen Worte gebannt wäre und ihnen einstweilen nichts Gleichwertiges zur Seite zu stellen wüßte, habe ich mich entschieden, auf nichts zu hören, was sich nicht auf irgendeinen dieser Leitbegriffe beziehen ließe; sondern weil mir tatsächlich alle Überlegungen, auf die ich beim Durchdenken all dieser Punkte kam, zwanglos auf sie zurückführbar zu sein schienen.

Sicherheit. Es handelt sich hauptsächlich um die Sicherheit jener Besitztümer, bei denen es um den Reichtum in seinen verschiedenen Gestalten geht. Ich stelle sie in der Rangordnung über die Gleichheit. Ohne Sicherheit des Eigentums kein Eigentum, kein Lebensunterhalt, kein Subjekt der Gleichheit, nichts, im Hinblick worauf etwas gleich sein könnte.

Freiheit. Jedes Zwang ausübende Gesetz ist an sich ein Übel, zu dessen Autorisierung es irgendeines höheren Gutes bedarf. In dem Moment, da ein derartiges Gesetz vorgeschlagen wird, muß auf dieses Gut verwiesen werden: Mangelt es an einem solchen? Mehr braucht es nicht, um das Gesetz abzulehnen. Kann es jemanden geben, der Lust hätte, das zu tun, was das Gesetz verbietet? Dann ist es schädlich. Kann es einen derartigen Wunsch gar nicht geben? Dann ist es nutzlos. Man sieht gut, daß es sich hier nicht um die Freiheit handelt, anderen Schaden zuzufügen, sondern allein um die, nicht grundlos behindert zu werden.

Einfachheit. Dort, wo ein gesetzlicher Eingriff vonnöten ist, um etwas zu regeln, mag eine Art der Regelung mehr Worte oder weniger leicht verständliche Worte erfordern als eine andere: Wenn dem so ist und sonst kein Unterschied besteht, gebührt stets letzterer der Vorzug. Je größer die Menge an Gesetzen ist, die auf der Auffassungsgabe und dem Gedächtnis lastet, desto geringer ist die Chance, daß sie jedem Betroffenen unmittelbar gegenwärtig ist, wenn eine Situation eintritt, in der man sich ihrer erinnern muß, um sein Verhalten entsprechend auszurichten.

Leichtigkeit der Ausführung. Bei diesem Leitbegriff handelt es sich in erster Linie um jene Form von Leichtigkeit, die sich aus der *Unzweideutigkeit* oder *Klarheit des Rechtstitels* ergibt, wie man sagen könnte. Ich meine damit die Frage, wie leicht es ist, die Tatsache festzustellen, die man zur effektiven Ursache des zu verleihenden Rechts sowie zum Nachweis seiner korrekten Zuerkennung bestimmt hat. Wenn es mir gestattet wäre, Wörter zu erfinden, dann zöge ich bei dieser Gelegenheit ein einziges Wort vor, nämlich Unstrittigkeit (*illitigitiosité*) oder Unbestreitbarkeit.

Jeder hat das gleiche Recht auf all das Glück, dessen er von Natur aus fähig ist.[a]

Da wir das Maß an Glück, dessen verschiedene Individuen jeweils fähig sind, nicht bestimmen können, müssen wir von der Annahme ausgehen, daß dieses Maß für alle gleich ist. Selbst, wenn sie nicht genau zutrifft, kommt diese Annahme der Wahrheit zumindest so nahe, wie jede andere Grundannahme, die man an ihre Stelle setzen könnte.

Im Falle einer Maßnahme gleich welcher Art, deren Wesen darin bestünde, das Wohlergehen dieser Gesellschaft zu beeinflussen, indem der kollektiven Masse zum Glück einer mehr oder weniger großen Zahl der Individuen verholfen wird, aus denen sie sich zusammensetzt, entspräche der Nutzen dieser Maßnahme, vorausgesetzt, es handelte sich um gleich große Portionen von Glück, genau dieser Zahl. Jeder Betroffene, auf den sich diese Wohltat zusätzlich erstrecken könnte, wäre ein neuer und gleich guter Grund zugunsten ihrer Ausweitung. Folglich wäre eine Maßnahme, die zehn von ihnen in den Genuß einer solchen Portion Glück kommen ließe, genau doppelt so viel wert wie eine Maßnahme, deren Auswirkung sich darauf beschränkte, nur fünf von ihnen in den Genuß ebendieser Portion Glück kommen zu lassen.

Von der Anzahl der Empfänger abgesehen entspräche die Nützlichkeit der Maßnahme der Größe des Glücksvolumens, das es zu gewähren gilt. Folglich wäre eine Maßnahme, die jeden Empfänger in den Genuß zweier Portionen Glück kommen ließe, genau doppelt so viel wert wie eine andere, deren Auswirkung sich darauf beschränkte, sie nur in den Genuß einer solchen Portion kommen zu lassen.

Nehmen wir nun zwei Maßnahmen, von denen die eine darauf hinausläuft, zehn Empfänger jeweils in den Genuß einer einzigen Portion Glück kommen zu lassen, während die andere darauf hinausläuft, fünf Empfänger jeweils in den Genuß zweier solcher Portionen Glück kommen zu lassen. Der jeweilige Verdienst dieser beiden Maßnahmen

---

a Oder, um dasselbe mit anderen Worten zu sagen und die Unklarheit zu vermeiden, die der Idee eines Rechts anhaftet: Angesichts einer beliebigen Ansammlung von Menschen wird ein höheres Wesen, das ihnen hinreichend wohlgesonnen ist, um sich für ihr Schicksal zu interessieren, also an der Vorstellung ihres Wohlergehens Gefallen findet, ohne dass es ein persönliches Interesse damit verbände, den einen von ihnen einem anderen vorzuziehen, naturgemäß genausoviel Gefallen daran finden, zum Glück irgendeines von ihnen beizutragen wie zu dem irgendeines anderen: Das Glück eines beliebigen Mitglieds der Gruppe wäre in seinen Augen nicht wertvoller als das eines beliebigen anderen: Jedoch wäre ein wie auch immer geartetes größeres Glück, das irgendeiner von ihnen haben könnte, um genau so viel wertvoller, wie es das geringere Glück, das irgendein anderer von ihnen haben könnte, überträfe. Der König ist eben dieses höhere Wesen: Er hat sich dazu erklärt;[1] und es gibt keinen Grund, ihm dies nicht zu glauben. Ich selbst glaube es nach allen Überlegungen, die ich hierzu angestellt habe, im Tiefsten meines Herzens: Und würde ich es nicht glauben, so hätte dies keinen Einfluß auf meine Argumentation.

1 Bentham könnte hier an die Bewilligung der Generalstände vom 5. Juli 1788 gedacht haben, in der Ludwig XVI. als der gemeinsame Vater, „le père commun", der großen Familie der französischen Nation figuriert.

ist genau gleich: Es gibt nicht den geringsten Grund, eine der anderen vorzuziehen; und man könnte genauso gut das Schicksal entscheiden lassen wie auf jede andere Weise entscheiden.

Aber wenn es darum geht, Glück zu bewirken, durch welche Ursache auch immer, entspricht die Quantität der Wirkung kaum je der Quantität der Ursache: Eine doppelte Quantität der Glücksursache wird keine doppelte Quantität Glück bewirken, sondern sehr viel weniger.

Nehmen wir beispielsweise den Gegenstand des Reichtums: einen Gegenstand, der, weil er den relativ größten Anteil der Glücksursachen umfaßt, insbesondere jener, die in der Macht einer Regierung stehen, gefahrlos als stellvertretend für alle anderen behandelt werden kann.

Verschiedene Menschen haben ein sehr unterschiedlich ausgeprägtes Vermögen, zu beurteilen, was zum Glück beiträgt: Diese Unterschiede jedoch dürfen nicht ins Gewicht fallen, es sei denn, man könnte für sie irgendein Anzeichen finden oder sie anhand irgendeiner Überprüfung feststellen, deren Beweiskraft so eindeutig und offensichtlich wäre, wie man dies in einem Gerichtsverfahren verlangt.

Jeder hat das gleiche Verlangen nach Glück; oder vielmehr: Obwohl sich diesbezüglich gewisse Unterschiede finden, kommen diese Unterschiede als nicht beweis- oder meßbar nicht in Betracht; und ohnehin wird diese allgemeine Behauptung der Wahrheit näherkommen als jede andere, die man an ihre Stelle setzen könnte.

Ginge es folglich allein darum, sich auf das Ausmaß des Verlangens zu beziehen, dann wäre – sofern das Vermögen zu beurteilen, inwieweit eine Maßnahme das Glück wohl mehren mag, bei allen genauso groß ist wie das Verlangen nach Glück – die Frage nach der besten Regierungsform leicht zu beantworten. Man müßte lediglich jedem Individuum (und dieser Annahme würde der Richter, den ich unterstelle, seine Zustimmung nicht verweigern wollen) in dieser Gesellschaft sein Stimmrecht geben.

Nun sieht man aber auf den ersten Blick, daß sich diese Annahme in einer beliebigen Gesellschaft in vielerlei Hinsicht nicht mit der Wahrheit verträgt.

Es gibt mehrere Klassen, und zwar ziemlich große, denen, wie jeder sofort zugeben wird, dieses Vermögen gänzlich abgeht. Diese sind:

1. Die Minderjährigen. Alle Personen beiderlei Geschlechts, bevor sie ein gewisses Alter erreicht haben.

2. Die Verrückten, die ebenso wie die Minderjährigen nicht dazu in der Lage sind, die Verantwortung für sich selbst zu übernehmen.

3. Darüber hinaus ist man sich in der Regel einig, zusammen mit diesen auch alle Personen weiblichen Geschlechts von dem Recht auszuschließen, über solche Fragen zu entscheiden. Nicht, daß ihr Fall derselbe wäre wie jener der Minderjährigen und der Verrückten, nicht, daß sie von Natur aus in geringerem Maße mit der erforderlichen Fähigkeit ausgestattet wären, oder gar in einem so geringen Maße, das es ihnen unmöglich machte, sich mit dem anderen Geschlecht zu messen; sondern aus anderen Gründen, die man ihnen zuschreibt oder doch zuschreiben kann:

1. Ablenkung durch andere, wichtigere Geschäfte.

2. Notwendige Abhängigkeit vom anderen Geschlecht bei der Verwaltung gemeinschaftlicher Angelegenheiten.

3. Die relative Schwierigkeit, die aufgrund ihres zwangsläufig häuslichen Lebens damit verbunden ist, sich die erforderlichen Kenntnisse anzueignen.

4. Mangelnde Notwendigkeit, auf diese Weise Einfluß nehmen zu müssen, da sie über jenen Einfluß verfügen, den ihnen das größere Bedürfnis des männlichen Geschlechts nach Freuden, die ein Zusammenwirken beider erfordern, über selbiges verleiht.

5. Unstimmigkeiten, zu denen eine Meinungsverschiedenheit in Angelegenheiten, die so leicht zu solchen Anlaß geben, zwischen zwei Personen, die zusammenleben und in dieser Hinsicht gleichgestellt sind, zweifellos Anlaß gäbe.[2]

Diese Gründe gelten nicht mit gleicher Kraft für alle Klassen, in die man das Geschlecht aufteilen könnte: beispielsweise nicht für Witwen oder auch unverheiratete Frauen, wenn sie ein gewisses Alter erreicht haben. Nachdem aber die geschlechtsspezifischen Rechte in unserem Zusammenhang im Moment keine Rolle spielen, erwähne ich dies hier nur, damit wir es im Gedächtnis behalten.

Nachdem diese drei Klassen also aufgrund leicht faßlicher und zweifelsfreier Indizien aus der Untersuchung ausgeschlossen werden konnten, sollte es zunächst so scheinen, als müßten alle anderen einbezogen werden, sofern sich unter ihnen nicht welche befänden, in bezug auf die man ebenfalls Gründe für einen Ausschluß finden könnte, die sich auf ebenso klar formulierte wie klar wahrnehmbare Indizien gründen.

Prüfen wir, was sich diesbezüglich unserem Blick darbietet.

Die einen bestreiten die Fähigkeit des Wählers, zu erkennen, was zu *seinem*[b] Vorteil wäre, die anderen seine Fähigkeit, nach dieser Erkenntnis zu handeln, so er sie denn hätte.

Ich beginne mit den Gründen der letzten Klasse, um die Untersuchung von ihnen zu befreien, was sich augenblicklich erledigen läßt.

Was sollte den Wähler daran hindern, auf der Grundlage seiner Kenntnisse, wie sie eben sind, gemäß seinem eigenen Willen zu handeln? Lediglich der unüberwindbare Einfluß eines anderen Individuums.

Halten wir hier fest, daß diese Überlegung nur insoweit als Grund für einen Ausschluß dienen könnte, als es so schiene, daß das Verhalten, zu dem er unter besagtem Einfluß entschlossen wäre, entweder mit jenem Verhalten, zu dem er ohne diesen Einfluß

---

2 Am Rand des Manuskripts hat Bentham eine Erwiderung auf jeden dieser fünf „Gründe" notiert: „1. Nicht mehr als die Arbeiter. 2. Erübrigt sich durch eine Urnenwahl. 3. Erübrigt sich durch den Nachweis, lesen zu können. 4. Erübrigt sich durch eine Urnenwahl. 5. Erübrigt sich durch eine Urnenwahl."

b Nota bene. Es gehört schon viel dazu, daß sich ein jeder persönlich für jede staatliche Maßnahme interessiert, die vorgeschlagen wird. Aber nach seinem persönlichen Interesse und dem der kleinen Sphäre seiner engen Beziehungen käme selbst für den größten Egoisten folglich das allgemeine Interesse der Gesellschaft. Es handelt sich dabei um eine Art sekundäres Interesse, von dem man nicht annehmen dürfte, daß es irgend jemandem gänzlich fehlt, vor allem nicht unter einer Verfassung, in der jeder sich aufgerufen sieht, sich genau mit diesen Interessen zu befassen. Somit würde diese Formel: „was zu *seinem* größten Vorteil wäre", nämlich zu dem eines jeden Individuums, ebenfalls dessen Vorstellung davon umfassen, was im jeweiligen Zusammenhang am vorteilhaftesten für die Gesellschaft wäre.

entschlossen wäre, oder mit dem allgemeinen Interesse der Gesellschaft unvereinbar wäre.

Dies herauszufinden, könnte ein wenig knifflig sein. Glücklicherweise reicht folgende Erwägung aus, um eine solche Übung ganz überflüssig zu machen. Die *Urnenwahl* bietet das Mittel, jedermann mit letzter Sicherheit vor einem solchen Einfluß zu bewahren.[c]

Man beachte wohl, weil sie durchaus kurios ist, die Blindheit, die diesbezüglich in England herrscht. Was auch immer zu diesem Thema gesagt wurde (und es wurde viel gesagt!), ging nie über den Gemeinplatz der Abhängigkeit und Unabhängigkeit hinaus, während sich durch dieses simple Mittel jede derartige Abhängigkeit mit so vollständiger Sicherheit und so geringen Kosten gänzlich beseitigen läßt; während dieses Mittel überall in Frankreich so bekannt und so gebräuchlich ist;[d] während man in Polen (in diesem Polen, dem gegenüber man so verächtlich tut) den wirksamsten Gebrauch von ihm macht;[e] während man sich schließlich in der höchsten Körperschaft Englands selbst seiner mit allgemein anerkannter und unstrittiger Wirksamkeit bedient hat.[f]

Bleiben folglich die Ausschlußgründe, die sich aus dem Gesichtspunkt der Unfähigkeit ergeben.

Hier tun sich zwei Schwierigkeiten auf: 1. den Grad der Unfähigkeit zu bestimmen und zu formulieren, der ausreicht, um den betreffenden Grund zu liefern; 2. Tatsachen zu bestimmen, die mit hinreichender Genauigkeit und Gewißheit als Indizien für genau diesen Grad dienen können. Denn wenn man einen solchen Grad nicht aus derartigen Indizien ableiten kann, hätte dies zur Folge, daß man diesen Ausschlußgrund nicht geltend machen könnte, daß er somit null und nichtig würde und daß alle Klassen außer den oben genannten gleichermaßen zulässig wären.

Unterm Strich reduzieren sich diese Schwierigkeiten auf eine einzige. Denn wenn sich der Grad der Unfähigkeit bestimmen und formulieren läßt, dann zwangsläufig ver-

---

c Eine Überlegung, die man auch auf den Fall der Frauen anwenden möge.

d Ich spreche von den im ganzen Königreich eingerichteten Provinzialversammlungen, in denen man sich bei allen Wahlen des Prinzips der Urnenwahl bedient.[3]

3 Die *règlements*, mit denen 1778 zwei, 1779 schließlich alle übrigen Provinzialversammlungen eingerichtet wurden, legten fest, daß alle Wahlen von Abgeordneten in die Versammlungen und alle Wahlen von Amtsträgern innerhalb der Versammlungen durch geheime Abstimmungen zu erfolgen hatten.

e Vgl. Gaz. de Leyde, Nov[r] | | 1788.[4]

4 Wie die *Gazette de Leyde* in der Ausgabe XCI vom 11. November und der Ausgabe XCIV vom 21. November 1788 berichtete, wurde im polnischen Sejm am 17. Oktober 1788 eine Regierungsmehrheit von rund sechzig Stimmen in offener Abstimmung auf sieben Stimmen in geheimer Abstimmung gesenkt, während am 5. November 1788 sogar eine Regierungsmehrheit von fünfunddreißig Stimmen in offener Abstimmung mit einer Mehrheit von achtzehn Stimmen in geheimer Abstimmung gekippt wurde.

f Bei der Besetzung von Komitees (Kommissionen), die man im Unterhaus mitunter so durchführt.[5]

5 Üblicherweise wurden Sonderausschüsse durch geheime Wahl besetzt, ebenso Komitees zur Anhörung im Falle umstrittener Wahlen, die unter dem *Grenville Committees Act* von 1770 eingerichtet wurden.

mittels jener Tatsachen, die als Indizien für ihn dienen können. Bedarf es irgendeiner Idee? Man wird sie nur finden, wenn man das Wort findet, das sie zum Ausdruck bringt.

An dieser Stelle gilt es, zwei gegensätzliche Überlegungen zu prüfen.

Zum einen: Worin bestehen die Folgen, die Gefahren, die zu befürchtenden Nachteile dieser Unfähigkeit?

Zum anderen: Worin bestehen die Gefahren, die Nachteile, die auf diesem Gebiet von der Ungleichheit zu befürchten wären? Und worin die Vorteile, die man von der Gleichheit erwarten dürfte? Inwieweit müssen wir davon ausgehen, daß diese Vorteile zusammenschmelzen, je weiter das zu diesem Zweck getroffene Arrangement von der vollkommenen Gleichheit abweicht?

Beginnen wir mit dieser letzten Frage.

Angenommen, es gäbe einen auf Ungleichheit beruhenden Plan, der in seinen etwaigen Auswirkungen aber nicht schlechter sein dürfte als ein Plan, der auf vollkommener Gleichheit beruht, so hätte letzterer immer noch spürbare Vorteile vor ersterem.

1. Er verfügt über Qualitäten, die ihn, indem sie ihn jedem Kopf zugänglich machen, zugleich allen Herzen empfehlen. Er ist so einfach nachzuvollziehen; er verträgt sich so gut mit der Theorie – oder, wenn man so will, der Redeweise – der unveräußerlichen Rechte: einer Theorie, die, nur weil sie unklar und auf dem hohlen Fundament des *Ipse dixit* aufgebaut ist, darum doch nicht weniger attraktiv erscheint.[6]

Ein beliebiger Plan der Ungleichheit, welches auch immer seine sonstigen Vorteile wären, hätte gegenüber dem anderen stets den Nachteil, daß man, um seine Nützlichkeit zu demonstrieren, auf Beweisführungen angewiesen wäre, die sich schwerlich so darstellen ließen, daß sie jedermann einleuchteten.

2. Nichts, rein gar nichts kann diesen Plan übertreffen. Hat er denn auch in Wirklichkeit Erfolg? *Omne tulit punctum.*[7] Er könnte gar nicht besser sein. Alle Bemühungen, alle Wünsche haben ein Ende. Der Strom durfte seinem natürlichen Lauf folgen und ist so schließlich in das Gewässer gemündet, das sein Ziel war. Recht und Macht sind ineinander übergegangen, miteinander verschmolzen. Die brillanteste Theorie kann nicht mehr leisten. Es gibt nichts mehr zu hoffen oder zu fürchten als den Verlust dieses Nonplusultra der Glückseligkeit.

Im anderen Fall gibt es immer einen eingebildeten Mangel, wenn nicht gar einen empfundenen Mangel. Nun ist ein Mangel, den man sich ständig einbildet, eben dadurch ein Mangel, den man empfindet; denn worin bestünde der Unterschied zwischen der ständigen Einbildung, man sei unglücklich, und ständigem Unglücklichsein?

---

6 Am Rand des Manuskripts hat Bentham an dieser Stelle notiert: „Wichtigster Vorzug. Allgemeine Zufriedenheit."

7 „[J]ede Stimme erhielt, wer Süßes und Nützliches mischte, indem er den Leser ergötzte und gleicherweise belehrte." Horaz, *Ars poetica. Die Dichtkunst. Lateinisch/Deutsch*, hg. und übers. von E. Schäfer, Stuttgart 1972, 2008, S. 27:

omne tulit punctum, qui miscuit utile dulci
lectorem delectando pariterque monendo.

Eine rechtliche Ungleichheit ist doch zumindest eine Ungleichheit an Würde; somit Ungleichheit an Achtung und Beachtung; somit Ungleichheit hinsichtlich jener Freude, die von der Wertschätzung und Liebe des anderen abhängt: Und ist diese Freude etwa nichts?

Daraus folgt, daß ein Plan, der Ungleichheit beinhaltet, nur dann zulässig wäre, wenn der Plan vollkommener Gleichheit handfeste und benennbare Gefahren aufwürfe, von denen der Plan der Ungleichheit frei wäre.

Betrachten wir also die Klassen, um zu sehen, ob es unter ihnen welche gibt, die in dieser Hinsicht mutmaßlich hinreichende Gründe für einen Ausschluß bieten.

1. Klasse der Nicht-Eigentümer.[8] Unter Nicht-Eigentümern sind zu diesem Zweck nicht jene zu verstehen, die absolut nichts haben (denn die gibt es überhaupt nicht, es sei denn, sie wären nackt und äßen nichts), sondern jene, denen es so vorkommen muß, als wäre es für sie von Vorteil, wenn es ihnen gelingen würde, die gesamte Menge des Eigentums zwischen allen zu verteilen.

Unglücklicherweise muß nun aber der überwiegende Teil des Menschengeschlechts immer und überall zu dieser Klasse gehören, wenigstens wird man nicht leugnen, daß er es augenblicklich (und das dürfte genügen) in Frankreich tut.

Es ist wahr, daß sie daraus in letzter Instanz keinen Vorteil davontrügen (wenigstens die allermeisten von ihnen nicht); doch mit welchen Mitteln könnte man sie davon überzeugen? Damit, daß sich ein Mann von überragendem Talent, der im Überfluß lebt, ohne diesen irgendwie verringern zu wollen, auf die Gefahr hin, sein Gesicht vor der ganzen Nation zu verlieren, hat einreden können, eine durch die Annullierung alles in Schuldverschreibungen des Staates bestehenden Eigentums bewirkte Egalisierung wäre für die Gesellschaft wünschenswert,[9] statt mit einem hungergeplagten Mann, der von der Politik so wenig versteht wie ein Kind, dem das Nachprüfen oder auch nur das Nachdenken gänzlich ungewohnt ist und der dabei doch so eindrucksvolle und gewichtige Autoritäten hinter sich weiß?

Von den auf diese Weise spezifizierten Personen würden mehrere natürlicherweise diesen Wunsch entwickeln und ihn einander mitteilen, denn was sollte sie daran hindern? Sie täten alles in ihrer Macht stehende, um ihn mit Hilfe ihrer Wählerstimmen zu verwirklichen, und was sollte sie an diesem unheilvollen Versuch hindern?

Einwand – doch wie sollte ihnen dies, so wird man fragen, allein mittels ihres Stimmrechts gelingen? Nicht sie wären es, von denen die Ausführung eines solchen Projektes abhinge: Nicht sie sind es, die es zu Gesetzgebern zu machen gilt.

Antwort. Es liefe auf dasselbe hinaus, wenn sie es wären: Ich sage nicht, um es mit Erfolg zu versuchen, sondern (und das wäre für unsere Argumentation ausreichend) um sich hin und wieder daran zu versuchen und dies mit einer solchen Effektivität, daß angesichts der Gewißheit des lebhaftesten Widerstandes, den man von den besitzenden Klassen zu erwarten hätte, zwischen jedermann verhängnisvolle Konflikte geschürt wür-

8 Abgesehen vom letzten Absatz dieses Abschnitts, der sich mit den Nicht-Lesern befaßt, berücksichtigt Bentham nur diese eine „Klasse“.

9 Bentham dachte vermutlich an Linguet, der 1788 eine Annullierung der Staatsverschuldung vorgeschlagen hatte.

den. Man beachte, daß sie fraglos in jedem Bezirk die Mehrheit bilden. Und in vielen Bezirken, wahrscheinlich sogar langfristig in der Mehrzahl der Bezirke, würden sie im ungünstigsten Fall jenen aus ihren Reihen wählen, der ebenso unwissend, dafür aber fanatischer wäre als sie. Hier haben wir alles, was es braucht, um einen Massenauflauf auszulösen. Indessen würde es ihnen bei einer solchen Gelegenheit kaum an Männern mangeln, die bei vergleichbarer Mittellosigkeit ausreichend Talent beisteuern würden, um sie mit Verstand anzuführen. Was könnten nicht etwa ein Temple, ein Barrington, ein Lavater, ein Cagliostro auf dieser Grundlage anfangen, wollte man ihnen allen sowohl die Motive wie die Mittel unterstellen?[10] Wenn es den bedrohten Eigentümern gelänge, einige dieser fähigen Führer zu gewinnen, was folgte daraus? Daß deren Falschheit und Verrat (denn es wäre ein solcher) für sie hieße, zerfetzt zu werden, was genügen würde, die anderen einzuschüchtern und dadurch von ihrer perversen Aufgabe abzuhalten?

Zweifellos bleibt es nicht aus, daß man in der Klasse der Reichen oft genug Talente antrifft, die dazu geeignet sind, einen sehr beträchtlichen Einfluß auf die Regierung zu nehmen. Tagtäglich sieht man, wie diese Klasse Redner hervorbringt, die selbst die höchsten Posten zweifellos glänzend ausfüllen. Um allerdings in diesen wichtigen Angelegenheiten einen heilsamen Einfluß auszuüben, um die Regierungsgeschäfte sowohl mit Gerechtigkeitssinn als auch mit wachem Verstand zu betreiben, der mit all den Kenntnissen gerüstet und an all die Überlegungen gewöhnt sein muß, deren es bedarf, um Gesetzesvorhaben gut auswählen und auf den Weg bringen zu können, ist beharrliche Arbeit unabdingbar, die nur aus der Not geboren sein kann.

Der Glanz seiner Stellung, die Gewohnheit, daß man sich ihm nur unter Ehrerbietungen nähert, sein durch diese Gewohnheit genährtes Selbstvertrauen, die Leichtigkeit, mit der er viele Ideen aus zweiter Hand unverändert übernimmt, Ideen, die ihn nicht mehr kosten als ein beiläufiges und kurzes Gespräch, seine Weltläufigkeit, der Zugang, den er infolge all dessen zu wirklich gebildeten Menschen erhält, können einem reichen Mann, den der Reichtum müßig gemacht hat, zu dem Talent verhelfen, die Köpfe zu fesseln, mithin zu dem Talent zu regieren: Aber gut zu regieren, oh, das ist wohl etwas anderes! Ein Mann, der kraft Nachdenkens und Arbeitens und auch kraft seines Talentes zu Reichtum gekommen ist, verliert dieses Talent selbstverständlich nicht durch den Erwerb seines Reichtums: Doch die Talente dieses Schwerreichen verdanken sich einer Not, ohne die es sie nicht gäbe.

Mit einem unterschiedlichen Grad dieses sich der Not verdankenden Antriebs können verschiedene Naturen in punkto Talent gewiß dasselbe Ergebnis hervorbringen: Es gibt eine so herkuleische Konstitution, die ohne Übung und Anstrengung in der Lage wä-

10 Alle Genannten suchten auf die eine oder andere Weise den Erfolg beim Publikum: Richard Grenville-Temple, berüchtigter politischer Ränkeschmied und angeblich Autor mehrerer Hetzschriften; George Barrington, Taschendieb und Autor, dessen Eloquenz, Bildung und vornehmes Auftreten ihn bei seinen diversen Gerichtsverhandlungen berüchtigt machten; Johann Kaspar Lavater, Schweizer Pastor, Dichter und Begründer der Physiognomik, dessen mystische Inbrunst und rhetorische Fähigkeiten ihn zu einer Kultfigur machten; und Graf Alessandro Cagliostro, wie sich der Abenteurer, Alchemist und überaus erfolgreiche Verkäufer von Wundermitteln, Giuseppe Balsamo nannte, der 1785 in die Diamantenhalsbandaffäre verwickelt war.

re, Meisterleistungen vorzuweisen, die ein gewöhnlicher Mensch mit der Anstrengung eines ganzen Lebens nicht zuwege brächte: Doch muß man sich nach dem natürlichen Fluß der Dinge richten, nicht nach seinem gelegentlichen Überschäumen.

Man sieht also, daß die Mittellosigkeit, um die es hier geht, nur eine relative ist: Es handelt sich um eine Not relativ zu dem gewöhnlichen Geschick jener Klasse von Menschen, in die man sich kraft Geburt, Rang oder Bildung gestellt sieht. Eine absolute Mittellosigkeit wäre für die Ausbildung dieser Talente wesentlich tödlicher als der extremste Reichtum: Denn heutzutage erfordern Kenntnisse, und namentlich Kenntnisse der Rechtsmaterie, so umfangreiche Mittel! Schließlich muß man leben können, um zu studieren, und zwar ohne eine andere Arbeit verrichten zu müssen als die des Studiums selbst: Man muß sogar, um vorzeigbare Studienkollegen gefunden zu haben, in einem gewissen Wohlstand gelebt haben.

Ein Mitglied des Parlaments stellte vor einigen Jahren den Plan vor, das Maß an *Qualifikation*[g] für die Sitze im britischen Unterhaus zu verdoppeln, obwohl es ohnehin schon viel zu hoch ist.[11] Ich kann nicht umhin, diese Probe aufs Talent als Beweis dafür anzusehen. Das erklärte Ziel des Vorhabens war, das Maß an Rechtschaffenheit in dieser Versammlung zu erhöhen. Dies sind zwei Fehler. Es ist eine der gewöhnlichsten und falschesten Ansichten, daß es selbst in einem Land, in dem die Anzahl der Regierungsmitglieder und die Art und Weise ihrer Mitwirkung so zahlreiche Talente erfordert, nichts anderes als Rechtschaffenheit brauchte, um gut zu regieren; daß alles Schlechte, das geschieht, einzig mangels Rechtschaffenheit geschähe; daß alles Gute, das ausbleibt, einzig und allein aus Mangel an Rechtschaffenheit ausbliebe; daß Schurke und großer Mann dasselbe wären; daß der Weg der bestmöglichen Regierung ein einfacher und allen bekannter Weg wäre; daß nur die Einflüsterungen der Böswilligkeit von diesem Weg abbringen könnten und daß man, um auf ihm ohne die geringste Abweichung Kurs zu halten, nichts anderes brauchte als den Willen dazu. Jene, die über Talent verfügen, müssen wissen, daß es sich gerade umgekehrt verhält. Es ist gerade das Talent und nichts als das Talent, das fehlt. Denn was davon, nachdem der Parteienzank eine so gewaltige Menge verschlungen und der Anwaltsstand mit seiner miserablen Jurisprudenz so übermäßig viel gekostet hat, davon noch übrigbleibt, um für die Vervollkommnung der Gesetzgebung in all ihren Teilen aufgewendet werden zu können und aufgewendet zu werden, ist durchaus gering. Nein, was im Überfluß vorhanden ist, das ist gerade Rechtschaffen-

---

g So nennt man im Englischen das Vermögen, dessen Besitz man von einem Berechtigten verlangt, damit dieser über alle Eigenschaften verfügt, die erforderlich sind, um gewählt werden zu können.

11 Nach dem „Qualifications Act" von 1710, der die Eigentumsanforderungen an Mitglieder des Unterhauses festsetzte, mußte ein Knight of the Shire (Vertreter einer Grafschaft) einen Grundbesitz mit einem jährlichen Ertrag von £ 600 besitzen und ein bürgerlicher Abgeordneter einen Besitz mit einem jährlichen Ertrag von £ 300. Es ist nicht bekannt, daß Anstrengungen unternommen wurden, um die Eigentumsanforderung zu verdoppeln, obwohl im 18. Jahrhundert in regelmäßigen Abständen immer wieder Maßnahmen vorgeschlagen wurden, um sie strenger durchzusetzen. Die jüngste Gesetzesvorlage, an die Bentham möglicherweise dachte, wurde von John Strutt, 1774–90 Abgeordneter für Malden, ins Unterhaus eingebracht, aber am 22. Juni 1780 in zweiter Lesung abgelehnt.

heit: Zeugin so zahlreicher selbstverneinender Akte, die die vergangenen Jahre hervorgebracht haben, und zwar ungeachtet jener Politik, deren einziges Talent darin besteht, „Nieder mit der Korruption!" zu schreien, so wie man immer geschrieen hat und immer schreien wird. Ach, wenn es genügte, das Gute zu wollen, um es zu finden und Gutes zu tun, wie günstig wäre dann das Gute! Auch gibt es vielleicht keinen unzweideutigeren Beweis für den Mangel an Talent als jene Neigung, in seinen Berechnungen das öffentliche Maß an Talent zu Lasten des Maßes an Rechtschaffenheit zu hoch zu veranschlagen: Je mehr Talente man hat, desto besser lernt man, sie zu beurteilen, und desto lebhafter wird das Gefühl dafür, wie notwendig und wie knapp sie sind.

Dieses Projekt einer Steigerung der Dummheit wurde, nachdem es vielleicht anstandshalber positiv aufgenommen und als aussichtsreich behandelt worden war, genauso wie viele andere, die ein glücklicheres Schicksal verdient hätten, fallengelassen, ich weiß weder wie noch warum.

Wenn aus der vollständigen Egalisierung, das heißt aus der vollkommenen Subversion aller Eigentumsrechte allen Gesellschaftsmitgliedern zusammengenommen eine größere Summe Glücks erwüchse, dann sollte es nicht das Wort der Subversion sein, das den Gesetzgeber davon abhielte: Denn was ist dieser Klang von Rechtmäßigkeit verglichen mit dem Glück schon wert? Was ist irgendein Recht wert jenseits der Auswirkung, die dessen Genuß auf das Glück hat? Und was ist das Glück der kleinen Zahl wert verglichen mit dem entsprechenden Glück der größeren Zahl?

Ja, aber diese Voraussetzung entspricht gerade nicht der Wahrheit. Was den Grund hierfür betrifft, so muß man entweder darauf vertrauen, daß er sich von selbst versteht, oder ihn an anderer Stelle beweisen, denn an dieser Stelle wäre die Beweisführung, so befriedigend sie auch sein muß, zu lang.

Weil man also, ob man will oder nicht, die Klasse der Nicht-Eigentümer vom Genuß dieses Rechtes ausschließen muß und diese Klasse beständig und notgedrungen eine deutliche Mehrheit bildet, muß man den Plan vollkommener Gleichheit hinsichtlich grundlegender Machtbefugnisse wie auch hinsichtlich des Reichtums als undurchführbar aufgeben. Nachdem dies so ist, wird man mit weniger Widerwillen andere Überlegungen anhören, die darauf hinauslaufen, die Notwendigkeit weiterer Ausschließungen darzulegen.

Dazu gehört die Notwendigkeit, irgendeine offenkundige Tatsache als Indiz dafür zu finden, daß einem Eigentümer selbige Eigenschaft wirklich zukommt, eine Tatsache, die imstande wäre, einen unbezweifelbaren Beweis darzustellen, wenn schon nicht, um allen Anfechtungen vorzubeugen, so doch wenigstens, um deren Zahl auf ein ausreichend bescheidenes Maß zu beschränken, so daß die Ausübung der Vollmachten der Versammlung keine schädliche Verzögerung erleidet.

Auch wenn die Lösung dieses Problems noch beträchtliche Opfer erfordert, so kann man darüber doch um so weniger betrübt sein, als man es notwendig finden wird, das Prinzip vollkommener Gleichheit zugunsten eines anderen, besser auf die Praxis abgestimmten aufzugeben. Man muß nämlich die Anzahl und das Spektrum der zugelassenen Personen auf jenes Maß bringen, mit dem man erreicht, was mit solchen Mitteln überhaupt zu erreichen ist: daß sich unmöglich im Kreise der Zugelassenen eine Mehrheit findet, die ein Interesse daran haben oder zu haben glauben kann, dem Glück der zugelassenen Klassen eine größere Summe Glücks (hinsichtlich der Größe jeder Portion und der Anzahl der Betroffenen) irgendeiner der ausgeschlossenen Klassen zu opfern.

Machen wir uns also auf die Suche nach jenen besitzenden Klassen, die aufgrund der Art ihrer Stellung Beweise für die Existenz ihrer Eigentümerqualität bieten, Beweise, die unzweifelhaft genug sind, um ohne Schwierigkeiten angenommen zu werden.

Wenn nun nach Zulassung all jener Klassen, bei denen man solche Qualitäten finden kann, etwaige übrigbleiben, von denen man im allgemeinen weiß, daß ihr Eigentum beträchtlich sein kann, so müßte man auf die Frage zurückkommen, ob es unter den Klassen, die sich, nachdem man alle Indizien ausgeschöpft hat, ausgeschlossen fänden, einige gibt, die sich infolge dieses Ausschlusses als Opfer wirkungsvoller Vereinbarungen der zugelassenen Klassen zu betrachten hätten.

Ich wüßte nicht, welchen Zweck es haben könnte, demjenigen ein Recht zuzusprechen, von dem man verläßlich wüßte, daß er sich dessen niemals, sei es nun zum Vorteil der Öffentlichkeit oder zu seinem eigenen, bedienen könnte. Es scheint mir, daß sich jeder Mann, der nicht lesen kann, in dieser Lage befindet. Was die erste Wahl zwischen den Kandidaten angeht, die nicht schon den Fall darstellen, daß sie keinerlei Beweise der Art von Verdienst anzubieten haben, um die es hier geht, so ist man darauf angewiesen, dies zufällig, einer vagen Meinung folgend, die man sich von ihrem Charakter hat bilden können, zu tun.

Hilfe, die sich aus der Praxis anderer Länder mit repräsentativer Verfassung gewinnen läßt, und namentlich von England

Wie in allen anderen Zusammenhängen kann die Praxis eines beliebigen anderen Landes auch in diesem Zusammenhang lehrreich sein, sofern man sie, während man ihren Rat einholt, zugleich beurteilt. Was die Gesetzgebung angeht, so sind die Beispiele wie Feuer und Wasser: guter Diener, schlechter Herr.

Unter den anderen Staaten stechen England und die Vereinigten Staaten von Amerika heraus. Die Beispiele, die ersteres bietet, haben den Vorteil, daß ihr Erfolg für sie spricht. Jene, die Amerika bietet, haben den Vorzug, sich der Reflexion eines aufgeklärten Volkes zu verdanken, das sich dem Kern ebenjener Erfahrung, um die es seine eigene ergänzte, gewidmet und sie beide um die Früchte der reifsten Überlegungen bereichert hat. Nach allgemeinen Erwägungen wäre Amerika es also, an das man sich mit der größten Hoffnung zu wenden hätte. Der Unterschied zwischen der demokratischen Verfassung im einen Fall und der monarchischen im anderen verhindert nicht im mindesten, daß die Beispiele, die diese berühmten Republiken bieten, auf Frankreich anwendbar wären. Die Verfassung, welche der gekrönte Landwirt[12] zu pflanzen sich bemüht, ist gerade die reinste der Demokratien, lediglich im Schatten einer Monarchie. Man gebe den amerikanischen Staaten anstelle eines Kongreßpräsidenten einen König, dann ist dieses Amerika das, was Frankreich zu werden im Begriff steht. Man mache aus dem König von Frankreich einen Beamten wie den Präsidenten des Kongresses, dann wird Frankreich das, was Amerika ist.

---

12 Anspielung auf Ludwig XVI.

Dennoch machen dieser Titel einer Monarchie, die räumliche Nähe, die gemeinsamen Ursprünge und zahlreiche andere Erwägungen, bei denen es nicht lange zu verweilen lohnt, zusammengenommen in diesem Fall die Hinwendung zu England natürlicher und leichter. Daher werde ich mich ausschließlich an die Beispiele aus diesem Land halten, sowohl wegen der genannten Gründe als auch, weil sie die einzigen sind, von denen ich mit Kenntnis der Tatsachen zu sprechen beanspruchen darf.

Auch ist Frankreich mit einem jüngst erschienenen Werk, den *Recherches historiques et politiques sur les États-Unis de l'Amérique*,[13] im Besitz eines kostbaren Schatzes, der um so kostbarer ist, als der übermäßige Haß der Engländer, wie unrecht er dem Werk in historischer Hinsicht auch tun mag, nur dazu geführt hat, sein Verdienst als Abhandlung über das Verfassungsrecht zu unterstreichen, indem er den Autoren die Augen für die Mängel öffnete, die sich in der englischen Verfassung finden.

Die Weisheit, die im französischen Geist so rasche Fortschritte macht, wird sich von Worten weder verführen noch einschüchtern lassen. Gleichermaßen auf der Hut vor allem, was mit *anti-* beginnt, und vor allem, was mit *-manie* endet, wird sie sich wie ihre emblematische Biene verhalten, die von den unterschiedlichsten Blumen sammelt, was diese Nahrhaftes und Nützliches zu bieten haben.

---

13 Filippo Mazzei, *Recherches historiques et politiques sur les États-Unis de l'Amerique septentrionale*, 4 Bde. Paris 1788.

2. Entwurf eines Verfassungsgesetzes für Frankreich [Auszug] (1789)

Art. 7. Über das Wahlrecht soll jeder Französische Bürger verfügen, ob Mann oder Frau, sofern sie volljährig, von gesundem Verstand und des Lesens kundig sind.
Art. 10. Vom passiven Wahlrecht soll kein menschliches Wesen ausgeschlossen werden.

Anmerkungen zu Artikel 7

Welche Vorteile auch immer mit dem Wahlrecht verbunden sind, es besteht *prima facie* kein Grund, warum es einer Person eher vorenthalten werden sollte als einer anderen. Auf den zweiten Blick sind die einzigen Personen, denen es vernünftigerweise verweigert werden kann, jene, die offensichtlich aufgrund einer eindeutigen Schwäche nicht in der Lage sind, zu ihrem eigenen Vorteil oder dem Vorteil anderer von ihm Gebrauch zu machen. Dies ist offensichtlich bei geisteskranken Personen der Fall. Dies ist auch bei Kindern bis zu einem bestimmten Alter der Fall; welches Alter dies ist, muß durch ein Gesetz festgelegt werden, das zu diesem Zweck, wie auch in anderen Fällen, in gewissem Maße willkürlich ausfallen muß.

Frage 1. Warum Frauen das Wahlrecht einräumen?

Antwort. Warum sie von ihm ausschließen? Wie kommt es, daß von den beiden Geschlechtern, aus denen die Spezies besteht, alle natürlichen Rechte auf politische Vorteile allein dem einen vorbehalten sind? Was die allgemein übliche Gepflogenheit betrifft, das zartere Geschlecht zu benachteiligen, so ist die Tyrannei ihre effektive Ursache und das Vorurteil ihre einzige Rechtfertigung.

Einwand 1. Man sagt, die intellektuellen Fähigkeiten der Frau seien denen des Mannes von Natur aus unterlegen.

Antwort 1. Die Tatsache an sich ist fragwürdig; doch wäre sie noch so zweifelsfrei, täte dies nichts zur Sache, wenn nicht die intellektuellen Fähigkeiten der am besten ausgestatteten Vertreter des einen Geschlechts denen der am schlechtesten ausgestatteten des anderen unterlegen wären. Die Geschichte spricht hier eine eindeutige Sprache; aus ihr ließe sich eher folgern, das männliche Geschlecht sei von aller monarchischen Gewalt auszuschließen als das weibliche. Wenn sich aber keine spürbare Unannehmlichkeit aus dem Umstand ergibt, daß man Frauen mit der exklusiven Macht der Königswürde betraut, welche Gefahr kann darin liegen, daß sie einen so kleinen Anteil an der politischen Macht besitzen, und diesen zusammen mit dem anderen Geschlecht?

2. Gehen wir von der Unterlegenheit ihrer Vermögen aus: Je größer sie ist, desto geringer ist ihre Fähigkeit, die fragliche Macht zu mißbrauchen. Wenn sie zur Klasse der Schwachsinnigen zählen, dann immerhin doch nicht zur Klasse der bösartigen Schwachsinnigen.

Wenn es irgendwelche Merkmale gibt, hinsichtlich deren ihre Unterlegenheit unstrittig ist, dann sollten dies doch wohl die Aspekte körperlicher Kraft und persönlichen Mutes sein. Das englische Recht hat es in seiner Weisheit aber anders beschlossen. Es fordert sie gerade wie die Männer auf, Ämter zu übernehmen, deren Pflichten darin bestehen, Landstreicher aufzugreifen und Unruhen niederzuschlagen.[1] Von politischen Rechten aber, die ohne Anstrengung und Gefahr ausgeübt werden können, schließt es sie mit unerbittlicher Fürsorglichkeit aus.

Einwand 2. Es wird sie von der Erfüllung ihrer häuslichen Pflichten abhalten.

Antwort. Die Männer haben genauso ihre häuslichen Verpflichtungen wie die Frauen; es wird das eine Geschlecht nicht mehr von ihnen abhalten als das andere. Es ist nicht notwendiger, daß Frauen kochen, das Haus sauberhalten und die Kinder aufziehen, als daß der größere Teil des männlichen Geschlechts einen gleichen Anteil seiner Zeit der Arbeit in der Werkstatt oder auf dem Feld widmet.

Einwand 3. Allein schon der Gedanke, daß Frauen sich in solche Angelegenheiten einmischen, ist lächerlich.

Antwort. Nicht ganz so sehr wie der Gedanke, sie von ihnen auszuschließen. Die Ursache der Lächerlichkeit liegt nicht in den Gegenständen, sondern im Geist. An und für sich ist eine Sache nicht lächerlicher als eine andere. Diesem oder jenem erscheint alles lächerlich, worüber zu lachen er geneigt ist. Ich habe vergessen, welcher asiatische Herrscher es war, dem die Vorstellung irgendeiner anderen Form von Herrschaft als die der absoluten Monarchie hochgradig lächerlich erschien. Die Frage ist, ob es in der Macht einer Person steht, die Rechte eines anderen zu zerstören, indem sie diese Rechte der Lächerlichkeit preisgibt. Wenn eine solche Anmaßung nicht lächerlich ist, dann ist sie etwas Schlimmeres.

Selbst wenn man es für noch so wünschenswert hielte, die Frauen von jeglicher politischen Einflußnahme fernzuhalten, muß dies doch als unmöglich erkannt werden. Um sie von jeglichem Einfluß auf politische Angelegenheiten fernzuhalten, muß man die Natur der Dinge ändern und ihnen überhaupt jeden Einfluß verwehren. Die Frage ist dann, ob sie den Einfluß, den sie besitzen, von Rechts wegen oder widerrechtlich ausüben; offen oder verdeckt; ob die eine Hälfte der Spezies stigmatisiert werden soll, um etwas zu verhindern, dessen Verhinderung so wenig möglich wie wünschenswert ist?

Wenn man die Ablenkung als Argument anführt, wäre es wesentlich vernünftiger, sie von allen Besuchen und heiteren Geselligkeiten fernzuhalten. Ein Stück Papier, auf dem ein Name steht, in eine Kiste oder ein Glas zu werfen, kostet kaum eine Minute. Ein einziges Theaterstück oder ein Ball nehmen mehr Zeit in Anspruch, als die Ausübung dieses Rechts im Laufe eines ganzen Lebens erfordern würde.

---

1 An dieser Stelle hat Bentham am Rand des Manuskripts notiert: „Jungfrauen sollen übel beleumundete Häuser durchsuchen. Schwangere Frauen sollen Mörder ergreifen und Unruhen unterdrükken." Nach englischem Recht waren Frauen befugt, als Polizistinnen zu dienen.

Warum als Voraussetzung für die Ausübung des Wahlrechts die Fähigkeit verlangen, lesen zu können?

Antwort. 1. Neben Kindheit und Wahnsinn ist dies der einzige Umstand, mit Hilfe dessen sich eine klare Grenze zwischen denjenigen ziehen läßt, von denen vernünftigerweise erwartet werden darf, daß sie das fragliche Recht zum Vorteil ihrer Gemeinschaft zu nutzen imstande sind, und jenen, die dies nicht können. Um sich ein vernünftiges Urteil über das Verhalten ihres Repräsentanten zu bilden, verfügen Wähler lediglich über ein Mittel, nämlich auf die Verhaltensmaßregel zu achten, der er in Ausübung seines Amtes gefolgt ist. Dieselben Gründe, die es ihnen unmöglich machen, ihre Anliegen im Parlament selbst wahrzunehmen, werden sie im allgemeinen auch um die Möglichkeit bringen, dort als Zuschauer zu verfolgen, wie dies vor sich geht. Gedruckte Sitzungsprotokolle sind die einzige Quelle für diejenigen, die in einer gewissen Entfernung leben. Mit den Augen anderer zu lesen, ist gewiß kein Ding der Unmöglichkeit. Doch wie läßt sich hinsichtlich der Geschwindigkeit das Selbst-Lesen mit dem Hören eines laut verlesenen Schriftstücks vergleichen? Und wenn ein Mann zu arm ist, um lesen gelernt zu haben, wie wahrscheinlich ist es dann, daß er auch nur halbwegs regelmäßig andere beauftragen kann, ihm vorzulesen?

2. Ein Ausschluß, von dem sich jedermann selbst zu befreien vermag, wann immer er es für richtig hält, ohne daß ihm in anderer Hinsicht ein Nachteil daraus erwüchse, läßt sich kaum als Eingriff in irgend jemandes Rechte betrachten.

3. Soweit er überhaupt als Druck empfunden werden sollte, wird er sich als Ansporn für den Wunsch nach Anleitung und als ein Instrument der Zivilisation auswirken.

4. Eine so unstrittige Art von Rechtsanspruch läßt sich schwerlich anhand irgendeines anderen Kriteriums finden. Die pekuniären und vergleichbaren anderen Voraussetzungen, die das englische Recht so schätzt, sind Anlaß zu ständigen Rechtsstreitigkeiten. Die Entscheidung der Gemeindebeamten vor der versammelten Gemeinde würde im allgemeinen unmittelbar und über jeden Zweifel erhaben sein. Ihre einmal erfolgte Beglaubigung würde jeden späteren Rechtsstreit überflüssig machen. Sofern Zweifel an der Befähigung eines Kandidaten bestehen, wäre eine Abweisung relativ unproblematisch, weil die mangelnde Befähigung so leicht zu beheben wäre. Das Urteil des Auditoriums wäre, sofern es positiv ausfällt, ein jederzeit zweifelsfreier Beweis, es sei denn, es wäre irgendwann durch dasselbe Auditorium zurückgenommen worden; und sollte jemals ein Irrtum aus Nachsicht begangen werden, ließe sich das schwerlich als ein großer Schaden bezeichnen.

Der Zeitpunkt zum Absolvieren dieses Tests wäre naturgemäß der Tag, an dem eine Person volljährig wird. In der Annahme, daß ein allgemeines Gesetzbuch geschaffen wurde und daß man es auf den Bereich sowohl der pekuniären als auch der intellektuellen Möglichkeiten derjenigen beschränkt hat, deren Verhalten es reglementieren soll, könnte die Überreichung eines Exemplars dieses Gesetzbuchs Teil des öffentlichen Verfahrens sein; und das Annehmen dieses unerläßlichen Führers wäre gleichermaßen eine lehrreiche Lektion für den Kandidaten und ein erbaulicher Festakt für die Zuschauer.

Durch eine Bestimmung des englischen Rechts, deren Folgen noch am Zustand der Strafjustiz ablesbar sind, wurde eine derartige Qualifikation in eine Lizenz zum Verbrechen umgewandelt: Da das Urteil dem zufälligen oder parteiischen Mitgefühl eines einzelnen Individuums übertragen wurde, konnte dieselbe Lektion bei jeder Gelegenheit vorgetragen werden, und die Kunst des Lesens verwandelte sich in die Kunst, einen einzigen Satz auswendig zu lernen.[2]

Anmerkungen zu Artikel 10

Frage. Warum aller Welt das Recht zugestehen, gewählt werden zu können?

Antwort. Warum irgend jemanden davon ausschließen? Jede Ablehnung eines Kandidaten durch das Gesetz ist eine Verletzung des Rechts des Wählers, die unnötiger und nutzloser nicht sein könnte.

Wie also? Würden Sie etwa einen Schwachsinnigen, einen Säugling, eine Frau, einen Neger oder einen verurteilten Mörder zulassen?

Antwort. Ist der Fall vorstellbar, daß die Mehrheit der Bewohner einer ganzen Provinz darin übereinkommt, sich für einen Schwachsinnigen, einen Säugling, eine Frau, einen Neger oder einen verurteilten Mörder zu entscheiden?

Wenn sie es täte, was wäre die Konsequenz? Der Schwachsinnige bliebe in der Klinik, der Säugling würde weiter gesäugt, mit dem verurteilen Mörder würde verfahren wie mit anderen verurteilten Mördern.

Was den Neger und die Frau betrifft, so könnte es keinen besseren Beweis für ein Verdienst geben, dessen Ausmaß alles übertrifft, was unter Weißen und unter Männern zu finden ist, wenn sie durch einen merkwürdigen Zufall die Gesamtheit der Vorurteile überwinden sollten, die ihrer Zulassung so mächtig im Wege stehen.

In Frankreich scheint die Auffassung nicht ungewöhnlich zu sein, daß Monsieur Necker, ein Bürger Genfs, das Vertrauen der französischen Männer nicht weniger verdient als alle anderen Männer. England verfügt über eine Historikerin, die sich, vom Verbrechen ihres Geschlechts einmal abgesehen, nach Meinung vieler als nicht weniger geeignet erweisen könnte, ihrem Land im Parlament zu dienen, als viele würdige Gutsherren.[a] Würden der französische und der englische Gesetzgeber einige ihrer Mitglieder untereinander austauschen, so könnte es kein mächtigeres Mittel zur Beseitigung jener nationalen Abneigungen und Eifersüchteleien geben, deren Vorherrschen so beschämend und abträglich für beide Länder ist.

Daß Ausländer von Ämtern ausgeschlossen werden sollten, deren Verleihung der Krone obliegt, mag nicht unvernünftig sein. Warum? Aus demselben Grund, aus dem der Ausschluß im anderen Fall absurd wäre. Im einen Fall besteht die Gefahr, daß die Ernennung dem Volk mißbehagt; im anderen besteht Gewißheit, daß es gerade das Volk ist, welches sie wünscht.

---

2 Bentham spielt hier auf den sogenannten „neck-verse“ an (meistens der Anfang von Psalm 51), mit dessen Rezitation ein verurteilter Verbrecher das Vorrecht des Klerus, nicht der Todesstrafe zu unterliegen, beanspruchen konnte.

a Mrs. Macauley [gemeint ist Catherine Macauley, Verfasserin einer *History of England from the Accession of James I to that of the Brunswick Line*, 8 Bde., London 1763–83].

II. Allzuständigkeit der Gesetzgebung

3. Die Notwendigkeit einer allmächtigen Gesetzgebung (1791)

Einleitung und Überblick

Ein politisches Ungeheuer hat sein Haupt in Frankreich erhoben: ein Land ohne Regierung; ein vermeintlicher Gesetzgeber ohne die Macht, Gesetze zu erlassen; eine Regierung, die von den nicht Regierenden tyrannisiert wird; sogenannte Machthaber, tyrannisiert von denjenigen, von denen letztlich alle Gewalt ausgehen soll; ein unheilschwangeres System, gegen dessen Unheil kein Kraut gewachsen ist: und diese Anarchie nicht infolge von Nachlässigkeit oder Ohnmacht, sondern infolge umfassender Macht und umfänglicher Beratung.[1]

In der kurzen Zeit, die zwischen der Geburtsstunde des neuen Gesetzgebers und seiner Übernahme der Amtsgeschäfte verstrichen ist, konnte sich noch keine wirklich akute Schwierigkeit einstellen; diese Ruhe aber kann nicht von langer Dauer sein.[2]

Wenn es eine Behauptung über das Regieren gäbe, die selbstverständlicher wäre als jede andere, dann doch wohl die, daß es zu jedem Zeitpunkt irgendeine Amtsgewalt geben sollte, die ermächtigt ist, alles zu tun, was vom Staat gefordert sein könnte, und daß sich diese Amtsgewalt auf jeden möglichen Fall erstrecken sollte.

Die Versuche des Lykurgos, des Numa, der Meder und der Perser, der Liebhaber von Spektakeln unter den Athenern[3] und so manch anderer mehr oder weniger Erleuchteter

---

1 Am 3. September 1791 hatte die Nationalversammlung die neue französische Verfassung für vollständig erklärt. König Ludwig XVI. nahm sie am 13. September an und erschien am folgenden Tag persönlich in der Nationalversammlung, um das Dokument zu unterzeichnen. Nach Titel VII der Verfassung konnten Verfassungsänderungen nur durch eine Revisionsversammlung erfolgen, und auch dann nur, „wenn drei aufeinanderfolgende gesetzgebende Versammlungen den einstimmigen Wunsch auf Änderung eines Verfassungsartikels geäußert haben“. Dieser Umstand wurde in einer ergänzenden Formulierung noch einmal eigens betont: „Keine der durch die Verfassung eingesetzten Gewalten hat das Recht, diese insgesamt oder teilweise zu verändern, vorbehaltlich der Verbesserungen, die in Übereinstimmung mit den Anordnungen des obigen Titels VII durch den Wunsch nach Revision vorgenommen werden können.“

2 Die Gesetzgebende Versammlung war erstmals am 1. Oktober 1791 zusammengetreten.

3 Der legendäre spartanische Gesetzgeber Lykurgos nahm den Spartanern das Versprechen ab, sein Gesetzgebungswerk unverändert zu lassen, bis er mit dem Urteil des Orakels von Delphi über dessen Weisheit zurückgekommen wäre. Nachdem er das Orakel befragt hatte, hungerte er sich zu Tode, statt nach Sparta zurückzukehren, um die Gesetze unveränderlich zu machen; vgl. Plutarch,

mit Anspruch auf Unfehlbarkeit hat man bislang nur wegen ihrer Absurdität angeführt – als die zahlreichen Beispiele, es dem Salmoneus nachzutun, der glaubte, er könnte sich mit Jupiter, dem König der Götter und Menschen, auf eine Stufe stellen, indem ein Geräusch macht[4] – und als die zahlreichen Versuche, endliche Macht in unendliche zu verwandeln.

Es gereicht dem 18. Jahrhundert nicht zur Ehre, daß ein derart überzogenes und unverfrorenes Beispiel von Despotismus und Eigendünkel Nachahmer gefunden haben sollte; und dies zudem in einem Organ, das in so vielen anderen Hinsichten einen so billigen Anspruch darauf erheben darf, als die achtbarste Versammlung zu gelten, die je das Licht der Welt erblickt hat.

Unter dem Eindruck des Unheils, mit dem ich diese Versammlung schwanger gehen sehe, werde ich unter den folgenden Überschriften versuchen, dem Publikum meine Gedanken in so wenigen Worten darzulegen, wie es die Bedeutung des Gegenstandes erlaubt:

1. Das Wesen und Ausmaß des Unheils, mit dem eine solche Institution schwanger geht.
2. Die mangelnde Befugnis derer, die sie einzusetzen versuchten.
3. Das Fehlen vernünftiger Argumente zu ihren Gunsten.
4. Die Widersprüchlichkeit des Anspruchs derer, die sie vorangetrieben haben.
5. Die Unangemessenheit der vermeintlichen Abhilfe, die die Einrichtung besonderer Versammlungen schaffen soll.
6. Mutmaßungen über die Auffassungen und Institutionen, die zu ihrer Gründung beigetragen haben mögen.
7. Die beste Art und Weise, sie wieder loszuwerden.
8. Entwurf einer Eingabe zu diesem Zweck.

§ I. Unheil

Unter dem Titel des Unheils werde ich kein einziges erwähnen, das sich irgendeinem bestimmten Artikel zuschreiben ließe. Dies hätte eine endlose Erörterung zur Folge: Allein dieser einzelne Punkt würde schon eine Abhandlung zu fast jedem Teil des gesamten

„Lykurgos", Kap. 29, in: *Große Griechen und Römer*, übers. von K. Ziegler, Bd. 1, München 1979. – Die von Numa Pompilius, dem legendären zweiten König Roms, verfaßten Gesetzbücher wurden ihm ins Grab mitgegeben, weil er glaubte, die Gesetze würden am besten durch die lebendige Tradition aufrechterhalten, die er seinen Priestern eingeimpft hatte; vgl. Plutarch, „Numa", Kap. 22, in: ebd. – Zum „Gesetz der Meder und Perser, daß alle Gebote und Befehle, die der König beschlossen hat, unverändert bleiben sollen", vgl. Daniel 6, 16. – An welches Beispiel Bentham im Zusammenhang mit den Athenern dachte, ist nicht klar, obwohl es sich bei den Liebhabern von Spektakeln um Anhänger des Perikles handeln könnte, der öffentliche Festivitäten für die Athener förderte; vgl. Plutarch, „Perikles", Kap. 9, in: *Große Griechen und Römer*, Bd. 2, München 1979.

4 Salmoneus war ein legendärer griechischer König, der sich als Zeus ausgab (den die Römer mit Jupiter gleichsetzten), indem er mit geschwungenen Fackeln dessen Blitz und mit dem Hufklang seiner Pferde den olympischen Donner nachahmte. Vgl. Vergil, *Aneis*, VI, 585-94.

Gesetzeskorpus erfordern. Um des Argumentes willen werde ich zugestehen, was zuzugestehen mir andernfalls gewiß fernläge, nämlich: daß die Artikel insgesamt und in allen Einzelheiten so gut sind, wie sie im ersten Anlauf theoretisch hätten sein können, und daß alle besonderen Nachteile, die man eventuell von ihnen zu befürchten hätte, ausschließlich von der Art sind, daß sie allein auf dem Wege wirklicher Erfahrung ans Licht zu bringen wären.

1. Unheil, wie es aus dem Vorwand erwachsen kann, den man böswilligem Ungehorsam, Widerstand und Unruhen verschafft hat.

Solange diese Annulierungsklausel besteht, wird es den Feinden der Freiheit und der rechtschaffenen Ordnung, den Unruhestiftern, nie an einem Vorwand fehlen; und zwar einem Vorwand, der nur allzuoft allzu plausibel sein wird. Wenn man über einen Akt der Machtausübung klagt, dann ist unter jeder anderen Regierung (denn noch hat es keine Regierung gegeben, in der nicht eine Person oder eine Reihe von Personen zu allem befugt gewesen wäre) davon die Rede, daß dieser unangebracht oder schlimmstenfalls tyrannisch sei; so sehr man auch gegen diese Machtausübung protestiert, das Recht selbst bleibt unangefochten; Irrtum oder schlimmstenfalls Unterdrückung lautet der Vorwurf, und ein Gesuch um Wiedergutmachung ist die Folge. Hier aber wird das Gesuch um Wiedergutmachung dank der vernebelnden Wirkung dieser Klausel von einer Beteuerung der Ungültigkeit begleitet oder vielmehr durch sie ersetzt werden; an die Stelle der Beschwerde wird Widerstand treten; das Flüstern der Beschwerde wird dem Schlachtruf der Rebellion weichen; und Ungehorsam gegen die Staatsgewalt wird nicht nur zu einem Recht, sondern zu einer Pflicht erklärt werden (wie es die Staatsgewalt selbst getan hat).[5]

Welche Großtat, welch letzter Schliff von elterlicher Hand! Das Feuer der Rebellion gegen die eigenen Nachfolger zu entfachen! In die Lenden der eigenen Nachkommen den Samen der Impotenz zu pflanzen!

2. Das Unheil der Unsicherheit infolge echter Differenzen: Unsicherheit und Unstimmigkeit, die sich infolge von Zweifeln darüber ergeben, ob dieser oder jener Artikel eines einfachen Gesetzes mit diesem oder jenem Artikel der Verfassung in Einklang steht. Auf Skrupel, wie Falschheit und Verschlagenheit sie vortäuschen mögen, verfällt die Redlichkeit nur um so leichter. Diese Quelle des Unheils, mag sie den Verfassern auch bei weitem nicht so viel Schande eintragen, sprudelt vielleicht noch stärker als die andere: Denn in welcher Gemütsverfassung wird wohl am eifrigsten Widerstand geleistet – wenn einen Menschen das Gewissen plagt oder wenn er das Gewissen auf seiner Seite weiß?

Das Unheil, das dieser Quelle entspringen kann, darf also durchaus, obwohl es von derselben Art ist, als von jenem anderen Unheil numerisch unterschieden gelten und diesem somit hinzuzurechnen sein: Sind doch die beiden Personenkreise, die so möglicherweise zum bewaffneten Widerstand gegen die Autorität des Gesetzes veranlaßt werden, nicht nur verschieden, sondern gegensätzlich; und wer vermöchte zu sagen, wie groß der Anteil der Gemeinschaft wäre, der dazu gebracht werden könnte, sich mit Waffengewalt

---

5 In Artikel 2 der „Erklärung der Menschen- und Bürgerrechte" war das Recht auf Widerstand gegen Unterdrückung verkündet worden.

gegen die eigenen Mitbürger und die Regierungsmacht zu erheben, sollten sich beide miteinander verbünden?

3. Unheil infolge sich überschneidender Zuständigkeiten und voneinander abweichender Rechtsprechung. In einem Landesteil oder Bezirk halten die Richter einen in Frage stehenden Artikel für verfassungsgemäß, in einem anderen für nicht verfassungsgemäß – immer schrillerer Mißklang, immer vollständigere Verwirrung – Spaltungen, die sich vertiefen und verfestigen.

4. Wer soll diese Zwietracht beenden, wer dieses Bild heillosen Durcheinanders geraderücken? Das Kassationsgericht?[6] Dann ist das Kassationsgericht nicht nur ein Rivale, sondern ein Vorgesetzter der obersten Gesetzgebung: Dann hat das Kassationsgericht, ein Zweig der richterlichen Gewalt, ein Vetorecht, ein negatives Recht gegenüber den Gesetzen. Sollten diese richterliche und die gesetzgebende Körperschaft unterschiedlicher Meinung sein, und vorausgesetzt wird ja, daß sie es sind, wer soll dann die Rolle des Schiedsrichters übernehmen? Niemand anders als die Gesamtheit des Volkes, dessen einzige Form von Stimmrecht in Aufstand und Bürgerkrieg besteht.

5. Unheil einhergehend mit dem Vertrauensverlust, den die Legislative im Rahmen ihrer Bemühungen erleiden muß, die eigene Autorität zur Geltung zu bringen oder sich der höheren Instanz des Verfassungstextes mittels Interpretation zu entziehen.

Im günstigsten Fall ist ein vermeintlicher Widerspruch nicht so groß, daß es einer Mehrheit der gesetzgebenden Körperschaft tatsächlich und ehrlicherweise so erscheinen müßte – wie immer es der Minderheit der Legislative und einem mehr oder weniger großen Teil der Bevölkerung erscheinen möge –, als sei der fragliche einfache Gesetzesartikel in keiner Hinsicht mit irgendeinem Artikel des Verfassungstextes unvereinbar. In welcher mißlichen Lage befindet sie sich in diesem günstigsten Fall? In der unangenehmen und ärgerlichen Lage, Richter in eigener Sache zu sein.

6. Üblicher wird der Fall sein, daß sie eine Schwäche oder vermeintliche Schwäche an irgendeinem Teil des Verfassungstextes feststellt oder festzustellen meint, daraufhin den Ehrgeiz entwickelt, diese zu beseitigen, und um sich nun eine Genehmigung hierfür zu verschaffen und die Nation mit der so erwirkten Erlaubnis zu versöhnen, diese entweder mit vorgeschobenen Erklärungen und Interpretationen drapiert, die den Sinn der Sprache strapazieren und dem Wortlaut der Verfassung Gewalt antun, oder die Diskrepanz schweigend übergeht und sich darauf verläßt, im Notfall zu einer derartigen Ausflucht greifen zu können.

7. Unheil, das aus der Verdrehung der nationalen öffentlichen Meinung herrührt. Wenn es auf diese Weise – entweder heimlich und ohne Rechtfertigung oder mit einer auf gewaltsamen Interpretationen beruhenden Rechtfertigung – zum Verstoß gegen einen Artikel des Verfassungstextes gekommen ist, dann nimmt die Bevölkerung den Verstoß entweder hin oder nicht: Tut sie es nicht, so sind Widerstand, Zwietracht, Bürgerkrieg die Folgen; tut sie es, dann ist das Unheil zwar weniger plötzlich, aber nicht

---

6 Das *Tribunal de cassation* wurde im Einklang mit einem Dekret vom 27. November 1790 eingerichtet und bildete als oberstes Berufungsgericht den Schlußstein des Justizwesens. Es hatte das Recht, alle Urteile zu überprüfen, mit denen ein Gericht mutmaßlich seine Zuständigkeit überschritten oder das Recht verletzt oder fehlinterpretiert hatte.

weniger wirklich. Wenn man der Bevölkerung nichts gesagt hat und sie die Übertretung duldet, deutet dies darauf hin, daß die Gesetze noch nicht den nötigen Einfluß auf das Volk haben, den sie im Interesse einer stabilen Regierung haben sollten. So wie über den Bruch dieses einen Artikels unkritisch hinweggesehen wird, so kann es mit jedem anderen geschehen; die Institution ist insofern ohnmächtig und nur deshalb unschädlich, weil sie nutzlos und unwirksam wird. Wenn die Bevölkerung die Rechtfertigung akzeptiert, so deutet dies darauf hin, daß ihr die Wahrheit gleichgültig ist oder daß sie Wahrheit und Falschheit nicht unterscheiden kann; es deutet darauf hin, daß sie blind und voreingenommen urteilt; es deutet darauf hin, daß sie tatsächlich mit diesen Schwächen zu kämpfen hat, und bestärkt sie tendenziell darin; die Legislative wird dadurch ermutigt, sich auch bei anderer Gelegenheit Befugnisse des verfassunggebenden Organs anzumaßen, und rangniedrigere Organe dazu, sich Befugnisse des gesetzgebenden Organs anzumaßen: Da, kurz gesagt, die Gesetze keine Sicherheit bieten können, die über eine sinngemäße Interpretation und Beachtung ihres Wortlautes hinausgeht, wird durch eine Verdrehung der Wortbedeutungen jeglicher Rechtsschutz untergraben und zerstört.

Die Wirkung ist in dieser Hinsicht ähnlich, wenn auch naheliegender und unmittelbarer in ihren schädlichen Folgen, wie die durch die autoritative Einführung eines widersinnigen neuen Glaubensartikels, eines Satzes des spekulativen Theologie hervorgerufene: Für sich genommen richtet der Irrtum keinen Schaden an; damit es aber überhaupt zu einem solchen kommt, muß der ganze Verstand, das gesamte Denkvermögen, geschwächt und beeinträchtigt und somit für jeden Fall, in dem es gebraucht werden kann, ungeeigneter gemacht worden sein.

Ein wohlbekanntes Beispiel aus dem englischen Recht mag zum Verständnis des zwar schleichenden, aber immensen Unheils beitragen, das gewaltsame Auslegungen des Gesetzeswortlauts zur Folge haben, selbst wenn sie in der besten Absicht und im einzelnen mit den besten Ergebnissen vorgenommen werden. Ein Statut aus dem 16. Jahrhundert, dessen unheilvoller Einfluß die gewerbliche Wirtschaft bis auf den heutigen Tag drangsaliert, verbietet einem jeden die Ausübung praktisch jeder Art von seinerzeit existierendem Gewerbe, der nicht für die Dauer von sieben Jahren in ebenjenem Bereich als Lehrling tätig war. Per Gerichtsbeschluß wurde ein Mann, der einen dieser Berufe sieben Jahre und länger ausgeübt hatte, ohne jemals als Lehrling in ihm gedient zu haben, von der gesetzlichen Strafe freigesprochen: Den Beruf für die nämliche Zeitdauer ausgeübt zu haben, ohne als Lehrling in ihm tätig gewesen zu sein, wurde hier zum Lehrlingsdienst, d. h. zu einem diesem gleichgestellten Dienst erklärt; die Straftat, die es nun einmal war, somit kraft Wiederholung zur Urheberin ihrer eigenen Genehmigung. Zum Teil ist es wohl dem ungeheuren und unabsehbaren Umfang des Gesetzeskorpus geschuldet, zum Teil aber auch dem hier verhandelten Gegenstand, wenn das Recht in einem solchen Maße das Vertrauen der Menschen eingebüßt, das Mißtrauen ihm gegenüber einen solchen Grad erreicht hat, daß schon angesichts der Bedeutung und Auslegung eines Parlamentsbeschlusses, erst recht aber angesichts der eines angeblichen Artikels des sogenannten Common Law, kein Nichtjurist mehr seinen Augen trauen will. Dies ist einer der Gründe für das Joch, unter das Juristen die Gesamtheit des Volkes zwingen. Jeder, der kein Jurist ist, weiß, daß er unmöglich alle Streiche kennen kann, die Richter den Beschlüssen des Gesetzgebers sowie den Entscheidungen ihrer eigenen

Vorgänger gespielt haben; Juristen, die diese Streiche zu kennen behaupten, muß man dafür entlohnen, sie zu überblicken; und nicht nur auf diesem Weg wird den Reichen eine Gerechtigkeit verkauft, von der die Armen, die sie sich nicht leisten können, kategorisch ausgeschlossen bleiben.

Solange diese Klausel gilt, hat das Land keine Regierung: ein nomineller Gesetzgeber, dem auf dem größten und wichtigsten Feld der Gesetzgebung die Hände gebunden sind; der König, die rangniederen Körperschaften und alle anderen Gewalten im Staate dieser hilflosen Legislative untergeben; ein Volk, das ohne Heilmittel noch helfende Hand mit den unvermeidlichen Kinderkrankheiten einer neuen Verfassung ringt; und ein einziger zugelassener Arzt, der allerdings nicht autorisiert ist, etwas zu verschreiben.

Gesegnete Frucht einer Weisheit, die sich für unfehlbar erklärt! Gesegneter Zustand der Regierung eines großen Reiches! Anarchie, aus der Hand des Tyrannen empfangen: Heillose Anarchie und beispiellose Tyrannei!

§ II. Die mangelnde Befugnis der ersten Nationalversammlung, die Hände ihrer Nachfolger dergestalt zu binden

Die gesetzliche Befugnis, Unheil anzurichten, wird kaum jemandem im Vollbesitz seines gesunden Menschenverstands oder Empfindungsvermögens als hinreichender Grund dafür gelten, dies tatsächlich zu tun. Wenn aber bereits aufgezeigt wurde, daß der inkriminierte Akt in höchstem Maße von Übel ist, so mag die Tatsache, daß jegliche Befugnis und Rechtmäßigkeit, ihn zu verüben, fehlen, als zusätzliches Argument für die Ungebührlichkeit eines solchen Versuchs angeführt werden – sowie für den Nachdruck und die Entschlossenheit, mit der wir ihn fehlschlagen lassen wollen.

Ich will nicht bestreiten, daß die Nation eine solche Befugnis hätte erteilen können: Ins Meer der Metaphysik müssen wir mithin gar nicht eintauchen. Wie sich ein Volk auf die Befolgung oder Ablehnung dessen festlegen kann, was es kennt, so kann es sich auch auf die Befolgung oder Ablehnung dessen festlegen, was es nicht kennt und von dessen wesentlichem Inhalt es so wenig eine Vorstellung hat wie von dessen tatsächlichen oder wahrscheinlichen Konsequenzen. Wie sich ein Volk darauf verpflichten kann, auf die Vernunft zu hören und aus der Erfahrung zu lernen, so kann es sich auch der Vernunft verschließen und sich weigern, einen Nutzen aus dem zu ziehen, was die Erfahrung lehrt. Daß sich eine Gruppe von Menschen hierauf verpflichtet, ist so wenig unvorstellbar oder unmöglich wie jede beliebige andere törichte Festlegung – oder die noch größere Torheit, sich auch für eine gewisse Zeit an sie zu halten. Unsere Frage aber lautet nun: Ist die französische Nation tatsächlich eine derartige Verpflichtung eingegangen? Und die Antwort ist ein klares und einfaches Nein. Es ist an jenen, die die Existenz einer solchen Verpflichtung behaupten, selbige vorzulegen.

Von wem wurde der Nationalversammlung die Befugnis erteilt, die sie besaß? – Von der faktisch sowie rechtmäßig einzigen Quelle solcher Befugnis, vom Volk, von der großen Gesamtheit des Volkes. Wann erteilte ihr das Volk, wann erteilte ihr irgendein Teil des Volkes eine so unanfechtbare Befugnis? – Zu keinem Zeitpunkt. Etwa durch den ursprünglichen Auftrag? Oder gegebenenfalls durch spätere Einwilligung? – Weder noch.

Worin bestand der Auftrag der Nationalversammlung? In bestimmten Fällen zusammen mit dem König Gesetze zu erlassen. Wie führte sie diesen Auftrag aus? Indem sie ausnahmslos in allen Fällen nach eigenem Gutdünken mit dem König zusammen oder ohne ihn Gesetze erließ. Wie wurde diese Anmaßung vom Volk aufgenommen? Das Volk beklatschte sie, billigte sie, legitimierte sie, verwandelte die Anmaßung in ein Recht. Was folgte daraus? Daß die seinerzeit bestehende und dergestalt ermächtigte Nationalversammlung bis auf weiteres und solange es ihren Wählern gefiel, durch den reinsten und untadeligsten aller Titel zur souveränen Herrscherin der Nation wurde. Wurde irgendein Versuch unternommen, diese Souveränität auf unnatürliche Weise über die Existenzdauer der mit ihr ausgestatteten Körperschaft hinaus auszudehnen? – sie bis in alle Ewigkeit auszudehnen, wie es jetzt versucht wird? Ich behaupte noch einmal, daß ein solcher Versuch niemals unternommen, niemals eine einzige Eingabe zu diesem Zweck eingereicht wurde. Es ist an dem, der die Existenz einer solchen Erklärung behauptet, sie vorzulegen.

Wer sind diejenigen, die sich auf diese Weise anmaßen, der Staatsgewalt für alle Zeiten die Hände zu binden? Die falschen Vertreter der Nation. Wer sind diejenigen, deren Hände so gebunden werden sollen? Die wahren und legitimen Vertreter ebendieser Nation bis in alle Ewigkeit. Dies ist keine strittige Behauptung: Es ist eine Behauptung, der sie nicht nur selbst zustimmen, sondern die sie selbst überhaupt erst aufgestellt haben und die niemand so vorlaut verkündet hat wie sie. Der Plan einer Volksvertretung, der uns in die augenblickliche Lage gebracht hat, war kein guter Plan, nämlich ungeeignet, die wirkliche Meinung des Volkes zum Ausdruck zu bringen; er stand im Gegensatz zu jenen Gleichheitsrechten, die wir erklärt haben;[7] so war es an uns, einen besseren zu machen, und das haben wir getan. So die Prämissen – man beachte nun die Schlußfolgerung. Wir, die unrechtmäßigen Vertreter des Volkes, werden das Volk für alle Zeiten und ungeachtet der Zeitläufte regieren; wir werden sie noch regieren, wenn wir lange schon nicht mehr sind. Die einzig rechtmäßigen Volksvertreter, die ersten und alle auf sie folgenden Repräsentanten der Nation, die vom Volk vorübergehend eingesetzten Abgeordneten, sollen es nicht so regieren wie wir, sollen lediglich die Rechtsgewalt über das Volk besitzen, die ihnen einzuräumen uns beliebt hat.

Entweder ist die Art von Repräsentation, welche ihr an die Stelle derjenigen gesetzt habt, die euch selbst zu einem Abgeordnetensitz verhalf, besser als die, die euch selbst zu einem Sitz verholfen hat, oder sie ist es nicht: Wenn sie es nicht ist, warum gabt ihr sie ihnen dann? Wenn sie es ist, worauf gründet euer Anspruch, euren Willen oder eure Weisheit über deren Willen und Weisheit zu stellen?

Die falsche Volksvertretung, ein Organ, das sich zu seiner Falschheit bekennt, negiert die Akte jenes Organs, das es als einzig wahre Volksvertretung anerkennt, negiert bis in alle Ewigkeit den wichtigsten aller Akte, die um Zustimmung suchen können, und das in Bausch und Bogen, ohne sie zu kennen.

7 Im Ersten Artikel der „Erklärung der Menschen- und Bürgerrechte".

§ III. Das Fehlen vernünftiger Argumente für eine solche Anmaßung

Welches Unheil sie heraufbeschwört, haben wir gesehen. Welche Vorteile verspricht sie? Keine. Welchem Unheil verspricht sie vorzubeugen? Keinem.

Welche positiven Folgen könnten diejenigen im Sinn gehabt haben, die diese Anmaßung ersannen? Die Stabilität der Verfassung zu sichern? Verlorene Liebesmüh'. Wovon hängt die Stabilität der Verfassung ab? Von einem bestimmten Wortlaut? Davon, daß sich die Nation einer Anmaßung fügt, die gleichermaßen verderblich, unbegründet, dreist und widersinnig ist? Davon, daß das Volk sein gesamtes Empfinden verleugnet und seine angeblichen Herrscher jeden Anspruch auf gesunden Menschenverstand preisgeben? Nein: sondern davon, daß das Volk die Verfassung, ihren allgemeinen Sinn und Geist fortwährend billigt. Unheilvoll oder nutzlos, dies sind die einzigen Attribute, die eine solche Medizin verdient; unheilvoll oder nutzlos, dies ist die einzige Alternative. Falls das Volk die Verfassung nach wie vor gutheißt, wird es sie mangels einer solchen Befestigung etwa beiseite fegen? Sollte das Volk die Verfassung jemals unzumutbar finden, wird das Gefühl der Leichtigkeit des Jochs, das man ihm auf diese Weise aufzuerlegen versucht, es dann mit dessen Druck versöhnen? Wird es weiter tatenlos leiden – und sollte man dies wünschen –, auf daß sich Dünkel und blinde Dreistigkeit nur ja keinen Tadel zuziehen?

Ja, aber, heißt es dagegen, nicht die Details sind es, die wir so unbedingt bewahren wollen; wir beanspruchen nicht, ein vollkommenes Schriftwerk aufgesetzt zu haben; wir behaupten nicht, daß nicht hier und da ein Punkt, ein einzelnes Detail verbesserungswürdig sein könnte. Aber ein Ganzes setzt sich aus Teilen zusammen; dieser Verfassungstext setzt sich aus Artikeln zusammen; und würden wir bei irgendeinem Artikel Neuerungen zulassen, dann könnte die Veränderung, der Geist der Neuerung, auch auf die anderen übergreifen – und da man keine Grenze ziehen kann, müssen wir um des Ganzen willen die Teile und jedes einzelne Teil schützen: Um des Geistes willen müssen wir den Buchstaben schützen; um der Kernelemente willen müssen wir das Beiwerk schützen; um der Sache willen müssen wir die Wörter schützen.

Vielleicht ist das so; und genau diese Schwierigkeit, irgendwo eine Grenze zu ziehen, hätte euch warnen und von dem Versuch abhalten müssen. Ihr seid von eurer eigenen Unfehlbarkeit nicht überzeugt; und doch handelt ihr, als wärt ihr es; ihr greift zu einer Maßnahme, die allein Unfehlbarkeit rechtfertigen könnte. Um etwas zu bewirken, was dieser oder jener Mensch gutheißen kann, versucht ihr etwas zu tun, was kein Mensch gutheißen kann, nicht einmal ihr selbst; um etwas zu bewirken, was ihr für mehr oder weniger schwierig haltet, versucht ihr etwas zu tun, was unmöglich ist.

Die Vorsichtsmaßnahmen von Parteigängern, von Männern, die unter dem Einfluß des Parteigeistes stehen, sind im allgemeinen und naturgemäß gegen Gefahren gerichtet, die sie von anderen Parteien befürchten; sie beinhalten keine darüber hinausgehenden oder genaueren Vorstellungen. Worin bestand das eigentliche Ziel dieses Versuchs? Dieses oder jenes Detail vor einer Änderung zu bewahren? Nein: sondern grundsätzliche Änderungen zu verhindern; das gesamte Gebilde vor gegenläufigen Strömungen konkurrierender Parteien zu schützen: vor einem Rückfall in Aristokratie und Despotismus auf der einen Seite, und auf der anderen vor einem Abgleiten in Republikanismus und vor etwas, was man vielleicht als Begleiterscheinung des Republikanismus verstand, nämlich Spaltung und Anarchie: kurz gesagt, es nicht vor den Korrekturen der Vernunft zu bewahren, sondern vor den Angriffen der Leidenschaft. Dies war das Ziel, das man im Auge hatte; und was ist die natürliche Tendenz und Folge? Gegen die Leidenschaft, gegen die Angriffe der Leidenschaft ist dieser Versuch machtlos; und den Korrekturen der Vernunft verschließt er die Tore. Solange keine Gefahr besteht, tut er seine Wirkung; und soweit er seine Wirkung tut, bewirkt er Unheil: Gegen die aufbrandenden Leidenschaften des Volkes ist er ein Blatt Papier; gegen den Zugriff der Vernunft eine eherne Mauer. Er ist geeignet, Gutes zu verhindern; er ist geeignet, Unheil zu bewirken; er bewirkt mit Sicherheit Unheil; zu nichts anderem taugt er. Man stelle sich die Fürsten an der Spitze einer siegreichen Armee innerhalb der Pariser Stadtmauern vor:[8] Gegen wen sollte der Buchstabe dieses Verfassungstextes eine Verteidigung darstellen? Gegen die Fürsten an der Spitze einer siegreichen Armee? Oder gegen eine große Mehrheit des Volkes, die die Monarchie verabscheut und sich dem Republikanismus verschrieben hat?

Wer beschreibt meine Überraschung, als ich, begierig herauszufinden, was sich zu ihren Gunsten vorbringen ließe, welche Argumente die Verfasser einer so außerordentlichen Maßnahme zu deren Rechtfertigung anführen könnten, entdecken mußte, daß man ihr die Bewahrung der Nation zuschrieb? Sie und nur sie hatte das Maß an Frieden bewahrt, dessen sich die Nation erfreut; sie und nur sie hatte das Vertrauen der Öffentlichkeit vor den heftigsten Schwankungen bewahrt. Derart waren die Vorzüge, die ihr allseits, wie man mir versicherte, von der öffentlichen Meinung zugesprochen wurden. Derart waren die praktischen Vorzüge, die ihr jene zuschrieben, die zugleich ganz offen ihre theoretische Widersinnigkeit einräumten.

Der öffentliche Frieden durch sie bewahrt? Wie das? Der öffentliche Frieden bewahrt durch eine Maßnahme, deren unmittelbare Wirkung darin besteht, jedermann gegeneinander aufzubringen? Bürger gegen Gesetzgeber – die richterliche Gewalt gegen sich selbst – die richterliche Gewalt gegen die gesetzgebende? O ja: Denn wäre die ewige Geltung der Verfassung nicht so feierlich verkündet worden, dann hätten die Unzufriedenen, *les aristocrates,* unaufhörlich versucht, eine Veränderung herbeizuführen. Aristokraten, die sich an einer Veränderung versuchen! Als ob diese Maßnahme oder irgend etwas anderes ihren Eifer beflügeln könnte! Wir haben gesehen, welche Vorteile die Feinde der Verfassung aus der Ewigkeitsklausel ziehen – welchen Vorteil hätten sie verbuchen können, wenn es sie gar nicht gäbe? Hätten sie dann mehr Waffen gehabt, hätten sie Zulauf bekommen, hätte es die Entschlossenheit, mit der sie Unheil anrichten, irgendwie zusätzlich motiviert?

Oh, aber die Aristokraten hätten versuchen können, Veränderungen unter dem Deckmantel des Patriotismus herbeizuführen. Das Fehlen eines solchen Paragraphen hätte der Aristokratie eine Tarnung an die Hand gegeben? Inwiefern eine Tarnung? Wir haben gesehen, was für eine schöne Tarnung sein Vorhandensein ist. Aristokraten, die von einer

8 Unter dem Einfluß der Französischen Thronfolger im Koblenzer Exil hatten am 27. August 1791 Leopold II., Kaiser des Heiligen Römischen Reiches, und König Friedrich Wilhelm II. von Preußen mit der Pillnitzer Deklaration den Willen Österreichs und Preußens bekundet, die Monarchie in Frankreich gegebenenfalls gewaltsam wiederherzustellen.

solchen Tarnung Gebrauch machen? Wie kann ihnen dies oder etwas anderes als Tarnung dienen? Sind die Aristokraten nicht allgemein bekannt? Kann es in einem Volk, das durch seine Offenheit besticht, unter zehn Männern einen geben, an dessen Neigungen Zweifel bestehen?

Die Aristokraten versuchen, einen Wandel herbeizuführen? Mit welcher Aussicht auf Erfolg? Und wie? Wann? Wo? Mit ihren Waffen? Ist das Fehlen einer Ewigkeitsklausel eine Muskete oder ein Pulverfaß? Durch ihre Wählerstimmen? Machen die Aristokraten ein Zwanzigstel, Vierzigstel, Fünfzigstel des Volkes aus?

Wo soll ihr besagter Vorstoß stattfinden? In der Nationalversammlung? Wer soll ihn hier unternehmen? Finden sich unter den insgesamt siebenhundert[9] siebzig, finden sich sieben, gegen die man auch nur den Verdacht einer solchen Neigung hegt? Waren in der ersten Versammlung nicht ein Viertel, möglicherweise ein Drittel, bekannte und bekennende Gegner der Verfassung?[10] Konnten Sie auch nur einen einzigen Stich gegen sie machen?

Weil die Verewigungsklausel einen Keil zwischen die treusten Freunde der Verfassung treibt, schafft sie einen permanenten Anreiz zur Bildung einer aristokratische Partei oder vielmehr zweier aristokratischer Parteien, da jede der beiden von der jeweils anderen nach dem üblichen Muster als solche diffamiert werden wird.

Oh, aber das Vertrauen der Öffentlichkeit – sie hat das Vertrauen der Öffentlichkeit gerettet. Die Leute begannen zu glauben, es gäbe nichts Festes, keine Sicherheiten mehr – und jetzt ist alles fest verankert. Wie die Erfahrung gezeigt hat, fürchteten die Menschen, die Verfassung würde täglich geändert. Zu ihrer unendlichen Erleichterung aber bringt ihnen diese Klausel bei, daß es keine Änderungen mehr geben wird – daß Schluß ist mit der Veränderung. Ohne diese alles bewahrende Klausel wären die Staatspapiere wer weiß wie tief gefallen. Ein Staatsbankrott hätte die Folge sein können.

Ein Gesetz, das nach der Ewigkeit greift, um *heute* den Marktpreis von Wertpapieren stabil zu halten! Die Solons, die Lykurge unserer Zeit als Börsenhändler! Die Interessen kommender Zeitalter mit in den Topf geworfen, um einen Bonus für Wertpapierbesitzer an diesem oder jenem Tag zu erzielen!

Aber zu welcher Sicherheit könnte die Klausel denjenigen verhelfen, die Geld in Form von Staatspapieren besitzen? Verhilft sie zu irgendwelchen neuen Staatseinnahmen? Verhilft sie zu irgendwelchen neuen Sicherheiten für den Fortbestand der bestehenden? Weder vom Umfang noch von der Art der öffentlichen Abgaben ist in ihr die Rede. Trägt denn die Versicherung, daß Schwachstellen der Verfassung, die gegebenenfalls durch Vernunft oder Erfahrung entdeckt würden, bis in alle Ewigkeit an den Gesetzesteilen, für die die Klausel gilt, nicht beseitigt werden dürfen, daß also Mißständen nicht abgeholfen werden darf, wirklich zur Beruhigung bei?

Verhilft sie den Säulen der Verfassung, jenen Teilen, an denen die Gesamtheit des Volkes wirklich hängt, sei es nun die repräsentative Staatsform oder die Einheit der Legislative oder was auch immer, auch nur im mindesten zu mehr Stabilität? Sollte sich die

9 Tatsächlich hatte die Nationalversammlung 745 Mitglieder.

10 In den Generalständen vertrat ein Drittel der Mitglieder den Adel, während ein erheblicher Anteil der Vertreter des Klerus ebenfalls dem Adel entstammte.

öffentliche Meinung jemals so stark verändern, daß dieses Vertrauen in die Grundfesten der Verfassung allgemein für unvernünftig gehalten wird, steht es dann in der Macht dieser Klausel, sie vor einer Änderung zu bewahren? Sollte man dies wünschen? Ist die öffentliche Meinung im einen Jahr der wahre Test auf die Nützlichkeit einer Sache und im darauffolgenden, in allen darauffolgenden Jahren ein falscher? Soll die öffentliche Meinung im ersten Jahr eines Jahrhunderts den Triumphzug anführen und die restlichen neunundneunzig in Ketten gelegt werden?

Das Vertrauen der Öffentlichkeit wäre erschüttert worden – wie leicht sie sind, diese rückwärtsgewandten Prophezeiungen dessen, was gewesen wäre! Von welcher Richtschnur hätte sich das Urteil jener, von deren Ansichten das Vertrauen der Öffentlichkeit abhängt, leiten lassen? Von der Vernunft? Ein solches Unglück hätte nachweislich nicht geschehen können. Von einer Laune, einer unvernünftigen Sorge? Dann läßt sich gar nicht sagen, wie sie sich verhalten hätten, und jede mögliche Versicherung seitens jener, die sich anmaßten, für sie zu sprechen, muß unbegründet und voreilig gewesen sein; und es ist müßig, sich anzumaßen, für sie zu sprechen. – Ein Mann nimmt die Einbildungen und Leidenschaften oder angeblichen Leidenschaften der ersten drei oder vier Personen, denen er über den Weg läuft, zur Kenntnis, und aus diesen dreien oder vieren setzt sich sein Bild von der Stimmung des Volkes zusammen. Wer dem Licht der Vernunft folgt, um die künftige Entwicklung der öffentlichen Meinung zu beurteilen, wird nur allzu oft fehlgehen; wenigstens aber wird er sie mit größerer Treffsicherheit vorhersagen, als wenn er sich an dem Irrlicht der Laune orientierte.

Schön und gut, doch lassen sich die Tatsachen nicht bestreiten. Die Verfassung wurde für vollendet erklärt, vollendet nach Aufnahme des besagten Paragraphen, der Kurs der Staatspapiere stieg, und der Jubel war allgemein, will sagen unter allen Freunden der Freiheit.[11] – Ich glaube gern, daß es so war; ich habe es von vielen Seiten gehört. Ich kenne niemanden, der es bestreitet. Die Leute jubelten: Wer aber wollte sagen, welcher Teil ihrer Freude, falls überhaupt einer, sich auf diesen Grund zurückführen ließ? Die Freude an sich ist ein einfaches Gefühl; die Geschehnisse aber, die sie ausgelöst haben, waren möglicherweise unendlich kompliziert. Sie jubelten, weil die Verfassung vollendet war: Waren sie deshalb auch froh herauszufinden, daß sie nicht mehr zu ändern war? Sie jubelten, weil sie eine Verfassung bekommen hatten: Glaubten sie deshalb auch, sie sei vollkommen? Und so vollkommen, daß es, ob es ihnen gefällt oder nicht, nie in ihrer Macht stehen sollte, die geringste Änderung an ihr vornehmen zu lassen? Sie jubelten, weil unter die Macht ihrer ersten buntscheckigen Schar von Abgeordneten ein Schlußstrich gezogen wurde: Jubelten sie deshalb über die Vorstellung, daß die – richtigen oder falschen – Ansichten dieser Abgeordneten für immer herrschen würden?

Nicht, daß es wunder nähme, wenn sich die wechselhafte öffentliche Meinung von dieser oder irgendeiner anderen sinnlosen Idee gerne einmal einen Tag lang hinters Licht

11 Vgl. *The Times* vom 19. Oktober 1791: „In einer Londoner Zeitung, die bekanntermaßen im Sold der demokratischen Partei in Frankreich steht, wird mit feierlichem Ernst behauptet, daß *Geld rasch nach Paris fließt* – obwohl allgemein bekannt ist, daß sich das gesamte Königreich gegenwärtig im Zustand des Bankrotts befindet und die Ausgaben der Nation statt mit Gold mit Papierstückchen beglichen werden, die *stündlich* als sogenannte Assignaten ausgegeben werden."

hätte führen lassen; an entsprechenden Versuchen hat es kaum gefehlt: Es wäre wahrlich kein Wunder, wenn die Eitelkeit, die auf den Gedanken verfallen war, sich selbst für unfehlbar erklären zu lassen, auch mit dem Geschick einhergegangen wäre, zu diesem Zweck die besten Mittel zu ergreifen.

Die Verfassung ist vollendet; das heißt vollendet, soweit es von uns abhängt; alles, was zu tun wir notwendig finden, haben wir getan. Genügt das nicht? Genügt das nicht als Dienst? Genügt das nicht, um zu jubeln? Ohne noch hinzuzufügen: Und da das Werk schlechthin vollkommen ist und wir, die Arbeiter, unfehlbar, soll außer uns kein menschliches Wesen jemals mehr irgend etwas daran ändern.

Die Ewigkeitsklausel hat nichts Gutes bewirkt; nicht einmal für den Moment; ich kann mich nicht dazu durchringen, dies zu glauben. Aber nehmen wir um des Argumentes willen das Gegenteil an und gestehen zu, sie habe zu ihrer Zeit etwas Gutes bewirkt: Ist das ein Grund, sie stillschweigend zu dulden? Keineswegs. Sie hat ihren Zweck erfüllt. Das Gute, das sie bewirkt hat, ist vergangen; das Unheil aber, mit dem sie schwanger geht, bleibt uns unvermindert erhalten. Sie wurde aufgenommen, um einer Forderung des Tages zu genügen; sie hat der Forderung des Tages genügt.

Nehmen wir an, die Verfassung wäre schlechthin vollkommen: insgesamt und in jedem Wortlaut vollkommen – würde die Abschaffung der Ewigkeitsklausel das Land um die Früchte dieser Vollkommenheit bringen? Gewiß nicht: Sie würde, ganz im Gegenteil, dann und nur dann vollkommen gemacht werden, wenn sie von einer Widersinnigkeit gereinigt würde, die ein Schandfleck an ihr ist.

Oh, aber dies war das Mittel der Wahl, um die Hoffnungen der Aristokraten endgültig zu zerschlagen. Nachdem sie in der ersten Versammlung unterlegen waren, erhofften sie sich von der Anfangsphase der neuen Versammlung eine Veränderung, oder wenigstens die Möglichkeit, auf eine Veränderung hinzuarbeiten, sowie die damit ihres sich selbst schmeichelnden Erachtens nach einhergehende Verwirrung: Die Ewigkeitsklausel hat sie ihrer letzten Hoffnung beraubt. Der neuen Versammlung ist die Macht verliehen, das Netz von Gesetzen weiter zu vervollständigen; glücklicherweise aber nicht die Macht, das unvergleichliche Werk ihrer ersten Herrn und Meister aufzutrennen. Beseitigt die Ewigkeitsklausel, und ihr betreibt das Geschäft der Aristokraten: Nichts würden sie so bejubeln wie dies.

Die Aristokraten, die in der ersten Versammlung unterlegen waren, sollten bei der Allmacht ihrer Nachfolgerin Schutz gesucht haben! Aus einer Körperschaft, in der sie ein Viertel oder ein Drittel der Stimmen besaßen, in eine Körperschaft geflohen sein, in der sie nicht eine einzige besitzen! Nachdem sie der Regen durchnäßt hatte, hofften sie auf die Traufe!

Die Nationalversammlung setzt sich aus siebenhundert und ein paar Mitgliedern zusammen. Haben die Aristokraten hier siebzig Stimmen, haben sie sieben? Konnten sie davon ausgehen, über eine solche Stimmenzahl zu verfügen? Bestand auch nur die geringste Wahrscheinlichkeit, daß sie überhaupt eine Stimme haben würden? Lagen nicht die Gefühle von neunundneunzig Prozent des Volks, lag nicht alles, was im Land als Macht bezeichnet werden kann, in den Händen ihrer Gegner?

Eine Veränderung? Was für eine Veränderung? Eine Veränderung, die nur ein Aristokrat gutheißen würde? Eine solche Erwartung war, wie wir gesehen haben, ein Ding der

Unmöglichkeit. Oder eine Veränderung, die anzustreben man von einem Demokraten, einem Freund der Grundprinzipien der Verfassung, erwarten könnte? Wie konnte man sich von der Aussicht auf solch eine Veränderung oder auf den Versuch, eine solche Veränderung herbeizuführen, eine Verwirrung versprechen? Tausend Veränderungen dieser Art hat es gegeben, und welche Verwirrung haben sie gestiftet? Die von der ersten Versammlung vorgenommenen Verfassungsänderungen stifteten keine Verwirrung, nicht einmal die Änderungen, die sie selbst an ihrem eigenen Werk vornahmen: Warum sollten vergleichbare Änderungen irgendeiner späteren Versammlung Verwirrung stiften? Warum sollte man künftigen Gesetzgebern überhaupt erlauben, etwas zu verändern, warum sollte man, kurz gesagt, überhaupt künftige Gesetzgeber dulden, wenn Veränderung und Verwirrung so untrennbar miteinander verbunden sind? Verwirrung: eine wahrscheinliche Folge von Veränderungen! Welch eine Maxime für einen Gesetzgeber – und für welchen Gesetzgeber? Für den, der die gewagtesten Veränderungen einführte, die die Welt je gesehen hat.

Anarchie, Kompetenzkonflikte, Ungehorsam: Das sind effektiv die Ursachen von Verwirrung, und, wie wir gesehen haben, liegt es in der Natur der Ewigkeitsklausel, sie hervorzurufen.

Wie aber, wenn sich die Aristokraten durch eine Aussicht auf Verbesserungen ihre Hoffnungen auf Veränderung bewahrt hätten? Worin hätte das Unheil bestanden? Wenn es das war, was sie bewegte, welchen Vorteil hatte man davon, sie zur Verzweiflung zu treiben? Wir sprechen hier voraussetzungsgemäß von einer friedlichen Veränderung; von einer Veränderung, die die rechtmäßige Amtsgewalt des Landes herbeigeführt hätte; von einer Veränderung, die durch Wahlausgänge bewirkt und durch überzeugende Reden auf den Weg gebracht worden wäre? Worin hätte der große Schaden bestanden, wenn sie nicht zum Kämpfen emigriert, sondern in der stillen Hoffnung auf eine solche Veränderung zuhause geblieben wären?

Die Aristokraten würden sich über die Abschaffung der Klausel freuen. Dies wird man hoffentlich nicht als ernstzunehmendes Gegenargument anführen. Die Maßnahme ist schlecht – und warum? Weil der Feind sich über sie freuen würde: Der Feind würde sich über sie freuen – und warum? Weil sie schlecht ist.

Die Aristokraten würden sich über die Abschaffung der Klausel freuen – tatsächlich? Für mich, der ich zweifellos kein Aristokrat bin, wäre dies ein zusätzliches Argument für die Abschaffung. Sind denn die Aristokraten, weil sie blieben, was sie waren, keine Franzosen, keine Menschen mehr? Gehört die Unzufriedenheit der Minderheit ebenso zu den Zielen des Regierens wie die Zufriedenheit der Mehrheit?

§ IV. Widersprüchlichkeit

Die Widersprüchlichkeit, die unfaßbare Widersprüchlichkeit, die diesen Versuch auszeichnet, gehört zu seinen auffälligsten Merkmalen. Im Vergleich damit erscheinen alle anderen Überspanntheiten wie gesunder Menschenverstand. Die Unfehlbarkeit des Papstes *rentre dans l'ordre de la nature*, sie kehrt als Bestandteil der natürlichen Ordnung wieder. Zwölfhundert Unfehlbare, die ihre Unfehlbarkeit wie die Brahmanen durch

Geburt, wie die Päpste durch Wahlen oder wie der Große Lama durch irgend etwas zwischen beidem erlangen: All das unterschreibe ich, ohne zu zögern.[12] Doch eine Versammlung ebenjener Anzahl von Menschen, die ohne ein Wunder in die Welt kam, die menschlichen Schwächen und Leidenschaften unterworfen ist, die zwar tatsächlich von ihren Mitbürgern, allerdings aus der breiten Masse ausgewählt wurde, eine Versammlung von Menschen, die vom ersten Moment ihres Amtsantritts an zweifelten, disputierten, ihre Meinung änderten, miteinander rangen, zankten, wobei sich mal die Vorstellungen des einen durchsetzten und mal die eines anderen – daß sich diese ganze heterogene Masse nach zweieinhalbjähriger Gärung plötzlich in einer bestimmten Stunde eines bestimmten Tages zur Unfehlbarkeit hochgearbeitet haben sollte, die jeden von ihnen in dem festen Entschluß vereint, daß die ganze Nation, eine Nation von 25 Millionen Einwohnern, augenblicklich und für alle Zeiten von dem Gesamtentwurf und jedem Detail eines Schriftwerks überzeugt sein solle, von dem in seiner Gesamtheit keiner von ihnen selbst wirklich überzeugt ist, ist ein Ausmaß an Widersprüchlichkeit und Dreistigkeit, das man eigentlich kaum glauben kann, während man es doch mit eigenen Augen sieht.[13]

Wenn man, durch welches Wunder auch immer, im Besitz dieser gottähnlichen Eigenschaft ist, warum so sparsam mit ihr umgehen? Warum nur dann und wann von der eigenen Unfehlbarkeit Gebrauch machen? Warum der Nation deren Vorzüge in so vielen anderen Hinsichten vorenthalten? Warum ihr ein unfehlbares Strafgesetzbuch, ein unfehlbares bürgerliches Gesetzbuch vorenthalten?

Mag sie auch außergewöhnlich sein, man kann ihrer Vorgehensweise nicht vorwerfen, keine Vorläufer zu haben.

In England gelobte das lange Parlament, nicht zu sterben;[14] die Französische Nationalversammlung gelobte, auch nach ihrem Tod zu herrschen, als sie sah, daß es mit ihr zu Ende ging. Als der englische Boden zu heiß für ihn geworden war, warf Jakob II. die Siegel in den Fluß:[15] Wenn ich nicht über euch herrsche, sagte er, soll es auch sonst nie-

---

12 Brahmanen, Papst und Dalai Lama beanspruchen gleichermaßen die Gültigkeit ihrer Lehren, wobei sich ihr eigener Status unterschiedlichen Mitteln verdankt. Nach altem Hindu-Recht, wie es im „Gesetz des Manu" niedergelegt ist, verfügen nur Angehörige der obersten erblichen Kaste der Brahmanen über das Recht, die heiligen Gesetze zu lehren und zu interpretieren. Der Papst, dessen Unfehlbarkeit seit dem 14. Jahrhundert Bestandteil der kirchlichen Lehre ist, wird mit einer Zweidrittelmehrheit der im Konklave versammelten Kardinäle gewählt. Der Dalai Lama in Tibet, der gleichermaßen politische wie religiöse Autorität genießt und als Reinkarnation einer Gottheit gilt, wird durch eine komplizierte Kombination von zufälliger Geburt und Loswahl bestimmt.

13 Die Generalstände waren am 5. Mai 1789 eröffnet worden, hatten sich am 17. Juni 1789 zur Nationalversammlung erklärt und am 3. September 1791 den Abschluß der Verfassung verkündet.

14 Am 13. April 1653 beschloß das Rumpfparlament, der verbliebene Rest des 1640 erstmals gewählten langen Parlaments, im Zusammenhang mit einem Gesetz zur Wahl eines neuen Parlaments, daß die aktuellen Volksvertreter auch dem neuen Parlament angehören sollten, ohne wiedergewählt werden zu müssen. Neugewählte Volksvertreter, die freigewordene Sitze einnehmen sollten, sollten wiederum erst auf Eignung geprüft werden. Bevor das Gesetz Rechtskraft erlangen konnte, löste Cromwell das Parlament am 23. April 1653 gewaltsam auf.

15 Zu Beginn seiner Flucht aus London warf Jakob II. am 11. Dezember 1688 das Große Siegel des Königreichs in die Themse.

mand tun. Der letzte Akt der Herrschaft Alexanders bestand darin, seinen Nachfolgern Zwietracht zu vermachen.[16] In manchen Ländern befahlen die Herrscher, daß nach ihrem Tod ihre Waffen und andere wertvolle Dinge mit in ihr Grab geworfen würden; in anderen Ländern, einige ihrer kostbarsten Sklaven. Als unsere Gesetzgeber ihr eigenes Grab vor sich sahen, verfügten sie, daß zuallererst der Frieden der Nation mit hineingeworfen werden solle, zusammen mit der Autorität ihrer Nachfolger. Die Nichtigkeit dieser Verfügung ist es, die ich hier geltend zu machen versuche; und diese Nichtigkeit ist die einzige, die ich den Gesetzen einer Legislative je zuschreiben würde: die Nichtigkeit eines jeden Gesetzes, das auf solchem Grund Nichtigkeit zu säen versuchen sollte.

Wer sind sie, die sich derart schamlos – vor den Augen des Volkes, an das Volk gewandt – in offener Rebellion gegen die Souveränität des Volkes erheben? Ihr seid die Quelle aller Macht, und wir gestehen euch keinerlei Macht zu. Ihr seid die Schöpfer, und wir ... [Text bricht ab]. Ihr gabt uns unsere Stimmen, und wir werden es nicht dulden, daß eure auch nur gehört werden.

§ V. Die Unangemessenheit der vermeintlichen Abhilfe, die eine Einrichtung von Revisionsversammlungen schaffen soll

Wenn Menschen sich vom schlichten Weg der Vernunft abwenden und in Widersinn verstricken, dann führen alle ihre Versuche, dem wieder zu entkommen, letztlich zu immer tieferer Verstrickung. Das Hilfsmittel der Revisionsversammlung behebt den grundlegenden Fehler in keiner Weise, sondern verschlimmert ihn noch. Es bereichert die Liste der Widersprüche um einen weiteren Posten. Entweder zählte Unfehlbarkeit zu ihren Eigenschaften (immer gemeint: zu einer ganz bestimmten Stunde an einem ganz bestimmten Tag), oder sie tat es nicht. Waren sie nicht unfehlbar? Warum dann so tun, als wären sie es? Waren sie unfehlbar? Dann mißbrauchten sie das in sie gesetzte Vertrauen, als sie ihren fehlbaren Nachfolgern die Möglichkeit einer Veränderung einräumten.

Aus einer Falschheit, sagen die Logiker, kann nur etwas Falsches folgen und sonst nichts. Auf dem Fundament solchen Widersinns konnte sich allein Widersinn als Überbau erheben. Vielleicht sind nach diesem ursprünglichen Widersinn graduelle Abstufungen möglich, aber jeder Ausweg, auf den man zu seiner Beschönigung sinnen konnte, mußte sich als mehr oder weniger widersinnig erweisen. Ich bin bei Gelegenheit gerne bereit, dies für jeden einzelnen, auf den man hätte verfallen können, zu beweisen; im Augenblick wird es genügen, dies für denjenigen zu tun, auf den man nun einmal verfallen ist.

In einem freien Land mit einer Verfassung wie der französischen ist der Wille des Gesetzgebers der Wille des Volkes; die Stimme eines Gesetzgebers also zu jeder beliebigen Zeit die Stimme des Volkes für diese Zeit. So zumindest sollte es sein; und wie kam

16 Der Überlieferung zufolge beantwortete Alexander der Große, seit 336 v. Chr. König von Makedonien, auf seinem Totenbett die Frage, wem er sein Reich vermache, mit den Worten: „dem Stärksten von euch“. Seine Generäle setzten darauf zwei Könige über sein Reich ein, die beide ermordet wurden, woraufhin sich die verschiedenen Provinzen in unabhängige Königreiche verwandelten.

es dazu, daß es nicht so ist? Um ihr Gerechtigkeit widerfahren zu lassen: Unter dieser Verfassung stehen die Chancen nicht schlecht, daß es so sein wird. Es ist so: Wenn es aber nicht so ist, warum dann nicht? Wenn es nicht so ist, wer außer ihnen selbst trägt daran die Schuld? Noch einmal, es ist so: Wenn es aber nicht so wäre, stünde es nicht in ihrer Macht, es zu bestreiten: Denn sie, die, wenn man ihnen Glauben schenken will, nicht irren können, haben gesagt, daß es so sei.

Der Wille der Nationalversammlung ist der Wille der Nation. Der Wille, den die Versammlung bei einer beliebigen Gelegenheit bekundet, ist der Wille der Nation bei dieser speziellen Gelegenheit. So wird es unterstellt, und so ist es gewiß auch, und zwar nicht nur der Form, sondern auch dem Inhalt nach, sofern die Nation keinen anderslautenden Willen zum Ausdruck bringt, was ihr jederzeit völlig freisteht. Wenn dies aber nicht verwirklicht würde, wessen Schuld wäre es dann? Wie kam es, daß sie dies nicht verwirklichten? Wenn es nicht verwirklicht wurde, worin bestand dann ihre eigene Autorität? Wenn es nicht so ist, was sollen wir da von ihrer Klugheit halten? Wo war ihre Pflichttreue, wie haben sie das in sie gesetzte Vertrauen gerechtfertigt?

Für volle zwei Jahre soll der Wille des Volkes in den Wind geschlagen werden. Für zwei weitere Jahre soll er erneut in den Wind geschlagen werden: Nicht einmal gehört soll er werden, also für zwei weitere Jahre zum Schweigen gebracht. Im dritten Zeitraum von zwei Jahren dürfen die Leute sprechen; im vierten dürfen sie wieder sprechen; im fünften dürfen sie ein drittes Mal sprechen: immer aber ohne Folgen. Wenn sie während dieser letzten drei Perioden jedesmal genau das gleiche sagen, zieht diese Übereinstimmung eine neue Volksvertretung nach sich, und wenn dann der Mißstand zehn Jahre andauert und das Volk und seine ehemaligen Vertreter vier Jahre lang geknebelt waren und sechs weitere Jahre lang vergeblich gegen ihn protestiert hatten, dann und erst dann kommen sie in den Genuß der Aussicht, daß möglicherweise Abhilfe geschaffen wird.[17]

Ein außerordentlicher Volksvertreter?[18] Warum ein neuer Vertreter? Was stimmt mit dem gewöhnlichen nicht? Dieser außerordentliche, ist er besser als der gewöhnliche oder nicht? Wenn ja, warum dann nicht ihn statt des gewöhnlichen nehmen? Wenn nicht, warum ihn dann überhaupt nehmen? Wo ist der Unterschied? Ich will mich mit dieser Frage gar nicht aufhalten. Dies ist auch nicht nötig, denn wir können sicher sein, daß selbst, wenn einer von beiden nicht schlecht ist, beide zusammen es sind und sein müssen, und sei es nur aus diesem einen Grund: daß sie sich unterscheiden. Ein schlechter für werktags und ein guter für Fest- und Feiertage, oder ein guter für werktags und ein schlechter für Fest- und Feiertage – welche Variante ist grotesker? Wenn die ganze Einrichtung so

17 Unter Tit. VII der Verfassung von 1791 waren den folgenden zwei Legislativen keine Vorschläge zur Änderung der Verfassung erlaubt (wobei jede Legislative für eine festgesetzte Zweijahresperiode gewählt wurde). Wenn danach drei weitere aufeinanderfolgende Legislativen darauf beharrten, eine Änderung vorzuschlagen, sollte dieser Vorschlag einer außerordentlichen Revisionsversammlung unterbreitet werden. Die erste Gesetzgebende Versammlung jedoch sollte sich am 30. April 1793 auflösen (vgl. Tit. III, Kap. I, Art. 3) und so nur neunzehn Monate lang bestehen.

18 Der Revisionsversammlung sollten 249 eigens gewählte Mitglieder angehören, die zusammen mit den 745 Angehörigen der regulären Legislative tagen sollten.

durch und durch und radikal schlecht ist, was sollte es bringen, sich mit dieser Frage aufzuhalten?

Unterschied? O ja, es gibt einen Unterschied. Die Herstellung von Verfassungen ist eine Sache, Gesetzgebung eine andere: 745, nicht einer mehr und nicht einer weniger, ist genau die richtige Zahl für das letztere Geschäft; für das andere braucht man 994: Hier ist Magie im Spiel; und man weiß ja, wieviel Magie in den Zahlen steckt. Alles hängt von Zahlen ab; die französische Verfassung soll durch Magie zusammengehalten werden wie Treppen durch Geometrie; die französischen Verfassung ist, Platos Welten gleich,[19] auf Zahlen gegründet. Dies ist die einzig richtige Art und Weise, mit einer solchen Einrichtung umzugehen: Jedes Argument wäre hier verlorene Liebesmüh'. Was kann die Vernunft mit einer Einrichtung anfangen, mit der Vernunft von Anfang bis Ende nichts zu schaffen hat?

Ich übergehe die unwesentlichen Details minderer Widersinnigkeiten – etwa die einer ehrenwerten gesetzgebenden Körperschaft, die alle Macht im Land auf sich vereint und sich als allererstes gleichsam zu Tode erschrocken erhebt und wie Freiwillige in einer Grenzstadt schwört, nur „die Freiheit oder den Tod"[20] zu wollen, wenngleich es niemanden gibt, der sie töten könnte, wenngleich nicht die allergeringste Gefahr besteht; oder die des überzähligen vierten Teils, der, sobald das mühsame Geschäft des Verfassungmachens bewältigt ist, ausgeschirrt wird wie ein viertes Pferd, nachdem die Kutsche den Hügel hinaufgeschleppt wurde[21] – diese und tausend andere Kleinigkeiten will ich gerne übergehen. In der Gesetzgebung schadet jedes Wort, das nicht nützt – wann werden sich Gesetzgeber diese bedeutende Wahrheit so bewußt machen, wie sie es verdient?

Eines ist mehr als offensichtlich, daß nämlich all diese Anweisungen, wie das Geschäft zu bewerkstelligen sei, nichts anderes als ebenso viele Kunstgriffe zu seiner Verhinderung sind – nicht nur ein Schwur, entweder frei zu leben oder sein Leben zu lassen, sondern auch einer, die Beratungen auf diejenigen Gegenstände zu beschränken, die ihnen durch die einstimmige Erklärung der drei vorangegangenen Legislativen vorgelegt wurden.[22] Drei Erklärungen, die von drei aufeinanderfolgenden Legislativen abgegeben werden müssen, und die geringste Abweichung läßt die ganze Angelegenheit null und nichtig und die Revisionsversammlung eidbrüchig werden, wenn sie davon in irgendeiner Weise Notiz nimmt. Drei gewöhnliche gesetzgebende Versammlungen und eine außerordentliche, die alle was tun sollen? – die Arbeit des Sisyphos.

Was soll geschehen, wenn während dieses ganzen Geschäfts ein Artikel, der in meinen Augen zur Verfassung gehört, in den Augen meines Nachbarn ein einfaches Gesetz

19 Möglicherweise eine Anspielung auf Platos Lehre im *Timaios* (Kap. 21, 55c7-56c7), der zufolge die Umrisse der vier Körper der Erde, der Luft, des Feuers und des Wassers vieren der regelmäßigen Körper entsprechen, nämlich dem Würfel, dem Tetraeder, dem Oktaeder und dem Ikosaeder. Das Modell für das gesamte Universum war der Dodekaeder.

20 Die Mitglieder der Revisionsversammlung sollten gemeinsam per Eid schwören: „vivre libres ou mourir" (vgl. Tit. VII, Art. 7).

21 Sobald die Revisionsversammlung ihr Geschäft abgeschlossen hatte, sollten die zusätzlichen 249 Mitglieder ausscheiden (vgl. Tit. VII, Art. 8).

22 Nach dem gemeinsamen Schwur „vivre libres ou mourir" sollte jeder Angehörige der Revisionsversammlung persönlich diesbezüglich einen Schwur ablegen (vgl. Tit. VII, Art. 7).

ist? Dann müssen wir uns gegenseitig die Gurgel durchschneiden, und einer von uns muß sich gegen den Gesetzgeber erheben; denn darauf läuft jede Zeile des ganzen Geschäfts typischerweise hinaus: Nichtigkeiten über Nichtigkeiten, ein Füllhorn von Nichtigkeiten.

Wenn der Gesetzgeber ruft, gehorche mir, und der Bürger sagt – nein, ich doch nicht, denn deine Gesetze sind null und nichtig, wie kann dann der nächste Ruf anders lauten als *zu den Waffen?*

§ VI. Fehlerquelle

Die Legislative eines freien Volkes hätte sich kaum auf das Wagnis einer so unheilvollen und überspannten Idee eingelassen, wenn diese nicht eine gewisse Grundlage in der öffentlichen Meinung gehabt hätte. Worin besteht diese Grundlage? In einer Art vagem Vorurteil, das sich aus einigen wenig schlüssigen Vorstellungen und historischen Beispielen zusammensetzt.

Die Idee, diese Abhilfe gegen die Unannehmlichkeiten von Veränderungen, scheint einen einzigen Ursprung gehabt zu haben; die des Korrektivs zu dieser Abhilfe einen anderen: obwohl die Anhänglichkeit an das Heilmittel vielleicht durch nichts so sehr gestärkt wurde wie durch die übereilte Vorstellung von der Angemessenheit und Wirksamkeit des Korrektivs.

Jede Veränderung geht mit Unannehmlichkeiten einher, und sei es nur deshalb, weil sie eine Veränderung ist. Wenn ein System gut ist, dann beinhaltet im Hinblick auf seine Güte eine Veränderung die Gefahr, es zu verschlechtern: Daraus hat man übereilt geschlossen, daß ein einmal erreichtes Gut in der Gesetzgebung sorgsam, und zwar in dem Maße, wie es gut ist, vor Veränderung geschützt werden müsse.

Die Schlußfolgerung mag noch so natürlich sein, sie ist übereilt. Sie setzt drei Dinge voraus, von denen keines zutrifft: 1. daß Veränderungen zum Schlechteren wahrscheinlicher sind als Veränderungen zum Besseren; 2. daß es möglich ist, Veränderungen zu verhindern; und 3. daß man dies versuchen kann, ohne Unannehmlichkeiten zu verursachen.

Daß eine Veränderung, von der anzunehmen ist, sie werde keine Besserung bewirken, wahrscheinlich Schaden anrichten wird, ist nur zu wahr; nicht wahr jedoch ist, daß eine Legislative, auf die der Wille des Volkes ein leidliches Maß an Einfluß hat, angenommen, sie beschließt Veränderungen, mit derselben Wahrscheinlichkeit unheilvolle oder belanglose beschließt wie gute. Nirgendwo wird man ein Land finden, dessen Regierungsform nicht gewisse Veränderungen erfahren hat; zumindest bezüglich der Frankreichs wird man dieser Behauptung nicht widersprechen. Man wird zugestehen, daß unsere Vorgänger, sofern sie überhaupt Veränderungen vornahmen, in einigen Fällen Verbesserungen bewirkten: Wenn es auch an uns war, Veränderungen vorzunehmen, dann werden wir kaum bestreiten wollen, dieses Glück wenigstens gehabt zu haben. Welchen Grund aber können wir für die Annahme besitzen, daß die Veränderungen, die wir vorgenommen haben, im Verhältnis zum Status Quo, den unsere Vorfahren hinterließen, Verbesserungen waren, der nicht ein genauso starker Grund dafür wäre, daß etwaige Veränderungen, die unsere Nachfolger womöglich herbeiführen werden, im Verhältnis zum Status Quo, den wir geschaffen haben, wahrscheinlich Verbesserungen sein werden? Wenn wir es nun als gesichert annehmen, daß in einem bestimmten Punkt eine Veränderung zu einem bestimmten Zweck nutzlos oder schädlich wäre, welcher praktische Schluß folgt hieraus? Daß die gegenwärtig Regierenden notwendigerweise Maßnahmen ergreifen müssen, um künftige Regierende daran zu hindern, die fragliche Veränderung vorzunehmen? Nein: sondern daß dies nutzlos wäre; denn je mehr Grund wir für die Überzeugung haben, daß die Veränderung, sollte sie vorgenommen werden, schädlich wäre, desto mehr Grund haben wir für die Überzeugung, daß sie nicht vorgenommen werden wird.

Ein Heilmittel gibt es, welches tatsächlich das Gesetzeswerk vor Änderungen zu bewahren verspricht, nämlich die *Vernunft*; zum Glück für die Menschheit hat sie die Eigenart, ein um so wirksameres Konservierungsmittel zu sein, je schlimmer die Unannehmlichkeiten infolge einer Veränderung wären. Dasselbe spezifische Heilmittel, dieselbe Vernunft, die dafür gesorgt hat, das Gesetzeswerk von einem weniger guten Zustand in einen besseren zu bringen, indem sie die Menschen durch ihr Einwirken dazu bewegte, dieses oder jenes Gesetz einzuführen, fährt nach dieser Veränderung zum Guten mit gleicher Kraft fort, gegen eine etwaige Veränderung zum Schlechten zu wirken, sollte das Gesetzeswerk von diesem guten Zustand in einen schlechteren weiter- oder zurückentwickelt werden.

Mit einem Wort: Der Versuch, einen Willen durch einen Willen zu beherrschen – den Willen lebender Menschen, die an der Macht sind, durch den Willen der Toten oder einer gleichen Anzahl lebender Menschen, die nicht mehr an der Macht sind –, wird langfristig immer so vergeblich sein, wie er von vornherein anmaßend und widersinnig ist: Die einzige solide, die einzige dauerhafte Herrschaft ist die des Verstandes über den Verstand; und die mag, so sie auf Vernunft gegründet ist, bis ans Ende aller Tage dauern. Die Fähigkeit, von ihr Gebrauch zu machen, ist räumlich so wenig beschränkt wie zeitlich; sie kann von jedermann über alle Menschen ausgeübt werden, vom Angehörigen jeder Nation über die Angehörigen aller Nationen; eine Einbürgerung ist dazu so wenig erforderlich wie eine Vollmacht. Die Zeit schwächt sie mitnichten, sondern stärkt sie. Keine Schranken, keine Befestigungen können ihr Einlaß verwehren; keine Warnung kann es Menschen ermöglichen, sie auszuschließen. Mit diesem Instrument bewaffnet kann ein Mensch, ein einzelner Mensch, vielleicht an einem Tag zu Frankreich, an einem anderen zu Spanien und an einem dritten zu Marokko sagen: Ich werde euch beherrschen; und es wird weder in der Macht Frankreichs, Spanien, Marokkos noch in der Macht aller zusammengenommen liegen, ihn daran zu hindern.

Machiavelli spricht irgendwo davon, es könne hin und wieder höchst angemessen sein, die Verfassung in Stücke zu reißen – *ripigliare lo stato*.[23] Machiavelli lebte vor ziemlich langer Zeit, und so lasterhaft sein politisches System war, so weise muß es gewesen sein. Die Staaten, von deren Verfassungen Machiavelli sprach, waren die großen Halsabschneider-Republiken der Antike und die kleinen Halsabschneider-Republiken

23 Niccolò Machiavelli, *Discorsi sopra la prima deca di Tito Livio* [1531], Buch III, Kap. 1: „Dicevano a questo proposito quegli che hanno governato lo stato di Firenze dal 1434 infino al 1494, come egli era necessario ripigliare ogni cinque anni lo stato." Vgl. ders., *Opere*, hg. von C. Vivanti, 3 Bde., Turin 1997, hier: Bd. 1, S. 418.

seiner eigenen Zeit. Sie wurden alle dazu gebracht, von selbst auseinanderzubrechen, mit Ausnahme Spartas, das um seines eigenen Glückes wie um dessen seiner Nachbarn willen nie hätte zusammengesetzt werden sollen.[24] Das beste, was ihnen passieren konnte, bevor sie auseinanderbrachen, war, auseinandergerissen zu werden, und nachdem das einmal geschehen war, war das zweitbeste, nie wieder zusammengesetzt zu werden. Dies gilt nicht für die französische Verfassung, dies gilt, trotz all ihrer Fehler, nicht für das Werk der Gesetzgeber, gegen die ich argumentiere; dessen größter Fehler, im Vergleich zu dem alle anderen verschwindend gering sind, besteht darin, daß seine einzelnen Teile zusammengenietet sind: sodaß man nicht am kleinsten Teil etwas ändern kann, ohne das Ganze zu zerbrechen.

Machiavellis Rat geht von der Annahme aus, daß ein Staat eine Uhr ist: Darauf ist zu entgegnen, daß ein Staat keine Uhr und alles Uhrmachergerede in bezug auf einen Staat barer Unsinn ist.

§ VII. Die beste Art und Weise, die Nation von dem Mißstand zu befreien

Nachdem so der Mißstand aussieht, wie wird man ihn wieder los? Auf welche Weise soll man zu diesem Zweck am besten vorgehen?

Vier Vorgehensweisen bieten sich an: drei, die von der Nationalversammlung abhängen, und eine, die von der Gesamtheit des Volkes abhängt.

Im ersten Fall verfährt die Nationalversammlung so, als wäre ein solcher Versuch nie unternommen worden, und macht zu jedem Gegenstand Gesetze, wie sie ihr am besten dünken, ob sie nun mit dem Verfassungstext übereinstimmen oder nicht, ohne einen etwaigen Widerspruch zur Kenntnis zu nehmen.

Im zweiten Fall nimmt man einen etwaigen Widerspruch zur Kenntnis und bemüht sich, ihn jeweils mittels Kommentaren und Interpretationen wegzuerklären.

Die dritte Vorgehensweise besteht darin, die Axt gleich an die Wurzel des Übels zu legen, die Fesseln, die der Freiheit des Gesetzgebers angelegt werden sollen, zur Kenntnis zu nehmen und sie durch eine allgemeine Erklärung zu diesem Behuf abzustreifen.

Die vierte besteht darin, daß das Volk selbst vortritt und sich an die Versammlung wendet, damit diese den soeben erwähnten Weg beschreitet.

Die Untauglichkeit der ersten beiden Methoden wurde bereits aufgezeigt.[25] Zu dem Unheil, das die Usurpation mit sich bringt, gehört ihre unvermeidliche Tendenz, die Versammlung zu der einen oder der anderen dieser schädlichen Vorgehensweisen zu treiben.

Die letzten beiden sind in keiner Weise unvereinbar; beide sind sie gut; keine kann früh genug ergriffen werden; doch hätte man die Wahl, so sollte man möglichst hoffen, daß letztere verfolgt würde. Es ist immer besser, den Anschein zu vermeiden, und sei es

24 Sparta verlor seine Unabhängigkeit, die es bis lange nach dem Niedergang der anderen griechischen Republiken hatte bewahren können, nach einer militärischen Niederlage gegen den römischen Konsul Titus Quinctius Flaminius im Jahr 195 v. Chr.

25 Vgl. oben, § I, S. 90f.

auch nicht mehr als ein Anschein, in eigener Sache zu entscheiden. In jeder Regierung, und vor allem in einer so jungen Regierung, sollte zweifellos alles, was nach Unbeständigkeit aussieht, nach Konflikten zwischen Amtsvorgängern und -nachfolgern oder einzelnen Teilfunktionen, alles, was die zunehmende Beruhigung und Ordnung der Dinge stört und die Gewohnheit des Gehorsams untergräbt, soweit wie möglich vermieden werden. Die hier empfohlene Vorgehensweise versetzt zwar der usurpierten Macht der letzten Nationalversammlung einen tödlichen Schlag, ist aber nicht unvereinbar mit ihren Prinzipien. Sie besteht lediglich in der Ausübung eines Rechtes, das sie, und sei es auch widerstrebend, zwangsläufig anerkennen müßte. Sie besteht darin, dieses Recht auf einfachste, ruhigste und zurückhaltendste Weise auszuüben: auf eine Weise, die in ebendiesen Hinsichten jener Form überlegen ist, an die bei der Anerkennung dieses Rechts speziell gedacht worden zu sein scheint. Die Nation, sagt die ehemalige Versammlung, hat das unverletzliche Recht, ihre Verfassung zu ändern, und verweist dann auf die Wahl einer Revisionsversammlung als das beste Verfahren, eine solche Änderung durchzuführen.[26] Die Nation will ihre Verfassung ändern? Die Nation soll sich selbst an die Arbeit machen und das Geschäft ohne die Einmischung irgendwelcher Vertreter gleichsam selbst in die Hand nehmen. Um die Regierung zu ändern, muß sie folglich als erstes jegliche Regierung zerstören; sie muß unterdessen ohne Regierung leben; und wenn schon für so lange, was sollte sie daran hindern, für immer in diesem Zustand der Anarchie weiterzuleben? Die Gesamtheit des Volkes, 25 Millionen Menschen sollen das ganze Geschäft des Einsetzens einer Regierung auf einen Schlag in ihre eigenen Hände nehmen? Ein Rückfall in den Despotismus wäre ein geringeres Übel als eine solche Veränderung. Aber die Autoren des Verfassungstextes hatten nichts dergleichen im Sinn; und es war ihre List, eine derart ruinöse Alternative als einzig mögliche Konkurrenz für die Ordnung der Dinge anzubieten, die sie einzurichten versuchten.

Wieviel einfacher und sicherer ist da die Vorgehensweise, die ich vorzuschlagen gewagt habe. Schenkt euer volles Vertrauen denen, denen ihr schon einen so großen Teil davon geschenkt habt: Schenkt euren gegenwärtigen Vertretern nicht mehr und nicht weniger, als ihr ihren Vorgängern geschenkt habt; schenkt ihnen aus eigenem Antrieb – oder vielmehr, genauer gesagt: schenkt ihnen ausdrücklich, um jeglichen Zweifel zu vermeiden, was ihr ihnen in Form einer zwingenden Implikation bereits geschenkt habt –, was die anderen, ohne darauf zu warten, daß es ihnen geschenkt werde, sich zu nehmen für angemessen und, um ihnen Gerechtigkeit widerfahren zu lassen, auch für notwendig hielten.

Schenkt ihnen euer volles Vertrauen, habe ich gesagt? Ich meine, erklärt, daß ihr es ihnen geschenkt *habt*. Wer sollte das Gegenteil behaupten? Hatten denn jene Männer einen besser begründeten Anspruch darauf als diese? Die Usurpation muß auf die eine oder andere Weise überwunden werden, und das wahrlich sehr bald: fragt sich nur, bei welcher Gelegenheit und auf welche Weise. Wofür ich plädiere, ist, daß dies mit Bedacht, in ruhigem Zustand, im Rahmen einer allgemeinen und abstrakten Betrachtung der grundsätzlichen Frage, ohne den Einfluß jener Leidenschaften geschehen kann, die

26 Vgl. Tit. VII, Art. 1.

in der Diskussion so unweigerlich aufbrächen, wenn sie von bestimmten Personen und Anlässen ausgelöst und auf diese bezogen würde.

Bringt den Antrag auf abstrakter Grundlage ein, und ihr könnt auf die Unterstützung all jener hoffen, die das Tor zur Veränderung beliebiger Paragraphen geöffnet sehen möchten. Bringt ihn in irgendeinem besonderen Zusammenhang ein, und ihr bringt all jene gegen ihn auf, die diesbezüglich negativ eingestellt sind und immerhin ins Feld führen können, daß die spezielle Änderung, und sei sie auch eine Verbesserung, an sich doch nicht bedeutsam genug ist, um ihretwegen die allgemeine Regel zu opfern.

Was könnte untadeliger sein als eine solche Maßnahme? Was weniger dazu angetan, widerstreitende Leidenschaften zu enfachen? Was weniger dazu angetan, Zwietracht zu säen? Wem oder was setzt sie sich entgegen? Was ist sie anderes als eine Loyalitätsbekundung, ein Vertrauensbeweis, ein Friedenspfand? Ein Akt, der, ob er nun viele oder wenige Parteigänger findet, jedenfalls kaum einen Widersacher haben kann.

Nachdem jede öffentliche Handlung eine Form haben muß, werde ich im folgenden eine unterbreiten, die dem Zweck ebenso angemessen ist wie jede denkbare andere.

§ VIII. Entwurf einer Eingabe

La Municipalité {Département} {District} *considérant que* &c., daß das Recht, nach bestem Wissen und Gewissen Vorsorge für die aktuellen Erfordernisse zu treffen, das unveräußerliche Recht einer jeden Nation und jeder zu diesem Zweck bevollmächtigten repräsentativen Körperschaft ist:

déclare qu'elle regarde l'Assemblée législative – erklärt, daß sie die gegenwärtige Gesetzgebende Versammlung Frankreichs bis auf weiteres für befugt hält, für die französische Nation in allen Fällen bindende Gesetze zu erlassen, nicht anders als die vorherige oder jede künftige Nationalversammlung, ungeachtet jeglicher Formulierungen im Verfassungstext oder jegliches anderen Beschlusses der besagten ersten Nationalversammlung oder einer jeden künftigen;

und ersucht, um jeden Anlaß zu begründetem Zweifel zu beseitigen und alle Intrigen, an denen sich die Feinde der Freiheit und des Friedens versuchen könnten, zu vereiteln, die Versammlung, sich im Besitz besagter voller und uneingeschränkter Rechte zu erklären.

4. Zur Gewaltenteilung (1789)

I.

Die gegenwärtige Staatstheorie, die Theorie, von der fast alle Argumente, die wir bezüglich grundlegender Fragen der Staatsführung hören, abgeleitet zu sein scheinen, ist hohl und irreführend. Eine verworrene Unterteilung, eine unverständliche Nomenklatur und falsche Maximen hinsichtlich der Staatsgewalten, denen diese Nomenklatur ihren Namen gegeben hat.

Alle Gewalt[1] besteht in der einen oder anderen von zwei oder drei Formen; so verworren sind die Dinge nämlich von Anfang an: Legislative und Exekutive – oder Legislative, Judikative und Exekutive. Die judikative Gewalt gehört zur exekutiven und auch wieder nicht. Darauf wenigstens hat man sich geeinigt, daß alles, was nicht legislativ ist, entweder exekutiv oder aber entweder judikativ oder exekutiv ist.

Soviel zu Unterteilung und Nomenklatur. Auf dieser Grundlage macht sich die praktische Weisheit an die Arbeit und erhebt es zur Regel, daß weder die beiden großen Formen, in welche die Gewalt unterteilt ist, noch jeweils ein Teil ihrer in derselben Hand zu liegen komme. Warum? Weil die Folge einer solchen Vereinigung Despotismus oder willkürliche Gewalt ist. Man füge zu dem kleinsten Bereich einer dieser Formen den kleinsten Bereich einer anderen hinzu und lege sie beide in die Hände derselben Person oder derselben Gruppe von Personen, schon haben wir einen Despoten oder eine Gruppe von Despoten.

Wendet man diese Theorie auf die Nationalversammlung Frankreichs an, so sieht man umgehend, welche Gewalt sie haben sollte und welche Gewalt sie nicht haben sollte.[2] Die Gewalt, die sie haben sollte, sollte sie ganz für sich allein haben, und kein anderer sollte das kleinste Atom von ihr besitzen. Die Gewalt, die sie nicht haben sollte, sollte ein anderer ganz und gar haben, und sie nicht das kleinste Atom davon. Was ist die Nationalversammlung? Sie ist die Legislative. Gibt es noch irgendeine andere Legislative außer ihr? Nein. Ist sie irgend etwas anderes als die Legislative? Nochmals nein. Was folgt daraus? Zunächst einmal, daß es niemandem außer der Nationalversammlung ge-

1 Der englische Ausdruck „power“ wird im folgenden wahlweise mit „Gewalt“ oder „Macht“ wiedergegeben, wobei stets von staatlicher Macht resp. Gewalt die Rede ist (Anm. d. Übers.).

2 Bentham scheint hier an die Verfassungsstruktur zu denken, wie sie in den „Articles de Constitution“ umrissen ist: *Procès-verbal de l'Assemblée Nationale*, Bd. V, Nr. 92 (5. Oktober 1789); nachgedruckt in J. Bentham, *Rights, Representation and Reform*, Oxford 2002, 229.

stattet sein sollte, irgend etwas hervorzubringen, was ein Gesetz heißen darf. Zweitens, daß kein Akt, der als Ausübung judikativer Gewalt bezeichnet werden kann, jemals von der Nationalversammlung vollzogen werden sollte.

Beide dieser Vorsätze wurden in der Praxis immer wieder mißachtet. Es wäre auch ziemlich bemerkenswert gewesen, hätte es sich anders verhalten; denn ohne sie zu mißachten, läßt sich kein Staat führen. Dennoch baut man auf sie und appelliert an sie im Sinne unbestreitbarer Wahrheiten. Was kann aus einer so tiefgreifenden Verwirrung und einem so schwerwiegenden Fehler in der Theorie anderes folgen als häufige und verderbliche Fehler in der Praxis? Wie sollen die Menschen wissen, was sie tun, solange sie nicht wissen, was sie sagen? Doch die Menschen können niemals wissen, was sie sagen, bevor sie nicht den Mut haben, die Maxime und die zugehörige Theorie in Bausch und Bogen zu verwerfen.

Nur dank der Hilfe einer kleinen Inkonsistenz entging die französische Verfassung dem Schicksal, durch diese Theorie verdorben zu werden: Denn dieser Theorie zufolge hätte die Nationalversammlung aus drei, mindestens aber aus zwei Kammern bestehen sollen statt aus einer.[3] Gewaltenteilung ist die einzige Absicherung verfassungsmäßiger Freiheit, die einzige effektive Ursache guter Staatsführung. In diesem wie in anderen Fällen wird die Wirkung im Verhältnis zur Ursache stehen. Je mehr die Gewalt aufgeteilt ist, desto besser die Staatsführung und desto größer die Freiheit. Wann immer man also die Staatsgewalt in zwei oder mehr Formen unterteilt sieht, wird man die Freiheit gerade in dem Maße unsicherer machen, wird man sich in dem Maße einer willkürlichen Macht annähern, in dem man sie zusammenfügt.

Die britische Verfassung, die vollkommenste Verfassung, die es je gab und jemals geben kann, verdankt all ihre Freiheit der Aufteilung der legislativen Gewalt auf zwei verschiedene Häuser und eine Einzelperson. Man lasse nun eines der beiden Häuser das andere schlucken, dann würden beide zusammen die Legislative des Königs schlucken, und aus wäre es mit der Freiheit. Das französische Unterhaus[4] hat nicht nur ein anderes Haus, sondern zwei andere Häuser geschluckt, woraufhin die drei vereinten Häuser die Legislative des Königs geschluckt haben, und das Ergebnis ist jetzt schon die erste Verfassung überhaupt, in der nicht die vielen den wenigen geopfert wurden.

Solange Menschen weise handeln, fällt ihr unsinniges Reden nur sehr wenig ins Gewicht. Unglücklicherweise führt unsinniges Reden zu törichtem Handeln. Solange der Unsinn in ihren Köpfen steckt, gibt es einen unaufhörlichen Kampf zwischen ihm und dem Sinn, der ihr Handeln insoweit regiert, als es weise ist. Mit der Hilfe unübersehbarer und unbedingter Notwendigkeiten verbessert sich dieser Sinn manchmal, und dann ist das Verhalten weise. Zu anderen Zeiten aber geraten die Notwendigkeiten aus dem Blick: Dann herrscht Unsinn vor, und dem Unsinn entspringt unbedachtes Handeln mit seinen verderblichen Folgen.

Es ist Unsinn und nichts als Unsinn, daß die Nationalversammlung dazu aufgerufen ist, den untergeordneten Versammlungen alles zu verbieten, was als *Gesetzgebung*

---

3 Vgl. „Articles de Constitution", Art. V.

4 D. h. der dritte Stand.

bezeichnet werden kann. Es ist derselbe Unsinn und nichts als Unsinn, daß sie sich aufgerufen sieht, *sich selbst* alles zu verbieten, was als *Rechtsprechung* bezeichnet werden kann. Es ist derselbe Unsinn und nichts anderes, daß sie sich aufgerufen fühlt, dem *König* einen *Anteil* oder etwas, was so aussehen soll wie ein Anteil, *an der Rechtsprechung* zuzubilligen; denn derselbe Unsinn spricht dem König die exekutive Gewalt zu, und in diesem Fall kommt eine der beiden Einteilungen zur Anwendung, welche die judikative Gewalt als Teil der exekutiven betrachtet.

Gegen diese Theorie, die mit der Vernunft nicht weniger auf Kriegsfuß steht als mit der Praxis und mit sich selbst, möchte ich folgende Behauptungen ins Feld führen:

1. Daß die effektive Ursache verfassungsmäßiger Freiheit oder guter Staatsführung, was zwei Bezeichnungen derselben Sache sind, nicht die Gewaltenteilung zwischen den verschiedenen Klassen von Menschen ist, die damit betraut sind, sondern die unmittelbare oder mittelbare Abhängigkeit all dieser Menschen von der Gesamtheit des Volkes.

2. Daß die ganze souveräne Gewalt in den Händen von Personen liegen sollte, die von der Gesamtheit des Volkes eingesetzt wurden und abgesetzt werden können.

3. Daß zu dieser souveränen Gewalt wesentlich diejenige des Gesetzemachens in allen Fällen gehört, diejenige, in letzter Instanz zu beurteilen, ob diese Gesetze in irgendeinem Fall mißachtet wurden, und diejenige, dafür zu sorgen, daß sie *gegenüber* jenen vollzogen werden, von denen sie mißachten wurden: und insofern also judikative Gewalt und exekutive.

4. Daß es in einem Staate von nennenswerter Größe alles in allem unzweckmäßig und geradezu unmöglich ist, daß die souveräne Gewalt die ganze Aufgabe der Gesetzgebung beanspruchen sollte; daß sie vielmehr einen beträchtlichen Teil dieses Geschäfts an lokale Gesetzgeber übertragen sollte, die in bestimmten Fällen ohne die ausdrückliche Zustimmung der souveränen Gewalt Gesetze erlassen, deren Kontrolle aber stets auf alle erdenkliche Weise unterworfen bleiben.

Legislative Gewalt und oberste Gewalt, auch wenn man sie so häufig als austauschbare Begriffe verwendet, sind zwei ganz und gar verschiedene und ungleichartige Dinge; in der Legislativen ist Unterordnung ebenso häufig anzutreffen und ebenso sinnvoll wie in der Judikativen. Zu dieser Verwirrung ist es gekommen, weil denselben Händen, denen die oberste legislative Gewalt anvertraut war, systemwidrig zugleich auch die oberste judikative anvertraut war.

5. Daß unter einer wohlgeordneten Verfassung weder eine einzelne Person – man nenne sie König oder sonstwie – noch irgendeine Gruppe von Personen, die nicht der Gesamtheit des Volkes verantwortlich ist, irgendeinen effektiven Anteil an der Gesetzgebung haben sollte; daß aber ein nomineller Anteil, dessen äußerste Wirkung darin besteht, das Gesuch einer vom Volk gewählten Gruppe von Abgeordneten dem einer nachfolgenden, auf dieselbe Weise gewählten Abgeordnetengruppe vorzuziehen, sein Gutes haben und keinen Schaden anrichten kann.

6. Daß keinerlei Nutzen, sondern ganz im Gegenteil nichts als Schaden daraus erwachsen kann, wenn der König in irgendeiner Form an der Rechtsprechung beteiligt ist; sei es, daß er Anweisungen für die Ausübung dieser Gewalt erteilt, sei es, daß er die Personen ernennt, die sie ausüben sollen.

7. Daß keinerlei Nutzen, sondern ganz im Gegenteil nichts als Schaden daraus erwachsen kann, wenn der König in irgendeiner Form an der Gewalt beteiligt ist, die sachgemäß als exekutiv bezeichnet werden kann; denn dieses „exekutiv", wenn es irgend etwas bedeutet, bedeutet die Gewalt, jenen *gegenüber* für den Vollzug der Gesetze zu sorgen, denen es im Hinblick auf diese an Gehorsam gebricht; und daß diese Gewalt ein notwendiges Anhängsel oder besser gesagt: die wesentliche Substanz von allem ist, was die Funktionen der Rechtsprechung tatsächlich an Gewalt haben.

8. Daß es unter einer wohlgeordneten Verfassung in einem Staate von einiger Größe von Vorteil und nicht nachteilig ist, daß die Gesamtheit der Streitkräfte in all ihren Unterteilungen, die Gesamtheit jener Macht, welche die Aufgabe hat, gegen einen äußeren Feind vorzugehen, unter der Kontrolle der souveränen Autorität in die Verfügungsgewalt einer einzigen Person gegeben werden sollte, der man ebensogut den Namen *König* geben könnte wie jeden anderen. Und die auf diese Weise verliehene Macht, soweit sie in der Verwaltung eines so großen Teils des öffentlichen Eigentums besteht, wie für diesen Zweck vorgesehen ist, darf insofern als *administrativ* bezeichnet werden.

9. Daß es in vielerlei Hinsicht von großem Vorteil und in keinerlei Hinsicht ausgesprochen nachteilig ist, daß dieses Amt erblich sei und die damit betraute Person unabsetzbar und für alles kraft ihres Amtes Getane nicht zur Rechenschaft zu ziehen.

10. Daß aber kein von dieser Person kraft ihres Amtes vollzogener Akt ohne die Mitwirkung mindestens einer anderen Person gültig sei, die dafür verantwortlich sein soll und nach dem Gutdünken des Souveräns einsetzbar und absetzbar sein darf und sein sollte.

II.

1. Die verfassungsmäßige Freiheit hängt vom Willen der Gesamtheit des Volkes ab, und zwar kraft der einsetzenden Gewalt, über die dieses verfügt; ihr Maß entspricht der Abhängigkeit der effektiven Machthaber von ebendiesem Willen.

2. Wo sich der Wille der Gesamtheit des Volkes der Einmütigkeit nähert und für seine Durchsetzung auf nichts anderes angewiesen ist als auf seine Manifestation, wird diese Abhängigkeit im proportionalen Verhältnis zum Grad an Leichtigkeit stehen, mit dem sich der Wille des Volkes manifestiert.

3. Die Leichtigkeit, mit der sich der Wille des Volkes manifestiert, ist abhängig von:

1. Der Redefreiheit.
2. Der Versammlungsfreiheit zum Zwecke des Redens.
3. Der Freiheit des Schreibens und Druckens.
4. Der Kommunikationsfreiheit für alles Geschriebene oder Gedruckte; wozu nicht nur die Freiheit der Post zählt, sondern auch die aller anderen Übermittlungskanäle.

4. Das Wissen um die Gelegenheiten, die danach verlangen, daß er sich manifestiert, und um die Gründe und die Angemessenheit der Entscheidungen, die zu fällen er aufgerufen ist, hängt von der Öffentlichkeit staatlichen Vorgehens ab.

5. Diese Öffentlichkeit beinhaltet:

1. Die Öffentlichkeit der von den unterschiedlichsten Personen, die mit einem beliebigen Anteil öffentlicher Mittel oder Gewalt betraut sind, vollzogenen Akte.
2. Die der Personen, welche am Vollzug dieser Akte beteiligt sind.
3. Die der Tatsachen und anderen Dokumente jeglicher Art, über die jene Personen verfügten oder hätten verfügen sollen, um auf ihrer Basis einen berechtigten Grund hinsichtlich der Vernünftigkeit und Nützlichkeit dieser Akte zu finden.

6. Da die verfassungsmäßige Freiheit von der Abhängigkeit der Inhaber öffentlicher Gewalt vom Willen der Gesamtheit des Volkes abhängt, ist sie nicht unmittelbar von irgendeinem anderen Umstand abhängig; und auch nicht mittelbar, es sei denn insofern, als solche anderen Umstände zum Erhalt dieser Abhängigkeit beitragen.

7. Sie ist aus diesem Grund auch nicht von der Verteilung der Gesamtgewalt auf drei oder sonst wie viele Organe abhängig; ebensowenig von ihrer Unterteilung in drei oder sonst wie viele Formen.

8. Folglich kann also ein mit oberster legislativer Gewalt ausgestattetes Organ ohne nachteilige Folgen für die Freiheit einen Teil der judikativen Gewalt besitzen, selbst in letzter Instanz, solange die Mitglieder dieses obersten Organs in strenger Abhängigkeit von der Gesamtheit des Volkes gehalten werden.

III.

Über die effektive Ursache und das Maß verfassungsmäßiger Freiheit

Die wirklich effektive Ursache und das Maß verfassungsmäßiger Freiheit, oder vielmehr Sicherheit, liegt in der Abhängigkeit der Inhaber effektiver politischer Gewalt von der einsetzenden Gewalt der Gesamtheit des Volkes.

Eine zweifelhafte effektive Ursache und ein Maß, die bislang im allgemeinen als Ersatz für die oben genannte genommen wurden, ist die Teilung der gesamten politischen Gewalt durch die Zuweisung verschiedener Formen der Gewalt an verschiedene Hände.

Die Sicherheit, die dem Volk aus ersterem Umstand erwächst, ist nachvollziehbar und unbezweifelbar. Jedermann wird auf Anhieb verstehen, wie vorteilhaft es für ihn sein muß, jegliche Maßnahme, von der er betroffen ist und die er nicht mag, beenden zu können.

Diese Gewalt kann naturgemäß nicht *jede Person* besitzen: Denn wo einer beschließt, daß etwas getan werden sollte, und ein anderer, daß es nicht getan werden sollte, kann nur einer von beiden seinen Willen haben. Die *Mehrheit* der gesamten Menge von Individuen aber kann sie besitzen, und so sollte es auch immer sein.

Wie die Gewaltenteilung überhaupt eine effektive Ursache der Freiheit sein könnte, erscheint beileibe nicht auf Anhieb selbstverständlich; und sollte sie irgendeine Tendenz zur Beförderung der Freiheit besitzen, so besitzt sie diese in der Tat nur zufällig und auf indirektem Wege.

Falls sie die Freiheit fördert, so geschieht dies nur, sofern sie zufälligerweise die Abhängigkeit der Inhaber der Gewalt vom Willen der Gesamtheit des Volkes fördert.

Wenn sie überhaupt dienlich ist, so ist sie es auf diesem Wege. Doch sie funktioniert nicht immer auf diese Weise; und wenn man sie auf willkürliche Weise funktionieren läßt, wird sie zweifellos Schaden anrichten.

Man stelle sich vor, alle Gewalt läge in den Händen einer Person oder einer Gruppe von Personen: In welcher Hinsicht stünde es um die verfassungsmäßige Freiheit oder Sicherheit schlechter, wenn die Dinge so geregelt wären, daß diese Person oder Personen ihre Macht nur im Einklang mit dem Willen der Gesamtheit des Volkes ausüben könnten? Man stelle sich vor, die Gewalt wäre zwischen drei Personen oder Personengruppen aufgeteilt: In welcher Hinsicht stünde es um die verfassungsmäßige Freiheit oder Sicherheit besser, wenn die Dinge so geregelt wären, daß diese Personen oder Personengruppen sich darauf verständigten, ihre Macht gegen den allgemeinen Volkswillen zu gebrauchen, wobei verbleibende Unstimmigkeiten zwischen ihnen lediglich die Auswirkung hätten, sie von einer Zustimmung zu jenen Maßnahmen abzuhalten, die in Übereinstimmung mit diesem Willen gewesen wären?

Man stelle sich eine gegebene Machtfülle vor und eine gegebene Anzahl von Personen, sagen wir 601, die im einen oder anderen Verhältnis über diese verfügen. Nun sei die Frage, ob sie gemeinsam in einem Organ über sie verfügen oder ob sie zu dem Zwecke, die Gewalt auf sich übergehen zu lassen, beispielsweise auf drei Organe verteilt werden sollen; wovon das eine aus einer größeren Anzahl, sagen wir 400, besteht, ein anderes aus einer geringeren Anzahl, sagen wir 200, und das dritte lediglich aus einer einzigen Person.

Die Gewalt ließe sich unter ihnen auf zweierlei Weise verteilen: 1. indem sie auf drei verschiedene Formen aufgeteilt und jedem Organ eine unterschiedliche Form zugewiesen würde; oder 2. indem sie ungeteilt bliebe und es erforderlich wäre, daß alle drei Organe in jedem Falle ihrer Ausübung zusammenwirkten.

Wie immer es um sonstige Folgen stünde, eine Folge, die beide Verteilungen gleichermaßen hätten, ist unbezweifelbar: Statt bei der Mehrheit jener 601 zu liegen, wie es der Fall war, bevor sie geteilt wurde, würde die Gewalt in jeder einzelnen Frage auf einen geringeren Anteil dieser Anzahl übergehen.

Die Verteilung ist also, soweit man bisher sehen kann, eine schlechte. Die zuvor bestehende Wahrscheinlichkeit, daß sich die Maßnahmen der Machthaber in jedem Falle als mit dem Willen der Mehrheit des Volkes in Übereinstimmung erweisen würden, ist offensichtlich geringer geworden. Solange kein besonderer Grund für eine Abweichung angegeben wird, muß der Wille eines beliebigen Teils des gesamten Volkes im Verhältnis zu seiner Größe als gültige Stichprobe des Willens der Gesamtheit angesehen werden. Wenn die Wahrscheinlichkeit korrekter Entscheidung unmittelbar am Verhältnis des *Für* und *Wider* im gesamten Organ gemessen werden soll, dann kann es keinen Grund geben, warum in irgendeinem kleineren, aus diesem hervorgegangenen Organ das Gegenteil der Fall sein sollte. Wenn Zahlen überhaupt ein gerechtes Maß für die Korrektheit von Entscheidungen darstellen, so müssen sie, solange kein besonderer Grund für das Gegenteil angegeben werden kann, in jedem Fall als solches erachtet werden.

Da es sich so verhält, wo eine Form der Gewalt auf drei Organe verteilt ist, muß es sich dort, wo jedem Organ eine unterschiedliche Form der Gewalt zugeordnet ist, genauso verhalten. Man verteile die Gesamtgewalt gleichmäßig auf alle drei oder weise jedem

Organ eine unterschiedliche Form der Gewalt zu, es läuft auf dasselbe hinaus. Um ein für alle Zwecke gerüstetes, effektives Organ der Gewalt zu bilden, müssen sie sich stets vereinigen, und in ihrer Vereinigung muß die Mehrheit immer noch über die Minderheit herrschen.

Wenn sie in ihrem Willen ausnahmslos übereinstimmen, dann hat die Teilung keine Auswirkung; wenn es einen Gegensatz in ihren Willensbekundungen gibt, so muß dieser Gegensatz überwunden werden und eine Gruppe mit ihrem Willen zur Vorherrschaft über den Rest kommen, oder es kann gar nichts unternommen werden.

Wenn es dem System der Gewaltenteilung nicht gelingt, Anarchie zu stiften und jedes Ziel staatlichen Handelns zunichte zu machen, so ist dies ausschließlich seiner Funktionsuntüchtigkeit und vollkommenen Wirkungslosigkeit zuzuschreiben: Solange die Teilung anhält, stehen die Räder der Staatsführung still; wenn sie wieder in Gang kommen, dann weil die Teilung aufgehoben ist. Die einzige Art und Weise, wie sie überhaupt zu wirken vermag, ist die, Unstimmigkeit hervorzurufen und zu verfestigen; sobald die Unstimmigkeit beigelegt ist, erfüllt die Teilung keinen Zweck.

Der wesentliche Punkt ist nach allgemeinem Verständnis, daß diese Teilung zwischen drei Formen der Gewalt namens Legislative, Judikative und Exekutive bestehen sollte. Im Gegenteil aber muß die Auswirkung der Teilung, wo sie denn eine hat, gerade hier besonders verderblich sein. Wenn sich die Teilung, die Unstimmigkeit und der daraus resultierende Stillstand nur auf den legislativen Bereich beschränken, können die Regierungsgeschäfte wohl weitergehen: Einer Nation, die bereits über Gesetze verfügt, wie auch immer sie beschaffen seien, mag es eine Zeitlang gut oder schlecht gehen, sie zehrt von alten Vorräten. Sobald sich aber zwischen zweien dieser Formen, der Legislative und der Judikative, eine Unstimmigkeit ergibt, ist alles in Verwirrung. Was die eine befiehlt, verbietet die andere. Der Bürger weiß weder, wem er gehorchen, noch, was er tun soll, um seinen Frieden zu haben.

Das beste Mittel, um die Frage, von welchem der beiden Umstände die Sicherheit des Volkes wirklich abhängt – von der Gewaltenteilung und dem Machtgleichgewicht zwischen den verschiedenen Organen, die den Staat bilden, oder von der Verpflichtung seitens all dieser, den Willen der Gesamtheit des Volkes zu respektieren –, in das klarste Licht zu rücken, ist, sich jeden dieser Umstände in reinster Form, ohne Beimengung des anderen, auszumalen und zu beobachten, was daraus folgen muß.[a]

Sofern die Menschen nicht die Möglichkeit haben, einander ihre Meinung kundzutun, wie könnte die Gewaltenteilung für sie von Vorteil sein? Man lasse eine Unstimmigkeit eintreten, dann können alle drei gemeinsam nichts tun, es herrscht Anarchie; man lasse sie sich in gegenseitigem Einvernehmen befinden, und sie können alles tun: Sie können jede Maßnahme durchführen, sei sie dem Volk auch noch so zuwider und sei sie noch so zerstörerisch. Sie können ihre eigenen Launen zu Gesetzen erheben, all jene verfolgen, die bezüglich irgendeines Gegenstands anderer Meinung sind als sie, sich

a Wir müssen zugleich darauf achten, das geringste Gran öffentlicher Tugend aus der Annahme auszuschließen, eine Zutat, die unter jeder Verfassung zufälligerweise existieren mag und dadurch, daß sie die schlechten Wirkungen aller gleichermaßen unterdrückt, jede Berechnung durchkreuzt und den Erfolg des Gedankenexperimentes vereitelt.

selbst zu besonderen Privilegien und Würden verhelfen, dem Volk Steuern auferlegen und den Ertrag unter sich selbst aufteilen, alle ihre jeweiligen ganz speziellen Feinde für vogelfrei erklären und die Ausbeute unter sich aufteilen; kurz: das tun, was von dem gefeierten Triumvirat[5] tatsächlich getan wurde.[b]

Und nun zur entgegengesetzten Annahme. Man lasse soviel Gewalt, wie sich denkbarerweise akkumulieren läßt, nicht nur in einem Organ ruhen, sondern in den Händen eines einzigen Mannes. Man lasse ihn die Gesetze machen, die Anordnungen verfügen, die ihm belieben, mit jedem Individuum umgehen, wie es ihm beliebt, diejenigen, die seine Beschlußvorlagen in allen Details vorbereiten oder für die Ausführung seiner Anordnungen sorgen sollen, in Anzahl und Kompetenz ernennen, wie es ihm beliebt, und all diese Ernennungen nach Belieben auch wieder aufheben. Andererseits sind die Dinge so geregelt und die soeben beschriebenen allgemeinen Machtbefugnisse sind durch bereits bestehende Gesetze derart beschränkt, daß er die Menschen nicht davon abhalten kann, auf jede erdenkliche Weise und zu jeder Gelegenheit sowohl einander als auch ihm selbst ihre Meinung kundzutun.

Welcher dieser gegensätzlichen Zustände ist der geeignetste? Welcher am günstigsten für die verfassungsmäßige Freiheit, für die Sicherheit des Volkes vor schlechter Staatsführung? Zu einer solchen Frage kann es gewiß nur eine Meinung geben. Beide Verfassungen wären zweifellos mangelhaft; daß dies aber in geringerem Maß für letztere gälte, ist ebenso unbestreitbar.

An einer solchen Annahme ist nichts von Natur aus Unmögliches. In der türkischen Verfassung darf der Monarch fast alles tun, außer neue Steuern erheben. Die eine Einschränkung ist nicht widersinniger als die andere.

Alle Staatsgewalt hängt von Meinungen ab. Es läßt sich ebensogut die eine Art von Beschränkung auferlegen wie jede andere. Erforderlich ist allein, daß die Beschränkung verständlich sei.

Wenn sich die drei Gewalten, die Legislative, die Exekutive und die Judikative, in denselben Händen vereinigt sehen, kommt es zu willkürlicher Gewalt, sagen die Anhänger des Gleichgewichtssystems: Mit anderen Worten ist die Gewalt in ihrer Gesamtheit willkürlich. Nachdem dieser schlechte Name einmal verliehen ist, soll die fragliche Behauptung bewiesen und das Geschäft zu Ende gebracht sein. Was aber ist mit willkürlich gemeint? *Arbitrium* bedeutet Entscheidung, Wille. Worüber beschwert man sich dann? Daß Fragen der Gewaltausübung in erster Instanz durch den Willen derjenigen entschie-

---

5 Das 43 v. Chr. gebildete römische Triumvirat, bestehend aus Marcus Antonius, Marcus Aemilius Lepidus und Octavian, der später als Augustus erster römischer Kaiser wurde, setzte sich als oberste Autorität ein, erklärte seine Gegner für vogelfrei und führte die Strafbesteuerung ein.

b Um diesen Zustand in absoluter Reinform herbeizuführen, sind lediglich vier Dinge vonnöten. 1. Die vollständige Geheimhaltung der Beratungen der drei Organe sowie des gesamten Verkehrs, in dem die Mitglieder eines jeden individuell oder kollektiv mit denen der beiden anderen stehen. 2. Die vollständige Unterdrückung der Möglichkeit, daß sich die Menschen in Versammlungen treffen und auf diese Weise einander ihre Meinung *viva voce* mitteilen. 3. Die vollständige Unterdrückung der Presse. 4. Die vollständige Unterdrückung der öffentlichen Kommunikationskanäle, durch die allein schriftliche Mitteilungen jeglicher Art in nennenswertem Umfang zirkulieren können.

den werden, die im Besitz der Gewaltmittel sind? Doch dies ist nicht mehr und nicht weniger, als immer der Fall sein muß. Die Bedeutung des Satzes, sobald er überhaupt eine anzunehmen beginnt, kann somit keine andere sein als diese: daß nämlich dort, wo willkürliche Gewalt fortbesteht, die Entscheidung der die Gewaltausübung betreffenden Fragen nicht nur in erster Instanz vom Willen derjenigen abhängt, die in ihrem Besitz sind, sondern endgültig, wie es auch um den Willen der Gesamtheit des Volkes bestellt sein mag. Was folgt daraus? Daß die Freiheit einer Verfassung in Wirklichkeit und unmittelbar von den Möglichkeiten abhängt, die das Volk hat, um seinen Willen geltend zu machen, und nicht von irgendwelchen anderen Umständen wie der Aufteilung der Gewalten in drei voneinander unabhängige Formen.

Kann man folglich sagen, daß eine Teilung dieser Art nicht dazu neigt, in irgendeiner Weise nützlich zu sein? Nein, gewiß nicht. Daß sie von sehr beträchtlichem Nutzen gewesen ist, zeigt die Geschichte hinlänglich. Doch wie? Nicht an sich, sondern durch ihre Tendenz, das andere Prinzip, den Einfluß des Volkes, ins Spiel zu bringen. Wenn zwei Staatsorgane einander widersprechen und um den Gehorsam des Volkes streiten, so steht ihnen für die Dauer des Streites nur ein Mittel zur Verfügung: beiderseits an das Volk zu appellieren. Dann, insoweit als der Appell aufrechterhalten wird, entsteht Freiheit. Jedes Schriftstück, das zwischen den rivalisierenden Gewalten ausgetauscht wird, bildet in dem Maße, wie es öffentlich gemacht wird, einen Teil eines solchen Appells; und es muß öffentlich gemacht werden und wird so öffentlich gemacht werden wie nur möglich, weil es sonst nämlich seinen Zweck verfehlt. So verhielt es sich mit allen Streitigkeiten zwischen dem König und den als Parlamenten bezeichneten ständigen Organen in Frankreich; zwischen dem König und den beiden Häusern des Parlaments in England, zwischen dem einen und dem anderen Haus, zwischen einem Haus und dem vom anderen Haus unterstützten König. Im Zuge ihrer Streitigkeiten appellierten sie an das Volk; in dem Maße, wie sich der Appell verbreitete und das Volk sich seiner annahm, gewann das Volk an Freiheit. Hätten sie den Streit vermeiden können oder hätten sie weiterstreiten können, ohne den Streit publik zu machen, ohne zu appellieren, wäre das Volk in der gleichen Lage gewesen wie zuvor.

Auf diese Weise und nur auf diese Weise hat sich der legislative Einfluß des französischen Parlaments bemerkbar gemacht. Auf diese Weise und nur auf diese Weise hat sich die Teilung der Legislative in zwei Häuser in England bemerkbar gemacht. In jeder anderen Hinsicht hat diese Teilung ungeheuren Schaden angerichtet; und da man die einzig positive Wirkung, die sich zufälligerweise aus ihr ergibt, zweifellos auch mit anderen Mitteln erzielen kann, folgt entsprechend, daß die Existenz jenes Hauses, das in keiner unmittelbaren Abhängigkeit von der Gesamtheit des Volkes steht, ein Schaden und ein Mißstand ist.

Um zu wissen, ob man zutreffender sagen könnte, daß es die Vereinigung dieser drei Formen ist, die zu willkürlicher Gewalt führt, sollte man eine präzise Vorstellung von der speziellen Natur jeder einzelnen haben. Davon aber hat bislang noch niemand genaue Kenntnis erlangt; insbesondere diejenigen nicht, welche diese Lehre vertreten.

IV.

Doch diese Vereinigung von judikativer und legislativer Autorität in denselben Händen widerspricht der allgemein geläufigen Theorie, der zufolge die Gewaltenteilung die effektive Ursache der Freiheit oder mindestens unentbehrlich für sie ist.

Darauf antworte ich, daß die geläufige Theorie zu diesem Thema geläufiger Unsinn ist: im Widerspruch mit sich selbst sowie ausnahmslos und notwendigerweise im Widerspruch zur Praxis stehend.

Damit es klarer werde, daß die Gewaltenteilung nicht die effektive Ursache der Freiheit ist, erlaube man mir, die Anhänger der geläufigen Theorie zu unterrichten oder vielmehr daran zu erinnern, worin sie besteht. Man wird dann besser verstehen, ob die Teilung von irgendeinem Nutzen für die Freiheit ist, und wenn ja, welchem Umstand sie dies verdankt.

Die Güte der Staatsführung steht in proportionalem Verhältnis zu dem Maß an Glück, das sie auf seiten der Gesamtheit des Volkes, welches ihr unterworfen ist, hervorbringt.

Das Zustandekommen einer guten Staatsführung hängt, wie das Zustandekommen jedes anderen durch menschliche Vermögen verwirklichten Vorhabens, vom Zusammenwirken der drei Bedingungen Klugheit, Macht und Neigung ab. Die Staatsführung wird in dem Maße gut sein, wie diejenigen, denen die Macht anvertraut ist, die Neigung besitzen, sie gut auszuüben, und das nötige Maß an Klugheit für diesen Zweck mitbringen.

Der Grad der Neigung wird im genauen Verhältnis zur Abhängigkeit der Regierenden von den Regierten stehen; zur Abhängigkeit der Personen, denen die Macht anvertraut ist, von den Personen, in deren Gehorsam die Macht besteht; zur Abhängigkeit der Machthaber von der Gesamtheit des Volkes: derjenigen, die Macht ausüben, von denen, über die sie ausgeübt wird. Soweit ein Mann, der Macht besitzt, unabhängig ist, wird er die Neigung haben, sie zu seinem eigenen Vorteil zu gebrauchen; soweit er von irgend jemandem abhängig ist, wird er sich gezwungen sehen, sie zum Vorteil dessen einzusetzen, von dem er abhängig ist. In dieser Feststellung liegt kein geheimes Wissen, keine Undurchsichtigkeit. Sie beruht auf der allgemeinen, notwendigen, unbezweifelten und nicht einmal beklagenswerten Eigenschaft der menschlichen Natur – der Vorherrschaft eigennütziger Affekte über die sozialen. Dies ist unmittelbar verständlich; und wer es einmal verstanden hat, kann nur schwer umhin, als dem zuzustimmen.

Mindestens im Hinblick auf die Neigung wird das Maß an Wirkung dem Maß dieser effektiven Ursache guter Staatsführung entsprechen. Je strikter die Abhängigkeit der Regierenden von den Regierten, desto besser wird die Staatsführung sein, desto größer und sicherer das Maß an Freiheit. Solange diese Ursache in unverändertem Ausmaß bestehen bleibt, wird kein anderer Umstand durch sein Vorhandensein dem Maß an Wirkung irgend etwas hinzufügen; kein anderer Umstand wird durch seine Abwesenheit diesem Maß irgend etwas nehmen. Denn der unsichere und vergleichsweise schwache Einfluß des Grundsatzes der Nächstenliebe und der Religion, der in allen Fällen derselbe ist, muß insgesamt außer Betracht bleiben.

Verglichen mit der Neigung ist die Klugheit eine überaus zweitrangige und unwesentliche Bedingung. Wo es an der fraglichen Abhängigkeit fehlt, da fehlt es mit Sicherheit auch an der Neigung; und wo es an der Neigung zu guter Staatsführung fehlt, wird die Staatsführung ihrem gebührlichen Zustand umso ferner sein, je mehr Klugheit sich auf seiten der Regierenden findet. Den unsicheren Einfluß sozialer Prinzipien einmal außen vor gelassen, wird dem Sklaven, je klüger der Herr ist, desto mehr Arbeit abgepreßt, und desto schwieriger wird es ihm fallen, fortzukommen. An sicherer Neigung und an Klugheit seitens der betroffenen Personen wird es nie fehlen können; denn das Maß an Klugheit des Menschen reicht für den Zweck wohl aus; und an Klugheit wird es wie an jeder beliebigen anderen Ware nicht lange mangeln, wo eine tatsächliche Nachfrage nach ihr besteht.

Unter Mißachtung dieser offensichtlichen Ursache guter Staatsführung wurde die Gewaltenteilung als einzige oder wenigstens wichtigste effektive Ursache vorgeschlagen. Wenn dem so ist, muß es entweder an ihrer Tendenz liegen, das notwendige Maß an Klugheit hervorzubringen, oder an ihrer Tendenz, das notwendige Maß an Neigung zu gewährleisten. Niemals aber wurde meines Wissens irgendeine Tendenz, die sie besitzen mag, um erstere Bedingung zu erfüllen, besonders hervorgehoben. Und wenn sie keine Tendenz besitzt, die erforderliche Neigung hervorzubringen, so wird ihre etwaige Tendenz, Klugheit hervorzubringen, das Ziel nur konterkarieren, statt es zu befördern.

Tatsächlich kann die Gewaltenteilung auf beiderlei Weise zu guter Staatsführung beitragen, beide Male aber lediglich aus Zufall und durch die Herbeiführung eines Umstands, der ebensogut ohne ihr Zutun hätte eintreten können.

1. Die Gewaltenteilung mag zufälligerweise die Neigung zu guter Staatsführung befördern. Wie? Indem sie dazu beiträgt, die Regierenden in einem gewissen Grad wieder in Abhängigkeit von den Regierten zu bringen. Aus der Aufteilung der Gewalten zwischen den Regierenden folgen Unstimmigkeiten; aus Unstimmigkeiten Appelle, die sich, wenn es sonst niemanden gibt, an den sich appellieren ließe, an das Volk richten müssen; aus Appellen folgt Abhängigkeit. Dies aber ist nur den Umständen geschuldet, und sobald die Unstimmigkeiten beseitigt werden können, werden die Appelle aufgegeben und mit ihnen die Abhängigkeit, mindestens soweit sie von den wieder miteinander versöhnten Wortführern abhängt.

Man teile die Gewalt, wie man will, solange es keine Unstimmigkeit gibt oder keine, die nicht ohne einen Appell an das Volk beizulegen wäre, wird das Volk keinen Deut besser dran sein – dem Volk könnte es nicht schlechter gehen, wäre die Gewalt so ungeteilt wie nur möglich. Man teile sie zwischen einem zeitlichen Herrscher und einem geistigen Herrscher[6] wie in Spanien und Portugal; oder zwischen einer adligen Körperschaft und einer zweiten adligen Körperschaft wie in Venedig und Genf;[7] oder zwischen einem Herrscher und einer adligen Körperschaft wie in den alten Feudalstaaten – solange sie schön zusammenhalten, ist für die Freiheit nichts gewonnen. Man lasse einen offenen

6 Gemeint ist der Papst.

7 Sowohl Venedig als auch Genf wurden von einer exklusiven Gruppe von Patrizierfamilien beherrscht. Von den verschiedenen Verfassungsorganen in Venedig hatte Bentham vermutlich den Großen Rat und den Senat im Sinn, die sich mit dem Rat der Zehn die effektive Macht teilten, während die Amtsgewalt in Genf effektiv von dem Rat der Zweihundert und dem Kleinen Rat ausgeübt wurde.

Zwist zwischen ihnen entbrennen, dann mögen sie vielleicht an das Volk appellieren; man säe Mißgunst zwischen ihnen, dann mögen sie vielleicht um das Volk werben; und wenn es das Volk dann, wie in Frankreich, geschickt anstellt, bricht die Zeit der Freiheit an. Wem aber haben Freiheit und gute Staatsführung diesen Gewinn zu verdanken? Der Gewaltenteilung? Nein: sondern nur dieser Abhängigkeit der auf die Gewalten verteilten Machthaber vom Volke, für welche die Teilung lediglich den indirekten und zufälligen Grund darstellte. Wären die Machthaber von Anfang an vom Volke abhängig gewesen, dann hätten sie von Anfang an die Neigung des Volkes zu Rate gezogen, egal, ob es ihrer weniger oder mehr gegeben hätte und ob sie geteilt oder ungeteilt gewesen wären.

Solange die Machthaber vom Volke unabhängig bleiben, besteht des Volkes einzige Hoffnung in ihrer Zerstrittenheit; und wenn es mit ihren Streitigkeiten ein Ende hat, dann hat es auch ein Ende mit ihrer Abhängigkeit. Sind sie schon vom Volk abhängig? Dann sind ihre Streitigkeiten das größte Unglück, das geschehen kann. Das größte Unglück, das einer auf dem wahren Prinzip gegründeten Regierung widerfahren kann, ist gleichzeitig die einzige Aussicht auf gute Staatsführung, die das zweifelhafte Prinzip zu bieten vermag.

2. Die Gewaltenteilung *kann* ebenso durch die Beförderung der *Klugheit* zu guter Staatsführung beitragen; doch auch dies nur indirekt und zufällig. Daß Diskussionen und Debatten der Klugheit förderlich sind, und zwar in höchstem Maß, darüber kann kein Zweifel bestehen; und insofern als die Gewaltenteilung möglicherweise zu Diskussionen und Debatten beiträgt, mag sie auch der Klugheit förderlich sein. Doch kann eine Gewaltenteilung bestehen, ohne irgendeine Form von Debatte nach sich zu ziehen; und Debatten und Diskussionen kann es selbstverständlich ohne jegliche Gewaltenteilung geben. Wo debattiert wird, da besteht kein Grund zur Gewaltenteilung, um Klugheit hervorzubringen. Wo Gewaltenteilung herrscht, ohne daß debattiert wird, ist für die Klugheit nichts gewonnen. Der französischen Nationalversammlung gelingt es, Debatten zu führen, ohne sich in zwei oder drei Kammern zu teilen. Das Oberhaus und das Unterhaus führen jedes für sich fortgesetzte Debatten, ohne sich in noch mehr Häuser unterteilen zu müssen. Die Aufteilung der britischen Legislative in zwei Häuser ist der Diskussion und damit der Klugheit mitnichten zuträglich, sondern beidem vielmehr ausgesprochen unzuträglich. Da zwischen den beiden Häusern nicht Debatte, sondern Teilung herrscht, machen Argumente zugunsten eines Gesetzes an der Pforte des einen Hauses Halt, ohne in das andere vorzudringen; und dies verhindert manch gutes Gesetz. Seiner natürlichen Wirkung nach ist die Gewaltenteilung also der Unwissenheit dienlicher als der Klugheit.

So verhält es sich zwischen Körperschaft und Körperschaft. Doch selbst zwischen Mensch und Mensch ist die Gewaltenteilung für die Debatte, die sie zwar auslösen mag, nicht notwendig. Machthaber, die gemeinsam im Besitz der Gewalt sind, können auch ohne Debatte übereinstimmen. Und ein König, in dessen Händen die Macht liegt, mag die Angelegenheit mit einem Ratgeber besprechen, der über keinerlei Macht verfügt.

III. Kritik der Menschenrechte

5. Anmerkungen zu den Entwürfen der Menschen- und Bürgerrechtserklärungen, die dem Verfassungskomitee der Französischen Nationalversammlung vorgelegt wurden (1789)

Anmerkungen zum Bericht des Ausschusses, in dem die verschiedenen, von unterschiedlichen Personen vorgestellten Entwürfe behandelt und die Ziele, die nach allgemeiner Einschätzung beim Abfassen eines Entwurfs zu diesem Zweck im Blick zu behalten sind, festgehalten werden:

> Doch wir haben zugleich erkannt, daß diese unterschiedlichen Absichten die Festlegung von Mitteln erforderlich machte, die zu ihrer Verwirklichung ausreichend wären; daß es die verschiedenen zur Aufrechterhaltung der gesellschaftlichen Ordnung eingesetzten Gewalten zu bestimmen & zu definieren, ihre Grenzen zu umreißen & sie zugleich vor jedem feindlichen Übergriff zu schützen galt. Daß die Verfassung des Reiches ein ehrfurchtgebietendes Ganzes darstellen mußte, dessen miteinander verbundene und korrespondierende Teile alle demselben Ziel zu dienen hätten, nämlich dem Glück der Allgemeinheit & und aller Individuen; und daß wir schließlich Ihre Erwartung schlecht erfüllen würden, wenn wir Ihnen Bestimmungen unterbreiteten, die unzusammenhängend, widersprüchlich & bar aller Vorkehrungen wären, um ihre Durchsetzung auf ewig garantieren zu können; & in diesen bedeutsamen Zusammenhängen hat sich uns die Aufgabe, mit der Sie uns betraut haben, dargestellt.
>
> Und zunächst haben wir nach Ihrem Vorbild geurteilt, daß der Verfassung eine Erklärung der Menschen- & Bürgerrechte vorauszugehen hätte; nicht, um diesen ursprünglichen Wahrheiten eine Kraft zu verleihen, die ihnen von der Moral & der Vernunft aus zukommt, die ihnen von der Natur aus zukommt, welche sie in alle Herzen nahe dem Lebensnerv gepflanzt hat, welche sie untrennbar mit dem Wesen & Charakter des Menschen verbunden hat; sondern weil Sie wollten, daß diese immerwährenden Prinzipien unserem Geist und unseren Sinnen in genau diesem Verständnis unaufhörlich gegenwärtig wären. Sie wollten, daß die Nation, die zu repräsentieren wir die Ehre haben, sich in jedem Augenblick auf sie beziehen könnte, jeden Artikel der Verfassung, die sie uns anvertraut hat, mit ihr vergleichen könnte, sich vergewissern könnte, daß wir uns treu an sie gehalten haben, & die Pflicht & Schuldigkeit anerkennen könnte, die daraus für sie erwächst, sich Gesetzen zu unterwerfen, die unbeugsam alle diese Rechte achten. Sie haben gespürt, daß dies für uns eine dauerhafte Garantie gegen die Furcht vor unseren eigenen Irrtümern sein würde, & Sie haben vorausgesehen, daß, sofern eine beliebige Macht im Laufe der Zeiten versuchen sollte, Gesetze zu erlassen, die

nicht dem Geiste ebendieser Prinzipien entsprächen, dieses originelle & immer fortbestehende Muster allen Bürgern augenblicklich das Verbrechen oder den Irrtum vor Augen führen würde.[1]

Dieser Präambel darf man die folgenden Standpunkte entnehmen:

1. Daß der in Frage stehende Entwurf einen Umriß aller Gewalten beinhalten solle, die dem Plan gemäß fortan im Staate zu bestehen hätten, die Grenzen jeder Gewalt genau bestimmen und jede einzelne vollkommen von jeder anderen unterscheiden solle.
2. Daß die Artikel, mittels deren dies zu bewerkstelligen sei, nicht lose und unverbunden zu sein hätten, sondern eng zu einem Ganzen verbunden, wobei diese Verbindung jederzeit sichtbar sein solle.
3. Daß eine Erklärung der Rechte des Menschen in einem der politischen Gesellschaft vorgängigen Zustand ein Teil des in Frage stehenden Entwurfs zu sein und seinen ersten Abschnitt zu bilden habe.
4. Daß dem Geist eines jeden Menschen in Wirklichkeit schon eine klare Idee all dieser Rechte eingeprägt sei.
5. Daß es deshalb in keiner Weise die Aufgabe eines solchen Entwurfs sei, die Menschen irgend etwas Neues zu lehren.
6. Sondern daß es die Aufgabe einer solchen Erklärung sei, die Einwilligung der Versammlung als solcher zu diesen Prinzipien zu erklären, die sowohl von jedem Mitglied individuell als auch von allen anderen Individuen im Staat verstanden und gutgeheißen würden.
7. Daß der Nutzen dieser feierlichen Aneignung und Anerkennung darin bestehe, daß die solchermaßen anerkannten Prinzipien als Maßstab dienen könnten, an dem die Richtigkeit der verschiedenen anschließend zu erlassenden besonderen Gesetze geprüft werden könne.
8. Daß die Übereinstimmung dieser Gesetze mit dem genannten Maßstab auch die Pflichttreue der Gesetzgeber auf den Prüfstand stelle.
9. Daß irgendein Mangel an Übereinstimmung, der sich in irgendeiner Hinsicht zwischen irgendeinem Gesetz und irgendeinem dieser Grundartikel aufzeigen läßt, dementsprechend zwei Dinge eindeutig beweisen werde: 1. die Unrichtigkeit des Gesetzes selbst; 2. den Irrtum oder die verbrecherische Absicht der Verfasser und Erlasser dieses Gesetzes.

Der Bericht spricht im folgenden von zwei Entwürfen, die von zwei Mitgliedern des Ausschusses vorgestellt wurden.[2]

---

1 Das *Comité de Constitution* wurde am 6. Juli 1789 von der Nationalversammlung ernannt und legte ihr am 27. Juli 1789 seinen ersten Bericht vor. Die zitierte Passage stammt aus dem von Jérôme Marie Champion de Cicé, Erzbischof von Bordeaux, vorgetragenen Bericht, vgl. „Rapport fait par M. L'Archevêque de Bordeaux, Au nom du Comité choisi par l'Assemblée Nationale pour rédiger un Projet de Constitution, dans la Séance du Lundi 27 Juillet 1789", in: *Procès-verbal de l'Assemblée Nationale*, Bd. II, Nr. 33 (27. Juli 1789).

2 Es handelt sich um die Entwürfe von Emmanuel Joseph, Abbé Sieyès, dem Verfassungstheoretiker, Politiker und Autor von Pamphleten, und Jean Joseph Mounier; vgl. den „Rapport", S. 6. Sieyès'

Es bekümmert mich, daß eine so ehrenwerte Versammlung Erwartungen weckt, die zu enttäuschen meines Erachtens in der Natur der Sache liegt.

Das so beschriebene Unternehmen setzt voraus, daß ein solches Werk nicht etwa vor die Ausarbeitung eines vollständigen Verfassungstextes zu treten habe, sondern daß es, abgesehen von seiner verpflichtenden Kraft, in allen Details bereits vorhanden sei.

Kein Gesetz dürfe jemals die Zustimmung der Versammlung finden, das jenen Prinzipien in irgendeiner Hinsicht widerspricht. Was wird damit vorausgesetzt? Es wird vorausgesetzt, daß die diversen konkreten Paragraphen, die erlassen werden sollen, aufgesetzt, begutachtet, mit diesen grundlegenden Artikeln verglichen und in keiner Hinsicht als mit ihnen unvereinbar befunden worden sein müssen. Um hinreichend sicherzustellen, daß die verschiedenen konkreten Gesetze diesem anspruchsvollen Vergleich standhalten werden, ist kurz gesagt eines erforderlich: daß der Vergleich bereits angestellt wurde.

Um die verschiedenen Regelungen zu kennen, welche die Erfordernisse der Menschheit verlangen, muß man zu einer Gesamtschau all dieser verschiedenen Erfordernisse kommen. Um aber zu dieser Gesamtschau zu kommen, gibt es nur ein probates Mittel, nämlich die bereits formulierten Regelungen, und die Erfordernisse, die zu ihrer Formulierung geführt haben, in Augenschein zu nehmen.

Um einen Entwurf aufzusetzen, der diese Bedingung in einem irgendwie erträglichen Maße erfüllen wird, ist es offenbar absolut notwendig, zwei Gaben zu besitzen: mit dem bestehenden Recht vertraut zu sein und über den Scharfsinn und das Genie eines Metaphysikers zu verfügen; und diese Gaben müssen in ein und derselben Person vereint sein.

Ich kann mir nur vier Zwecke vorstellen, zu deren Verwirklichung ein Instrument wie das unter dem Namen einer Erklärung-der-Rechte vorgeschlagene gedacht sein mag: den Befugnissen der Krone Grenzen zu setzen, den Befugnissen der obersten gesetzgebenden Gewalt – der Nationalversammlung – Grenzen zu setzen, der Nationalversammlung selbst bei ihrer Aufgabe, durch den Beschluß besonderer Gesetze ihre konkrete Funktion zu erfüllen, als allgemeine Richtlinie oder als Reihe von Anweisungen zu dienen, und dem Volk eine Befriedigung zu verschaffen.

Wenn ich recht sehe, so scheinen sich einzelne oder mehrere Befürworter dieser Maßnahme zusammengenommen zu allen diesen vier Zwecken zu bekennen.

Vom vierten und letzten Zweck werde ich nicht sprechen: Es handelt sich hier um eine von den Launen des Ortes und des Tages abhängige, rein lokale Frage, die niemand aus der Ferne zu beurteilen vermag. Bezüglich der Angemessenheit des Zieles kann es nur eine Ansicht geben; lediglich über die Angemessenheit der Mittel läßt sich streiten.

Im Hinblick auf die anderen drei Gesichtspunkte kann ich die Maßnahme nicht für angemessen halten.

„Préliminaire de la Constitution. Reconnoissance et exposition raisonée Des Droits de l'Homme et du Citoyen. Lu les 20 et 21 Juillet 1789, au Comité de Constitution" sowie Mouniers „Déclaration des droits de l'homme et du citoyen" sind abgedruckt in: *Procès-verbal de l'Assemblée Nationale*, Bd. II, Nr. 33 (27. Juli 1789).

Die Beschreibung der Personen, deren Rechte die Erklärung beinhalten soll, ist bemerkenswert. Wer sind sie? Das französische Volk? Nein: nicht nur dieses allein, sondern alle Bürger und alle Menschen.[a] Unter Bürgern scheinen wir Menschen verstehen zu sollen, die Teil der politischen Gesellschaft sind; unter Menschen wiederum Personen, die noch nicht Teil der politischen Gesellschaft sind, Personen, die sich noch im Naturzustand befinden.

Auf dieses den Bürgern entgegengesetzte Wort *Menschen* hätte ich gerne verzichtet. In diesem Sinne ist eine Erklärung der Menschenrechte eine Erklärung der Rechte, von denen man annimmt, daß menschliche Wesen sie besäßen, wenn sie sich in einem Zustand befänden, in dem sich das französische Volk gewiß nicht befindet und vielleicht auch kein anderes; gewiß keines, in dessen Hände diese Erklärung jemals gelangen könnte.

Doch wie ich feststelle, ist in der Sprache der Versammlung das Wort Menschen immer mindestens mit dem Wort Bürger gepaart;[4] somit sollen die Rechte, welche dieses Instrument seiner Funktion gemäß erklären soll, Rechte sein, die sowohl dem existierenden als auch dem nicht existierenden Geschöpf zukommen.

Dieses Instrument verdient um so mehr unsere Aufmerksamkeit, zumal die Aufmerksamkeit eines Fremden, als die Rechte, die es erklären soll, die Rechte sind, die angeblich den Angehörigen aller Völker dieser Erde zukommen. Als Angehöriger eines Volkes, das im Verhältnis zum französischen Volk als ein fremdes gilt, fühle ich mich um so nachdrücklicher dazu aufgerufen, diese Erklärung zu prüfen, als mir mit diesem Instrument eine Liste von Rechten zur Kenntnis gebracht wird, die ebensosehr mir wie dem Volk zukommen, für dessen spezielleren Gebrauch sie formuliert wurden.

Wenn ich somit aus dem angeführten Grund das Wort *Menschen* als unnötige Zugabe betrachte, so klammere ich es aus der Fragestellung aus und betrachte die Erklärung in demselben Licht, in dem Monsieur Target sie sieht, nämlich als Erklärung der Rechte aller im Stand eines Bürgers oder einer politischen Gesellschaft lebenden Menschen.

Ich fahre dann fort, sie auf die drei oben genannten Gesichtspunkte hin zu untersuchen.

1. Kann sie dem Zweck dienen, den Befugnissen der Krone Grenzen zu setzen? Nein: denn dies ist gerade das Ziel des Verfassungstextes selbst, von dem dieser einleitende Teil von vornherein abgetrennt wird.

---

a Procès-verbal, Nr. 38, 39.[3]

3 Bentham dachte vielleicht an die „Analyse des Idées Principales Sur la reconnoissance des Droits de l'Homme en Société, & sur les bases de la Constitution" von Jacques Guillaume Thouret, die im *Procès-verbal de l'Assemblée Nationale*, Bd. II, Nr. 38 (1. August 1789), S. 1, erschienen ist: „Die Regierung muß folglich so beschaffen sein, daß sie die Rechte des Menschen und des Bürgers niemals verletzen kann, weil sie überhaupt nur zu deren Schutz eingesetzt wird."

4 Am Rande hat Bentham diesbezüglich vermerkt: „In dem von Mr. Target präsentierten Entwurf geschieht dies, wie ich feststelle, nicht; sein Ausdruck ist der Mensch in Gesellschaft". Target hatte einen Entwurf der Erklärung der Rechte verfaßt, dem er den Titel „Projet de Déclaration des Droits de l'Homme en Société" gegeben hatte, der ebenfalls dem „Bericht" des *Comité de Constitution* an die Nationalversammlung vom 27. Juli 1789 beigefügt war.

2. Kann sie dem Zweck dienen, den Befugnissen der verschiedenen bestehenden oder zu schaffenden gesetzgebenden Körperschaften Grenzen zu setzen? Darauf antworte ich: Nein.

1. Nicht denen der untergeordneten Körperschaften: denn die natürliche und notwendige Grenze ihrer Befugnisse ist die oberste Gesetzgebung, die Nationalversammlung.

2. Nicht denen der Nationalversammlung selbst. Warum?

Eine solche Begrenzung ist unnötig. Man hat überaus klug und ehrlich vorgeschlagen, den Volkskörper einzuberufen und ihm soviel Macht und Einfluß zu verleihen, wie es seiner Natur gemäß möglich ist: indem er seine Meinung kundtut, wann immer es ihm angebracht erscheint, entweder auf direktem Wege oder durch Vermittlung der untergeordneten Versammlungen. Wenn in der Nationalversammlung ein Gesetz erlassen oder vorgeschlagen wird, das dem Volkskörper gerade nicht gefällt? So wird es von ihm mißbilligt werden, ganz gleich, ob man der Ansicht ist, es gebe Anzeichen für eine Unvereinbarkeit mit dieser Erklärung der Rechte oder nicht. Mißfällt ihm ein Gesetz? So wird er sich kaum davon abbringen lassen, seine Mißbilligung zum Ausdruck zu bringen, nur weil man dem Gesetz keine Unvereinbarkeit mit diesem Instrument vorwerfen kann; und auch wenn es mit diesem Instrument unvereinbar sein sollte, wird er sich kaum bemüßigt fühlen, auf dieses Instrument als den Grund seines Widerwillens zu verweisen. Er wird in irgendeiner speziellen wirklichen oder eingebildeten Unannehmlichkeit einen viel naheliegenderen Grund finden.

Kurz gesagt: Wenn man vorgesehen hat, daß der oberste Gesetzgeber niemals irgendeinen Standpunkt gegen die allgemeine und standhafte Meinung des Volkes durchsetzen kann, was will man mehr? Was hilft es, wenn dieser versucht, sich durch eine Reihe selbst ausgedachter Redewendungen selbst zu binden? Die Zufriedenheit des Volkes – das ist die einzige Kontrolle, zu der keine andere irgend etwas beisteuern kann und die keine andere zu ersetzen vermag.

Hinsichtlich der so erklärten Rechte werden die Ausnahmen und Abänderungen, die durch die Gesetze selbst an ihnen vorgenommen werden können, entweder Erwähnung finden oder keine Erwähnung finden. In letzterem Fall wird das Befolgen der Erklärung undurchführbar sein; auch kann das Gesetz in seiner Konkretion keinen Schritt tun, ohne über sie zu stolpern. In ersterem Fall scheitert sie dadurch an ihrem einzigen Ziel, nämlich der gesetzgebenden Gewalt Grenzen zu setzen. Man stelle sich eine Erklärung folgenden Inhalts vor: Niemandes Freiheit solle in irgendeiner Hinsicht beschnitten werden. – Dies wäre offenkundig eine nutzlose Extravaganz, der jedes Gesetz, das man erließe, widersprechen müßte. Man stelle sich vor, sie sagte: Niemandes Freiheit solle beschnitten werden, außer in denjenigen Hinsichten, die das Gesetz vorsieht. Damit wird, wie wir sehen, nichts gesagt: Man beläßt das Gesetz genau so frei und uneingeschränkt, wie man es vorfand.

Einzig zwischen diesen beiden Klippen kann ein Instrument mit dem genannten Zweck wählen. Wird ein solches Instrument geschaffen? Dann werden wir sehen, wie es auf jedem Kurs mit der einen oder der anderen kollidiert. Vor der ersten werden die Verfasser entsprechend ihrer diesbezüglichen Umsicht und Kenntnis am meisten auf der Hut sein; sollten sie an der anderen zerschellen, wird es aus Unachtsamkeit und aus Versehen geschehen. So nämlich verhält es sich mit den verschiedenen Entwürfen, die mir bisher zur Kenntnis kamen: mit dem von Monsieur Target, dem des Abbé Sieyès und dem von Monsieur Servant.[5]

Schließlich kann sie auf keinerlei wirksame Art und Weise die einzig verbliebene Absicht verwirklichen, nämlich die gesetzgebende Gewalt selbst beim Formulieren der im folgenden zu erlassenden konkreten Gesetze gleichermaßen zu zügeln und anzuleiten.

Der Fehler beruht auf der gängigen Logik und der mangelnden Beachtung des Unterschieds zwischen dem, was in der Ordnung des Beweisens, und dem, was in der Ordnung des Erfindens an erster Stelle steht. Grundsätze, so wird gesagt, sollten den Folgerungen vorausgehen; und sobald erstere begründet sind, werden letztere selbstverständlich folgen. Was ist hier mit *Grundsätzen* gemeint? Allgemeine Aussagen, und zwar solche von größter Reichweite. Was mit *Folgerungen*? Besondere Aussagen, die unter diese allgemeinen fallen.

Daß diese Ordnung für die Beweisführung günstig ist, sofern man unter Beweisführung persönliche Unterredung und Auseinandersetzung versteht, ist wohl wahr. Warum? Sobald man jemanden dazu gebracht hat, die allgemeine Aussage zu akzeptieren, kann er eine darin enthaltene besondere Aussage nicht mehr zurückweisen, ohne sich dem Vorwurf der Widersprüchlichkeit auszusetzen.

Daß diese Ordnung aber nicht die Ordnung des Entwerfens, des Forschens, des Erfindens ist, läßt sich ebenso wenig bestreiten. In dieser Ordnung gehen besondere Aussagen immer den allgemeinen voraus. Sowohl zeitlich als auch ursächlich folgt die Zustimmung zu letzteren immer der Zustimmung zu ersteren.

Obwohl wir die Folgerungen aus dem Grundsatz beweisen, sind es einzig die Folgerungen, die uns den Grundsatz erkennen lassen.

Man wende dies auf Gesetze an. Dem von mir bekämpften Plan zufolge besteht die erste Aufgabe darin, die Grundsätze, die Gesetze grundlegender Natur, zu finden und zu erklären; nach getaner Arbeit sollen wir mittels ihrer in der Lage sein, die richtigen konkreten Gesetze zu finden. – Das bestreite ich: Nur in dem Maße, wie wir die konkreten Gesetze formuliert und miteinander verglichen haben, werden unsere grundlegenden Gesetze präzise sein und ihren Zweck erfüllen können. Ist eine allgemeine Aussage wahr? Dann ist sie es, weil alle darin enthaltenen besonderen Aussagen wahr sind. Wie können wir uns folglich der Wahrheit der allgemeinen vergewissern? Indem wir all die darin enthaltenen besonderen berücksichtigen. Welches ist dann die Ordnung des Forschens, aus der die wahren allgemeinen Aussagen hervorgehen? Wir nehmen eine Reihe weniger weitreichender, besonderer Aussagen, machen einen Aspekt ausfindig, in dem sie übereinstimmen, und bilden ausgehend von diesem Aspekt eine weitreichendere, eine allgemeine Aussage, in der sie alle enthalten sind. Auf diese Weise haben wir im Fortgang sicheren Boden unter den Füßen und verstehen, was wir tun. Andernfalls spielen wir Blindekuh; und die Gefahr lauert auf jedem Schritt.

Kein Gesetz ist gut, das nicht der allgemeinen Menge an Glückseligkeit mehr hinzufügt, als es ihr nimmt. Kein Gesetz sollte gemacht werden, das nicht der allgemeinen

5 Zu den Entwürfen von Target und Sieyès vgl. oben, Anm. 2 und 4. „Projet de déclaration des droits de l'homme et du citoyen" von Joseph Michel Antoine Servan, Anwalt und Autor, erschienen in: *Moniteur*, Nr. 29 (29./30. Juli 1789), S. 124.

Menge an Glückseligkeit mehr hinzufügt, als es ihr nimmt. – Kein Gesetz läßt sich machen, das nicht der Freiheit etwas nimmt; ausgenommen diejenigen, die ganz oder teilweise jene zurücknehmen, die der Freiheit etwas nehmen. Aussagen des erstgenannten Inhalts sind, soweit ich sehe, ohne jede Ausnahme wahr. Aussagen des letztgenannten Inhalts sind, soweit ich sehe, erst dann wahr, wenn die besonderen, von den Ausnahmen betroffenen Aussagen daraus entfernt worden sind. Von der Wahrheit dieser Aussagen habe ich mich in vollem Umfang überzeugt. – Wie? Durch die Gewohnheit, die ich seit einigen Jahren angenommen habe, ein beliebiges Gesetz herauszugreifen und darauf zu achten, daß die mit diesem Gesetz zusammenhängende besondere Aussage ausnahmslos mit der Tatsache übereinstimmt, von der die allgemeine Aussage kündet.

Gleiches gilt für das andere Beispiel. Zunächst einmal habe ich in groben Zügen entdeckt, daß zwei Klassen ausreichen würden, um alle Gesetze unter sich zu fassen: Gesetze, die im Rahmen ihrer Funktion der Freiheit etwas nehmen, und Gesetze, die in gleicher Weise die Funktion ersterer ganz oder zum Teil zerstören. Das Bild war zunächst etwas unklar: was an der Schwierigkeit lag, zu ermitteln, was im einzelnen Fall ein Gesetz bildet, und dessen Funktionsweise zu umreißen. Durch wiederholte Versuche war ich schließlich in der Lage, von jedem beliebigen Gesetz, das sich darbot, zeigen zu können, daß es zur einen oder anderen dieser Klassen gehörte.

Was folgt daraus? Daß die richtige Ordnung folgendermaßen aussieht: Zunächst müssen die konkreten Gesetze durchdacht werden; und nicht eher, als bis sie festgelegt und für nützlich befunden worden sind, mögen aus ihnen solche Aussagen in klaren Worten ausgewählt oder per Abstraktion abgeleitet werden, die ohne Selbstwiderspruch geeignet sind, als grundlegende Gesetze zu fungieren.

Woher rührt diese voreilige Begierde, grundlegende Gesetze einzuführen? Von dem alten Dünkel, weiser als alle Nachwelt, weiser als all diejenigen zu sein, die mehr Erfahrung gehabt haben werden; von dem alten Gelüst, die Nachwelt zu beherrschen, dem alten Rezept, das die Toten in den Stand versetzen soll, die Lebenden zu knechten. Im Falle eines besonderen Gesetzes steht die Absurdität einer solchen Vorstellung weitgehend außer Frage; und doch ist die Absurdität in jenem Falle viel geringer als im vorliegenden. Das Wesen eines besonderen Gesetzes mag gänzlich verstanden, die Folgen vorhergesehen worden sein; auf ein allgemeines Gesetz wird dies um so weniger zutreffen, je mehr es die Qualität eines allgemeinen Gesetzes hat. Man wird nicht versucht sein, kommende Gesetzgeber durch ein Gesetz zu binden, das man in vollem Umfang versteht und dessen Reichweite man klar überschaut; das Gesetz, auf das man zu diesem Zwecke vorzugsweise verfällt, ist eines, dessen Auswirkung sich überhaupt nicht absehen läßt.

Sollten mithin derart allgemeine Aussagen niemals formuliert werden, bevor nicht ein vollständiger Verfassungstext verabschiedet wurde? Ganz im Gegenteil: Genau wie in der Physik läßt sich auch in der Moral ohne sie überhaupt nichts ausrichten. Je mehr von ihnen formuliert und überprüft werden, desto besser; nur sollten sie, einmal formuliert, gut geprüft werden, bevor man sie in Gestalt von Gesetzen in die Welt entläßt. In dieser Gestalt sollten sie nicht eher unterbreitet werden, als bis man sie all den besonderen Gesetzen gegenübergestellt hat, für die sie gelten sollen. Wenn hingegen die Absicht ist, dem Gesetzgeber Fesseln anzulegen, dann dürften all diese allgemeinen Aussagen ausnahmslos für geeignet befunden werden, im Verfassungstext Aufnahme zu finden.

Denn das Verbot, das man ihm aufzuerlegen gedenkt, ist schrankenlos: Niemals soll er irgendein Gesetz erlassen, das dem für ihn vorgesehenen Muster widerspricht, das diese oder jene Rechte beeinträchtigt.[b]

Solche unüberlegten und voreiligen Festlegungen zeugen von zweierlei: von der Schwäche des Verstandes und der Heftigkeit der Leidenschaften. Die Schwäche des Verstandes zeigt sich darin, daß man die oben genannten unüberwindlichen Widersprüche nicht sieht; die Heftigkeit der Leidenschaften darin, daß man zu solchen Waffen Zuflucht nimmt, die den Widerstand um jeden Preis brechen und dem Willen eines jeden, der die in dem Artikel vorausgesetzte Aussage akzeptiert, ein größeres Gewicht gibt, als es ihm gerechterweise und von der Sache her gebührt. Vergeblich wäre es, würde der Mensch versuchen, seine Schwäche und Bedeutungslosigkeit durch eine entschiedene und anmaßende Sprache zu bemänteln: Eine beliebige Behauptung kann niemals mehr sein als der Ausdruck einer Meinung, der Ausdruck eines einzigen Willens. Sollte und sollte nicht, kann und kann nicht, soll und soll nicht – sie alle zusammengenommen können nicht mehr ergeben als gerade das. Kein Gesetz sollte gemacht werden, das die Menge der allgemeinen Glückseligkeit insgesamt vermindert. Ob ich dies nun als Gesetzgeber oder als Privatbürger sage, worauf läuft mein *Sagen* hinaus? Welche einfache Tatsache bringt es zum Ausdruck? Nur diese und keine andere: daß eben die Idee eines solchen Gesetzes in meinem Herzen ein Gefühl der Unzufriedenheit auslöst. Also noch einmal: Kein Gesetz, das die oben genannten Auswirkungen hat, soll gemacht werden. Was bedeutet das? Daß mein Gefühl der Unzufriedenheit stark genug ist, in mir einen entschiedenen Willen, einen entschiedenen Wunsch hervorgebracht zu haben, daß kein solches Gesetz jemals erlassen werden sollte; und daß meine Entschiedenheit von solcher Festigkeit ist, daß sie mich zu dem Entschluß gebracht hat, mich seinem Erlaß, sollte dieser jemals in Angriff genommen werden, so weit es in meiner Macht steht, zu widersetzen; ein Entschluß, der um so wahrscheinlicher Wirkung zu haben verspricht, je größer der Einfluß ist, den mein Geist als der eines Gesetzgebers oder in irgendeiner anderen Form zufälligerweise auf die Gedanken anderer Menschen hat.

Kein Gesetz mit den oben genannten Auswirkungen *kann* gemacht werden. – Was bedeutet das? Denselben Wunsch wie zuvor, nur in einer unsinnigen und heimtückischen Verkleidung. Mein Wunsch ist hier so stark, daß ich, um ihn von Erfolg gekrönt zu sehen, meinen Einfluß auf die beteiligten Personen nutze, um sie davon zu überzeugen, ein Gesetz, von dem ich doch zugleich annehme, es würde gemacht, so zu betrachten, als würde es nicht gemacht; und ihm folglich nicht mehr Gehorsam entgegenzubringen

---

b Die Lehre von unwiderruflichen grundlegenden Gesetzen, die Erfindung qualifizierter Mehrheiten und die einer bestimmten Unterteilung der Versammlungen, die der Minderheit die Macht der Mehrheit überträgt – sie alle entspringen derselben Schwäche und demselben irregeleiteten Gefühl. Man bezeichne ein Gesetz als grundlegendes Gesetz, und kein Gesetz, das dieses in irgendeiner Hinsicht aufhebt, kann unter irgendwelchen Bedingungen zugelassen werden. Man verlange eine Mehrheit von mehr als einer Stimme für die Aufhebung eines Gesetzes, und es wird nur aufgehoben werden, wenn es eine solche Mehrheit gegen sich hat, sonst nie; man verlange, daß seine Aufhebung zwei Kammern passiere, und es wird niemals von einer Mehrheit der vereinigten Körperschaft aufgehoben werden, es sei denn eine Mehrheit fände sich in jeder dieser Kammern.

als dem willkürlichen Befehl eines einzigen unbefugten Individuums. Um diesen Plan auszuhecken, treffe ich die groteske Wahl eines Begriffs, der seinem ursprünglichen und eigentlichen Sinn nach eine physische Unmöglichkeit zum Ausdruck bringt, um gerade das Ereignis, vor dem ich mich fürchte, als unmöglich darzustellen: Vom Gegenteil überzeugt erhebe ich meine Stimme vor dem Volk, erzähle ihm, die Sache sei unmöglich, und man möchte doch die Güte haben, mir zu glauben und entsprechend zu handeln.

Ein Gesetz mit den fraglichen Auswirkungen ist ein Verstoß gegen die natürlichen und unverletzlichen Menschenrechte. Was bedeutet das? Daß mein Entschluß, all meinen Einfluß gegen ein solches Gesetz zu verwenden, auf so kompromißlose Art und Weise feststeht, daß ich, sollte doch jemals ein Gesetz erlassen werden, das meines Erachtens dieser Beschreibung entspricht, ebenso fest entschlossen bin, mich den Personen gegenüber, die an seiner Inkraftsetzung beteiligt sind, so zu verhalten wie es jeder gegenüber Personen tun würde, die sich eine offenkundige und gewaltsame Verletzung seiner Rechte zuschulden kommen ließen. Wenn nötig, würde ich mich ihnen körperlich entgegenstellen; wenn nötig, würde ich kurz gesagt bemüht sein, sie zu töten, gerade so, wie ich bemüht wäre, jeden zu töten, der bemüht wäre, mich zu töten.

Diese verschiedenen Erfindungen, die einer Steigerung des Ungestüms den Anschein gesteigerter Vernunft geben sollen, darf man als papiernes *Geschrei* bezeichnen: Sie lassen sich auf dieselbe Gereiztheit zurückführen, dieselbe Art von Verzweiflung, die ein Schreien der Stimme verursacht.

Daß sie so wirksame Rezepte sein sollten, ist sehr zu bedauern; daß sie das immer nur zu sehr sein werden, ist sehr zu befürchten; daß sie dies aber in dem Maße, wie sich die Klugheit ausbreitet und die Vernunft reift, immer weniger sein werden, bleibt demütig zu wünschen und nicht ohne Grund zu hoffen.

Da die Leidenschaften ansteckend sind und da sich das Gros der Menschen eher von den Meinungen oder vorgeblichen Meinungen anderer leiten läßt als von ihren eigenen, wird eine große Portion Vertrauen mit einer kleinen Portion Argument wohl weiter führen als alle Argumente der Welt ohne Vertrauen: Und aus diesem Grund sind solche Ausdruckweisen, die ihren bedauernswerten Einfluß dem Selbstvertrauen verdanken, mit dem sie daherkommen, auf so allgemeine Zustimmung getroffen. Daß diese Ausdrucksweisen in Ungnade fallen mögen, ist, sofern die oben angeführten Gründe irgendeine Kraft besitzen, ein Ziel, aufs innigste zu wünschen; und zu diesem guten Zweck kann es keine so wirksame oder vielmehr: keine andere Methode geben, als sie auf die hier versuchte Weise zu entlarven.

Die Ausdrücke *kann* und *kann nicht* werden hier insofern mit größerer und verderblicherer Wirkung gebraucht, als es viel weniger unzulässig oder gewaltsam ist, mit ihnen über die physische und die moralische Unmöglichkeit hinaus auf eine rechtliche Unmöglichkeit zu verweisen. In der Sprache des Gesetzes, in der Rolle des Gesetzes sprechend werden sie auf diese Weise ohne Mehrdeutigkeit oder Unannehmlichkeit gebraucht. Ein Verwaltungsbeamter kann dieses oder jenes nicht tun – d. h. er hat keine Macht, dieses oder jenes zu tun. Wenn er einen derartigen Befehl ergehen läßt, ist man nicht in höherem Maße verpflichtet, diesen zu befolgen, als wenn er von einer beliebigen Privatperson ergangen wäre. Wird ebendieser Ausdruck aber auf die Gewalt angewendet, die anerkanntermaßen die oberste ist und von keiner bestimmten Institution begrenzt wird, dann entladen sich Wolken der Mehrdeutigkeit und Verwirrung in einem Unwetter, das man kaum heil überstehen kann. Zwischen diesen drei Arten von Unmöglichkeit, der physischen, der rechtlichen und der moralischen, hin- und hergeschleudert, weiß der Geist nicht mehr, woran er sich halten soll. Er verliert jedes Fundament und wird zur leichten Beute für die Gewalt, die zu diesen Waffen Zuflucht nahm.

Das Hilfsmittel ist um so mächtiger, als es einen Mann, auch wenn es ihn nicht zu gewinnen und auf die eigene Seite zu ziehen vermag, wenigstens überraschen wird und somit verhindert, daß er seinen Weg auf die andere Seite findet. Auch wenn es ihm nicht gelingen sollte, den Mann zum Freund zu gewinnen, wird es ihn neutral zurücklassen. Es ist zur Hervorbringung dieser Wirkung um so besser geeignet, als nichts mehr dazu angetan ist, einen Mann vom Weg der Vernunft und vom Wert der Nützlichkeit, diesem einzig gerechten Prüfstein für moralische Fragen aller Art, abzubringen. Wo eine derart unvernünftige Aussage nicht imstande ist, eine unvernünftige Einwilligung zu erzielen, dort provoziert sie eine ebenso unvernünftige Abwehr, die weder den Gegenstand erhellt noch irgendeinen Hinweis darauf gibt, durch welchen Spalt das Licht denn einmal eintreten mag. Ich sage, das Gesetz kann dieses und jenes nicht tun. Du sagst, es kann. Wenn wir beide soviel gesagt haben, hat es keinen Zweck, mehr zu sagen. Wir sind in einen vollkommenen Stillstand geraten. Das Argument kann in dieser Form auf beiden Seiten nicht weiter tragen: Entweder gibt niemand auf oder allein die Leidenschaft triumphiert, der Stärkere fegt den Schwächeren vom Platz.

Man ändere die Sprache und setze sollte nicht an die Stelle von kann nicht, dann liegt der Fall ganz anders. Die mit dieser Wendung zum Ausdruck gebrachte gemäßigte Meinungs- und Willensbekundung führt zwangsläufig zur Suche nach einem Grund; und sollte es am Ende einen Grund geben, der diese Bezeichnung verdient, so besteht er immer in einer auf die Frage der Nützlichkeit bezogenen Tatsachenbehauptung. Ein solches Gesetz *sollte nicht* erlassen werden, weil es nicht mit der allgemeinen Wohlfahrt im Einklang steht: Es hat nicht die Tendenz, den allgemeinen Vorrat an Glückseligkeit zu mehren. Ich sage, es sollte nicht erlassen werden: Ich befürworte also seinen Erlaß nicht. Das Gefühl, das die Vorstellung seines Erlasses in mir hervorruft, ist nicht das der Befriedigung, sondern sein Gegenteil. Woran liegt das? Daran, daß in meiner Vorstellung die Erzeugung einer im Vergleich zu jedem denkbaren Vorteil größeren Unannehmlichkeit die Form eines wahrscheinlichen Ereignisses annimmt. Nun wird die Frage in einer Art und Weise gestellt, in der jede politische oder moralische Frage gestellt werden sollte, vor dem Hintergrund von Tatsachen; und die Menschheit wird auf den einzig wahren Forschungsweg geführt, der Belehrung oder die Hoffnung auf vernünftiges Einverständnis in Aussicht stellt, auf den Weg von Experiment und Beobachtung. Sicherlich läßt sich Einverständnis nicht einmal auf diese Weise gewährleisten: denn Gewißheit ist des Menschen Sache nicht. Der Weg aber, der am ehesten zu einem Einverständnis zu führen verspricht, ist damit aufgezeigt, ein Hinweis darauf, wie die Reisenden im Zweifels- oder Unglücksfalle zurückzubringen wären, ist gegeben; und auf jeden Fall sind sie nicht schon nach dem ersten Schritt zur Bewegungslosigkeit verdammt.

Nichts läge meiner Absicht ferner, nichts wäre ungerechter, als wenn man irgend etwas des hier Gesagten dazu benutzen würde, bestimmten Personen bestimmte Vorwürfe zu machen. Ein Tadel, der jeden trifft, verletzt niemanden. Und ein allgemeiner Fehler, wo er nicht nach dem Grundsatz des englischen Rechts allgemeines Recht wird,[6] führt immerhin zu allgemeiner Schuldfreiheit.

Ich stütze meine Erörterung auf drei verschiedene in diesem Geiste vorgetragene Abfassungen, von denen zwei die Werke überaus berühmter und hochverdienter Männer sind. Die Durchsicht der genannten Abfassungen hat mir diese Gedanken zwar nicht ursprünglich eingegeben, sie wohl aber bestätigt. Die darin enthaltenen Aussagen unterteile ich in vier Klassen: 1. Solche, die in ihrer offensichtlichen Bedeutung irgendeine Tatsache behaupten, die unwahr ist. 2. Solche, die ein allgemeines Gesetz verkünden, dem bei der Abfassung besonderer Gesetze unmöglich Rechnung getragen werden kann. 3. Solche, die weder imstande sind, den Gesetzgeber zu binden, weil sie die fraglichen Rechte von dem Gutdünken abhängig machen, das künftige besondere Gesetze zum Ausdruck bringen, noch irgendeinen anderen Zweck zu erfüllen. 4. Solche, die eher unvollkommene Fragmente besonderer Gesetze sind als Aussagen, die imstande wären, in der Gestalt grundlegender Artikel aufzutreten, die sich von besonderen Gesetzen unterscheiden und von vorrangigerer Bedeutung sind.

Ich gehe noch einen Schritt weiter und behaupte, daß nicht nur keine dieser Abfassungen in der Lage ist, die guten Wirkungen zu erzielen, die von einer Abfassung der geforderten Art erwartet werden, sondern daß sich dasselbe von jeder anderen sagen läßt, die mit dieser Absicht geschrieben wird. Ich könnte mich deshalb ohne Schwierigkeit verpflichten, die Untauglichkeit einer wie auch immer gearteten Abfassung zu beweisen, die von befugter Stelle in diesem Sinne verabschiedet worden sein wird. Genauso wie ich mir vorstellen kann, daß sich die Untauglichkeit der amerikanischen Erklärung der Rechte aufzeigen läßt.[7] Diesen Beweis könnte ich wie gesagt ohne Schwierigkeit wagen; und würde dies auch tun, wenn er mir nicht unnötig erschiene. Denn diese Aufgabe darf, soweit meine Sicht der Dinge gerechtfertigt ist, als hier bereits erledigt betrachtet werden. Denn die Prinzipien, so wie sie sind, wurden genannt; und denjenigen, der gegebenenfalls mit ihrer Anwendung befaßt wäre, dürfte es kaum in Verlegenheit bringen, dies selbst zu tun, sofern diese Prinzipien seine Zustimmung finden.

Anmerkungen zu der von Abbé Sieyès vorgeschlagenen Erklärung der Rechte

Art. 2[8] hätte an erster Stelle stehen sollen. Art. 2 behauptet in der Form einer allgemeinen Aussage eine Tatsache, die weit entfernt davon ist, eine allgemeine Wahrheit zu sein, ja in keinem Falle wahr ist und vielleicht sogar niemals wahr war.

---

6 *Communis error facit jus*: vgl. Sir Edward Coke, *The Fourth Part of the Institutes of the Laws of England: concerning the Jurisdiction of Courts*, London 1644, S. 240.

7 Bentham dachte vermutlich an die Amerikanische Unabhängigkeitserklärung vom 4. Juli 1776.

8 „L'objet d'une société politique ne peut être que le plus grand bien de tous." (Der Zweck einer politischen Gemeinschaft kann nur im größtmöglichen Wohl aller bestehen.)

Art 3[9] scheint gegen die Sklaverei der Neger gerichtet zu sein; doch sehe ich nicht, welchen Zweck er in dieser Hinsicht erfüllen könnte. Soll er verlautbaren, was der Stand des Gesetzes bis dato *gewesen ist* oder was der Stand des Gesetzes in Zukunft *sein soll*? Im ersteren Fall ist seine Wahrheit fraglich, und sei er nun wahr oder falsch, ist er nicht von Nutzen. Soll er in letzterem Sinne erklären, daß niemand das Recht haben sollte, die persönlichen Dienste eines anderen einzufordern oder ohne dessen Einwilligung physische Eindrücke in seinem passiven Vermögen zu hinterlassen? Er verwirft eheliche Rechte, die Gewalt eines Elternteils über das Kleinkind, die Gewalt des Meisters über den Lehrling, die Gewalt des Wärters über das Kleinkind oder den Wahnsinnigen, Rechte, die vielleicht mit den persönlichen beruflichen Dienstleistungen des medizinischen Assistenten, des Friseurs, der Krankenschwester, des Fuhrmanns usw. erworben wurden, sowie überhaupt jegliche Strafgewalt. – Erklärt er, daß es keine solchen Gewalten ohne Begrenzungen geben soll? Er beugt nicht einmal dort der Negersklaverei vor, wo die Umstände, unter denen diese etabliert wurde, am unhaltbarsten sind. Denn nirgends hat die Gewalt des Herrn über den Sklaven ohne gewisse Einschränkungen bestanden.

Will dieser Artikel die Negersklaven auf Santo Domingo mit einem Schlage in die vollkommene Freiheit entlassen? Denn diese Rechteerklärung muß auf Santo Domingo ausgeweitet werden, da die Abordnung von Santo Domingo zugelassen worden ist.[10] Dies wäre mit jeder denkbaren Gerechtigkeitserwägung im Hinblick auf die Interessen der augenblicklichen Herren nicht minder unvereinbar als mit jeder Klugkeitserwägung im Hinblick auf das Interesse der Sklaven selbst.

Art. 4.[11]

Dieser Artikel wirkt sich in seiner gegenwärtigen uneingeschränkten Form desaströs auf viele Pflichten und Rechte aus, die er wahrscheinlich gar nicht abschaffen sollte. Von der Bedingung abgesehen ist er eine partielle Wiederholung des unmittelbar voranstehenden Artikels; und folglich den Einwänden ausgesetzt, die gegen diesen Artikel vorgebracht wurden.

Wenn er durch die Bedingung eingeschränkt wird, verwirft er all jene – positiven wie negativen – Pflichten, von denen gelten oder angenommen werden darf, daß ein Menschenwesen ihnen im Interesse seines eigenen Wohlergehens zweckmäßigerweise unterworfen sein sollte. Soll er etwa alle Gesetze gegen Ausschweifungen abschaffen, die für andere nicht in höherem Maße von Nachteil sind als für den Betreffenden selbst, der sich ihr hingibt, wie etwa Trunkenheit, Verlust der Jungfräulichkeit vor der Ehe,

9 „Tout homme est seul propriétaire de sa personne; et cette propriété est inaliénable.“ (Jeder Mensch ist der alleinige Eigentümer seiner selbst; und dieses Eigentum ist unveräußerlich.)

10 Am 4. Juli 1789 wurde beschlossen, daß Santo Domingo das Recht bekommen sollte, sechs Delegierte in die Nationalversammlung zu entsenden, und daß zusätzliche Delegierte aus den Kolonien zum Parlament zugelassen werden sollten, wenn auch ohne Rede- und Stimmrecht; vgl. *Procès-verbal de l'Assemblée Nationale*, Bd. I, Nr. 15 (4. Juli 1789).

11 „Tout homme est libre dans l'exercise de ses facultés personelles, à la seule condition de ne pas nuire aux droits d'autrui.“ (Jeder Mensch ist frei in der Ausübung seiner persönlichen Fähigkeiten, solange er nur die Rechte anderer nicht beeinträchtigt.)

Selbstmord, Abtreibung zu einem frühen Zeitpunkt der Schwangerschaft, Müßiggang im Verbund mit Bedürftigkeit und so weiter. Es mag vielleicht wahr sein, daß wenige der Gesetze, die augenblicklich unter diesen Überschriften existieren, es verdienen, bewahrt zu werden, oder vielleicht keines; doch scheint es zuviel des Guten zu sein, dies im Hinblick auf jedes zwingende Gesetz dieses Inhalts zu verkünden, das gilt oder ausgedacht werden könnte, mindestens nicht, bevor jedes für sich überprüft wurde.

Wenigstens hätte er eine Vorbehaltsklausel für Kinder und wahnsinnige Personen enthalten sollen, auf die um ihrer selbst willen Zwang ausgeübt werden muß und nicht nur aus dem Grund, die Rechte anderer nicht zu verletzen.

Heißt *andere* hier andere ausschließlich andere als Individuen oder auch als Kollektiv? Es sollte diese letztere Bedeutung einschließen. Ein Staatsdiener, ein Soldat beispielsweise, verletzt nicht die persönlichen Rechte irgendeines bestimmbaren Individuums, wenn er desertiert oder seine Waffen wegwirft. Sollte einem Soldaten in der Ausübung seiner persönlichen Fähigkeiten fortwährend freie Hand gelassen werden, solange er nur nicht die Rechte verletzt, die Paul und Peter als Individuen zukommen? Dies heißt nichts anderes, als zu sagen, daß es keine Soldaten geben soll, nicht einmal eine zeitweilige Miliz, nicht einmal einen Wachposten.

Art 5.[12]

Dieser Artikel ist sehr lang und kompliziert, beinhaltet eine große Vielfalt an Sätzen, von denen die meisten äußerst unbedacht sind und einige nicht aus dem vorgehenden Artikel folgen, d. h. nicht in dem Artikel enthalten sind, als dessen Folge der vorliegende ausgegeben wird.

1. Satz. *Niemand ist für seine Gedanken oder Gefühle verantwortlich.* Frage: Wie ist dieser Satz mit der Pflicht der entlassenen Ratgeber des Königs vereinbar, diesem Rat

12 „Ainsi, personne n'est responsable de sa pensée, ni de ses sentimens; tout homme a le droit de parler ou de se taire; nulle manière de publier ses pensées et ses sentimens, ne doit être interdite à personne; et en particulier, chacun est libre d'écrire, d'imprimer ou de faire imprimer ce que bon lui semble, toujours à la seule condition de ne pas donner atteinte aux droits d'autrui. Enfin, tout Écrivain peut débiter ou faire débiter ses productions, et il peut les faire circuler librement tant par la Poste, que par toute autre voie, sans avoir jamais à craindre aucun abus de confiance. Les lettres en particulier doivent être sacrées pour tous les intermédiaires qui se trouvent entre celui qui écrit, et celui à qui il écrit."

(So ist niemand für seine Gedanken oder Gefühle verantwortlich; jeder hat das Recht, zu sprechen oder zu schweigen; niemandem darf es verboten werden, seine Gedanken und seine Gefühle in beliebiger Weise publik zu machen; und insbesondere ist jeder frei, zu schreiben, zu drucken oder drucken zu lassen, was er für gut befindet, immer solange er nur den Rechten des anderen nicht schadet. Schließlich kann jeder Schriftsteller seine Hervorbringungen verkaufen oder verkaufen lassen, und er kann sie per Post oder auf jedem beliebigen anderen Weg frei zirkulieren lassen, ohne jemals einen Vertrauensmißbrauch fürchten zu müssen. Besonders Briefe müssen für alle Zwischenträger zwischen dem, der sie schreibt, und dem, an den sie geschrieben werden, unverletzlich sein.)

zu erteilen, wenn sie gerufen werden, und mit dem Beschluß der Versammlung, sie für einen solchen Rat verantwortlich zu machen?[13]

2. Satz. *Jeder hat das Recht, zu reden oder zu schweigen.* – Dies setzt sich der vorhergehenden Frage aus.[14]

---

13 Es ließ sich kein formeller Beschluß der konstituierenden Versammlung dieses Inhalts ausfindig machen, obgleich de Cicé, *Garde des Sceaux*, in einer Rede vom 7. August sagte, daß die Minister für ihren Rat und ihre Verwaltung verantwortlich seien: Vgl. *Procès-verbal de l'Assemblée Nationale*, Bd. I, Nr. 43 (7. August 1789), S. 10f.

14 Der Text scheint an dieser Stelle abzubrechen.

6. Unsinn auf Stelzen, oder: Pandoras Büchse geöffnet, oder: die Französische Erklärung der Rechte, die der Verfassung von 1791 voransteht, ausgebreitet und entblößt (1795)

Recht, Kind des Gesetzes

Einleitende Bemerkungen

Die Erklärung der Menschenrechte – also das unter diesem Namen am | | | 179 | | von der Französischen Nationalversammlung veröffentlichte Dokument[1] – behandelt einen Gegenstand, der von ebenso grenzenloser Reichweite wie seinem Wesen nach bedeutsam ist. Doch je weiter man mit einer Behauptung oder einer Reihe von Behauptungen zielt, desto schwieriger wird es, deren Sinn, ohne fehlzugehen, auf die von Wahrheit und Vernunft gesteckten Grenzen zu beschränken. Wenn sie auch nur im kleinsten Winkel jenes Feldes, über das sie sich erstreckt, vom Kurs strenger Korrektheit abweicht, büßt sie, sobald man auf die Verwirrung hinweist, schlagartig ihren Anspruch ein, unmittelbar einzuleuchten (denn ein Drittes zwischen Wahrheit und Falschheit gibt es nicht), und wer auch immer sie nun in Augenschein nimmt, muß sie als falsch und irregeleitet erkennen – und wenn, wie in unserem Falle, vom politischen Handeln die Rede ist, sofern der Fehler fortwirkt und nicht entdeckt wird, auch als verderblich. In einem Werk von so überragender Bedeutung für die Praxis, welches die Praxis zudem in jedem Moment erklärtermaßen fest und unmittelbar im Blick hat, kann ein einziger Fehler die schlimmsten Folgen zeitigen. Je weitreichender die Behauptungen sind, desto vollkommener wird das Wissen und desto außerordentlicher das Geschick sein müssen, deren es zwingend bedarf, um sie in keinem Punkte über die engen Grenzen der Wahrheit hinausschießen zu lassen. Der vollkommenste Geist der ganzen Nation wäre mit dieser Aufgabe nicht unterfordert, ja, man wird sagen dürfen, er wäre ihr nicht einmal gewachsen gewesen. Daß aber, als jede einzelne dieser Behauptungen gebilligt wurde, der vollkommenste Geist sich ausgerechnet in den Köpfen jener traurigen Mehrheit hätte finden sollen, in deren Händen zu jenem Zeitpunkt die ganze Macht lag, ist ein Ereignis, dessen Unwahrscheinlichkeit nahezu gegen unendlich geht. Dies also ist ein grundsätzlicher und alles

1 Die Erklärung der Menschen- und Bürgerrechte wurde zunächst am 26. August 1789 von der Nationalversammlung verkündet und in leicht abgeänderter Form der Verfassung von 1791 vorangestellt, die am 2. September 1791 veröffentlicht (vgl. *Archives parlementaires*, Bd. XXX, S. 151–168), am Tag darauf für vollständig erklärt und am 14. September 1791 von König Ludwig XVI. angenommen wurde.

weitere prägender Irrtum – der Versuch, der Ausarbeitung eines solchen Gegenstands staatlichen Segen zu geben; und erst recht angesichts einer solchen Staatsführung, einer Staatsführung, die sich aus so zahlreichen, so unterschiedlich begabten und zugleich in ihren Neigungen und Vorlieben so dissonanten Mitgliedern zusammensetzt. Wäre diese Arbeit aus einer Hand, und zwar aus der eines Privatmannes, und als solche der Welt übergeben worden, dann hätte sie jede segensreiche Wirkung haben können, die ihr als staatliche Verlautbarung zukommen konnte, jedoch keine der schädlichen Folgen, die sie als solche beim geringsten Fehler zeitigen mußte.

Da nun die Revolution, mit der die Regierungsgewalt in die Hände derer geriet, die diese Erklärung verfaßt und verabschiedet haben, die Folge eines Aufstands war, besteht das erhabene Ziel offensichtlich darin, diesen Vorgang zu rechtfertigen. Indem sie sie aber rechtfertigen, reden sie sie herbei: Indem sie den vergangenen Aufstand rechtfertigen, pflanzen und kultivieren sie für die Zukunft eine Neigung zur permanenten Revolte. In alle Richtungen streuen sie die Saat der Anarchie: Indem sie die Zerschlagung der bestehenden Autoritäten rechtfertigen, untergraben sie alle künftigen und folglich ihre eigene gleich mit. – Welch hohlköpfige und leichtsinnige Eitelkeit! Sie machen es dem Autor jenes sagenhaften Gesetzes nach, demzufolge die Ermordung des Prinzen auf dem Thron dem Mörder einen Anspruch auf dessen Nachfolge gab.[2] *Volk, sieh hier deine Rechte: Wird ein einziger Artikel verletzt, dann ist die Erhebung nicht nur dein Recht, sondern* „die heiligste deiner Pflichten". – So lautet durchgängig die Sprache, denn dies ist das erklärte Ziel dieses Urbilds und Vorbilds aller Gesetze – dieses selbstgeweihten Orakels aller Nationen.

Je *abstrakter* – also je *weitreichender* die Behauptung ist, desto eher kann sie einen Trugschluß enthalten. Zu den natürlichsten Trugschlüssen gehört jener, den man *eine Sache von vornherein als erwiesen ansehen (begging the question)* nennt: nämlich mißbräuchlich im Schutze der abstrakten Behauptung, auf die man sich zu Beweiszwecken bezieht, zusammen mit *anderen* Behauptungen, die gar nichts zur Sache tun, genau jene Behauptung einzuführen, die doch zugegebenermaßen gerade des Beweises bedarf.

Ist es, um die französische Nation zu regieren, zweckdienlich, den fraglichen Artikel Gesetzeskraft erlangen zu lassen? Diese Frage hätte man hinsichtlich jedes Artikels stellen sollen, den man in den Korpus des französischen Rechts aufzunehmen vorschlug. Diese Frage wäre *mutatis mutandis* in England gestellt worden. Statt dessen jedoch räumte man, sobald ein Artikel (etwa durch seine schiere Reichweite) von zweifelhaftem Nutzen schien, den Zweifel beiseite, indem man ihn zu einem Artikel erklärte, der geeignet sei, allen Menschen zum Gesetz zu werden: allen Franzosen, und etwa allen Engländern obendrein.

Vorschnelle Verallgemeinerung, der große Stolperstein intellektueller Eitelkeit! Vorschnelle Verallgemeinerung, der Fels, an dem selbst das Genie zerschellt! Vorschnelle Verallgemeinerung, Fluch der Umsicht und der Wissenschaft!

2 In römischer Zeit war der Priester des heiligen Hains der Diana in Aricia als *rex nemorensis*, als „König des Waldes" bekannt. Nur entflohenen Sklaven stand das Priesteramt offen. Um sich den Titel aneignen zu können, mußte der Anwärter den Amtsinhaber im Zweikampf töten – wobei ein Ast, der von einem bestimmten Baum des Hains abgebrochen wurde, als Waffe diente.

In den Häusern des britischen Parlaments und besonders in jenen, in dem das politische Geschäft am wirksamsten betrieben wird,[3] besteht ein wohlbekannter Argwohn und Widerwille, über abstrakte Behauptungen abzustimmen. Dieser Argwohn ist so grundsätzlich wie vernünftig. Ein Argwohn gegenüber abstrakten Behauptungen ist ein Argwohn gegenüber Impertinenz – im ursprünglichen und strikt wörtlichen Sinne. Eine Abneigung gegen abstrakte Behauptungen ist eine Abneigung gegen alles, was nichts zur Sache tut: eine Abneigung gegen Impertinenz.

Die Leidenschaften der Selbstsucht und der Feindseligkeit sind die großen Widersacher des öffentlichen Friedens: so notwendig sie auch sind, die eine für die schiere Existenz eines jeden Individuums, die andere für seine Sicherheit. In bezug auf diese Gemütszustände ist ein Mangel an Stärke nie zu befürchten; was mit Blick auf sie zu fürchten ist, ist stets ihr Übermaß. Was die Gesellschaft zusammenhält, ist, soweit man Menschen dazu bringen kann, allein der Verzicht auf die von ihnen angestrebten Befriedigungen: Zu diesem Verzicht zu bewegen, ist die große Schwierigkeit, die große Herausforderung des Regierens. Und was war das Ziel, das stete und offensichtliche Ziel dieser Erklärung angeblicher Rechte? Diesen ohnehin beinah übermächtigen Leidenschaften so viel zusätzliche Kraft zu verleihen wie möglich; die Zügel zu lösen, die sie zäumen; den Leidenschaften der Selbstsucht zu sagen, dort – überall ist eure Beute; und den Leidenschaften des Zorns, dort, überall ist euer Feind.

So lautet die Moral dieses gefeierten Werkes, das durch dieselben Eigenschaften berühmt wurde, die auch dem Brandstifter von Ephesos zu Ruhm verhalfen.[4]

Seine Logik ist aus demselben Holz wie seine Moral: ein unaufhörlicher Strom von Unsinn, der einem unaufhörlichen Mißbrauch von Wörtern entspringt. Wörter mit einer Vielzahl von Bedeutungen, wo Wörter mit einer einzigen zur Hand gewesen wären; dasselbe Wort auf ein und derselben Seite in verschiedener Bedeutung benutzt; Wörter, die in uneigentlicher Bedeutung gebraucht wurden, wo die richtigen Wörter ebenfalls zur Hand gewesen wären; Wörter und Behauptungen von schier grenzenlosem Sinn, freigesetzt ohne jene Ausnahmen oder Einschränkungen, die allemal unverzichtbar sind, um ihre Tragweite nicht nur auf die von der Vernunft gesteckten Grenzen zu beschränken, sondern allein schon auf den angestrebten Zweck, welcher Art er auch sei. Dieselbe Ungenauigkeit, dieselbe Achtlosigkeit bei der Niederschrift dieser Ansammlung von Orakelsprüchen, von der das Schicksal von Nationen abhängen sollte, als wäre es um ein Märchen aus dem Morgenland oder eine Allegorie für eine Zeitschrift gegangen: schale Marotten statt notwendiger Unterscheidungen; rhetorische Wendungen statt einfacher Sprache; empfindsame Einbildungen, so abgedroschen wie bedeutungslos, statt passender und präziser Ausdrücke; ornamentaler Firlefanz anstelle der majestätischen Schlichtheit vernünftigen Sinns; Senatsbeschlüsse mit Theaterflitter beladen und verunziert.

In einem Stück oder einem Roman ist ein untaugliches Wort nur ein Wort, und ob sein untauglicher Gebrauch nun bemerkt wird oder nicht, er bleibt folgenlos. In einem

3 D. h. im Unterhaus.

4 Herostratos setzte 356 v. Chr. in der Nacht, in der Alexander der Große geboren wurde, den Tempel der Artemis in Ephesos in Brand. Wie er bekannte, war es seine Absicht gewesen, durch die Tat Unsterblichkeit zu erlangen.

Korpus von Gesetzen, zumal von Gesetzen, die Verfassungsrang haben sollen, kann ein untaugliches Wort eine nationale Katastrophe bedeuten und einen Bürgerkrieg heraufbeschwören. In einem törichten Wort schlummern leicht tausend Dolche.

Derlei Bezichtigungen mögen allgemein und geschraubt klingen; und dies ganz zu recht, wenn es damit sein Bewenden hätte. Allein, die detaillierten Ausführungen auf den folgenden Seiten werden sie bis zum Überdruß rechtfertigen. Kaum einen Artikel wird man finden, der sich nach unserer Durchsicht nicht als wahre Büchse der Pandora erweist. Würde man dieses Tabernakel des Naturrechts als neuen Standard nehmen, dann gäbe es kein einziges gutes oder schlechtes, sei es vergangenes, gegenwärtiges oder zukünftiges – wirkliches oder vorstellbares – Gesetz, das nicht in dem einen oder anderen Teil seine Verdammnis fände. Kein Gesetz wäre jemals erlassen worden oder würde jemals erlassen werden, nicht hier noch an einem anderen Ort, gegen das sich zu erheben nicht die heiligste ... [Text bricht ab].

Ich werde bei der nun folgenden Durchsicht der einzelnen Artikel zunächst auf die theoretischen Irrtümer hinweisen und dann an zweiter Stelle auf das Unheil, das der betreffende Artikel für die Praxis birgt.

Diese Kritik betrifft Wörter; zugegebenermaßen – aber was sonst? Wörter – Wörter ohne Bedeutung – oder mit einer Bedeutung, die zu offensichtlich falsch ist, als daß irgend jemand sie sich zu eigen machen könnte, sind nun mal, woraus die Erklärung gemacht ist. Man blicke auf den Buchstaben und wird nichts als Unsinn finden: – Man blicke hinter den Buchstaben und wird rein gar nichts finden.

> Artikel 1: Die Menschen werden frei und gleich an Rechten geboren und bleiben es. Gesellschaftliche Unterschiede können nur im allgemeinen Nutzen begründet sein.[5]

Dieser Artikel enthält offenbar, grammatisch gesehen, zwei Sätze. Der erste ist voller Fehler, der zweite voller Mehrdeutigkeit.

Der erste Satz enthält vier unterscheidbare Behauptungen. Alle sind sie falsch, alle bekanntermaßen und unbestreitbar falsch.

1. Daß alle Menschen frei geboren werden. –
2. Daß alle Menschen frei bleiben. –
3. Daß alle Menschen gleich an Rechten geboren werden. –
4. Daß alle Menschen (und zwar für immer, denn die Behauptung enthält keine Befristung und keine Einschränkung) gleich an Rechten bleiben.

1. & 2. Alle Menschen werden frei geboren?

Alle Menschen bleiben frei? – Nein, kein einziger Mensch. Kein einziger Mensch, der je gelebt hat, der lebt oder je leben wird. Ganz im Gegenteil werden alle Menschen in Abhängigkeit geboren, und zwar in größtmöglicher Abhängigkeit: der Abhängigkeit eines Kindes von seinen Eltern, auf die es jeden Moment für seine bloße Existenz angewiesen ist. In dieser Abhängigkeit wird jeder Mensch geboren, in dieser Abhängigkeit

5 „Les hommes naissent et demeurent libres, et égaux en droits. Les distinctions sociales ne peuvent être fondées que sur l'utilité commune.“

bleibt er jahrelang, viele Jahre lang – und die Existenz des Individuums wie der Spezies hängt davon ab, daß es so ist.

Auf welchen Zustand soll sich die angebliche Existenz dieser angeblichen Rechte beziehen? Auf einen Zustand vor der Existenz eines Staates oder auf einen Zustand, der die Existenz eines Staates voraussetzt? Wenn sie sich auf einen Zustand vor der Existenz eines Staates bezieht, welchen Zweck sollte die Existenz solcher Rechte, einmal angenommen, es gäbe sie, in irgendeinem Land haben, wo es so etwas wie einen Staat gibt?

Wenn sie sich auf einen Zustand bezieht, der die Existenz eines Staates voraussetzt, auf ein Land, in dem es eine Regierung gibt, existiert dann auch nur ein einziger Fall – der Fall einer einzigen Regierung –, in dem die Behauptung wahr wäre? Des Beispiels von Eltern und Kind einmal ungeachtet, nenne mir jemand eine einzige Staatsmacht, unter der eine solche Gleichheit herrscht, die eine solche Gleichheit anerkennt.

Alle Menschen werden frei geboren? – Absurder, jämmerlicher Unsinn! Wo doch das große Wehklagen, jenes Lamento, das von denselben Leuten womöglich im selben Atemzug angestimmt wird, lautet, daß so viele Menschen als Sklaven geboren werden. Oh ja, doch wenn wir einräumen, daß sie als Sklaven geboren werden, beziehen wir uns auf die bestehenden Gesetze; und da diese Gesetze ja nichtig sind, weil sie jenem Naturrecht widersprechen, das die Wirkursache der von uns erklärten Menschenrechte ist, sind sie in einem Sinne Sklaven, in einem anderen jedoch frei: Sklaven und frei zugleich; frei in bezug auf das Naturrecht, Sklaven in bezug auf die sogenannten Gesetze der Menschen, die, obwohl sie Gesetze heißen, gar keine Gesetze sind, weil sie dem Naturrecht widersprechen. Denn hier liegt der Unterschied, der große und unüberwindliche Unterschied zwischen dem guten Untertanen als vernünftigem Kritiker der Gesetze und dem Anarchisten; zwischen dem maßvollen Mann und dem Mann der Gewalt. Der vernünftige Kritiker erkennt die Existenz jenes Gesetzes, das er mißbilligt, an und schlägt dessen Aufhebung vor. Der Anarchist, der seine Wünsche und Vorstellungen zum Gesetz erhebt, vor dem die gesamte Menschheit beim ersten Zeichen niederknien soll – der Anarchist, der Wahrheit und Schicklichkeit mit Füßen tritt, leugnet die Geltung des fraglichen Gesetzes, leugnet dessen Existenz als Gesetz und ruft die gesamte Menschheit auf, sich in Massen zu erheben und seine Durchsetzung zu verhindern.

Was immer ist, ist – lautete die Maxime von Des Cartes, der diese Wahrheit für so gewiß und lehrreich hielt, daß alles andere, was man Wissen nennt, aus ihr sollte abgeleitet werden können.[6] Der philosophische Wirbel-Macher, der, so sehr er mit seiner

6 Daß Bentham die Maxime „was immer ist, ist" Descartes zuschreibt, erscheint in gewissem Sinne polemisch. Descartes' Auffassung nach können die Menschen nur denjenigen Gegenständen mit Gewißheit Existenz zusprechen, die sie klar und deutlich wahrnehmen, und gründet sich alles Wissen auf den Grundsatz *cogito ergo sum*, d. h. „Ich denke, also bin ich". Vgl. *Abhandlung über die Methode des richtigen Vernunftgebrauchs und der wissenschaftlichen Wahrheitsforschung*, 4. Teil. Descartes hat hingegen tatsächlich behauptet, worauf Bentham im folgenden anspielt, „daß die ganze Himmelsmaterie, in der die Planeten sich befinden, nach Art eines Wirbels, in dessen Mitte die Sonne ist, stetig sich dreht"; vgl. René Descartes, *Die Prinzipien der Philosophie*, übers. von A. Buchenau, Hamburg 81992, 3. Teil, Abschnitt 30, S. 74.

Philosophie und Logik auch fehlging, wenigstens harmlos war, der Fabrikant identischer Aussagen und himmlischer Wirbel ahnte nicht, wie bald ein Teil seiner eigenen Landsleute, voller Ambitionen, die so nichtig waren wie seine eigenen und so verderblich wie die seinen unschuldig, ihm auch diese seine bevorzugte und grundlegende Maxime streitig machen würde, von der aus alles andere ans Licht kommen sollte. Was immer ist, ist nicht – lautet die Maxime des Anarchisten, sobald ihm irgend etwas in der Gestalt eines Gesetzes unterkommt, das er nun eben einmal nicht mag.

Grausam ist der Richter, sagt Lord Bacon, der die Gesetze quält, um Menschen quälen zu können.[7] Grausamer noch ist der Anarchist, der, um die Gesetze selbst zu Fall bringen und die Gesetzgeber niedermetzeln zu können, nicht nur den Wortlaut des Gesetzes quält, sondern die lebenswichtigen Organe der Sprache selbst.

3. Alle Menschen werden gleich an Rechten geboren. Die Rechte des Erben der mittellosesten Familie sind den Rechten des Erben der reichsten gleich. In welchem Sinne ist dies wahr? Ich spreche gar nicht von erblichen *Würden* und *Amtsgewalten*. Nachdem solche Ungleichheiten von der französischen Regierung in Frankreich verboten wurden,[8] verbietet sie logischerweise diese Regierung auch unter jeder anderen Regierung; sie existieren folglich nirgends. Ist doch die völlige Unterwerfung jeder anderen Regierung unter die französische Regierung ein grundlegendes Prinzip jenes Rechts der allgemeinen Unabhängigkeit, des französischen Rechts. Freilich galt dies weder, als die vorliegende Menschenrechtserklärung verkündet wurde, noch beabsichtigte sie, an diesem Umstand etwas zu ändern. Der 13. Artikel, zu dem wir zu gegebener Zeit kommen werden, geht von der gegenteiligen Annahme aus. Und natürlich konnte Widersprüchlichkeit auf der Liste nicht fehlen, wenn man die sonstigen Eigenschaften der Erklärung bedenkt. Sie kann anderen Rechtssystemen gegenüber kaum mehr Feindseligkeit an den Tag legen, als sie uneins mit sich selbst ist.

4. Alle Menschen (d. h. alle menschlichen Geschöpfe beiderlei Geschlechts) bleiben gleich an Rechten. Alle Menschen bedeutet zweifelsohne alle menschlichen Geschöpfe. Der Lehrling ist seinem Meister also an Rechten gleich: Er ist dem Meister gegenüber so frei wie der Meister ihm gegenüber. Er hat dasselbe Recht, dem Meister zu befehlen und ihn zu bestrafen, wie es der Meister ihm gegenüber hat. Er ist ebensosehr Besitzer und Herr im Haus des Meisters wie dieser selbst. Dasselbe gilt beim Tod eines Vaters zwischen Mündel und Vormund. Und ebenso zwischen Ehefrau und Ehemann. Der Tolle hat so sehr das Recht, jedermann einzusperren, wie es jedermann ihm gegenüber hat. Der Törichte hat ebensosehr das Recht, jedermann anzuleiten, wie es irgend jemand ihm gegenüber hat. Der Arzt und die Krankenschwester, die von den engsten Freunden eines vom Fieberwahn übermannten Kranken herbeigerufen werden, haben kein größeres Recht, ihn am Sprung aus dem Fenster zu hindern, als er es

---

7 Francis Bacon hatte geschrieben: „Daher sollen sich die Richter vor Härte in der Auslegung und übertriebenen Schlußfolgerungen hüten; denn es gibt keine schlimmere Marter als die Marter der Gesetze." Vgl. Francis Bacon, *Essays oder Praktische und moralische Ratschläge*, hg. v. L. L. Schücking, übers. v. E. Schücking, Stuttgart 1993, 56. Essay, „Über das Richteramt", S. 183f.

8 Per Dekret vom 19. Juni 1790 hatte die Nationalversammlung den Erbadel und erbliche Titel abgeschafft; in der Verfassungspräambel von 1791 wurde die Abschaffung bekräftigt.

hat, sie aus demselben zu werfen. All dies ist unmißverständlich und unbestreitbar in diesem Artikel der Erklärung der Rechte enthalten: in seinem Wortlaut selbst und in seiner Bedeutung, wenn er denn eine Bedeutung hat. War es das, was seine Verfasser im Sinn hatten? Oder gedachten sie, diese Erklärung für einige Fälle gelten zu lassen und den Artikel in den anderen Fällen wegzuerklären. Da sie weder töricht noch irrsinnig noch vom Fieberwahn ergriffen sind, würden sie ihn im Fall des Tollen und des Fiebernden wegerklären. Eingedenk des Umstands, daß ein Kind zur Waise werden kann, kaum daß es das Licht der Welt erblickt, und in diesem Fall sterben müßte, wenn man es nicht unter Aufsicht stellte, würden sie dies vermutlich auch hier wegerklären und sich dabei in bezug auf Vormund und Mündel selbst widersprechen. Was das Verhältnis zwischen Meister und Lehrling betrifft, maße ich mir kein Urteil an. Sie mögen im Sinn gehabt haben, dieses Verhältnis gänzlich zu verbieten. Zumindest mag dies so gewesen sein, nachdem man sie auf die Unvereinbarkeit jener Institution mit diesem Orakel hingewiesen hat. Denn dessen erklärtes Ziel ist es, in allen Fragen, die mit der Staatsführung zusammenhängen, den Standard für Wahrheit und Falschheit, für richtig und falsch zu setzen. Mit diesem Standard und diesem seinem Artikel aber ist die Unterwerfung des Lehrlings unter den Meister klarerweise vollkommen unvereinbar. Wenn er diese Knechtschaft, diese Ungleichheit nicht verbietet, dann verbietet er gar keine. Wenn er dieses Unheil nicht anrichtet, dann bewirkt er gar nichts.

Nicht anders im Fall von Ehemann und Ehefrau. Zu den weiteren Mißständen, die dieses Orakel beseitigen sollte, mag nach allem, was ich glaube sagen zu dürfen, auch die Institution der Ehe gezählt haben. Denn was ist schon eine Unterwerfung über einen kurzen und begrenzten Zeitraum im Vergleich zu einer Unterwerfung, die ein ganzes Leben lang währt? Doch ohne Unterwerfung und Ungleichheit kann es beim besten Willen keine solche Institution geben: Denn von zwei einander widersprechenden Willen können nicht beide zugleich geschehen.

Dieselben Zweifel sind im Fall des Herrn und seines Tagelöhners anzumelden. Eher sollte ein Mann hungern, als sich zu verdingen, eher sollte die halbe Spezies hungern, als sich im Tagelohn zu knechten. Denn wie sollten Freiheit und Knechtschaft zu vereinbaren sein? Wie sollten Freiheit und Knechtschaft in ein und derselben Person bestehen? Welcher gute Bürger würde nicht ohne Zögern für die Freiheit sterben? Und was jene angeht, die keine guten Bürger sind, was tut es, ob sie leben oder verhungern? Ganz abgesehen davon, daß ein jeder, der unter dieser Verfassung lebt und insofern gleiche Rechte hat, gleiche Rechte aller Art, auch das gleiche Recht auf Eigentum hat. Von daher kann niemand auch nur im geringsten der Gefahr ausgesetzt sein, hungern zu müssen; nicht einmal diesen schwachen und unzureichenden Grund, sich als Tagelöhner zu verdingen, kann einer also haben.

2. Satz.

Gesellschaftliche Unterschiede können nur im allgemeinen Nutzen begründet sein. Diese Behauptung hat zwei oder drei Bedeutungen. In einer Bedeutung ist die Behauptung offenkundig falsch; in einer anderen ist sie unvereinbar mit den vier Behauptungen, die ihr im selben Artikel vorausgingen.

Was ist mit *gesellschaftlichen Unterschieden* gemeint? – was mit *können*? Was mit *begründet*?

Was ist mit *gesellschaftlichen Unterschieden* gemeint? Unterschiede, die die Gleichheit nicht berühren? – Dann tun sie nichts zur Sache. – Unterschiede, die die Gleichheit berühren? – Dann kann es sie, in Übereinstimmung mit den vorangegangenen Behauptungen desselben Artikels, gar nicht geben: Und wenn es sie nicht gibt, können sie auch in nichts begründet sein. Gehören die Unterschiede, die wir oben angeführt haben, zur Reihe der hier gemeinten gesellschaftlichen Unterschiede? – Nicht einer von ihnen (wie wir gesehen haben), für den nicht Unterwerfung, nicht einer, für den nicht Ungleichheit schlechterdings wesentlich wäre.

Was ist mit *können* gemeint? Können nur im allgemeinen Nutzen begründet sein? – Soll hiermit erklärt werden, wie die Welt eingerichtet *ist* oder wie sie eingerichtet *sein sollte*? Bedeutet es, daß keine gesellschaftlichen Unterschiede außer denen, die gebilligt werden, weil sie auf die fragliche Weise begründet sind, irgendwo eingeführt *sind*, oder einfach, daß keine derartigen Unterschiede irgendwo eingeführt *werden sollten*, oder daß beim Versuch, solche Unterschiede irgendwo per Gesetz einzuführen oder aufrechtzuerhalten, die besagten Gesetze als nichtig behandelt und jedem Versuch, sie durchzusetzen, widerstanden werden sollte? Denn dies ist das Gift, das verborgen in Wörtern wie *können* und *nicht können* lauert. Sie enthalten all diese drei überaus klaren und höchst unterschiedlichen Bedeutungen. In der ersten Bedeutung bezieht sich die Behauptung, in die *können* eingefügt ist, auf die Praxis und beruft sich auf die Beobachtung: – auf die Beobachtung anderer Menschen in bezug auf eine Tatsache. In der zweiten Bedeutung handelt es sich um einen Appell an die Zustimmung anderer in bezug auf dieselbe Tatsache. In der dritten Bedeutung ist sie kein Appell an irgend etwas oder irgend jemanden, sondern ein gewalttätiger Anschlag auf die Meinungs- und Handlungsfreiheit anderer durch den Terror eines anarchistischen Despotismus, der sein Haupt im Widerstand gegen die Gesetze erhebt. Sie ist ein Versuch, den Dolch des Attentäters gegen alle Personen zu zücken, die sich anmaßen, anderer Meinung zu sein als der Redner oder Schreiber – und gegen alle Staaten, die sich anmaßen, etwaige Personen in dieser etwaigen Anmaßung zu bestärken. In der ersten ihrer Bedeutungen ist die Behauptung absolut harmlos: Allein, sie ist im landläufigen Sinne so falsch, so himmelschreiend falsch, ihre Falschheit ist so sehr mit Händen zu greifen, so nah an der reinen Faselei, daß jedermann klar sein muß, diese Bedeutung kann nicht die gemeinte gewesen sein. In ihrer zweiten Bedeutung kann die Behauptung wahr sein oder auch nicht, je nachdem, und ist auf jeden Fall gleichermaßen unschuldig: Nur wird sie so ihrem Zweck nicht gerecht. Denn eine Meinung, die es anderen freistellt, gegenteiliger Ansicht zu sein, wird dem Anspruch der Leidenschaften niemals gerecht werden. Und wenn dies die beabsichtigte Bedeutung gewesen wäre, hätte man nicht zu einer so mehrdeutigen Ausdrucksweise, sondern zu einer klaren und einfachen gegriffen, die genau dies zum Ausdruck gebracht hätte. Die verschiedenen Bedeutungen scheinen auf verschiedene Klassen von Personen zu zielen: Die dritte, die man nicht unsachgemäß als schurkische Bedeutung oder als Drohgebärde bezeichnen kann, ist die Bedeutung, die man den Schwachen und Schüchternen zu verstehen geben will, während die beiden unschuldigen, von denen eine sogar vernünftig sein mag, gleichsam als Schleier vor sie gezogen sind, um das Auge des scharfsichtigen Lesers zu täuschen und das Verderben, das hinter dem Schleier lauert, seinen Blicken zu entziehen.

Wenn *können* und *nicht können* so verwendet werden, wenn *können* und *nicht können* anstelle von *sollen* und *nicht sollen* gebraucht werden, wenn *können* und *nicht können* auf die bindende Kraft und die Wirkung von Gesetzen bezogen werden – nicht auf die Handlungen von Individuen und auch nicht auf die Handlungen nachrangiger Autoritäten, sondern auf die Handlungen der obersten Staatsgewalt selbst, dann sind sie nur die getarnte Gaunersprache des Attentäters: Nach ihnen steht nur noch das *Erledige ihn* zwischen der Vorbereitung für den Mord und dem Anschlag. Sie gleichen jenem Instrument, das dem äußeren Anschein nach nur ein gewöhnlicher Stecken ist, aber in dieser simplen und unschuldigen Hülle einen Dolch birgt. – Dies sind die Worte, die Dolche im Mund führen, wenn Dolche im Mund geführt werden können: Sie führen Dolche im Mund, und es bleibt nichts weiter, als sie wirklich zu zücken.

Wohin ich auch blicke, werde ich allzu vieler Gesetze ansichtig, deren Änderung oder Abschaffung meiner bescheidenen Meinung nach ein Segen für die Allgemeinheit wäre. Ich kann mir einige Gesetze vorstellen, um extreme und kaum einmal vorkommende Fälle zu nehmen, denen ich Widerstand entgegenzusetzen geneigt sein könnte, wenn ich die Aussicht auf tatkräftige Unterstützung hätte. Aber davon zu sprechen, was das Gesetz – die oberste gesetzgebende Gewalt des Landes, die als solche anerkannt wird – nicht *kann*! – von einem nichtigen Gesetz zu sprechen, wie man von einem nichtigen Befehl oder einem nichtigen Urteil sprechen würde! – Der bloße Akt, solche Wörter miteinander in Beziehung zu setzen, ist entweder der abscheulichste Unsinn oder der schlimmstmögliche Verrat: – Verrat – nicht an einem Pfeiler der Souveränität, sondern an der Souveränität schlechthin: – Verrat nicht an dieser oder jener Regierung, sondern an Regierungen schlechthin.[9]

> Artikel 2: Der Zweck jeder politischen Vereinigung ist die Erhaltung der natürlichen und unantastbaren Menschenrechte. Diese sind das Recht auf Freiheit, das Recht auf Eigentum, das Recht auf Sicherheit und das Recht auf Widerstand gegen Unterdrückung.[10]

1. Satz: Der Zweck jeder politischen Vereinigung ist die Erhaltung der natürlichen und unantastbaren Menschenrechte.

Man wird kaum sagen können, daß ihnen eine Bedeutung zukommt; wenn sie aber eine Bedeutung haben oder vielmehr hätten, dann würden diese Behauptungen entweder geltend gemacht oder impliziert:

1. Daß es so etwas wie Rechte gibt, die der Staatengründung vorausgehen: Denn *natürlich*, auf Rechte bezogen, heißt, sofern es überhaupt etwas heißt, im Gegensatz zu *gesetzlich verbrieft* – im Gegensatz zu solchen Rechten, deren Existenz sich anerkanntermaßen der Staatlichkeit verdankt und die folglich später datieren als die Staatsgründung.

2. Daß diese Rechte vom Staat *nicht* außer Kraft gesetzt werden *können*: Denn *nicht können* ist in der Form des Wortes *unantastbar* impliziert, und sein Sinn, wenn es so verwendet wird, ist der oben erläuterte mörderische.

---

9 Der letzte Absatz wurde nach 1799 ins Manuskript eingefügt.

10 „Le but de toute association politique est la conservation des droits naturels et imprescriptibles de l'homme. Ces droits sont la liberté, la propriété, la sûreté et la résistance à l'oppression."

3. Daß die bestehenden Staatsgewalten ihren Ursprung in offiziellen Zusammenkünften oder dem haben, was man heute *Nationalkonvente* nennt: Vereinigungen, denen man mittels eines Partnerschaftsvertrages beitritt und in denen alle Mitglieder Partner sind; denen man zu einem festgesetzten Tage zu einem vorherbestimmten Zweck beitritt, nämlich dem der Bildung einer neuen Staatsgewalt. Denn von offiziellen Zusammenkünften unter der Leitung einer bestehenden Staatsgewalt ist hier offensichtlich nicht die Rede. Worin wiederum vermittels einer Schlußfolgerung, freilich einer notwendigen und unvermeidlichen Schlußfolgerung, impliziert zu sein scheint, daß alle Staatsgewalten (also alle selbsternannten Staatsführungen, Gruppen von Menschen, die die Staatsgewalt ausüben), die irgendeinen anderen Ursprung als den einer Vereinigung der oben beschriebenen Art haben, illegal – also überhaupt gar keine Staatsführungen – sind, sodaß Widerstand gegen sie zu leisten und sie zu stürzen rechtmäßig und lobenswert ist, und so weiter.

Ad 1: Dies also sind die Vorstellungen, die der erste Teil des Artikels impliziert. – Wie verhält es sich nun in Wahrheit? – So, daß es nichts derartiges wie natürliche Rechte gibt – nichts derartiges wie Rechte, die der Staatsgründung vorausgehen – nichts derartiges wie natürliche Rechte im Unterschied und im Gegensatz zu gesetzlichen – daß dieser Ausdruck nur im übertragenen Sinne gebraucht wird, und daß er in dem Moment, da man ihm eine wörtliche Bedeutung zu geben versucht, in die Irre führt, und zwar in jene Irre, die zu äußerstem Unheil führt.

Wir wissen, was es heißt, wenn Menschen ohne Staat leben und, ohne Staat lebend, ohne Rechte leben – wir wissen, was es heißt, wenn Menschen ohne Staat leben; denn wir sehen Beispiele für eine solche Lebensform im Überfluß – wir sehen sie bei vielen wilden Völkern oder besser Rassen des Menschengeschlechts: so zum Beispiel bei den Wilden von New South Wales, deren Lebensweise uns so gut bekannt ist.[11] Ohne Gewohnheit des Gehorchens und daher ohne Staat: ohne Staat und somit auch ohne Gesetze oder Rechte jeglicher Art. Ohne Sicherheit, ohne Eigentum: Freiheit, als Freiheit von regelgerechter Kontrolle durch Staat und Gesetze, absolut; aber als Freiheit von irregulärer Kontrolle, Freiheit vom Befehl des Stärkeren, nicht ein Jota. In diesem Zustand, in genau diesem Zustand müssen wir, die Bewohner desjenigen Teils des Erdballs, den wir Europa nennen, uns wohl in einer Zeit vor dem Beginn der Geschichte befunden haben. Ohne Staat und folglich ohne Rechte: ohne rechtliche Sicherheit, ohne rechtliche Freiheit. An Sicherheit nicht mehr, als auch die Tiere kennen; aber mehr Voraussicht und ein ausgeprägteres Gefühl der Unsicherheit; und folglich, am Lebensglück bemessen, unter

11 Beschreibungen der Aborigines von New South Wales und ihrer Lebensbedingungen waren etwa erschienen in: *A Journal of a Voyage round the World, In his Majesty's Ship Endeavour, In the Years 1768, 1769, 1770, and 1771*, London 1771; John Hawkesworth, *An Account of the Voyages undertaken by the order of his present Majesty for making Discoveries in the Southern Hemisphere, and successively performed by Commodore Byron, Captain Wallis, Captain Carteret, and Captain Cook, in the Dolphin, the Swallow, and the Endeavour*, 3 Bde., London 1773; Sydney Parkinson, *A Journal of a Voyage to the South Seas, in his Majesty's Ship, The Endeavour*, London 1773. Diese Darstellungen basierten auf den Entdeckungen James Cooks, der während seiner Weltumsegelung von 1768 bis 1771 im Jahre 1770 in New South Wales gelandet war.

dem Niveau des Viehs. Der Mangel an Glück infolge des Mangels an Rechten gibt uns Grund zu wünschen, es gäbe so etwas wie Rechte. Aber Gründe zu wünschen, es gäbe so etwas wie Rechte, sind keine Rechte. Ein Grund zu wünschen, es gäbe ein bestimmtes Recht, ist nicht dieses Recht. Wünsche sind keine Mittel. Hunger ist kein Brot.

Ad 2: Was nicht existiert, kann nicht zerstört werden; was nicht zerstört werden kann, kann nicht fordern, daß es vor Zerstörung bewahrt werde. Natürliche Rechte sind schlichter Unsinn, natürliche und unantastbare Rechte rhetorischer Unsinn, Unsinn auf Stelzen. Aber dieser rhetorische Unsinn endet auf die alte Melodei des gefährlichen Unsinns. Denn sofort wird eine Liste dieser angeblichen natürlichen Rechte aufgestellt, und zwar so formuliert, daß sie wie gesetzlich verbriefte Rechte aussehen. Und unter diesen Rechten, worin auch immer sie bestehen, ist scheinbar nicht eines, von dem irgendein Staat bei irgendeiner Gelegenheit auch nur den kleinsten Teil außer Kraft setzen *kann*, im mörderischen Sinne des Wortes *kann*.

Soviel also zur Sprache des Terrors. Was sagt die Sprache der Vernunft und des gesunden Menschenverstands zum selben Thema? – Daß es in dem Maße, in dem es *richtig* oder *angemessen* – will sagen: von Vorteil für die jeweilige Gesellschaft – ist, dieses oder jenes Recht, ein Recht dieses oder jenes Inhalts einzurichten und beizubehalten, *falsch* ist, es außer Kraft zu setzen; aber daß es, weil es kein *Recht* gibt, welches nicht so lange beibehalten werden sollte, wie seine Beibehaltung der Gesellschaft insgesamt nützt, auch kein Recht gibt, welches nicht, wenn seine Abschaffung der Gesellschaft einen Vorteil bietet, abgeschafft werden sollte. Um zu entscheiden, ob es vorteilhafter für die Gesellschaft wäre, dieses oder jenes Recht beizubehalten oder abzuschaffen, müssen die Zeit, zu der sich die Frage von Beibehalten oder Abschaffen stellt, und die Umstände, unter denen seine Beibehaltung oder Abschaffung vorgeschlagen wird, angegeben sein; das Recht selbst muß präzise beschrieben und nicht unter so vagen allgemeinen Titeln wie Eigentum, Freiheit und dergleichen mit einer ununterscheidbaren Menge anderer Rechte durcheinandergeworfen werden. Inmitten dieses ganzen Verwirrspiels ist eines doch nur allzu klar. Sie wissen nicht, worüber sie unter der Bezeichnung natürliche Rechte sprechen, und wollen zugleich, daß diese unantastbar sein sollen: daß sie gegen jedwede Gesetzesmacht gefeit seien und überreichlich Anlaß bieten mögen, die Mitglieder der Gemeinschaft zum Widerstand gegen die Gesetze aufzurufen. Was also war ihre Absicht, als sie die Existenz unantastbarer Rechte erklärten, ohne auch nur eines von ihnen durch ein solches Merkmal zu präzisieren, an dem man es würde erkennen können? Diese und keine andere: den Geist des Widerstands anzustacheln und wachzuhalten, den Geist der Auflehnung gegen alle Staatsgewalt. Unmittelbar gegen die Regierungen aller anderen Völker; und bald auch gegen die Regierung ihres eigenen Volkes, gegen die Regierung, die sie selbst zu schaffen vorgaben: sobald nämlich ihre eigene Zeit an der Macht vorüber sein würde. Wir verkörpern vollkommene Tugend und Weisheit; der Rest der Menschheit äußerste Schlechtigkeit und Torheit. Unser Wille soll folglich keine Herrschaft dulden und für immer herrschen; jetzt herrschen, da wir leben, und herrschen, wenn wir nicht mehr sind. Alle Nationen, alle künftigen Zeitalter werden, denn so ist es ihnen bestimmt, unsere Sklaven sein.

Künftige Regierungen werden nicht ehrbar genug sein, als daß man ihnen die Entscheidung anvertrauen könnte, welche Rechte beibehalten und welche abgeschafft gehören; welche Gesetze in Kraft bleiben und welche aufgehoben werden sollen. Künftige Untertanen (aber ich sollte künftige Bürger sagen, denn der französische Staat duldet keine Untertanen) werden nicht genug Verstand besitzen, daß man ihnen die Entscheidung zutrauen könnte, ob sie sich den Beschlüssen ihrer Regierung fügen oder dieser widerstehen: Regierungen, Bürger – bis ans Ende der Zeit müssen alle in Ketten bleiben.

Dies waren ihre Maximen; und ihre Prämissen. Denn nur unter solchen Prämissen läßt sich die Schlußfolgerung unantastbarer Rechte und unwiderruflicher Gesetze aufrechterhalten. Was ist der wahre Quell dieser unantastbaren Rechte, dieser unwiderruflichen Gesetze? – Macht, geblendet von der Höhe, von der sie herabsieht; Verblendung und Tyrannei, bis zum Wahnsinn gesteigert. Kein Mensch sollte irgendeinen anderen zum Knecht haben; alle Menschen aber sollten für immer ihre Sklaven sein. Gesetze unter dem Vorwand ihrer Erklärung machen: zum Gesetz erklären, was gerade wichtig schien, auch jene unwiderruflichen Gesetze, unter dem Vorwand, man habe sie fertig vorgefunden. – Gefertigt von wem? – Nicht von einem Gott, sie sehen ja keinen vor: sondern von ihrer Göttin, der Natur.

Ad 3: Daß Staaten aus einem Vertrag hervorgehen, ist eine reine Fiktion, mit anderen Worten, eine Unwahrheit. Noch nie gab es einen Fall, auf den dies nachweislich zugetroffen hätte; es zu behaupten, richtet Unheil an, indem es den Gegenstand Irrtum und Verwirrung aussetzt, und ist für keinen guten Zweck auf Erden notwendig noch nützlich.

Alle Staaten, von denen wir überhaupt Kenntnis haben, wurden nach und nach auf Gewohnheit gebaut, nachdem sie gewaltsam gegründet worden waren; sofern es sich nicht um Staatsgebilde handelt, welche von Personen gegründet wurden, die von bereits bestehender Herrschaft, unter der sie geboren wurden, befreit wurden oder sich selbst von ihnen befreiten: ein seltener Fall, aus dem für alle übrigen nichts folgt. Was besagt es, wie Staaten gegründet wurden? Ist es weniger angemessen, dient es weniger dem Glück der Gesellschaft, daß das Glück der Gesellschaft das eine Ziel sein sollte, welches alle Mitglieder der Staatsführung in allen ihren Maßnahmen im Auge behalten sollten? Sind die Menschen in Mogador weniger daran interessiert, glücklich zu sein, ist es hier weniger zu wünschen, daß sie es sein mögen, ist hier die moralische Pflicht der sie Regierenden, sie so glücklich zu machen, wie es in ihrer Macht steht, geringer als in Philadelphia?

Woher beziehen Verträge ihre bindende Kraft, wenn nicht vom Staat? Der Staat brachte Verträge hervor, nicht Verträge den Staat. Wenn Staaten sich überhaupt an Verträge halten, dann deswegen, weil sie gewohnt sind, die Einhaltung von Verträgen durchzusetzen und deren Einhaltung durchgesetzt zu sehen.

2. Satz: Diese Rechte (diese sowohl unantastbaren als auch natürlichen Rechte) sind das Recht auf Freiheit, das Recht auf Eigentum, das Recht auf Sicherheit und das Recht auf Widerstand gegen Unterdrückung.

Man beachte den Umfang dieser angeblichen Rechte, von denen ein jedes jedem Menschen zukommt, und zwar alle zusammen ohne Einschränkungen. – Unbegrenzte Freiheit: Dazu zählt, unter anderem, jedermanns Freiheit, in jedem Moment tun und lassen zu können, was ihm gefällt; grenzenloser Besitz, das ist jedermanns Recht, mit allem, was ihn umgibt (mindestens mit jeder *Sache*, wenn nicht mit jeder *Person*), tun zu können, was ihm beliebt, dieses Recht nach Belieben auf andere zu übertragen und anderen vorenthalten zu können; unbegrenzte Sicherheit, das heißt Sicherheit für diese seine Freiheit, für dieses sein Eigentum und für seine Person, Sicherheit vor jeder Gefahr, der ein jedes dieser Besitztümer ausgesetzt sein kann; grenzenloser Widerstand gegen Unterdrückung, das heißt eine uneingeschränkte Ausübung des Vermögens, sich vor jeglichen unangenehmen Umständen, die sich seiner Einbildungskraft oder seinen Leidenschaften unter diesem Namen darbieten, schützen zu können. – Die Natur, sagen manche Interpreten des angeblichen Naturrechts, die Natur gab jedem Menschen ein Recht auf alles:[12] was auf das Eingeständnis hinausläuft, daß die Natur niemandem irgend etwas dergleichen gegeben hat: Denn in bezug auf die meisten Rechte ist es ebenso wahr, daß das, was jedermanns Recht ist, niemandes Recht ist, wie es wahr ist, daß das, was jeden angeht, niemanden angeht. Die Natur gab einem jeden Menschen ein Recht auf alles. Nun, so sei es. Und gerade das macht eine Staatsgewalt und Gesetze von Menschenhand notwendig, die jedem sein eigenes Recht geben, ohne das schlechterdings kein Recht irgend etwas wert wäre. Die Natur gab jedem Menschen vor der Existenz von Gesetzen und in Ermangelung von Gesetzen ein Recht auf alles. Dieser nominalen Universalität und realen Nichtigkeit des Rechts, welche die Natur mangels Gesetzen vorläufig etablierte, bemächtigt sich nun das französische Orakel und verewigt sie unter den Gesetzen und gegen die Gesetze. Diese anarchischen Rechte, mit denen die Natur einst einen Anfang gemacht hatte, die als ein Haufen von Rohmaterialien verwendet wurden, aus denen sich das gesellschaftliche Band knüpfen ließe, versucht nun die Kunst, die demokratische Kunst festzuschreiben und erklärt sie für unantastbar.

Grenzenlose Freiheit. Ich muß darauf bestehen: grenzenlose Freiheit. Denn obwohl der übernächste Artikel auf diese Hypothek zurückkommt und eine Definition der Freiheit vornimmt, die ihr offensichtlich Grenzen setzen soll, läuft diese Einschränkung im Ergebnis doch auf nichts hinaus. Und wo wie hier in der Beschaffenheit der allgemeinen Regel kein Hinweis auf irgendeine Ausnahme zu finden ist, ist jede Ausnahme, die später auftaucht, keine Bestätigung der Regel, sondern ein Widerspruch zu ihr. Freiheit ohne voraussehbare oder nachvollziehbare Grenzen – und was die anderen Rechte betrifft, so bleiben sie bis zum Ende uneingeschränkt – Menschenrechte, die sich aus einem System von Widersprüchen und Unmöglichkeiten zusammensetzen!

Vergeblich wäre es zu sagen: Obgleich hier keinem dieser Rechte Grenzen gesetzt werden, solle man sie doch so verstehen, als würde selbstverständlich vorausgesetzt und stillschweigend zugestanden und angenommen, daß ihnen Grenzen gesetzt werden, nämlich Grenzen, so das Verständnis, insofern sie die Gesetze ziehen. Vergeblich, sage ich, wäre diese Verteidigung: Denn diese Hypothese stünde im Widerspruch zu den klaren Worten des Artikels selbst und liefe dem Ziel, das die gesamte Erklärung verfolgt, geradewegs entgegen. Sie wäre selbstwidersprüchlich, weil diese Rechte im selben Atemzug, in dem ihre Existenz erklärt wird, auch für unantastbar erklärt werden: und unantastbar, oder unverletzlich, wie wir in England sagen würden, heißt nichts anderes, als die Einmischung der Gesetze auszuschließen.

12 Diese Sichtweise wurde vielleicht am klarsten von Thomas Hobbes in *Leviathan*, 1. Teil, 14. Kap. dargelegt, aber auch von Hugo Grotius, Benedict de Spinoza und Samuel Pufendorf erörtert.

Es wäre nicht nur selbstwidersprüchlich, sondern widerspräche auch dem erklärten und einzigen Ziel dieses Menschenrechtsdekrets, wenn es die Einmischung der Gesetze nicht ausschlösse. Es sind die Gesetze selbst und nur die Gesetze, gegen die diese Erklärung gerichtet ist. Es sind die Hände des Gesetzgebers, aller Gesetzgeber und allein der Gesetzgeber, für welche die von ihr beigebrachten Handschellen gedacht sind: Es sind die befürchteten Übergriffe von Gesetzgebern, gegen welche die fraglichen Rechte, das auf Freiheit und auf Eigentum und so weiter, abgesichert werden sollen; es sind solche Übergriffe, Verletzungen und Gefahren, gegen die sich das, was immer sie an Sicherheit zu geben behauptet, richtet. Welch kostbare Absicherung von Rechten gegen Gesetzgeber wäre es, wenn das Ausmaß jener Rechte in jeder Hinsicht absichtlich dem Willen und dem Gefallen genau jener Gesetzgeber anheimgestellt würde!

Unsinnig oder einfältig – und in beiden Fällen verderblich – so lautet die Alternative.

So viel zu all diesen angeblichen unverletzlichen Rechten im ganzen: Ihre wechselseitige Unvereinbarkeit und ihre Unvereinbarkeit als unverletzliche Rechte mit der Existenz eines Staates und jedweder friedfertigen Gesellschaft wird noch deutlicher werden, wenn wir jedes für sich untersuchen.

1. Die Freiheit ist also unantastbar – man kann sie niemandem nehmen –, es steht in keines Staates Macht, sie jemals irgendwem zu nehmen; die Freiheit, das heißt jede Form von Freiheit: jeder individuelle Gebrauch von Freiheit; denn eine Grenze wird nicht gezogen, es wird kein Unterschied und keine Ausnahme gemacht. Was diese Lehrer und Herren des Menschengeschlechts womöglich nicht zu wissen scheinen, ist, daß alle Rechte auf Kosten der Freiheit gehen: alle Gesetze, durch die Rechte geschaffen oder bestätigt werden. Kein Recht ohne eine entsprechende Pflicht. Wohl wahr, Freiheit vom Zwang des Gesetzes mag sehr wohl durch schlichte Beseitigung der Pflicht entstehen, mittels deren jener Zwang ausgeübt wurde, durch die schlichte Aufhebung des Zwang ausübenden Gesetzes. Wo es aber um den Zwang geht, den ein einzelner auf einen einzelnen ausübt, kann Freiheit einem Menschen nur in dem Maße gegeben werden, wie sie einem anderen genommen wird. Folglich beseitigen alle zwingenden Gesetze (also alle Gesetze bis auf Verfassungsgesetze und Gesetze, die zwingende aufheben oder abändern) und insbesondere alle Gesetze, die in ihrem Geltungsbereich Freiheit schaffen, auch Freiheit; und nicht nur ein Gesetz hier und da, nicht nur dieses oder jenes denkbare Gesetz, sondern nahezu alle Gesetze stehen im Gegensatz zu diesen natürlichen und unantastbaren Rechten: sind also null und nichtig, verlangen nach Widerstand und Auflehnung; und so weiter wie gehabt.

2. Eigentum. Eigentum also, Eigentumsrechte zählen zur Reihe der natürlichen und unantastbaren Menschenrechte, jener Rechte, die ein Mensch nicht Gesetzen verdankt und die ihm nicht durch Gesetze genommen werden können. Der Mensch, also jeder Mensch (denn ein allgemeiner Ausdruck, der ohne Hinweis auf Ausnahmen verwendet wird, ist ein universeller) hat ein Recht auf Eigentum, auf Eigentumsrechte, die ihm zudem nicht durch Gesetze genommen werden können. Auf Eigentumsrechte also, gut, aber bezüglich welchen Gegenstands? Denn Eigentumsrechte ohne einen Gegenstand, auf den sie sich beziehen, ohne einen Gegenstand, demgegenüber oder bezüglich dessen sie wahrgenommen werden können, dürften schwerlich viel wert sein – dürften es kaum lohnen, daß man sich ihrer mit so viel Feierlichkeit annimmt. Vergeblich hätten alle Ge-

setze der Welt gewährleistet, daß ich ein Recht habe, etwas zu haben: Wenn das alles ist, was sie für mich getan haben, wenn es keinen bestimmten Gegenstand gibt, hinsichtlich dessen meine Eigentumsrechte begründet sind, muß ich mir entweder ohne Recht nehmen, was ich will, oder verhungern. Sofern es keinen Gegenstand gibt, der mit Bezug auf jeden Menschen oder irgendeinen Menschen näher bestimmt wird (und wie könnte er auch?), womit die Behauptung hinsichtlich der Benennung des Besitzgegenstands so unbestimmt bleibt wie hinsichtlich der Benennung der Besitzer, lautet der notwendige Schluß (wenn wir die Passage wörtlich nehmen), daß jeder Mensch alle Arten von Eigentumsrechten gegenüber ausnahmslos allen Besitzgegenständen hat: mit einem Wort, daß jeder ein Recht auf alles hat.

Man wird wohl zustimmen, daß dieser Auslegung zufolge der fragliche Satz so verheerend wie absurd ist, und folglich vielleicht schließen, daß dies nicht die beabsichtigte Auslegung, nicht die beabsichtigte Bedeutung sein kann. Nach derselben Richtschnur freilich ließe sich jede mögliche Auslegung, welche die verwendeten Wörter zulassen, als die nicht eigentlich gemeinte erweisen; auch ist dieser Satz keinen Deut absurder oder verheerender als alles, was ihm vorausging, und ein Gutteil dessen, was auf ihn folgt. Und überhaupt, wenn dies nicht die Bedeutung des Satzes sein soll, was sonst? Man gebe ihm einen Sinn, man gebe ihm einen beliebigen Sinn, und er wird verderblich sein: Um ihn vor dieser Anklage zu retten, gibt es nur den einen Weg, nämlich zuzugeben, daß er Unsinn ist.

So viel aber wäre klar, wenn in ihm irgend etwas klar wäre, daß diesem Satz zufolge jedwedes Eigentumsrecht, jedwedes Eigentum, das jemand einmal hat, da es ja unantastbar ist, ihm in keiner Weise jemals durch irgendein Gesetz genommen werden kann – oder welchen Nutzen, welche Bedeutung soll dieser Satz sonst haben? –, sodaß im selben Augenblick, in dem hinsichtlich irgendeines Gegenstandes anerkannt wird, daß dieser Gegenstand in meinem Besitz ist, ganz gleich, wie oder weshalb es dazu kam, zugleich auch anerkannt wird, daß er mir nie mehr weggenommen werden darf: Deshalb sind zum Beispiel alle Gesetze und Urteile, durch die mir irgend etwas ohne meine freie Zustimmung genommen wird, alle Steuern und Bußgelder etwa, hinfällig, und laden insofern zu Widerstand und Auflehnung ein, und so weiter wie gehabt.

3. Sicherheit. Sicherheit steht in der Liste jener natürlichen und unantastbaren Rechte, die kein Gesetz verlieh und die per Gesetz zu nehmen auch nicht im mindesten geduldet werden kann, an dritter Stelle. Unter dem Titel der Sicherheit hätte man auch die Freiheit befassen können und genauso das Eigentum: Da man von der Sicherheit der Freiheit oder Sicherheit für den Genuß der Freiheit als einem Aspekt der Sicherheit sprechen kann; und von der Sicherheit des Besitzes oder Sicherheit der Eigentumsrechte als einem anderen. Die Sicherheit der Person ist der Aspekt, an den man hier gedacht zu haben scheint; die Sicherheit eines jeden Menschen vor all jenen schädigenden oder unliebsamen Einwirkungen (ausgenommen denjenigen, die in einer bloßen Störung des Genusses der Freiheit bestehen), die einen Menschen persönlich betreffen, deren Gegenstand die menschliche Person ist: vor dem Verlust des Lebens – dem Verlust von Gliedmaßen – dem Verlust der Fähigkeit, seine Gliedmaßen zu gebrauchen – vor Wunden, Quetschungen und dergleichen. Alle Gesetze sind also null und nichtig, die aus irgendeinem Grund oder auf irgendeine Weise irgendeine Person irgendeinem Risiko aussetzen:

die die Todesstrafe oder sonst eine körperliche Züchtigung festsetzen; die jemanden im Dienste des Militärs beim Kampf gegen ausländische Feinde oder im Dienste der richterlichen Gewalt im Kampf gegen Missetäter einem persönlichen Risiko aussetzen; alle Gesetze, die, um das Land vor der Pest zu bewahren, die sofortige Exekution einer verdächtigen Person genehmigen, sollte sie bestimmte Grenzen überschreiten.

4. Widerstand gegen Unterdrückung. Als viertes und letztes in der Liste der natürlichen und unantastbaren Rechte das auf Widerstand gegen Unterdrückung: womit, wie ich vermute, das Recht gemeint ist, Widerstand gegen Unterdrückung zu leisten. Was ist Unterdrückung? Macht, die zum Nachteil eines beliebigen Individuums mißbraucht wurde. Woran denkt jemand, der von Unterdrückung spricht? An Macht, die ihm zu irgend jemandes Schaden mißbraucht zu sein scheint: weil jenem Individuum ein gewisses Leid zugemutet wird, das (ob die Gesetze es verbieten oder nicht) ihm unserer Meinung nach nicht hätte zugemutet werden sollen. Gegen alles aber, was sich als Unterdrückung ausweisen ließe, wurde, wie wir bereits gesehen haben, durch die Anerkennung der drei vorhergehenden Rechte Vorkehrung getroffen: da kein Mensch einer Unterdrückung ausgesetzt sein kann, die nicht, wie oben beschrieben, ein Verstoß gegen seine Freiheitsrechte, seine Eigentumsrechte oder seine Sicherheitsrechte wäre. Wo also ist der Unterschied? – zu welchem Zweck diese vierte Klausel nach den ersten dreien? – zu diesem Zweck: Die Rechte, die sie zu begründen suchen – das Unheil, das sie abzuwenden suchen –, sind dieselben, der Unterschied liegt im Gegenmittel, das angewandt werden soll. Um das fragliche Unheil abzuwenden, ist es das Bemühen der ersten drei Klauseln, dem Gesetzgeber und seinen Untergebenen die Hände zu binden – durch die Furcht vor der Nichtigkeit ihres Tuns und eine vage Vorahnung von allgemeinem Widerstand und allgemeiner Auflehnung: Das Ziel dieser vierten Klausel ist es, die Hand des betroffenen Individuums zu erheben, um die befürchtete Verletzung seiner Rechte in dem Moment zu verhindern, in dem sie seiner Meinung nach unmittelbar bevorsteht. Wann immer man unterdrückt zu werden droht, hat man das Recht, Widerstand gegen diese Unterdrückung zu leisten, und folglich: Wann immer man glaubt, man werde unterdrückt, soll man glauben, ein Recht auf Widerstand zu haben, und soll entsprechend handeln. In dem Maße, in dem ein wie auch immer geartetes Gesetz, ein beliebiger Akt der obersten oder einer nachgeordneten Gewalt, sei es der gesetzgebenden, der administrativen oder der richterlichen, einem Menschen mißfällt – besonders wenn er angesichts ihrer Unannehmlichkeit der Meinung ist, eine solche Machtausübung hätte nicht geschehen sollen –, wird er sie natürlich für einen Akt der Unterdrückung halten. So oft einem Menschen derartiges widerfährt, so oft einem Menschen etwas widerfährt, was seine Leidenschaften entflammt, geht dieser Artikel aus Sorge, seine Leidenschaften könnten aus sich selbst heraus nicht stark genug entflammt werden, ans Werk, um das Feuer zu schüren und ihn zum Widerstand anzuspornen. Man füge sich keinem Beschluß oder sonst einem rechtsstaatlichen Akt, von dessen Gerechtigkeit man nicht selbst absolut überzeugt ist. Fordert ein Polizist dich auf, in der Bürgerwehr zu dienen, erschieß den Polizisten, nicht den Feind. Plagt dich der Chef einer Preß-Patrouille, dann stoß ihn ins Meer: ist es ein Gerichtsvollzieher, so wirf ihn aus dem Fenster. Verurteilt dich ein Richter zu Gefängnis oder zum Tode, halte den Dolch bereit und erledige als allererstes den Richter.

> Artikel 3: Der Ursprung jeder Souveränität liegt ihrem Wesen nach beim Volke. Keine Körperschaft und kein einzelner kann eine Gewalt ausüben, die nicht ausdrücklich von ihm ausgeht.[13]

Von den zwei Sätzen, aus denen sich dieser Artikel zusammensetzt, ist der erste vollkommen wahr, vollkommen unschädlich und vollkommen nichtssagend. Staat und Gehorsam gehen Hand in Hand. Wo es keinen Gehorsam gibt, gibt es keinen Staat: In dem Maße, wie gehorcht wird, wird Staatsgewalt ausgeübt. Das ist in der weitreichendsten Demokratie wahr; das ist gleichermaßen wahr in der absolutesten Monarchie. Hieraus kann nirgendwo ein Schaden erwachsen; freilich auch nichts Gutes. Ich spreche von der natürlichen und offensichtlichen Bedeutung, wenn man den Satz für sich nimmt und unterstellt, daß die Bedeutung des Wortes *Ursprung* so klar und unzweideutig ist, wie man sich das wünschen würde, darunter also *Wirkursache* versteht. Von Macht auf der einen Seite ist Gehorsam auf der anderen ohne Zweifel stets die Wirkursache.

Als unschädlicher Satz aber würde er, wie aus dem unmittelbar folgenden hervorgeht, seinen Zweck nicht erfüllen: Da sie unschädlich ist, war dies nicht die Bedeutung, die man im Sinn hatte. Gemeint war die Behauptung als ein Vordersatz, auf den die nächste Behauptung als Folgesatz gegründet ist. Keine Körperschaft und kein einzelner *kann* eine Gewalt ausüben, die nicht ausdrücklich vom Volke ausgeht. Kann: wieder dieses mehrdeutige und vergiftete *kann*. Was genau können sie eigentlich nicht? Können sie denn, wenn und solange andere Menschen sich ihnen unterwerfen, nicht Gewalt über diese ausüben? Das kann unmöglich gemeint sein. Das kann nicht gemeint sein, nicht etwa, weil es in seiner Bedeutung falsch und töricht wäre, sondern weil es nichts zum erklärten Ziele beiträgt. Die Bedeutung muß hier wie an anderer Stelle sein, daß jeder Akt einer jeden Staatsgewalt, die nicht ausdrücklich vom Volke ausgeht, nichtig ist: und folglich entsprechend beantwortet werden sollte, mit Widerstand, Aufstand, Umsturz. Ausdrücklich vom Volke ausgehen heißt, vom Volke in einem offiziellen Akt, an dessen Ausübung das Volk, also: das ganze Volk teilgenommen hat, übertragen worden zu sein. Eine Gewalt geht vom Volk in einem Sinne aus, nämlich in der üblichen unausgesprochenen Weise, indem sich das Volk ihr unterwirft, wie es dies gewohnt ist, wie es jeder einzelne seit Menschengedenken gewohnt ist – ihr oder einer höheren Gewalt, von der sie abgeleitet ist. Dieses Verständnis zu negieren war jedoch die offenkundige Absicht des Artikels, hätte er doch sonst nicht dem stets offensichtlichen und mehr als einmal eingestandenen Ziel der Zerrüttung gedient. Zum Zwecke seiner Negierung wird folglich das Wort *expressément*, *ausdrücklich* hinzugefügt. Jede angemaßte Amtsgewalt, in die jemand auf irgendeine andere Weise als durch allgemeine Wahlen eingesetzt wurde, ist widerrechtlich: und allgemein heißt vom Volk, also in jedem einzelnen Fall vom ganzen Volk (denn es wird keine Unterscheidung oder Aufteilung angedeutet) abgehaltene Wahlen.

Und dies, so wird ausdrücklich behauptet, sei eine Tatsache – nicht nur in *Frankreich*, unter der französischen Regierung, sondern *überall* und unter jeder wie auch immer

13 „Le principe de toute souveraineté réside essentiellement dans la Nation. Nul corps, nul individu ne peut exercer d'autorité qui n'en émane expressément.“

gearteten Regierung. Folglich sind alle Akte jeder Staatsmacht in Europa (zum Beispiel) nichtig, mit der Ausnahme – oder vielmehr ohne die Ausnahme – von zwei oder dreien der Schweizer Kantone; und die Personen, die in diesen Ländern die Regierungsgewalt ausüben, allesamt Usurpatoren: Widerstand und Auflehnung gegen sie – rechtmäßig und lobenswert.

Auch die französische Staatsmacht selbst wird nicht ausgenommen, was immer die französische Staatsmacht ist, gewesen ist oder sein wird. Geht *vom* Volke aus: also vom *ganzen* Volk, von dem ja kein Teil ausgeschlossen wird. Frauen sind folglich eingeschlossen und Kinder: Kinder jeden Alters. Denn wenn Frauen und Kinder nicht Teil des Volkes sind, was sind sie dann? – Vieh? Fürwahr, wie kann auch nur eine einzige Seele ausgeschlossen werden, wenn alle Menschen, alle menschlichen Geschöpfe gleich an Rechten sind und sein sollen? Hinsichtlich aller Arten von Rechten, ohne Ausnahme oder Einschränkung.

> Artikel 4: Die Freiheit besteht darin, alles tun zu dürfen, was einem anderen nicht schadet: Die Ausübung der natürlichen Rechte eines jeden Menschen hat also nur die Grenzen, die den anderen Mitgliedern der Gesellschaft den Genuß eben dieser Rechte sichern. Diese Grenzen können nur durch das Gesetz bestimmt werden.[14]

Dieser Artikel beinhaltet drei Behauptungen.

1. Behauptung. Die Freiheit besteht darin, alles tun zu dürfen, was einem anderen nicht schadet. – Wie, nur darin und in nichts sonst? Ist denn nicht die Freiheit, Unheil anzurichten, Freiheit? Und wenn nicht, was ist sie dann? Und über welches Wort verfügt die Sprache, eine beliebige Sprache, um dies zu benennen? – Wie kindisch, wie unvereinbar mit den Zwecken der Sprache ist diese Perversion der Sprache! Zu versuchen, ein im allgemeinen und ständigen Gebrauch befindliches Wort auf eine Bedeutung einzuschränken, auf die es nie jemand eingeschränkt hat oder künftig einschränken wird. Ich soll also niemals wissen, ob ich die Freiheit habe oder nicht, eine Handlung auszuüben oder zu unterlassen, bis ich überblicke, ob es jemanden gibt oder nicht, den sie schädigen könnte? Bis ich das ganze Ausmaß all ihrer Konsequenzen überblicke? Freiheit – welche Freiheit? Freiheit gegenüber welcher Gewalt? – Von wessen Zwang? – Von jenem Zwang, der vom Gesetz ausgeht? So muß ich also, wenn ich wissen will, ob mir das Gesetz in irgendeiner Hinsicht bezüglich irgendeiner Handlung einen Freiheitsspielraum gibt, nicht den Buchstaben des Gesetzes befragen, sondern meine eigenen Vorstellungen davon, was wohl die Folgen der Handlung wären: ob unter diesen Folgen eine einzige sein könnte, die irgend jemanden schädigen würde, und dann wäre ich, was immer das Gesetz mir in dieser Sache sagt, nicht frei, die Handlung vorzunehmen. Wenn ein Rechtspfleger angewiesen wird, einen Dieb auspeitschen zu lassen, muß er, um zu wissen, ob er die Freiheit hat, für die Ausführung des Urteils zu sorgen, wissen, ob eine Auspeitschung den Dieb schädigen würde: Wenn ja, dann ist der Beamte nicht frei, die Strafe vollstrecken zu lassen, deren Vollstreckung seine Pflicht ist.

---

14 „La liberté consiste à pouvoir faire tout ce qui ne nuit pas à autrui. Ainsi, l'exercice des droits naturels de chaque homme n'a de bornes que celles qui assurent aux autres membres de la société la jouissance de ces mêmes droits. Ces bornes ne peuvent être déterminées que par la loi."

2. Behauptung. Und so hat also die Wahrnehmung der natürlichen Rechte eines jeden Individuums nur die Grenzen, die den anderen Mitgliedern der Gesellschaft den Genuß eben dieser Rechte sichern. – Nur die und keine anderen Grenzen? – Wo hat sie keine anderen Grenzen, in welcher Nation, unter welcher Regierung? – Wenn es irgendeine Regierung gibt, für die das gilt, dann ist unter ihr die Gesetzgebung im Zustand absoluter Vollkommenheit. Sollte es keine solche Regierung geben, dann würde damit auch notwendigerweise zugestanden, daß es keine Nation auf Erden gibt, für die diese Definition mit der Wahrheit in Übereinklang zu bringen ist.

3. Behauptung. Diese Grenzen können nur durch das Gesetz bestimmt werden. – Noch mehr Widersprüchlichkeit, noch mehr Verwirrung. Wie also? Diese Freiheit, dieses Recht als eines der vier Rechte, die vor jedem Gesetz existierten und ungeachtet all dessen existieren werden, was Gesetze zu leisten vermögen, verdankt alle Grenzen, die ihm gesetzt sind, verdankt seine gesamte Reichweite den Gesetzen. Bis man nicht weiß, was die Gesetze dazu sagen, weiß man nicht, woran man mit ihm ist, noch, wie man es interpretieren soll; und doch existierte es, und zwar in voller Kraft und Stärke, bevor es so etwas wie Gesetze überhaupt gab; und wird auf diese Weise fortbestehen, für alle Zeiten, ganz egal, was Gesetze ihm anhaben können. Immer dieselbe Unfähigkeit des Ausdrucks; immer dieselbe Verwechslung dessen, was angeblich *ist*, mit dem, was der Vorstellung nach *sein sollte*.

Was ist in dieser Frage die schlichte Wahrheit? Welcher Sinn kommt diesem Unsinn am nächsten?

Die Freiheit, die das Gesetz einräumen, unangetastet und unverzerrt bestehen lassen *sollte*, ist die Freiheit, die allein solche Handlungen betrifft, durch deren Vollzug der Gemeinschaft insgesamt kein Schaden zugefügt würde: also entweder überhaupt kein Schaden oder keiner, der nicht durch einen mindestens gleichwertigen Nutzen ausgeglichen zu werden verspricht.

Folglich sollten der Wahrnehmung der jeder Person eingeräumten und übertragenen Rechte von Gesetzes wegen allein die Grenzen gesetzt sein, die notwendig sind, um zu gewährleisten, daß auch jede andere Person solche Rechte besitzt und wahrnimmt, soweit ihr dies im Hinblick auf die Interessen oder das größtmögliche Glück der Gemeinschaft insgesamt gestattet werden kann. Diese Grenzen zu ziehen, sollte keinem anderen als dem Gesetzgeber selbst vorbehalten sein, keinem anderen als ihm oder jenen, die anerkanntermaßen im Besitz der unumschränkten Macht sind: Es sollte mit anderen Worten gerade nicht der zufälligen und willkürlichen Erklärung einer beliebigen Person anheimgestellt sein, welche Position diese in der Machthierarchie auch bekleiden mag.

Das Wort *autrui*, ein anderer, das ja nicht zwischen Gemeinschaft und Einzelpersonen unterscheidet, ist vage genug, um in seinem natürlichsten Verständnis späteren Gesetzgebern jede Möglichkeit zu rauben, mittels Strafen oder auf andere Weise solche Handlungen zu unterbinden, bei denen sich keine geschädigten Einzelpersonen ausfindig machen lassen, und um ihnen ganz gewiß jede Möglichkeit zu nehmen, beliebige Männer, Frauen oder Kinder vor ihrer eigenen Schwäche, Unwissenheit oder Unbesonnenheit zu schützen. Tendenziell schädliche Handlungen, Handlungen, die der Staat auf die Liste der Straftaten setzen sollte, lassen sich in vier große Klassen einteilen: Handlungen, die in erster Linie bestimmte Personen schädigen; Handlungen, die nicht näher bestimmbare, aber zu einer bestimmten Gruppe der Gemeinschaft gehörende Personen schädigen; Handlungen, die die Gemeinschaft insgesamt schädigen; Handlungen, die den Handelnden selbst schädigen: Handlungen also, die sich, wenn man sie mit der Liste der Straftaten in Beziehung setzt, den verschiedenen Klassen der Straftaten gegen Personen, Straftaten gegen eine bestimmte Nachbarschaft oder bestimmte Gruppe von Menschen, Straftaten gegen die Gemeinschaft insgesamt oder Straftaten gegen die eigene Person eines Menschen zuordnen lassen.

> Artikel 5: Das Gesetz darf nur solche Handlungen verbieten, die der Gesellschaft schaden. Alles, was durch das Gesetz nicht verboten ist, kann nicht untersagt werden, und niemand kann genötigt werden zu tun, was es nicht befiehlt.[15]

1. Satz. Das Gesetz darf nur (*n'a le droit ... que*) solche Handlungen verbieten, die der Gesellschaft schaden. Das Gesetz hat nicht das Recht (*n'a le droit*, nicht *ne peut pas*). Dies ist ausnahmsweise einmal völlig unzweideutig. Hier wird die Maske der Mehrdeutigkeit fallengelassen. Das unverhohlene Ziel dieses Satzes ist es, den permanenten Aufstand zu predigen, jeden Mann zu bewaffnen und gegen jedes Gesetz in Stellung zu bringen, das ihm zufälligerweise nicht gefällt. Denn welche Handlung es auch sei, wenn das Gesetz nicht das Recht hat, sie zu verbieten, dann ist ein Gesetz, das sie verbietet, null und nichtig, und der Versuch, ihm Geltung zu verschaffen, ist Unterdrückung, und Widerstand gegen einen solchen Versuch und Auflehnung als Bundesgenosse im Widerstand rechtmäßig, gerechtfertigt und lobenswert.

Hätte es geheißen, das Gesetz solle keine Handlung verbieten, die nicht ihrem Wesen nach schädlich für die Gesellschaft ist, so hätte dies auf jeden Fall seinen guten Zweck erfüllt, nicht aber den Zweck, der hier erfüllt werden soll.

Eine Staatsführung, die den hier geweckten Erwartungen entspräche, wäre von absoluter Vollkommenheit. Den Fall einer Staatsführung, die diesen Erwartungen entspricht, hat es niemals gegeben und kann es, solange die Menschen keine Engel sind, auch niemals geben. Es ist das unmittelbare Ziel dieses Manifests, Aufruhr gegen jede Staatsführung zu schüren, die diesen Erwartungen in irgendeiner Hinsicht nicht entspricht: Hier wie an anderer Stelle ist es folglich sein unmittelbares Ziel, zu allen Zeiten Aufruhr gegen jede beliebige Staatsführung zu schüren.

2. Satz. Alles, was durch das Gesetz nicht verboten ist, kann nicht untersagt werden, und niemand kann genötigt werden zu tun, was es nicht befiehlt.

Die Folge dieses Gesetzes ist, aus Mangel an den erforderlichen Ausnahmen und Erläuterungen jetzt und für alle Zeiten jegliche Befehlsgewalt abzuschaffen, jegliche Gewalt, deren Ausübung darin besteht, gelegentlich bestimmte Befehle zu erteilen und ihre Befolgung durchzusetzen: – häusliche Gewalt, Rechtsgewalt, Polizeigewalt, militärische Gewalt, die Gewalt ranghöherer Beamter der Staatsverwaltung über ihre Untergebenen. Sage ich zu meinem Sohn, besteig nicht jenes Pferd, das im Zaum zu halten dir die Kraft fehlt; sage ich zu meiner Tochter, geh nicht zu jenem Teich, in dem ein junger Mann badet, so dürfen sie mir trotzen und mich auffordern, ihnen zu zeigen, wo in den

---

15 „La loi n'a le droit de défendre que les actions nuisibles à la société. Tout ce qui n'est pas défendu par la loi ne peut être empêché, et nul ne peut être contraint à faire ce qu'elle n'ordonne pas."

Gesetzen irgend etwas über das Besteigen widerspenstiger Pferde steht oder darüber, dorthin zu gehen, wo junge Männer baden. Unter Berufung auf ebendiese Klausel können sich beide rechtfertigen, wenn sie die von mir erteilte Lektion ausschlagen, während mein Lehrling sich weigert, die Arbeit zu tun, die ich ihm aufgetragen habe, und meine Frau es schicklich findet, nicht das Nachtmahl zu bereiten, das ich mir von ihr für unsere Familie gewünscht hatte, sondern zu einem anderen Manne speisen zu gehen, dessen Gesellschaft ihr mehr behagt. In der Welt, wie sie ist, wird – unter jeder anderen Staatsführung als unter derjenigen, die hier entworfen werden sollte – alles, was kraft einer von Gesetzes wegen erlaubten und anerkannten Gewalt angeordnet oder verboten wird, im Prinzip und in Wirklichkeit durch das Gesetz selbst angeordnet und verboten, da dieses durch die Unterstützung, die es den fraglichen Personen bei der Ausübung ihrer jeweiligen Befugnisse gewährt, zu verstehen gibt, daß es ihre Anordnungen, worin auch immer deren Zweck bestehen mag, gutgeheißen und sich zu eigen gemacht hat, noch bevor sie erlassen werden, solange sie sich an die von ihm gesteckten Grenzen halten. Doch sind die bestehenden Institutionen in ihrer grundsätzlichen Unvereinbarkeit mit den Menschenrechten alle null und nichtig und außerstande, diese oder eine andere Lücke im Aufbau der neuen Verfassung zu schließen. Darüber hinaus ist jenes Recht, an nichts gehindert zu werden, was das Gesetz selbst nicht verboten hat, und zu nichts gezwungen zu werden, was es selbst nicht angeordnet hat, ein Eintrag in der Liste natürlicher, unveräußerlicher, heiliger und unantastbarer Rechte, über die politische Gesetze keinerlei Gewalt haben: sodaß der Versuch, die Lücke zu schließen und irgendeine Gewalt zu etablieren, die anordnen oder verbieten könnte, was nicht schon von Gesetzes wegen angeordnet oder verboten ist, ein Akt der Usurpation wäre und jeglicher Anspruch, solche Gewalten zu etablieren, null und nichtig. Und wie können irgendwelche derartigen Gewalten in einer Gesellschaft existieren, deren Mitglieder samt und sonders frei und gleich an Rechten sind?

Aber einmal zugestanden, der Geist dieser Klausel, wenn schon nicht ihr Buchstabe, ließe Raum für die Schaffung der fraglichen Gewalten, was würde daraus folgen? – Daß sie insoweit bedeutungslos ist, wie sie unschädlich ist und den ihr zugedachten Zweck nicht erfüllt. Dieser Zweck besteht darin, Individuen vor möglicher Unterdrückung zu schützen, der sie von Seiten anderer, im Besitz gesetzlich verankerter Gewalten befindlicher Individuen durch den Gebrauch oder angeblichen Gebrauch dieser Gewalten ausgesetzt sein könnten. Wenn aber diese Gewalten von künftigen und, dem Plan dieser Verfassung zufolge, nachrangigen Gesetzgebern festgelegt werden sollen und jeden beliebigen Charakter und jedes beliebige Ausmaß haben können, die diesen Gesetzgebern gut dünken, was ist dann der hier gewährte Schutz wert, zumal im Hinblick auf zukünftige Gesetzgeber, für deren Hände all die Fesseln gedacht sind, die anzulegen das Ziel dieser Erklärung ist? Verderblich oder wertlos – immer die gleiche Alternative.

Die Verwendung des untauglichen Wortes *kann* anstelle des passenden Wortes *soll* ist durchaus bemerkenswert. *Soll* ist die Sprache des Gesetzgebers, der weiß, was er tut, der seine Arbeit verrichtet und mehr nicht will. Sofern es in einem juristischen Buch korrekt verwendet wird, ist *kann* die Sprache des privaten Kommentators oder Interpreten, der Schlüsse aus dem Gesetzestext, aus den Beschlüssen des Gesetzgebers oder aus dem zieht, was an ihre Stelle tritt: aus der Praxis der Gerichte.

> Artikel 6: Das Gesetz *ist* der Ausdruck des allgemeinen Willens. Alle Bürger haben das Recht, persönlich oder durch ihre Vertreter an seiner Gestaltung mitzuwirken. Es muß für alle gleich sein, mag es beschützen oder bestrafen. Da alle Bürger vor ihm gleich sind, sind sie alle gleichermaßen, ihren Fähigkeiten entsprechend und ohne einen anderen Unterschied als den ihrer Eigenschaften und Begabungen, zu allen öffentlichen Würden, Ämtern und Stellungen zugelassen.[16]

Dieser Artikel bietet ein Sammelsurium von Vorschriften, die so wenig miteinander zu tun haben, wie es auf dem Gebiete des Rechts überhaupt möglich ist: Einige beziehen sich auf das Verfassungsrecht, einige auf das bürgerliche und einige auf das Strafrecht: und in der Abteilung des Verfassungsrechts einige auf die Ausgestaltung der obersten Gewalt, andere auf die nachgeordneter Bereiche.

1. Behauptung. *Das* Gesetz *ist* der Ausdruck des allgemeinen Willens. *Das* Gesetz? – Welches Gesetz? *Ist* der Ausdruck des allgemeinen Willens? – Wo ist das so? In welchem Land? Zu welcher Zeit? In keinem Land; zu keiner Zeit; nirgendwo sonst als in Frankreich; und nicht einmal in Frankreich. Das Wort allgemein nun bedeutet hier universell; denn Ausnahmen werden nicht gemacht: Frauen, Kinder, Tolle, Verbrecher, da ja bereits verkündet wurde, daß sie als menschliche Wesen gleich an Rechten sind. Die Natur hat sie so gemacht; und selbst, wenn man wünschen sollte, es verhielte sich anders, so wäre – weil das Werk der Natur unabänderlich ist und die Rechte unveräußerlich sind – jeder Änderungsversuch zwecklos.

Mit Gewißheit darf man sagen, daß so etwas wie ein Gesetz, auf das sich diese Definition anwenden ließe, jedenfalls in keiner anderen Nation jemals existiert hat. Aber das tut nichts zur Sache, da ein Lieblingsziel dieses Füllhorns universeller Nächstenliebe darin besteht, die Regierungen aller anderen Länder für aufgelöst zu erklären und die Menschen davon zu überzeugen, daß die Auflösung stattgefunden hat.

Wie aber kann das Gesetz irgendwo, und sei es in Frankreich, Ausdruck des universellen oder auch nur allgemeinen Willens aller Menschen sein, wenn der bei weitem größte Teil von ihnen in diesen Fragen niemals irgendeinen Willen gehabt hat? Und wenn ein Großteil derer, die ihn wohl hatten, sich (wie es denn bei fast allen Gesetzen der Fall ist, die von einer großen Versammlung gemacht wurden) wünscht, daß es nie dazu gekommen wäre?

2. Satz. Alle Bürger *haben das Recht*, persönlich oder durch ihre Vertreter an seiner Gestaltung mitzuwirken. – Hier wechselt die Sprache – von der Formulierung der angeblichen Praxis zur Formulierung des angeblichen Rechts. – Warum dieser Wechsel? Nachdem etwas so Einfältiges gesagt wurde, wie daß es nirgendwo ein Gesetz gibt, das nicht Ausdruck von jedermanns Willen wäre, was hätte da noch verhindern sollen, daß es in derselben einfältigen Manier weitergeht und heißt, jedermann habe an seiner Ge-

16 „La loi est l'expression de la volonté générale. Tous les citoyens ont droit de concourir personnellement, ou par leurs représentans, à sa formation. Elle doit être la même pour tous, soit qu'elle protège, soit qu'elle punisse. Tous les citoyens étant égaux à ses yeux, sont également admissibles à toutes dignités, places et emplois publics, selon leurs capacité, et sans autre distinction que celle de leurs vertus et de leurs talens."

staltung mitgewirkt, sich an ihr beteiligt? – Da aber jedenfalls in diesem zweiten Satz die Idee eines Rechts korrekt beim Namen genannt wird, löst sich die vom vorhergehenden Satz verbreitete Mehrdeutigkeit auf, und nun scheint außer Zweifel zu stehen, daß jedes Gesetz, an dessen Gestaltung entweder persönlich oder durch seine Vertreter mitzuwirken irgendeinem Bürger verwehrt wurde, hier und da und überall ein nichtiges Gesetz ist und immer sein wird.

Zur Bezeichnung von Bevollmächtigten verfügt die französische Sprache wie die englische über zwei Wörter, Vertreter (*representative/représentant*) und Abgeordneter (*deputy/député*), von denen das eine zu Fehldeutungen einlädt, das andere hingegen nicht; zu Fehldeutungen, die einen Sinn ausdrücken, der dem hier offensichtlich gemeinten genau entgegengesetzt ist: das eine Wort also von Dichtung und Mehrdeutigkeit verdorben, während das andere nichts als die reine Wahrheit zum Ausdruck bringt. – Nachdem sie doch über jede Nachahmung so erhaben waren, nachdem sie frei wählen konnten und nicht wie die Menschen in Großbritannien durch Gewohnheit festgelegt waren, wie kommt es, daß sie ausgerechnet das englische Wort *representatives*, das schon Anlaß so viel spitzfindiger Streiterei gewesen ist, gebrauchten statt ihr eigenes gutes Wort *deputies/députés*, das zu keinerlei Haarspalterei Anlaß geben kann? Wenn er mit ausländischen Mächten verhandelt, dann gilt der König von Großbritannien als Repräsentant des britischen Volkes, aber versammelt sich jemals das ganze Volk, um ihm gemeinsam eine Vollmacht hierfür auszustellen? Man erkennt in diesem Fall an, daß der König von Großbritannien das britische Volk vertritt; aber würde man in diesem Fall jemals sagen, er sei von ihm abgeordnet worden? Man hat von den Wahlberechtigten bei den Parlamentswahlen gesagt, sie verträten die Nicht-Wahlberechtigten, und von den Mitgliedern des Parlaments, sie verträten beide; aber hat man jemals sagen hören, Mitglieder oder Wahlberechtigte seien Abgeordnete der Nicht-Wahlberechtigten? Da sie nun das unpassende Wort Vertreter anstelle des passenden Wortes Abgeordnete gebrauchen, könnte man den Franzosen in Anbetracht all dessen, was sie in diesem Satz vor einem so entsetzlichen Übel bewahrt, glatt die britische Verfassung überstülpen. Vielleicht klang Vertreter besser als Abgeordnete. Menschen, die sich von Klängen beherrschen lassen, opfern alles dem Klang. Weder kennen sie den Wert der Genauigkeit, noch steht sie ihnen zu Gebote.

3. Satz. Es (das Gesetz) muß für alle gleich sein, mag es beschützen oder bestrafen; soll heißen: sowohl hinsichtlich des Schutzes, den es bietet, als auch hinsichtlich der Strafen, die es auferlegt.

Dieser Satz scheint im wesentlichen vernünftig zu sein, läßt aber vielleicht hinsichtlich des einen oder anderen Punktes noch Erläuterungen und Ausnahmen zu, von deren Erörterung man vielleicht besser nicht die gesamte Nachwelt ausgeschlossen hätte.

Was den Schutz betrifft, kennt das englische Recht eine Strafe, die darin besteht, daß jemand vom Schutz durch das Gesetz ausgeschlossen wird; deren Verhängung es dem Betroffenen verwehrt, um Wiedergutmachung irgendeiner Form von Unrecht zu ersuchen. Ich für meinen Teil kann diese Strafe nicht gutheißen; vielleicht tun es aber die, in deren Macht es steht, sie abzuschaffen, und die sie dennoch beibehalten. In Frankreich heißt man sie gut, wie ich annehme, da sie hier ja so häufig in viel schwerwiegenderer Form angewandt wurde als in England. Diese Sorte Strafe ist für alle Zeiten untersagt, zumindest vom Buchstaben dieser Klausel. Was den Geist angeht, so ist eine der vorherrschenden Eigenschaften dieser Abfassung, daß ihr Geist von Anfang bis Ende unverständlich ist.

Im englischen Recht wird Richtern in vielen Fällen ein höherer Schadensersatz zugesprochen, wenn eine Klage gegen sie wegen angeblicher Schädigung von Privatpersonen in Ausübung ihres Amtes unbegründet ist, als man Privatpersonen zusprechen würde, die sich durch Klagen wegen derselben Art von Schädigung beeinträchtigt sehen. Offensichtlich liegt hier die Vorstellung zugrunde, daß die Staatsdiener, deren Interesse, die Rechte der Allgemeinheit zu verteidigen, nicht so groß ist wie das eines einzelnen, sein eigenes Recht zu verteidigen, dazu neigen könnten, ihre Pflicht zu vernachlässigen, wenn der Anreiz, ihre Pflicht zu tun, nicht größer wäre als der Anreiz für den einzelnen, sein Recht zu verteidigen. Ohne weiter ins Detail zu gehen, scheinen diese Beispiele einen hinreichend begründeten Zweifel aufkommen zu lassen, ob die schmuck klingende Gleichheit, die dem Rhetoriker so leicht von der Zunge geht, auch nur in diesem einen Fall zur Gänze mit jener Rücksicht auf alle Eventualitäten des möglichen Nutzens zu vereinbaren ist, die das Ziel des Gesetzgebers sein sollte.

Was die Bestrafung angeht, so führt eine Regel, die sich den Geboten der Nützlichkeit mit der gleichen Strenge unterwirft, mit der die Lehre von der unbeirrbaren Gleichheit dem launischen Spiel der Einbildungskraft folgt, keinesfalls zu härteren Strafen, als der Zweck erfordert. Wenn allerdings zwei Individuen infolge ihrer jeweiligen Lebensumstände bekanntermaßen von unterschiedlicher Empfindlichkeit sind, so wäre eine Strafe, die dem Namen nach – also unter jeder Beschreibung, die im Gesetz und durch das Gesetz von ihr gegeben werden könnte – in beiden Fällen gleich ausfiele, in Wirklichkeit sehr verschieden. Im Auge des Gesetzes mögen fünfzig Peitschenhiebe gleich fünfzig Peitschenhiebe sein: Doch niemand darf annehmen, daß das Leiden eines schwer arbeitenden jungen Mannes oder selbst einer jungen Frau aus der schwer arbeitenden Klasse, denen man eine entsprechende Anzahl von Hieben verabreicht, wirklich genauso schlimm wäre wie jenes, das die Gräfin Lapuchin – bis dato eine der größten Zierden am Hofe einer russischen Zarin – unter der dem Namen nach selben Strafe (und wären auch Instrument und aufgewandte Kraft die gleichen) erduldet haben muß. Verbannung und Verbannung wären im Auge des Gesetzes gleich: Aber so sicher ist es nicht, daß sie für einen Staatsdiener, der nun einmal auf einen von der Ortsansässigkeit abhängigen Lohn angewiesen ist, nicht eine härtere Strafe wäre als für den robusten Arbeiter, der sich in einem Land so gut wie in dem anderen den nämlichen Lebensunterhalt mit seiner Hände Arbeit verdienen mag.

Diejenigen, falls es sie gibt, für die derartige Unterscheidungen im Einklang mit Vernunft und Nützlichkeit stehen, könnten vielleicht meinen, sie seien mit der Sprache dieser Klausel nicht unvereinbar. Andere aber könnten sie entweder für unvernünftig halten oder für zwar vernünftig, aber nicht vereinbar. Und sollten dem Gesetz durch eine künftige Gesetzgebung solche Unterscheidungen aufgepfropft werden, so würden jene, die die Änderung nicht gutheißen, soweit sie im mindesten von Wesen und Geist dieser Verfassung beeinflußt sind, laut Aristokratie! schreien und die Änderung für nichtig erklären: Es folgen Widerstand und Aufstand und so weiter, wie gehabt.[a]

a Der berühmte Anatom Dr. Hunter pflegte in seinen Vorlesungen eine Geschichte zu erzählen, die zeigt, wie groß die Macht der Einbildungskraft ist und wie gerne ihre Eingebungen von jenen der

Satz 4. Da alle Bürger in seinen Augen gleich sind, sind sie alle, ihren Fähigkeiten entsprechend und ohne einen anderen Unterschied als den ihrer Eigenschaften und Begabungen, zu allen öffentlichen Würden, Ämtern und Stellungen zugelassen.

Dies ist einer der wenigen Sätze, um nicht zu sagen der einzige, der nicht schwerwiegende Einwände herausfordert: jedenfalls nicht gegen seinen allgemeinen Geist, wenn auch vielleicht gegen seine Formulierung. Im Hinblick auf Klassen von Menschen im allgemeinen wäre zu wünschen, daß keine Klasse von Menschen durch irgendein allgemeines Gesetz von irgendeinem Gegenstand des Wettbewerbs ausgeschlossen würde; auch läßt sich nichts zugunsten jener ererbten Formen des Ausschlusses sagen, die den Nährboden für diesen Satz bildeten und ihn irgendwann reif sein ließen. Doch bei der Regierungsbildung mag es – je nachdem, wie die öffentliche Meinung dazu steht – Fälle geben, die eine bestimmte Form des Ausschlusses von Ämtern durch den Gegenstand, der bei der Einrichtung des Amtes als letzter Zweck diente, erforderlich zu machen scheinen. So dürfte es kaum angemessen oder folgerichtig sein, einem Juden die Ernennung eines Kandidaten für eine christliche Pfründe mit seelsorgerischem Amt zu übertragen; obwohl ein Richterspruch vor nicht allzu langer Zeit das englische Recht dazu brachte, eine Ernennung dieser Art gutzuheißen. Ebenso folgewidrig scheint es zu sein, wollte man einem katholischem Kirchenpatron gestatten, einem Protestanten [oder einem protestantischen Kirchenpatron gestatten, einem Katholiken] eine Pfründe anzubieten: zumindest so lange, wie die religiösen Unterschiede ernst genommen werden beziehungsweise nach wie vor mit Feindseligkeiten einhergehen. Kirchliche Patronate in den Händen einzelner zählen sicherlich zu den Mißbräuchen oder angeblichen Mißbräuchen, die auszumerzen das Ziel dieser Verfassung war; und mittlerweile ist es in Frankreich verboten, jedwede kirchliche Einrichtung auf Kosten des Staates zu unterhalten.[16] Als diese Verfassung aber verkündet wurde, war der Geist der Subversion noch nicht so weit gediehen: Es gab immer noch Kirchenämter, auch wenn das Recht, Kandidaten für sie zu benennen – wie auch für alle anderen Ämter –, auf Volksversammlungen übertragen worden war.[17] Das Mißverhältnis, dem Bekenner einer konkurrierenden Religion ein Wahlrecht zu gewähren, wäre unter diesen Umständen das gleiche wie in dem Fall, da die Ernennung einem einzelnen oblag, wenngleich die Gefahr wohl selten dasselbe Ausmaß hätte. Es wäre so, als erteilte man einem feindlichen General den Auftrag für die Versorgung mit Waffen und Munition.

Vernunft und der Nützlichkeit abweichen. Ein Chirurgus, zu einem Patienten mit verletzter Hand gerufen, mußte feststellen, daß alle Finger bis auf den kleinen nicht mehr wiederherzustellen waren – und schnitt sie folglich ab; und als er, nachdem sie entfernt waren, sah, wie unpassend der kleine Finger vom Rest der Hand abstand, schnitt er weiter und entfernte auch diesen. Die Einbildungskraft war schneller als die Vernunft und verschloß ihr die Türe.

16 Staatliche Subventionen für kirchliche Einrichtungen wurden vom Nationalkonvent in einem Dekret vom 18. September 1794 verboten.

17 Durch die Zivilverfassung des Klerus vom 12. Juli 1790 hatte die Nationalversammlung eine neue Besoldungstabelle für den Klerus erlassen und die Macht, Kirchenämter zu besetzen, den wahlberechtigten „aktiven Bürgern“ übertragen.

Tolle und Verbrecher der schlimmsten Art sind gleichermaßen davor geschützt, von irgendeinem Amte oder der Ausübung irgendeines politischen Rechtes ausgeschlossen zu werden. Was Ämter angeht, die einer in diesem System nur bekleiden kann, wenn er gewählt wurde, kann diese Unbequemlichkeit, so ließe sich argumentieren, nicht allzu groß sein: Denn wenn auch nicht ausgeschlossen ist, daß er gewählt wird, besteht doch keine Gefahr, daß es wirklich geschieht. Anders hingegen verhält es sich im Hinblick auf all jene politischen Vorrechte, die dieses System jemandem als individuelle Rechte überträgt, und das in Form eines Geschenkes aus den Händen der Natur: so das Wahlrecht bei Ämtern. Sollte ein Mörder, an dem noch das Blut seines Opfers klebt und dessen Hinrichtung auf den zweiten Tag des Monats bestimmt ist, oder zweifellos schlimmer noch: ein Royalist, den man für schuldig befunden hat, jener Staatsform anzuhängen, unter der sein Land so viele Jahrhunderte lang prosperiert hatte, seine Wahlzulassung beantragen, um seine Stimme bei der Wahl eines Abgeordneten der Nationalversammlung oder eines Pariser Bürgermeisters abzugeben, sehe ich nicht, wie ein solcher Antrag abgewiesen werden könnte, ohne gegen diese Klausel zu verstoßen: Wenn dieses Recht nun tatsächlich gleich allen anderen, wie man uns immer aufs Neue wissen läßt, ein Geschenk der Göttin Natur und ein Schutzschild gegen alle Angriffe des geschriebenen Rechts ist, was können Gesetze da bewirken, welche Abhilfe können sie schaffen? Wohl wahr, da steht etwas von Begabungen und Eigenschaften (*vertus*); und dem Tollen, könnte man sagen, mangelt es an Begabungen und dem Verbrecher an Tugenden. Aber Begabungen wie Tugenden werden allein als Zeichen von Rang und Verdienst erwähnt, welche ihre Besitzer in entsprechend wohlwollendem und billigendem Maße für eine Vorzugsbehandlung empfehlen; kein Wort hingegen davon, daß irgendein Mangel an Begabung oder Tugend dazu führen könnte, einem Kandidaten schlechterdings den Weg zu versperren: Unterschied ist das Wort, nicht Ausnahme – Unterschiede zwischen Personen, die alle auf der Liste stehen, nicht Ausnahmen, die Personen von der Liste streichen.

Weit davon entfernt, den Ausschluß von Klassen von Menschen zu billigen, wie unfähig sie auch immer seien, erlaubt die Bestimmung nicht einmal, einzelne Personen von einem beliebigen Amte auszuschließen. Ein einzelner oder eine kleine Gruppe von Personen, die nichts als die permanente Behinderung aller Geschäfte im Sinn hätten und vielleicht aus genau diesem Grund ausgewählt worden wären, könnten in die oberste oder irgendeine andere Versammlung zurückkehren, und man könnte sie nicht loswerden, ohne gegen die natürlichen und unantastbaren Menschenrechte zu verstoßen, wie sie durch diesen Satz verkündet und begründet werden.

Noch klarer wird die Sache dadurch, daß diese besondere Bestimmung als eine Folgerung aus dem vorangegangenen Satz, also als bereits in dem Satz enthalten formuliert ist, der die vollkommene und unabänderliche Gleichheit der Menschheit hinsichtlich aller Arten von Rechten erklärt. – Da alle Bürger in seinen Augen gleich sind, sind sie alle gleichermaßen zuzulassen, und so weiter: Sofern die allgemeine Behauptung also keine Ausnahme zuläßt, kann diese ihre besondere Anwendung es auch nicht tun. Tugenden und Begabungen klingen hübsch und reizen die Einbildungskraft, was aber die Klarheit betrifft – wäre es um sie zu tun gewesen –, so wäre es für die Klausel für sich genommen besser gewesen, wenn sie mit den Worten *places et emplois publics* geendet und wenn man alles, was über Fähigkeiten und Unterschiede und Tugenden und Begabungen gesagt wird, weggelassen hätte.

> Artikel 7: Niemand kann angeklagt, verhaftet oder gefangengehalten werden, es sei denn in den durch das Gesetz bestimmten Fällen und nur in den von ihm vorgeschriebenen Formen. Wer willkürliche Anordnungen verlangt, erläßt, ausführt oder ausführen läßt, muß bestraft werden; aber jeder Bürger, der kraft Gesetzes vorgeladen oder festgenommen wird, muß sofort gehorchen; durch Widerstand macht er sich strafbar.[18]

1. Satz: Niemand kann angeklagt, verhaftet oder gefangengehalten werden, es sei denn in den durch das Gesetz bestimmten Fällen und nur in den von ihm vorgeschriebenen Formen.

Hier haben wir wieder das untaugliche Wort *kann* anstelle von *sollte*. Jetzt allerdings wird die Macht des Gesetzes anerkannt und unbezweifelt hingenommen: Der Satz ist insofern nicht verderblich und absurd, sondern wertlos und zweckfrei. Das erklärte Ziel der gesamten Abfassung besteht darin, dem Gesetz die Hände zu binden, indem sie angebliche Rechte verkündet, über die das Gesetz niemals irgendwelche Gewalt besitzen wird: allen voran Freiheit, das Recht, in den Genuß der Freiheit zu kommen. Hier wird ebendiese Freiheit der Gnade und dem Wohlwollen des Gesetzes anheimgestellt. So wenig sie den Zweck erfüllt, den sie im Sinn zu haben vorgibt, so wenig erfüllt sie den Zweck, den sie hätte im Sinn haben sollen und vielleicht hätte erfüllen können, nämlich dem Untertanen, oder um nach französischer Art zu sprechen: dem Bürger, jenen Grad von Sicherheit zu gewähren, der ihm, ohne künftigen Gesetzgebern die Hände zu binden, gegen willkürliche Befehle hätte gewährt werden können. Dieser Artikel beinhaltet nichts, was nicht in die Verfassungstexte von Preußen, Dänemark, Rußland oder Marokko aufgenommen werden könnte, und zwar ohne jegliche Abänderung. Er ist geltendes Recht oder er ist es nicht (was einerlei ist, weil wir es hier nur hypothetisch um des Argumentes willen annehmen wollen). Er *ist* geltendes Recht, so wollen wir behaupten, in jenen Ländern, in denen jedes Individuum auf die von einem beliebigen Mitglied eines bestimmten Kreises von Personen, etwa von Staatsministern, unterzeichnete oder erlassene Anordnung hin jederzeit festgenommen und auf jegliche Art und für beliebige Dauer gefangengehalten werden kann, ohne daß der Anordnende in irgendeiner Weise verpflichtet wäre, einem anderen als dem Monarchen von seinem Erlaß bzw. dessen Ausführung Rechenschaft zu geben. Wenn dies in jenen Ländern vor dem Beschluß eines diesem Satz entsprechenden Gesetzes jeweils geltendes Recht war, dann mag es so bleiben, und zwar ohne daß nach Einführung eines solchen Artikels die Amtsgewalt des in Frage stehenden Ministers beschnitten oder dem Mißbrauch dieser Amtsgewalt in irgendeiner Form Einhalt geboten oder dem Untertanen irgendeine Sicherheit oder Abhilfe gegenüber solchem Mißbrauch gewährt würde. Der Fall, in dem vom Gesetz

---

18 „Nul homme ne peut être accusé, arrêté ni détenu que dans les cas déterminés par la loi, et selon les formes qu'elle a prescrites. Ceux qui sollicitent, expédient, exécutent ou font exécuter des ordres arbitraires, doivent être punis; mais tout citoyen appelé ou saisi en vertu de la loi, doit obéir à l'instant; il se rend coupable par la résistance."

bestimmt wurde, daß ein Mann auf solche Weise verhaftet und gefangengehalten werden darf, ist der Fall einer Anordnung, die zu diesem Zweck von einem beliebigen aus einer solchen Riege von Ministern erlassen wurde, und die Form, in der man sich die Anordnung zu diesem Zweck vorzustellen hat, ist der Wortlaut der Anordnung in der Form, in der Anordnungen zu dem in Frage stehenden Zweck bis dato üblicherweise formuliert wurden, oder kurz gesagt: jede andere Form, die ihr der in Frage stehende Minister zu geben belieben mag. Wenn man gegen diese Deutung irgend etwas einwenden möchte, so muß sich der Einwand auf die Mehrdeutigkeit der Bedeutung des Wortes *das Gesetz* stützen, eine Mehrdeutigkeit, die der oben vom Verfassungstext gegebenen Definition geschuldet ist. Wenn die Gesetze alle *ipso facto* nichtig sind, wie dieses Manifest im vorhergehenden Artikel für all jene Länder befindet, in denen die Gesetze von irgendeiner anderen Hand als der des gesamten Volksorgans gemacht werden, dann wird die Sicherheit, die gewährt werden soll, tatsächlich gewährt: weil in diesem Falle keine Festnahme und keine Gefangenhaltung legal sein kann, bevor nicht ihr Grund und ihre Form durch ein Gesetz aus dieser Quelle vorab definiert worden sind. Wenn dieser Artikel hingegen wegerklärt werden soll und Länder außerhalb Frankreichs ihre Gesetze sollen behalten können, dann werden Abhilfe und Sicherheit aus eben dem Grund, den wir kennengelernt haben, zunichte gemacht. Verderblich oder wertlos – so lautet die Alternative überall sonst, und so lautet sie auch hier.

2. Satz: Wer willkürliche Anordnungen verlangt, erläßt, ausführt oder ausführen läßt, muß bestraft werden.

Jawohl, spricht ein Mullah aus Marokko nach Aufnahme dieses Artikels in die marokkanische Verfassung. Jawohl, wenn eine Anordnung zum Schaden der Freiheit des Untertanen illegal ist, so ist es eine willkürliche Anordnung, und ihr Erlaß ist ein Angriff auf die Freiheit des Untertanen und sollte und wird als solcher bestraft werden. Wenn der eine Hund von einem Ungläubigen sich erlaubt, den anderen Hund von einem Ungläubigen zu verhaften oder gefangenzuhalten, so ist der Akt der Festnahme und Gefangenhaltung rein willkürlich, und das Gesetz fordert, was vernünftiger nicht sein könnte: daß nämlich der anmaßende Hund ordentlich mit Stockhieben gezüchtigt werde. Wenn aber einer der Gläubigen, denen der erhabene, mit Sonne und Mond gekrönte Herrscher allesamt die Gewalt über alle Hunde gegeben hat, meint, diesen oder jenen Hund in irgendeinen komischen Zwinger sperren zu sollen, was ist daran willkürlich? Dies ist nichts weiter als eine der Sitten, welche die Gesetze überall dort gestatten, wo den wahren Gläubigen Hunde untertan sind.

Wie wir sehen, ist die Sicherheit des Individuums in diesem Zusammenhang davon abhängig, wie man jenen Teil des Gesetzes faßt, der die im Interesse der Rechtspflege nötigen Amtsgewalten definiert. Hätten sich die Verfasser dieser Erklärung mit dem begnügt, was sie diesbezüglich im Einklang mit der Vernunft und der Nützlichkeit hätten tun können, dann hätten sie Folgendes tun können: An künftige Gesetzgeber gewandt, hätten sie diese warnen und dazu anhalten können, jene Fälle präzise zu benennen, für die ihrer Meinung nach solche Amtsgewalten einzurichten wären, und auch präzise zu benennen, auf welche Art und Weise die so eingerichteten Amtsgewalten auszuüben seien: daß etwa niemand festgenommen werden soll, dessen Fall sich nicht im Gesetz in einer Liste jener Fälle befindet, die eine Verhaftung rechtfertigen; und auch nicht ohne eine genaue Beschreibung dieses Falles in einem Dokument, das zur Rechtfertigung einer solchen Verhaftung ausgestellt wurde; und auch nicht ohne daß ein solches Dokument von einem so und so qualifizierten Beamten unterzeichnet wäre, und so weiter – statt zu versuchen, einen so bedeutenden, weitreichenden und kniffligen Paragraphen in einen Klammereinschub zu verbannen. Auf diese Weise hätten sie getan, was wenigstens unschuldig gewesen wäre und seinen Nutzen hätte haben können; auf diese Weise aber hätten sie ihren erklärten Zweck nicht verfolgen können, der nicht allein darin bestand, ihre erfahreneren und folglich aufgeklärteren Nachfolger zu unterrichten und zu belehren, sondern diesen die Hände zu binden und deren Mitbürger in einem Zustand der konstanten Bereitschaft zu halten, ihnen die Kehle durchzuschneiden.

3. Satz: Aber jeder Bürger, der kraft Gesetzes vorgeladen oder festgenommen wird, muß sofort gehorchen; – durch Widerstand macht er sich strafbar.

Für sich genommen läßt sich an diesem Satz nicht das Geringste beanstanden: – Leider nur verfehlt er seinen Zweck. Dieser Gesetzestext trägt den Titel einer Erklärung der Rechte, und entsprechend wird in all seinen anderen Teilen dem Geschäft nachgegangen, solche wirklichen oder angeblichen Rechte zu erklären, die man erklären zu sollen glaubt. Was hier aber erklärt wird, ist ausnahmsweise eine *Pflicht*: deren Erwähnung sich durch irgendeine Unachtsamkeit eingeschlichen zu haben scheint. Woran die Menschen am dringlichsten erinnert werden müssen, sind, so möchte man meinen, ihre Pflichten; auf ihre Rechte, wie immer diese aussehen mögen, sind sie wohl imstande selbst achtzugeben. Doch geschieht es nur zufällig, unter einem falschen Titel und scheinbar aufgrund eines Fehlers und auch nur dieses eine Mal, daß etwas Erwähnung findet, was die Gesamtheit der Menschen zu der Vermutung brächte, daß es so etwas wie ihnen zukommende *Pflichten* gäbe.

Durch Widerstand macht er sich strafbar. – Oh ja, gewiß – sofern das Gesetz, für dessen Übertretung man ihn verhaftet oder zu verhaften versucht, nicht ein tyrannisches ist; und sofern am Verhalten derer, welche die Festnahme oder Gefangenhaltung durchführen, nichts Tyrannisches ist. Wenn ihre Reden oder ihr Gebaren etwa ein Moment von Beamtenüberheblichkeit zu erkennen geben; wenn sie ihn plötzlich ergreifen, ohne ihm Zeit zum Weglaufen zu lassen; oder wenn sie sich anschicken, seine Arme zu fesseln, während er gerade sein Schwert zieht, ohne abzuwarten, bis er es gezogen hat; wenn sie ihn hinter Schloß und Riegel bringen oder ihn in einen Raum sperren, dessen Fenster vergittert sind; oder wenn sie ihn in derselben Nacht stellen, in der die Beweise seiner Schuld noch bei ihm und höchst verräterisch sind, statt die ganze Nacht vor seiner Türe auszuharren, bis er sie vernichtet hat.[b] Kann denn in all diesen Fällen sowie in tausend

b Aufgrund eines Beschlusses der Nationalversammlung ist diese törichte Vorschrift jüngst tatsächlich Gesetz geworden, in der Annahme, dadurch der Freiheit zu dienen.[19] Gewiß dient sie der Freiheit, Unheil anzurichten, ebenso gewiß, wie sie der Freiheit, dieses zu vermeiden, Abbruch tut. Fragt man nach einem Grund, so wird man hören, *eines Menschen Haus ist seine Burg*.[20] Gesegnete Freiheit! – in welcher der Schmarrn der Empfindsamkeit als Vernunft gilt und die Dichtung dem Recht Vorschriften macht. Doch wenn eines Menschen Haus bei Nacht seine Burg ist, warum nicht auch bei Tag? – Und wenn ein Haus für seinen Besitzer eine Burg ist, warum dann nicht für jeden anderen, für den sein Besitzer dies wünscht? Ob nun bei Tage oder bei Nacht – ist es für eine veranderen, die sich anführen ließen, an der Unterdrückung der geringste Zweifel bestehen? Nach Artikel zwei dieses selben Gesetzestextes aber, einem Artikel, der bereits begründet wurde und über jede Anfeindung erhaben ist, zählt das Recht auf Widerstand gegen Unterdrückung zu jener Menge von Rechten, welche die Natur verliehen hat und welche zurückzunehmen nicht in der Macht des Menschen steht.

> Artikel 8: Das Gesetz darf nur Strafen festsetzen, die unbedingt und offenbar notwendig sind, und niemand kann anders als aufgrund eines Gesetzes bestraft werden, das vor Begehung der Straftat beschlossen, verkündet und rechtmäßig angewandt wurde.[22]

1. Satz: Das Gesetz darf nur Strafen festsetzen, die unbedingt und offenbar notwendig sind. –

Die von diesem Satz erteilte Lehre ist nicht eben groß: So weit aber ist es recht, daß von dem in diesem Dokument verkündeten Zweck abgewichen und hier nichts anderes als eine Belehrung zu geben versucht wird, an die sich künftige Gesetzgeber halten mögen oder auch nicht, gerade wie es ihnen beliebt. Freilich ist es auch recht, daß Strafgesetze, welche diese Bedingung nicht erfüllen, nicht dem Verdikt der Ungültigkeit anheimfallen, das bei anderen Gelegenheiten so freizügig ausgesprochen wird; denn würden sie es, so wäre es wohl schwierig, irgendwo ein Strafrecht zu finden, das der Prüfung standhielte, aus welcher Quelle es auch stamme, aus reiner oder unreiner, demokratischer, aristokratischer oder monarchischer. Keine in vertretbarem Maße spezifischen und präzisen Regeln für eine Anpassung des Quantums oder der Qualität der Strafe sind bisher je niedergelegt worden, oder wenigstens keine, die von den Vätern dieses Verfas-

---

dächtigte Person weniger Ungemach, wenn ihr Haus durchsucht wird, als für eine nicht verdächtigte? Hier haben wir es mit dem Unheil und der Unsinnigkeit des alten Kirchenasyls zu tun, doch ohne dessen Grundlage.

In England wird der Gang der Gerechtigkeit immer noch in gewissem Maße von diesem törichten Epigramm behindert, das ganz der Epoche geistig Kind ist, die es gebar. Straftätern muß man, gerade wie Füchsen, Rechte geben, das heißt Fluchtmöglichkeiten, die man ihnen absichtlich läßt, so als wollte man den Advokaten, von denen und für die die Jagd veranstaltet wurde, ein größeres Vergnügen bereiten.[21]

19 Bentham hatte vermutlich die Verfassung vom 5. Fructidor, Jahr III (22. August 1795), Tit. XIV, Art. 359 im Sinn: „La maison de chaque citoyen est un asyle inviolable: pendant la nuit, nul n'a le droit d'y entrer que dans les cas d'incendie, d'inondation, ou de réclamation venant de l'intérieur de la maison."

20 Der Grundsatz *domus sua cuique est tutissimum refugium* oder „Eines jeden Haus ist seine Burg" findet sich in *Semayne's Case* (1604) zitiert und in *The Fifth Part of the Reports of Sir Edward Coke Kt.*, Savoyen 1738, S. 91–93, festgehalten.

21 Zu Benthams Anmerkungen zu dem, was er „des Fuchsjägers Grund" zum Ausschluß „selbstschädigender Beweise" im englischen Recht nannte, vgl. *Rationale of Judicial Evidence, specially applied to English practice*, 5 Bde., London 1827, Bd. V, Buch IX, Teil III, Kap. IIII, §3, S. 238–240 (Bowring, Bd. VII, S. 454).

22 „La loi ne doit établir que des peines strictement et évidemment nécessaires; et nul ne peut être puni q'en vertu d'une loi établie et promulguée antérieurement au délit, et légalement appliquée."

sungstextes in Betracht gezogen worden sein konnten; und selbst, wenn wir annehmen wollten, diese Regeln seien mit dem äußersten Maß an Besonderheit und Präzision, welche die Natur des Gegenstandes erlaubt, aufgestellt und niedergeschrieben worden, so würde man doch in einer Mehrzahl der Fälle, wenn nicht gar in allen Fällen sehen, daß das Vergehen eine beträchtliche Vielzahl von Strafen zur Auswahl ließe, von denen man doch keine einzige zu Lasten aller anderen als schlechthin und offensichtlich notwendig erscheinen lassen könnte, auch wenn jede denkbare vielleicht geeigneter wäre als die gegenwärtig mit dem Vergehen verknüpfte. Als bloßes Memento dessen also, was zu befolgen angeraten ist, mag ein Satz dieser Art wohl dienen: Als eine Belehrung aber, die darlegen soll, in welcher Weise das, was zu befolgen so angeraten ist, zu vollbringen wäre, könnte sie nicht belangloser oder weniger lehrreich sein: Sie ist sogar falsch und irreführend, da eine ihrer impliziten Annahmen notwendigerweise sein muß, daß es möglich sei, für jedes Vergehen eine Strafe zu finden, deren schlechthinnige Notwendigkeit sich erweisen lasse, was nicht der Wahrheit entspricht. Die Anordnung des Königs, der seine Tochter, die Prinzessin, die Anhöhe hinauf schickte, um das singende Wasser zu finden, setzte die Existenz des singenden Wassers voraus.[23] Der Existenz des singenden Wassers kam gerade soviel Wahrheit zu wie der Existenz der Anordnung, kraft deren die Prinzessin auf die Suche nach ihm geschickt wurde. Doch die Existenz eines Systems von Strafen, dessen absolute Notwendigkeit sich im Hinblick auf die Vergehen, mit denen diese jeweils verknüpft sind, erweisen ließe, ist alles in allem nicht so offensichtlich wie die Existenz des Artikels, von dem künftige Gesetzgeber durch diese ihre Meister und Präzeptoren auf die Suche nach einem solchen System geschickt werden. Eines aber ist mehr als offensichtlich – daß die Aufmerksamkeit, welche der Verfasser dieses Artikels seinem Gegenstande widmete, bezüglich dessen er der Nachwelt so leichtfertig ein Gesetz vorschreibt, [alles andere][24] als streng war. Es war die durch Pariser Plaudereien ersonnene Utopie, die vor seinen Augen tanzte, und nicht die Grundbestandteile des Stoffes, den er verhandelte, die Reihe möglicher Strafen angesichts der Reihe möglicher Vergehen. Der diese Beobachtungen hier niederschreibt, hat, wie er glaubt, dem Gegenstande eine nähere und detailliertere Untersuchung zuteil werden lassen als jeder andere vor ihm. Er hat eine Reihe von Regeln aufgestellt, mit deren Hilfe sich, wie er glaubt, das Mißverhältnis, das gemeinhin zwischen Strafen und Vergehen besteht, in wesentlich engeren Grenzen halten ließe, als es gegenwärtig in irgendeinem existierenden Gesetz-

23 Bentham scheint die Geschichte der Prinzessin Perizâde entstellt zu haben, die, nachdem sie bei ihrer Geburt auf gemeine Weise von ihrem Vater, dem Sultan, und ihrer Mutter getrennt worden war, von einer heiligen Frau auf die Suche nach einem sprechenden Vogel, einem singenden Baum und goldenem Wasser geschickt wird, ein Abenteuer, das mit ihrer Anerkennung durch den Vater endet. Eine Version der Geschichte findet sich in *The Arabian Nights' Entertainment,* 4. Bde., Dublin 1728, Bd. 4, S. 255–308. Auf Deutsch ist sie nachzulesen als „Die Geschichte von den beiden Schwestern, die ihre jüngste Schwester beneideten", in: *Die Erzählungen aus den Tausendundein Nächten*, nach dem arabischen Urtext übertragen von Enno Littmann, 12 Bde., Frankfurt/M. 1976, Bd. V/1, S. 154–219.

24 MS „nichts anderes" widerspricht offensichtlich dem Sinn des Abschnitts.

buch der Fall ist.[25] Und wofür er bürgen würde, ist – nicht etwa eine Reihe solcher strikt notwendigen Strafen unter Beweis zu stellen, sondern die Unmöglichkeit ihrer Existenz.

2. Satz: Niemand kann anders als aufgrund eines Gesetzes bestraft werden, das vor Begehung der Straftat beschlossen, verkündet und rechtmäßig angewandt wurde.

Wenn wie im vorhergehenden Satz dieses selben Artikels anstelle des zur Auflehnung reizenden *kann* das Wort *sollte* verwandt worden wäre, wäre dieser Satz wohl in Ordnung gewesen. So, wie er ist, aber bringt er nicht nur die ewige Gefahr der Auflehnung mit sich, sondern läßt einen beträchtlichen Teil der Gefahr, gegen die er sich wendet, unberücksichtigt und ungebannt.

Häufig kommt es vor, daß Leiden von einem Ausmaß wie die, die wir – im Hinblick auf eine Bestrafung beigebracht und sogar von derselben Art – als Strafe bezeichnen, eventuell ohne Hinsicht auf eine solche – d. i. ohne Hinsicht auf Bestrafung – zu einem anderen Zwecke als dem der Bestrafung beigebracht werden. Diese Fälle würde ein Gesetzgeber, der etwas von seinem Geschäft versteht, gesammelt und angezeigt haben, um den Umfang und die Grenzen der hier in Frage stehenden Belehrung zu kennzeichnen und sie vor einer falschen Anwendung zu bewahren. *Ein Schiff zu beschlagnahmen,* ist beispielsweise eine Art der *Beschränkung*, und wäre ihr ein Mann zum Zwecke der Bestrafung ausgesetzt, so könnte dies in vielen Fällen eine überaus harte Strafe sein. Wenn aber die Voraussicht des Gesetzgebers zufälligerweise kein allgemeines Gesetz festgelegt hat, welches die Exekutive dazu ermächtigt, in bestimmten Fällen ein Schiff zu beschlagnahmen, dann mag der Erlaß eines Gesetzes zu diesem speziellen Zweck, sobald die Umstände eingetreten sind, die es erforderlich machen, eine sehr gerechtfertigte und sogar notwendige Maßnahme sein, um etwa zu verhindern, daß geheime Informationen einer Macht übermittelt werden, die auf den rechten Moment zum Angriff wartet, oder um zu verhindern, daß lebensnotwendige Güter oder Mittel zur Verteidigung, die im Lande knapp sind, außer Landes geschafft werden. In gewissem Sinne muß auch die Verbannung als rechtliche Maßnahme zugelassen sein, sei es zum Zwecke der Bestrafung oder einfach als Vorsichtsmaßnahme, zum Zwecke der Vorbeugung und gar nicht als Strafe gedacht. Oder möchte man behaupten, es gäbe keinen Fall, in dem der obersten Führung eines Landes die Macht anvertraut werden sollte, jegliche Person des Landes zu verweisen – nicht einmal Fremde und nicht einmal für begrenzte Zeit? –, von denen sie Grund haben mag, friedensschädigende Umtriebe zu befürchten? – Desgleichen im Falle der Inhaftierung, die zwar manches Mal eine härtere, bei anderer Gelegenheit aber eine weniger harte Strafe sein mag als die Verbannung. Selbst der Tod, ein Leiden, das, wenn es zum Zwecke der Bestrafung verhängt wird, den äußersten Grad der Bestrafung darstellt und das meiner eigenen Auffassung nach in keinem Fall zum Zwecke der Bestrafung verhängt werden muß oder sollte, ist in einigen Fällen vielleicht unabdingbar, und das ganz ohne Bestrafungsabsicht – etwa um der Verbreitung einer Seuche zuvorzukommen oder sie einzudämmen. So kommt es dann, daß der Satz, der *ex post facto*-Strafgesetze verurteilt (die sich selbst verurteilen, sodaß der Satz sich auf jene Fälle beschränkt, die exakt in den erklärten Gegenstandsbereich fallen, was überaus

25 Vgl. Jeremy Bentham, *An Introduction to the Principles of Morals and Legislation*, Oxford 1996, Kap. XIV, S. 165–174.

vernünftig ist), mit seinem Auflehnung erzwingenden *kann* und ohne die notwendigen Erklärungen, die ihn, wie wir gesehen haben, vor mißbräuchlicher Anwendung bewahren würde, das Land zwei gegensätzlichen Gefahren ausliefert: einerseits, daß einzelne gegen eine aus Gründen der Vorbeugung verhängte Maßnahme Widerstand leisten und sich erheben könnten, weil diese unter das von diesem Satz ausgesagte Verbot falle; andererseits, daß der einen solchen Widerstand befürchtende Gesetzgeber von der Schutzmaßnahme, so notwendig sie auch sein mag, absehen könnte.

Was den abschließenden Zusatz *und rechtmäßig angewandt* betrifft, so hätte man ohne größeren Schaden darauf verzichten können. Wenn das Gesetz, auf das man sich zur Rechtfertigung eines hoheitlichen Aktes bezieht, bei der Ausführung dieses Aktes nicht rechtmäßig angewandt wurde, dann wurde der Akt nicht kraft dieses Gesetzes ausgeführt.

> Artikel 9: Da jeder solange als unschuldig anzusehen ist, bis er für schuldig befunden wurde, muß, sollte seine Verhaftung für unumgänglich gehalten werden, jede Härte, die nicht für die Sicherstellung seiner Person notwendig ist, vom Gesetz streng unterbunden werden.[26]

Insoweit dieser Artikel des zu Auflehnung anstachelnden Bestandteils ledig ist und sich auf die Aufgabe einer einfachen Belehrung beschränkt, ist er unschuldig: Sein Zweck ist löblich; sein Gehalt aber hätte sich mit größerer Trefflichkeit ausdrücken lassen.

Die Maxime, mit der er anhebt, obgleich von vollkommener Trivialität, ist darum der Vernunft und Nützlichkeit um nichts mehr gemäß und insbesondere unvereinbar mit der Regelung, zu deren Unterstützung und Rechtfertigung sie vorgebracht wird. Daß jeder solange als unschuldig angesehen werden *sollte* (denn als unschuldig angesehen „wird“ ist Unsinn), bis er für schuldig *befunden* (d. h. verurteilt) wurde, ist solange recht, wie gegen ihn keine Anschuldigung erhoben wurde oder vielmehr solange, wie weder eine solche noch irgendein anderer Umstand Grund zur Annahme des Gegenteils zu geben scheint, danach aber unvernünftig – nachdem ein solcher Grund zu der Annahme, daß der Betreffende schuldig gewesen sein kann, ans Licht gekommen ist. Die Maxime ist insbesondere dann absurd, wenn sie auf den Fall angewandt wird, in dem man es für angemessen hielt (aus hinreichenden Gründen, wie wir annehmen müssen), jemanden zu inhaftieren, ihn seiner Bewegungsfreiheit zu berauben. Unterstellt man, er sei unschuldig, so ist die Beraubung seiner Freiheit ungerecht und nicht zu rechtfertigen. In Wahrheit verhält es sich natürlich so, daß der einzig vernünftige Grund für die Ermächtigung, jemanden in einem solchen Falle zu verhaften, darin liegt, daß man noch nicht weiß, ob er schuldig oder unschuldig ist: Angenommen, er sei schuldig, dann sollte er bestraft werden; angenommen, er sei unschuldig, dann sollte er nicht angerührt werden. Doch simple Wahrheit und gemeiner Menschenverstand genügen nicht den Ansprüchen der Poesie oder Rhetorik. Und Poesie und Rhetorik sind es, aus denen diese Erzieher des

26 „Tout homme étant présumé innocent jusqu'à ce qu'il ait été déclaré coupable, s'il est jugé indispensable de l'arrêter, toute rigueur qui ne seroit pas nécessaire pour s'assurer de sa personne, doit être sévèrement réprimée par la loi.“

Menschengeschlechts und Herrscher über die Zukunft ihr Gesetz schöpfen. Der Beifall von den oberen Rängen, nicht die Wohlfahrt des Staates, ist ihr Ziel.

Was die leidenschaftliche Wendung „*muß streng* unterdrückt" werden (durch Strafen, nehme ich an) angeht, taugt sie wohlweislich zur Erregung (dem allgemeinen Zweck dieses Ergusses unvergleichlicher Weisheit), nur schlecht aber zur Belehrung. Das Gemeinte hätte sich auf wesentlich einfachere und lehrreichere Weise zum Ausdruck bringen lassen, wenn man gesagt hätte, daß jeder solche Akt der Härte, welcher das übersteigt, was für den in Frage stehenden Zweck – nämlich den der Sicherstellung der Person – notwendig erscheint, welcher also nicht zur Gänze durch diese und allein diese Rechtfertigung begründet ist, einem Vergehen von jener Art gleichzusetzen ist, in der seine übermäßige Härte besteht – einem Schaden der in Frage stehenden Art, wie dieser auch aussehen mag. Die damit verbundene Buße und Strafe wird natürlich von derselben Art und demselben Ausmaß sein wie die für ein Unrecht derselben Art und desselben Ausmaßes, das nicht durch entsprechende Umstände ermöglicht wurde. Sollte die Strafe in einem solchen Falle höher oder geringer ausfallen als die Strafe für dasselbe Vergehen, das nicht einmal mit der Rechtfertigung für den Rest der unliebsamen Behandlung aufwarten kann? Sollte die Strafe für den Rechtsdiener, der seine Befugnisse überschreitet, höher oder geringer ausfallen als die für ein nicht ermächtigtes Individuum, welches denselben Schaden ohne jegliche Befugnis anrichtet? In mancher Hinsicht sollte sie höher sein, in anderer Hinsicht weniger hoch. Doch sind dies minimale Detailfragen, deren Festlegung sicherlich ebenso gut denen hätte überlassen werden können, die vielleicht über ausreichend Zeit verfügen, um sie in angemessener Weise zu prüfen, statt sie aufs Geratewohl von denen festlegen zu lassen, die diese Zeit nicht hatten. Die Wortwahl hier scheint nahezulegen, daß die Strafe für den Machtmißbrauch eines Beamten, der seine Befugnisse überschreitet, die höhere von beiden sein sollte. – Doch warum? – Man weiß besser, wo der Beamte anzutreffen ist, als ein straffälliges Individuum auf freiem Fuß; der Staatsdiener hat mehr zu verlieren als die Privatperson; und je größere Gewißheit man hat, daß sich ein Straftäter bei Anklageerhebung stellen wird, in der Bereitschaft, Buße zu tun, wenn er dazu verurteilt wird, desto geringer der Aufruhr, den seine Straftat hervorruft.

> Artikel 10: Niemand soll wegen seiner Anschauungen, selbst religiöser Art, belangt werden (von Seiten des Staates vermutlich), solange deren Äußerung nicht die durch das Gesetz begründete öffentliche Ordnung stört (besser gesagt wohl, außer wenn deren Äußerung diese stört oder vielmehr: dazu neigt, sie zu stören).[27]

Die Freiheit der Äußerung von Anschauungen, mit oder ohne Ausnahmen, ist eine Freiheit, die zu begründen in höchstem Maße angemessen und nützlich wäre, die aber durch einen solcherart formulierten Artikel nurmehr eine äußerst fragwürdige Begründung erhalten kann. *Die öffentliche Ordnung stören* – was bedeutet das? Ludwig XIV. hätte nicht zögern müssen, einen solchermaßen formulierten Artikel in sein Gesetzbuch aufzunehmen. Was dies betrifft, war die öffentliche Ordnung der Dinge eine Ordnung, kraft

27 „Nul ne doit être inquiété pour ses opinions, même religieuses, pourvu que leur manifestation ne trouble pas l'ordre public établi par la loi."

deren alle Religionen außer der katholischen, in des Königs Auslegung, verboten waren.[28] Ein Gesetz wird erlassen, das den Menschen verbietet, eine bestimmte Anschauung oder Reihe von Anschauungen hinsichtlich einer bestimmten religiösen Fragestellung kundzutun oder zum Ausdruck zu bringen; es verbietet den Menschen, irgendeine der Anschauungen zum Ausdruck zu bringen, in deren Äußerung etwa die lutherische Lehre oder die calvinistische oder die der anglikanischen Kirche bestehen; die von diesem Gesetz begründete öffentliche Ordnung besteht in einem solchen Verbot. Nun bringt jemand dennoch eine jener Anschauungen zum Ausdruck, die verboten sind, da sie zu einer derart geächteten Religion gehören. Ist denn der Akt, durch den diese Anschauung zum Ausdruck gebracht wird, im Hinblick auf die solchermaßen begründete öffentliche Ordnung kein Akt der Störung? Die Zuversicht dessen, der sich wagen würde, die Frage zu verneinen, muß wirklich außerordentlich sein.

Als so wertlos, als so schwach erweist sich dieser Schutzschild der Rechte und Freiheiten also bei einer der seltenen Gelegenheiten, bei denen überhaupt versucht wird, ihn für einen guten Zweck zu gebrauchen.

Wie hätte er statt dessen aussehen sollen? – Das ist eine Frage, deren Beantwortung kaum in die Zuständigkeit dieses Papieres fällt. Die Anschauung, die ich von Anbeginn zur Kenntnis gegeben habe, die Behauptung, von der ich ausgehe, ist nicht, daß die Erklärung der Menschenrechte nicht diese Form hätte annehmen sollen, sondern daß nichts unter einem derartigen Titel oder von einem derartigen Zuschnitt überhaupt hätte in Angriff genommen werden sollen.

Das eine oder andere Wort mag jedoch als kostenlose Dreingabe hinzugefügt werden – daß Anschauungen jeglicher Art ohne Furcht vor Bestrafung geäußert werden können; daß niemand wegen einer Veröffentlichung, aufgrund irgendwelcher Anschauungen, die sich möglicherweise darin finden, bestraft werden sollte, wenn diese lediglich als Anschauungen zu betrachten sind; während zugleich das Plädoyer für die Äußerung religiöser Anschauungen oder für die Ausübung bestimmter Akte, von denen im Sinne bestimmter religiöser Anschauungen angenommen wird, ihre Ausübung sei vorgeschrieben oder als richtig und notwendig angeraten, nicht als Rechtfertigung dafür dienen sollte, einen Akt, den der Gesetzgeber in völliger Absehung von der Religion bereits in den Katalog der verbotenen Handlungen oder Vergehen aufzunehmen für richtig befunden hat oder künftig für richtig befinden wird, auszuführen oder Menschen zu dessen Ausführung anzuhalten.

Um zwei Formen von Straftaten als Beispiel zu nehmen – eine der schwerwiegendsten und eine der geringsten Art: Akte, die leicht mit dem gewaltsamen Sturz einer Regierung einhergehen können, sowie Akte, die leicht damit einhergehen können, die freie Nutzung der Straßen zu verhindern. Eine Anschauung, von der manch einer annimmt, sie gehöre zur christlichen Religion, ist, daß außer der Monarchie jede Regierungsform ungesetzlich sei. Eine Anschauung, von der mancher annimmt, sie gehöre zur christlichen Religion, wenigstens in den Reihen derer, die dem katholisch genannten Zweig der christlichen Religion angehören, ist, daß es eine Pflicht oder mindestens ein Verdienst

28 Die Widerrufung des Edikts von Nantes durch Ludwig XIV. im Oktober 1685 beraubte die Hugenotten, die französischen Protestanten, aller bürgerlichen und religiösen Rechte.

sei, an Prozessionen teilzunehmen, die in bestimmter Weise und zu bestimmten Anlässen vorgeschrieben sind. Welchen Sinn hat die in Frage stehende Bestimmung im Hinblick auf diese beiden Fälle dann wirklich? Wie sollte sich eine Regierung, die weder monarchistisch noch katholisch ist, im Hinblick auf die jeweiligen Äußerungen dieser beiden Anschauungen verhalten?

Wie steht es zunächst um die vermeinte Unrechtmäßigkeit jeder nicht-monarchistischen Regierung? Die Falschheit oder Abwegigkeit, welche die Mitglieder einer solchen Staatsführung nicht umhin könnten, für sich selbst einer solchen Anschauung zuzuschreiben, ist eine Erwägung, die, dem Geiste und der Absicht der in Frage stehenden Bestimmung nach, *nicht* hinreichen würde, um den Gebrauch strafrechtlicher Maßnahmen oder anderer Zwangsmittel zum Zwecke des Verhinderns ihrer Äußerung zu autorisieren. Wenn nun solche Äußerungen entweder bereits zur Folge hatten, daß sich Individuen an einem Versuch, die Regierung gewaltsam zu stürzen, beteiligten, oder sie einen solchen Versuch scheinbar überaus wahrscheinlich gemacht haben, dann darf man die Verpflichtung, die freie Äußerung von Anschauungen im allgemeinen und von religiösen Anschauungen im besonderen zu gewähren, nicht dahingehend verstehen, daß sie die Regierung etwa daran hinderte, die Äußerung der in Frage stehenden Anschauung in jeder Hinsicht zu unterdrücken, in der es für wahrscheinlich gehalten wird, daß diese einen solchen Versuch fördert oder erleichtert.

Wie steht es wiederum um die vermeinte Verdienstlichkeit bestimmter Prozessionen? Die Regierung sieht sich von der Verpflichtung im Kern daran gehindert, öffentliche Äußerungen zu verbieten, die eine der Verbindlichkeit oder Verdienstlichkeit solcher Prozessionen günstige Anschauung zum Ausdruck bringen. Durch den Geist derselben Verpflichtung sieht sie sich daran gehindert, die Durchführung solcher Prozessionen zu verbieten, es sei denn, man käme zu der Überzeugung, eine solche Praxis brächte politische Schwierigkeiten mit sich, zu einer Überzeugung mithin, die nicht in der Vorstellung wurzelt, sie sei aus religiöser Sicht ungesetzlich; dann nämlich, wenn etwa die Menge von Personen, die an einer solchen Prozession teilnehmen, oder die Menschenmenge, die zusammenströmt, um sie zu beobachten, die Straßen in einem solchen Maße und für so lange Zeit und in so häufig wiederkehrenden Intervallen bevölkert, daß sie die freie Straßennutzung zum Zwecke des Geschäftslebens in einem solchen Maße behindert, würde dies aus Sicht der Regierung eine Störung darstellen, der durch ein gesetzliches Verbot entgegenzuwirken wäre.

Es würde gegen den Geist einer derartigen Verpflichtung verstoßen, wenn die Regierung, nicht aufgrund irgendeiner Ansicht, die sie bezüglich der politisch unliebsamen Folgen dieser Prozessionen hätte (wie im obigen Beispiel), sondern um religiösen Anschauungen der entgegengesetzten Art zur Vorherrschaft zu verhelfen (ausgelöst etwa durch eine protestantische Abneigung gegen katholische Prozessionen), die wirkliche oder angebliche Behinderung der freien Straßennutzung als Vorwand nähme, um diese Prozessionen zu verbieten.

Während diese Beispiele geeignet sind, den Grund, den Grad und die Grenzen der Freiheit darzutun, die man der Kundgebung von Anschauungen religiöser Art im Interesse der öffentlichen Ruhe und des Friedens wohl einräumen sollte, mögen sie doch ebenso dazu dienen, einstweilen den Widersinn und die Gefährlichkeit jedes Versuchs seitens der Regierung deutlich zu machen, künftigen Regierungen hinsichtlich dieser oder einer beliebigen anderen gesetzgeberischen Frage die Hände zu binden. Man beachte, wie delikat die Linien sind – unmöglich, sie im vorhinein durch bestimmte Markierungen vorzuzeichnen –, die in dieser Hinsicht die Grenzen zwischen richtig und falsch ziehen, den vernünftigen Weg vom unvernünftigen scheiden, den nützlichen vom verderblichen! Wie sehr sie vom Zeitgeist, von den Ereignissen und Umständen des Tages abhängig sind! Mit welch schicksalhafter Gewißheit Verfolgung und Tyrannei einerseits oder Revolte und Bürgerkrieg andererseits aus der geringsten Abweichung vom angemessenen Ziehen solcher Linien folgen können; und welchen Fluch ein Gesetzgeber für das Land darstellen mag, der sich im besten Glauben daran machte, die Angelegenheit für alle Ewigkeit durch starre und eiserne Regeln aus dem Fundus der geheiligten und unverletzlichen und unantastbaren Menschenrechte und des unvordenklichen und unvergänglichen Naturrechts zu ordnen!

Nur zur Verdeutlichung gebe ich einem dieser Gesichtspunkte den Vorzug, hinsichtlich dessen es mich erfreuen würde, die Freiheit auf ewig begründet zu sehen, da sie sich wohl im Einklang mit Sicherheit und Frieden begründen ließe. Ich bin überzeugt, daß es keinen einzigen Gesichtspunkt gibt, im Hinblick auf den es irgendeinen guten Zweck erfüllen würde, wollte man künftigen Gesetzgebern die Hände binden; und da es keinen einzigen Gesichtspunkt gibt, nicht einmal einen von mir selbst gewählten, hinsichtlich dessen ich bestrebt wäre, einer Regelung, selbst wenn ich sie eigenhändig verfaßt hätte, eine solche Dauerhaftigkeit zu verleihen, versteht es sich fast von selbst, auch wenn es vielleicht unerhört klingt, daß ich, wenn es von mir abhinge – wenn die Rechtsgewalt in meinen Händen läge –, eher ein Gesetzeswerk erlassen würde, das irgendein anderer verfaßt hat und das, so schlecht es mir auch erscheinen mag, von einem solchen verewigenden Zusatz frei wäre, als ein Gesetzeswerk aus meiner eigenen Feder, so zufrieden ich mit diesem auch wäre, wenn es mit einem solchen Zusatz belastet sein müßte.

> Artikel 11: Die freie Mitteilung von Meinungen und Gedanken ist eines der kostbarsten Menschenrechte; jeder Bürger kann also frei reden, schreiben und drukken, vorbehaltlich seiner Verantwortlichkeit für den Mißbrauch dieser Freiheit in den durch das Gesetz bestimmten Fällen.[29]

Die Logik, der man in dieser Abfassung begegnet, ist alles in allem aus einem Guß mit ihrer Strategie: Wenn man einem *also* begegnet, wenn man einem angekündigten Resultat begegnet, einer als Resultat, als Schlußfolgerung aus der unmittelbar vorhergehenden Behauptung angekündigten Behauptung, dann kann man sicher sein, daß der Folgesatz, egal, ob die Behauptungen als solche wahr oder falsch sind, als Anordnungen vernünftig oder unvernünftig, zweckdienlich oder unzweckmäßig, dem Vordersatz entweder widerspricht oder nicht das Geringste mit ihm zu tun hat.

Die Freiheit der Mitteilung von Meinungen ist ein Aspekt der Freiheit; und die Freiheit ist eines der vier Naturrechte des Menschen, über die menschliche Verfügungen

29 „La libre communication des pensées et des opinions est un des droits les plus précieux de l'homme. Tout citoyen peut donc parler, écrire, imprimer librement; sauf à répondre de l'abus de cette liberté dans les cas déterminés par la loi."

keine Macht besitzen. Der Freiheit kann man auf zweierlei Weise beraubt werden: durch physischen oder körperlichen Zwang sowie durch moralischen Druck oder die Androhung von Strafe; wobei die eine zur Anwendung kommt, bevor von der Freiheit Gebrauch gemacht wird, die andere in Gestalt einer Strafe angewandt werden sollte, falls sie als Verbot nicht die gewünschte Wirkung erzielt hat. Welche Wohltat wird der Freiheit, d. h. dem hier in Frage stehenden Aspekt der Freiheit, durch diesen Artikel gewährt? Er schützt sie in einer Hinsicht vor künftigen Gesetzgebern; er stellt sie in der anderen deren Belieben anheim. Möchte man behaupten, daß er nur den Freiheitsmißbrauch der Gefahr einer möglichen Bestrafung aussetzt? Und selbst, wenn es so wäre – was würde daraus folgen? Liegt im Mißbrauch der Freiheit weniger Freiheit als in ihrem Gebrauche? Nimmt sich ein Mann weniger Freiheit, wenn er sich des Eigentums eines anderen bedient, als wenn er sich auf sein eigenes beschränkt? Dann sind Freiheit und Beschränkung ein und dasselbe, gleichbedeutende Ausdrücke. Was ist ein Freiheitsmißbrauch? – Es ist diejenige Ausübung der Freiheit, welche es auch sei, die einer, der ihr diesen Namen verleiht, nicht gutheißt. Jeder Mißbrauch dieses Aspekts der Freiheit ist der Bestrafung ausgesetzt; und es wird zukünftigen Gesetzgebern überlassen festzulegen, was als ein solcher Mißbrauch zu betrachten ist! Was ist die Sicherheit wert, die dem einzelnen damit gegen staatliche Übergriffe geboten wird? Was taugt am Ende die Feste, die vermeintlich gegen den Staat errichtet wurde? Eine Feste, welche die Staatsmacht ausdrücklich an beliebigem Ort zu errichten aufgerufen ist? Man möge mich nicht falsch verstehen: Was ich den Verfassungsgebern vorwerfe, ist nicht etwa, daß sie ihren Nachfolgern die Hände nicht straff genug gebunden hätten, sondern daß sie sich herausnahmen, den so überaus verderblichen und törichten Dünkel zu hegen, jene überhaupt binden zu wollen; und insbesondere zu glauben, daß, wären jene so schwach, sich auf diese Weise in Ketten legen zu lassen, ein solch loses Gewebe von einem Satz oder zweien in der Lage wäre, die Aufgabe auf irgendeine Weise zu erfüllen.

Die allgemeine Ansicht in bezug auf Verbrechen, die so allgemein ist, daß sie sprichwörtlich und gar trivial geworden ist, lautet: *Vorbeugen ist besser als Strafen.*[30] Hier wird auf das Vorbeugen verzichtet, weil man sich lieber an die Strafe hält. Einmal mehr möge man mich nicht mißverstehen. Im besonderen Fall der Freiheit der Mitteilung von Meinungen gibt es ganz gewiß Gründe, vom Ziel der Vorbeugung Abstand zu nehmen und die Maßnahmen des Gesetzgebers bei der Wahl seiner disziplinierenden Mittel auf das Strafen zu beschränken, auf die Anwendung von Strafen, die nicht auf andere Vergehen angewandt werden. Der eine oder andere Hinweis in diesem Zusammenhang, um die scheinbare Widersprüchlichkeit zu rechtfertigen, wäre sicherlich lehrreicher gewe-

30 Die berühmteste Formulierung dieses Prinzips findet sich vielleicht in Cesare Beccaria, *Über Verbrechen und Strafen*. Nach der Ausgabe von 1766 hg. u. übers. v. Wilhelm Alff, Frankfurt/M. 1966, Kap. XLI, S. 148: „Besser ist es, den Verbrechen vorzubeugen als sie zu bestrafen.". Ein ähnliches Argument wird in Montesquieu, *Vom Geist der Gesetze*, ausgew., übers. u. eingel. v. Kurt Weigand, Stuttgart 1965, Buch VI, Kap. IX, S. 176, im Zusammenhang einer Erörterung „gemäßigter Regierungen" vorgebracht: „In diesen Staaten läßt es sich ein guter Gesetzgeber nicht so sehr angelegen sein, Verbrechen zu bestrafen als vielmehr ihnen zuvorzukommen. Er wird sich mehr für die Besserung der Sitten einsetzen als für die Verhängung von Todesstrafen."

sen als die meisten anderen Anleitungen, welche die Verfasser dieses Gesetzestextes so reichlich austeilen.

Nicht nur widerspricht der Folgesatz mit dem Ballast der Vorbehaltsklausel an seinem Ende dem Vordersatz, auch geht er selbst weit über das hinaus, was eigentlich in seine Zuständigkeit fallen soll. Die freie Mitteilung von Meinungen und Gedanken (*Meinungen* und *Gedanken* werden hier wohl als gleichbedeutende Begriffe behandelt, so daß *Gedanken* nichts weiter bedeuten soll, als das mit *Meinungen* intendierte), die freie Mitteilung von Meinungen, so besagt es der Vordersatz, ist eines der kostbarsten Menschenrechte – dieser unveräußerlichen Menschenrechte. – Was sagt der Folgesatz über sie? – Nicht nur, daß ein Mann die Freiheit besitzen soll, Meinungen mitzuteilen, ohne daran gehindert werden zu können, sondern daß er die Freiheit besitzen soll mitzuteilen, was ihm beliebt und wie es ihm beliebt, ohne daran gehindert werden zu können – bekanntermaßen falsche Tatsachenbehauptungen, als seien sie wahr; falsche Anschuldigungen, die dem Ruf von Personen schaden; mit anderen Worten: Verleumdungen aller Art, und zwar in jeder erdenklichen Weise: durch öffentliche Rede, Mundpropaganda, in geschriebener und selbst gedruckter Form, ohne eine Handhabe, um ihm den Mund zu verbieten, sein Manuskript zu zerreißen oder die Druckerpresse zu zerstören.

Wie also? Folgt aus dem Umstand, daß einem Mann die Freiheit gewährt werden muß, Meinungen jeglicher Art zu verbreiten, denen nicht mit vorbeugenden Maßnahmen, sondern allein mit einer Bestrafung im nachhinein begegnet werden darf, daß ihm gleichermaßen die Freiheit zu gewähren sei, Anschuldigungen aller Art zu verbreiten, falsche wie wahre, Anschuldigungen, von denen er weiß, daß sie falsch sind, ebenso wie Anschuldigungen, die er für wahr hält, wissentlich falsche ehrabschneiderische Angriffe auf Personen sowie [Angriffe, um deren Richtigkeit er weiß]? – Es liegt mir fern, an dieser Stelle (und gar im Rahmen einer Zwischenbemerkung) zu behaupten oder gar als selbstverständlich vorauszusetzen, daß der Fortbestand selbst dieser Mißlichkeiten, so himmelschreiend sie auch sein mögen, nicht vielleicht ein geringeres Übel darstellt, als die Presse einer vorbeugenden Zensur zu unterziehen, und sollte diese Machtausübung auch jeder nur erdenklichen Beschränkung, mindestens aber jeder bislang vorgeschlagenen unterliegen. Ich möchte einzig und allein darauf hinweisen, daß, ganz gleich, ob jemandem tatsächlich die Freiheit gewährt werden sollte oder nicht, private Verleumdungen zu verbreiten, ohne ihn daran durch irgendwelche Mittel zu hindern, daraus nicht folgt, daß es ihm einfach deshalb freigestellt sein sollte, dies zu tun – solche Anschuldigungen zu verbreiten –, weil ihm gleichermaßen freigestellt werden sollte, alles zu verbreiten, was unter die Kategorie der Meinungen fallen kann. Was nun das Wort Gedanken betrifft, das in einer Reihe mit dem Wort Meinungen steht, als solle es etwas von Meinungen Verschiedenes bedeuten, so werde ich es in keiner Weise erörtern, bevor ich nicht jemanden gefunden habe, der mich zunächst davon überzeugt, daß es sich auf etwas anderes als auf Meinungen beziehen soll, und dann davon, daß dieses andere auch wahre und falsche Anschuldigungen in Tatsachenfragen einschließen soll.

Ist es denn, in Frankreich beispielsweise, wünschenswert oder nicht, daß eine befähigte Obrigkeit, welche man auch immer dafür hält, die Grenze zwischen dem der zweckdienlichen Freiheit geschuldeten Schutz und der der verderblichen Pressefreiheit angemessenen Beschränkung zu ziehen? – Mit welch köstlicher Aufgabe sähe sich der

Gesetzgeber durch diese Erklärung der heiligen, unverletzlichen und unantastbaren Menschenrechte betraut! Die Hüter der Reputation auf seiner einen Seite; die Anbeter der Freiheit auf der anderen. Beide mit den Menschenrechten auf ihren Lippen und dem mörderischen Dolch in den Händen, bereit, die geringste Abweichung von jenem Weg zu bestrafen, den ihre angeheizte Einbildungskraft für diese unverrückbare Grenze vorgezeichnet hat.

> Artikel 12: Die Gewährleistung der Menschen- und Bürgerrechte erfordert eine öffentliche Gewalt; diese Gewalt *ist* also zum Vorteil aller eingesetzt und nicht zum besonderen Nutzen derer, denen sie anvertraut ist.[31]

Sofern der allgemeine Zweck der gesamten Übung scheußlich und abstoßend ist, spricht für diesen Artikel immerhin, daß er nichts zu ihrem Zweck beizutragen hat: keine Erklärung unverletzlicher Rechte, keine Ermutigung zur Auflehnung. So, wie er geschrieben steht, ist er ein Erguß reinsten Schwachsinns: ein Musterbeispiel verworrener Begriffe und falschen Denkens. Mittels kleiner Veränderungen ließe er sich vielleicht zum Mahnmal einer Binsenwahrheit verbessern, die so abgestanden und damit nutzlos wie untadelig wäre: nämlich daß die öffentliche Gewalt, die ja auf Kosten der Öffentlichkeit unterhalten wird, zum allgemeinen Vorteil der gesamten Öffentlichkeit, nicht ausschließlich zum privaten Vorteil bestimmter Personen einzusetzen sei.

Dieser Artikel besteht aus zwei unterschiedlichen Behauptungen: Nachdem man den verworrenen Teil bezüglich der Zusicherung und Aufrechterhaltung der Menschen- und Bürgerrechte in der ersten Behauptung als unwesentlich beiseite gelassen hat, wird die klare und verständliche Bekundung der Meinung übrigbleiben, daß eine öffentliche Gewalt notwendig ist; daran angehängt findet sich in Gestalt eines Schlusses, einer logischen Schlußfolgerung, die uneingeschränkte Behauptung einer historischen Tatsache, in Gestalt einer Feststellung, die am einen Ort vielleicht wahr, am anderen aber falsch gewesen sein mag, deren Wahrheit sich in keinem einzigen Fall überprüfen läßt – eine Arbeit, die man sich ohne größeren Verlust um so mehr wird sparen können, als sie nichts zur Sache tut.

Diese Tatsache ist nicht mehr und nicht weniger als das Hauptziel, das jener Gruppe von Leuten nun einmal vor Augen stand, deren Zusammenwirken die öffentliche Gewalt sowohl ihre Einsetzung als auch ihre Durchsetzung in den verschiedenen politischen Gemeinschaften der Welt verdankte, und das dabei in jedem solchen Fall als Endzweck fungierte. So groß sind seine Freimütigkeit und sein Glaube an die Menschheit, daß der Verfasser dieses Artikels ohne Zögern oder Ausnahme verkündet, dieser Endzweck sei nichts als die Vorstellung des höchsten Gutes der ganzen Gemeinschaft, der öffentliche Geist in seiner reinsten Form und seiner schrankenlosesten Anwendung gewesen. Weder Chlodwig noch Pippin noch Hugo Capet nahmen auch nur die geringste Rücksicht auf ihren persönlichen Vorteil oder den Vorteil ihrer Günstlinge, als sie die Fundamente der öffentlichen Gewalt in Frankreich legten; auch stellten sie sonst keine Überlegungen an, die etwas anderes im Sinn gehabt hätten als den gemeinsamen und gleichen Vorteil

31 „La garantie des droits de l'Homme et du Citoyen nécessite une force publique. Cette force est donc instituée pour l'avantage de tous, et non pour l'utilité particulière de ceux auxquels elle est confiée."

aller Franken, Gallier und Gallo-Romanen.[32] Ebensowenig Parteilichkeit zu seinen eigenen Gunsten oder zugunsten seiner Normannen fand sich im Herzen von Wilhelm dem Eroberer, als er England unter diesen Normannen in Ritterlehen aufteilte: Freie Männer und Leibeigene, Freiherrn und Freisassen, Normannen, Dänen und Engländer, sie alle genossen, jeder für sich und alle zusammen, einen gleichgroßen Anteil seiner Gunst, und ihnen allen wurde gleichermaßen seine Sorge zuteil.[33]

Nach dieser Deutung mag die Folgerung, wie man wohl zugeben muß, nur recht und billig sein. Man muß einzig und allein annehmen, daß das höchste Gut der ganzen Gemeinschaft in jedem Moment das ausschlaggebende Motiv der Begründer der öffentlichen Gewalt gewesen ist; sofern das Streben nach jenem höchsten Gut, dessen Beschaffenheit nicht gerade erschöpfend dargestellt wird, das maßgebliche Ziel dieser ehrenwerten Männer war und da sie diese öffentliche Gewalt ja einsetzten, scheint daraus ziemlich genau zu folgen, daß jede Einsetzung dieser Gewalt die Erwirkung jenes allgemeinen Vorteils zum Zweck hatte.

Sollten die beiden Behauptungen, die Setzung und die Schlußfolgerung in dieser ihrer eigentlichen Bedeutung zu einfältig erscheinen, als daß man sie ertragen könnte, so ließen sie sich vielleicht verteidigen, indem man die Möglichkeit einräumt, daß der Mann, der sie aufschrieb, nicht zwischen einer Darlegung dessen, was er für einen gegenwärtigen oder früheren Tatbestand hinsichtlich dieser oder jener Sache hielt, und einer Darlegung dessen, was seines Erachtens ein solcher Tatbestand hätte sein sollen oder sein sollte, zu unterscheiden wußte. Wäre dies wirklich, was er im Sinn hatte, dann dürften wir den Behauptungen, und zwar beiden, gefahrlos beipflichten. Eine öffentliche Gewalt ist notwendig, so können wir sagen; und die Öffentlichkeit ist jene Partei, zu deren Vorteil diese Gewalt angewandt werden sollte. Gegen beide Aussagen läßt sich sicher nur schwerlich etwas einwenden; was den schlußfolgernden Partikel angeht, von dem sie zusammengebunden werden, so werfe man ihn, sofern er nicht in klarster Form Anwendung findet, einfach über Bord, und alles ist so, wie es sein sollte,[34] und der gesamte Artikel wird untadelig.

---

32 Drei bedeutende frühe Herrscher Frankreichs: Chlodwig (ca. 466–511), seit 481 oder 482 König der salischen Franken, konvertierte ca. 498 zum Christentum. Pippin der Mittlere (gest. 714) wurde 679 zum Hausmeier von Austrien und 687, nach seinem Sieg bei Terty über den Hausmeier von Neustrien, zum alleinigen Hausmeier aller Franken. Hugo Capet (936–996), seit 987 König von Frankreich, war der Begründer der kapetingischen Dynastie, die Frankreich in direkter Linie regierte, bis Philipp VI. (1293–1350) aus einem Nebenzweig auf den Thron nachfolgte und die Dynastie der Valois begründete.

33 Wilhelm I. oder der Eroberer (1027 oder 1028–1087), seit 1066 König von England, der 1066 die normannische Eroberung Englands anführte, hatte am Ende seiner Herrschaft alle angelsächsischen Großgrundbesitzer durch seine eigenen Gefolgsleute ersetzt.

34 Ein Echo von Blackstones Diktum „Every thing is now as it should be", das aus dem Zusammenhang einer Erörterung des Straftatbestands der Ketzerei in den *Commentaries on the Laws of England*, Bd. IV, S. 49, stammt, von Bentham aber als typischer Ausdruck der Haltung Blackstones gegenüber der britischen Verfassung insgesamt betrachtet wurde.

> Artikel 13: Für die Unterhaltung der öffentlichen Gewalt und für die Verwaltungsausgaben ist eine allgemeine Abgabe unerläßlich; sie muß auf alle Bürger, nach Maßgabe ihrer Möglichkeiten, gleichmäßig verteilt werden.[35]

Im ersten Teil dieses Artikels sind zwei Behauptungen enthalten. Die erste besagt, daß eine allgemeine Abgabe für die Unterhaltung der öffentlichen Gewalt unerläßlich ist. Wenn damit gemeint ist, daß von allen eine Zahlung zur Unterhaltung derer verlangt wird, deren individuelle Kräfte zusammengenommen die öffentliche Gewalt bilden, so sehe ich keinen Grund, dies zu bestreiten. Wenn damit aber gemeint sein soll, daß dies die einzige Möglichkeit ist, eine öffentliche Gewalt zu unterhalten, dann entspricht es nicht der Wahrheit. Im Feudalsystem wurden diejenigen, deren individuelle Kräfte die öffentliche Gewalt bildeten, nicht auf Kosten der gesamten Gemeinschaft unterhalten, sondern auf ihre eigenen Kosten.

Die andere Behauptung ist – daß eine allgemeine Abgabe unerläßlich ist für die Ausgaben (also die anderen Ausgaben) der Verwaltung. Unerläßlich? Ja gewiß: Sofern diese anderen Funktionen der Verwaltung nicht ohne Ausgaben ausgeübt werden können, falls sie ausgeübt werden, ist die Deckung dieser Ausgaben unerläßlich. Sind aber diese ungenannten Funktionen der Verwaltung notwendig? – Denn wenn sie es nicht sind, dann gilt dies auch für eine allgemeine Abgabe zu Deckung ihrer Ausgaben. Sind sie also notwendig? Diese nicht genannten und nicht spezifizierten Funktionen der Verwaltung, die so unversehens in die Liste der notwendigen aufgenommen wurden, tragen sie diesen Titel zu Recht? Auf diese Frage läßt sich unmöglich eine Antwort finden. Solange man aber keine Antwort gefunden hat, läßt sich unmöglich eine hinreichende Rechtfertigung dafür finden, diese Behauptung als wahr gelten zu lassen. Dieser Behauptung zufolge sieht es allem Anschein nach so aus, als bestehe eines dieser heiligen, unverletzlichen und unantastbaren Menschenrechte in der Verpflichtung, zu einer unbekannten Menge von Ausgaben beizutragen, die für unbestimmte Zwecke verwendet werden.

3. Behauptung: Sie (die besagte allgemeine Abgabe) muß gleichmäßig auf alle Bürger verteilt werden, nach Maßgabe ihrer Möglichkeiten.

Teilweise ein Widerspruch – eine Fortsetzung oder vielmehr eine Wiederholung vorhergehender Widersprüche –, teilweise Tyrannei unter der Maske der Gerechtigkeit.

Dem ersten Artikel nach sind sich alle Menschenwesen im Hinblick auf alle Arten von Rechten gleichgestellt und sollten es auch alle sein. Der zweite Artikel zählt das Eigentum zu diesen Rechten. Aus den beiden zusammengenommen folgt dann, daß alle Menschen im Hinblick auf Eigentum gleichgestellt sind und gleichgestellt sein sollten: Das gesamte Eigentum der Nation ist also gleich, d. h. in gleiche Partien, aufgeteilt und sollte gleich aufgeteilt sein. Andererseits ist in Ansehung der tatsächlichen Umstände gewiß, daß zum Zeitpunkt, da dieser Artikel verabschiedet wurde, eine solche Gleichheit weder bestand noch die geringsten Maßnahmen ergriffen wurden, diese zu verwirklichen. Angesichts dessen ist die Frage, von welchem der beiden Zustände dieser Artikel

35 „Pour l'entretien de la force publique, et pour les dépenses d'administration, une contribution commune est indispensable. Elle doit être également répartie entre tous les citoyens, en raison de leurs facultés.“

ausgeht – von der alten und tatsächlich bestehenden Ungleichheit oder der neuen und nur in der Vorstellung existierenden Gleichheit? Im ersteren Fall steht der Folge- oder Erklärungssatz in Widerspruch zum Hauptsatz; im letzteren Fall ist er tautologisch und überflüssig. Im ersteren Fall steht der Erklärungssatz in Widerspruch zum Hauptsatz: Denn wenn von ungleichen Vermögen gleiche Abgaben genommen werden, so werden die Abgaben, die Abzüge, nicht in einem proportionalen Verhältnis getätigt. Nimmt man von einem Vermögen von hundert Pfund eine Abgabe von zehn Pfund und von einem Vermögen von zweihundert Pfund ebenfalls zehn Pfund und nicht mehr, so liegt der Anteil nicht in beiden Fällen bei einem Zehntel, sondern bei einem Zehntel im einen und bei nur einem Zwanzigstel im anderen Fall. Im zweiten Fall, wenn also Gleichheit des Eigentums der angenommene Zustand ist, dann wird die Gleichheit der Abgabe tatsächlich mit dem Plan der Gleichstellung wie auch mit Gerechtigkeit und Nutzen im Einklang stehen. Dann wird aber der Erklärungssatz, nach Maßgabe ihrer Möglichkeiten, tautologisch und überflüssig; und nicht nur tautologisch und überflüssig, sondern undurchsichtig und verwirrend: denn die Verhältnismäßigkeit der Abgabe steht mit der Gleichheit der Abgabe nur in einem einzigen von unzähligen Fällen in Einklang, nämlich dem der Gleichheit des Vermögens; und in Wirklichkeit standen beide unter den seinerzeit ausnahmslos herrschenden Umständen nicht miteinander im Einklang.

Und auch die „Möglichkeiten" der Menschen? Was bedeutet dieses Wort? Dies hätte – falls die der Darstellung nach tatsächlich bestehenden sowie schon immer bestehenden und für alle Zeiten bestehenden Zustände überhaupt mehr gewesen wären als der Traum eines Fieberkranken – bestimmt werden sollen, falls man überhaupt hätte Sorge tragen wollen, daß sich die Menschen nicht gegenseitig die Kehle durchschneiden, und bestimmt werden müssen, bevor diese Theorie in die Praxis hätte umgesetzt werden können. Ist bei der Bewertung der Möglichkeiten, welche die Menschen haben, gemeint, daß nur ihre Besitztümer oder auch, daß ihre jeweiligen Wünsche und Bedürfnisse sowie ihre Mittel und Wege in Rechnung zu stellen wären? – Welch grenzenlose Mühe im letzteren Fall! Welche Ungerechtigkeit im ersteren!

Auf jeden Fall – welche Tyrannei! Eine Inquisition der Bedürfnisse und Ressourcen, eine Inquisition, die, um ihrem Gegenstande gerecht zu werden, immerwährend sein muß, eine Inquisition der Lebensumstände eines jeden wäre eine der Säulen jenes Hauses der Freiheit! Einem englischen Leser, einem Leser, der diesen Besteuerungsplan (einem von dem irreführenden Begriff Abgabe bemäntelten Plan, so als könnten freiwillige Abgaben ein praktikabler Ersatz für zwangsweise Abgaben sein) auf englische Verhältnisse beziehen wollte, einem Leser, der sich die Umsetzung dieses Besteuerungsplans aus den Zuständen in England zusammenreimt, würde sich das hier ersonnene System bei weitem nicht in seiner Kohlrabenschwärze darstellen. Einem englischen Leser könnte es naheliegenderweise so erscheinen, als sei lediglich gemeint gewesen, daß die allgemeine Steuerlast im weitesten Sinne so gleichmäßig oder vielmehr: so recht und billig, d. h. so verhältnismäßig zu verteilen sei, wie es sich praktisch machen läßt: daß Steuern – ein Wort, das ihn unmittelbar und praktisch ausnahmslos an Verbrauchssteuern denken ließe – beispielsweise auf Luxusgüter erhoben werden sollten statt auf lebensnotwendige Güter. – Er würde sich gehörig irren. – Was er nicht für möglich halten würde, ist, daß Steuern auf den Verbrauch, jene Steuern, deren Aufkommen einzig und allein im wahrsten und nicht nur sophistischen Sinne des Wortes seitens des Zahlenden als freiwillig zu bezeichnen wären, von französischen Finanzbeamten sorgsam ausgemerzt werden, weil sie von dem Begriff *indirekt* in die Irre geführt sind, einer Art Verbotsbegriff, den eine Reihe wirrköpfiger Metaphysiker erfunden hat.[36] Er würde es kaum glauben, daß die beliebteste Art von Steuer in diesem Land der vollkommenen Freiheit eine Art von Zumutung und Inquisition ist, die jeden, der etwas besitzt, erst einmal zu einem Verbrecher stempelt, die den Steuereintreiber den letzten Winkel eines Hauses durchsuchen läßt, die jeden einem Kreuzverhör unterzieht und der gegenüber ein doppelter oder dreifacher Zehnter eine wohltuende Verbesserung wäre.[37]

> Artikel 14: Alle Bürger haben das Recht, selbst oder durch ihre Vertreter die Notwendigkeit der öffentlichen Abgabe festzustellen, diese frei zu bewilligen, ihre Verwendung zu überwachen und ihre Höhe, Veranlagung, Eintreibung und Dauer zu bestimmen.[38]

Nimmt man an, der Verfasser dieses Artikel sei ein Staatsfeind und sein Ziel sei es, das öffentliche Leben zu stören und zwischen den Menschen Zwietracht zu säen, so hätte er kaum ein geeigneteres und kunstvolleres Mittel zu diesem Zweck ersinnen können. Nimmt man hingegen an, er sei dem Staate freundlich gesonnen und sein Ziel sei es, nützliche Anleitungen oder heilsame Kontrolle zu verordnen, dann kann man sich nichts Einfältigeres oder Kindischeres vorstellen.

Zunächst einmal, von wem spricht er eigentlich? Was meint er mit „alle Bürger"? – Meint er alle kollektiv als Gemeinschaft handelnd oder jeden Bürger, jeden einzelnen, also jeden, dem es gerade beliebt? Ist dieses Recht, das ich habe, ein Recht, das ich selbst jederzeit nach Gutdünken und ohne Mitwirkung irgendeines anderen ausüben kann, oder kann ich es nur ausüben, sofern und wenn ich alle anderen oder wenigstens die Mehrheit aller anderen dazu bringen kann, es mit mir auszuüben? In praktischer Hinsicht ist der Unterschied gewaltig; doch den Verfassern dieser Erklärung, die vereinigende und vereinzelnde Ausdrücke allem Anschein nach wild durcheinanderwerfen, ist nicht

---

36 Das französische Steuersystem wurde Ende 1790, Anfang 1791 überarbeitet; im Zuge der Überarbeitung schaffte man alle indirekten Steuern ab und führte drei neue direkte Steuern ein: die *contribution foncière* oder Grundsteuer wurde am 23. November 1790 beschlossen und trat am 1. Januar 1791 in Kraft; die *contribution mobilière* oder Steuer auf persönliches Eigentum wurde am 13. Januar 1791 beschlossen und rückwirkend zum 1. Januar 1791 erhoben; und die *patentes* oder Gewerbesteuer wurde am 2. März 1791 beschlossen und am 1. April 1791 wirksam; und obwohl man sie 1793 abschaffte, trat sie 1795 erneut in Kraft.

37 Das neue Steuersystem erforderte einen gewaltigen Staatsapparat, um – unter Kontrolle der örtlichen Behörden – die Steuern einzutreiben. Im Prinzip war es unumgänglich, sich zur Bemessung der Steuerschuld ausgiebig in die Privatangelegenheiten eines jeden Bürgers einzumischen, der Finanzunterlagen und andere Bemessungsgrundlagen seines Einkommens, Besitzes und Gewinns offenzulegen hatte. Vgl. Camille Bloch, *Les contributions directes*, Paris 1915.

38 „Tous les citoyens ont le droit de constater par eux-mêmes, ou par leurs représentans, la nécessité de la contribution publique; de la consentir librement; d'en suivre l'emploi; et d'en déterminer la quotité, l'assiette, le recouvrement et la durée."

anzumerken, ob sie sich auch nur im mindesten des Unterschieds bewußt sind. Soll es heißen, zusammen mit allen anderen, so bringt dies bereits der sechste Artikel zum Ausdruck. Gesetze, die Steuern auferlegen, sind Gesetze. Ich habe also schon das Recht, an der Bildung aller möglichen Gesetze mitzuwirken: Was gewinne ich durch das neue Recht, an der Bildung einer bestimmten Klasse von Gesetzen mitzuwirken, die der Auferlegung einer Abgabe dienen? Als zusätzliche Bestimmung, als Anwendung der allgemeinen Vorschrift auf diesen bestimmten Gegenstand könnte es wohl in Ordnung sein. Es wird aber nicht als Zusatzbestimmung, sondern als eigener Gegenstand eingeführt. Was den Unterschied noch auffälliger macht, ist in diesem Fall und nur in diesem Fall die Verquickung von andersartigen Akten mit Akten der Gesetzgebung: das Recht, die Notwendigkeit der Maßnahmen zu prüfen und ihre Durchführung zu überwachen, mit dem Recht, sie selbst durchzuführen; das Recht, die Art und Weise, wie die Staatsgewalt ausgeübt wird, zu beobachten und zu beurteilen, mit dem Recht, sie auszuüben.

Wie wir es auch drehen und wenden, welch hübsche Vorrichtung zur Lösung von Problemen und zur Auflösung von Zweifeln und Unstimmigkeiten! Was es auch sein mag, es ist eines der Dinge, die ich das Recht zu tun habe, entweder selbst oder mittels bestimmter Personen, die unter dem Namen meiner Vertreter firmieren – entweder das eine oder das andere, aber was von beidem eigentlich? – Genau das möchte ich natürlich gerne wissen und genau das wird nicht verraten. Kann ich es selbst tun; oder nur durch meinen Vertreter; d. h. im letzteren Falle durch einen Abgeordneten, an dessen Wahl ich vielleicht teilnehmen konnte, vielleicht aber auch nicht, an dessen Wahl ich vielleicht teilgenommen habe, vielleicht aber auch nicht, für den ich gestimmt habe, vielleicht aber auch nicht, und der, egal, ob ich für oder gegen ihn gestimmt habe, weder diese noch irgendeine andere Handlung auf meinen Wunsch hin durchführen wird?

Steht mir, einer einzelnen Person, persönlich ein Recht zu, die Notwendigkeit jeder beschlossenen oder zum Beschluß vorgeschlagenen Abgabe zu prüfen, d. h. sie zu untersuchen, wann immer ich möchte? Dann habe ich das Recht, zu jedem mir beliebenden Zeitpunkt in jedes Amt der Finanzbehörde zu gehen, um alle Vorgänge des Amtes zum Erliegen zu bringen, jedem, den ich finde, zu befehlen, mir all meine Fragen zu beantworten und mich mit all den Akten oder sonstigen Dokumenten zu versorgen, die ich gerade haben möchte. Du, mein nächster Nachbar, der du so sehr ein Bürger bist wie ich, hast dasselbe Recht wie ich. Es steht dir frei, zum selben Zweck und zur selben Zeit ebendieses Amt zu befehligen. In meinem Belieben steht es, daß die Menschen tun sollen, wozu ich sie anhalte, und nicht das, wozu du sie anhältst; in deinem Belieben steht es, daß sie tun sollen, wozu du sie anhältst, nicht das, wozu ich sie anhalte – wem von uns wird sein Wille geschehen? – Die Antwort ist: dem mit den kräftigsten Lungen oder, falls das nicht helfen sollte, dem mit der stärksten Hand. Alles der stärksten Hand zu geben, ist das natürliche Resultat der gesamten Bevormundung, der ganzen Überwachung und Kontrolle, die dieser Vortrag über die Prinzipien der Staatsführung so freizügig vorsieht; doch genau dieselben Zustände träten ein, wenn man annähme, es gäbe überhaupt keine Staatsführung und auch keinen solchen Versuch, die Staatsführung unter dem Vorwand ihrer Anleitung zu zerstören.

Das Recht, eine Steuer zu billigen – das Recht, eine Maßnahme zu billigen –, ist eine merkwürdige Ausdrucksweise für das Recht, nach eigenem Ermessen seine Zustimmung oder Ablehnung zu erklären! Daß ein Mensch, der beansprucht und vorgibt, Worte festzuschreiben, Ideen festzuschreiben, Gesetze festzuschreiben, alles festzuschreiben und dies bis in alle Ewigkeit, ausgerechnet zu diesem Ausdruck greift, der, da die französische Sprache schlecht genug konstruiert und unselig genug ist, sich einen solchen Ausdruck zu leisten, ein effektives Recht der fraglichen Art nur auf eine einzige Weise bezeichnet, nämlich indem er in erster Linie ein wertloses und trügerisches vorstellt: das Recht zu billigen anstelle des Rechts zu wählen; das Recht, seine Billigung und nichts als seine Billigung zu bekunden, anstelle des Rechts, seine Billigung oder Ablehnung oder weder das eine noch das andere zu bekunden, gerade, wie es in jemandes Ermessen liegt.

> Artikel 15: Die Gesellschaft hat das Recht, von jedem Staatsbeamten Rechenschaft über seine Amtsführung zu verlangen.[39]

Die Gesellschaft? – Was bedeutet das, worum geht es hier? Unterschieden, wo sie identisch sein sollte, identisch, wo sie unterschieden sein sollte, immer undeutlich, immer vage, Ausdrücke als untereinander austauschbar verwendend, die um der Genauigkeit und des rechten Verständnisses willen besonders sorgfältig und beständig in einen Gegensatz gebracht werden müßten, so ist die Sprache dieser Abfassung vom Anfang bis zu ihrem Ende!

Ist gemeint, daß die Vorgesetzten in einem Amt das Recht haben, eine solche Rechenschaft von ihren Untergebenen zu verlangen? Ein solches Recht nicht zu besitzen, hieße, kein Vorgesetzter zu sein; seiner Ausübung nicht unterworfen zu sein, hieße, kein Untergebener zu sein. In diesem Sinne ist die Behauptung vollkommen unverfänglich, doch auch ebenso wertlos. Ist gemeint, daß alle Menschen, die kein Amt bekleiden, dieses Recht hinsichtlich aller Amtspersonen bzw. einer jeden Amtsperson besitzen? Dann stellt sich dieselbe Frage wie zuvor: Ist jeder persönlich befugt oder alle zusammen als Gemeinschaft? Falls die Gemeinschaft gemeint ist, läuft das, was dieser oder jeder beliebige andere Artikel, der in derselben Absicht ausgearbeitet wurde, für sie tut oder tun kann, auf nichts hinaus: Welche Handlungen er ihnen auch zugesteht, er gibt ihnen kein Instrument zu ihrer Ausführung an die Hand, das sie nicht ohnehin schon besessen hätten. Woran auch gedacht sein mag, wenn sie sich samt und sonders zu diesem Zwecke erheben und jedes Hindernis beseitigen, das sie gegenseitig füreinander darstellen mögen, so wird niemand sie daran hindern können. Doch ist es allzu wahrscheinlich, daß eine solche Erhebung jemals stattfinden wird? Und träte ein solches Ereignis nun tatsächlich ein, wäre es denn überhaupt von irgendwelchem Nutzen?

Zählt das Recht zu denen, die allen und jedem persönlich zukommen, dann beginnt wieder das alte Lied von der gegenseitigen Behinderung und der Behinderung aller Geschäfte, wie gehabt.

Das Recht, Rechenschaft zu verlangen? – Was bedeutet das nun wieder? Das Recht, einfach die Frage zu stellen, oder das Recht, eine Antwort darauf zu erzwingen? – Und eine solche Antwort, die den, der die Frage stellt, auch befriedigt? Im ersteren Fall wird

39 „La société a le droit de demander compte à tout agent public de son administration.“

der Wert des Rechtes nicht gerade groß sein; im letzteren Fall wird der, dem das Recht zusteht und der, wie wir ja angenommen haben, nicht im Amt ist, tatsächlich doch im Amt sein, und da es jedem zusteht und jedem zustehen soll, wird folglich jeder im Amt sein; und jene, die allen befehlen, stehen unter jedermanns Befehl.

Wenn er nicht nur barer Unsinn sein sollte, sollte der Artikel vielleicht nur die Vorgesetzten im Amt daran erinnern, die ihnen Untergebenen aufmerksam im Auge zu behalten? Wenn dies der Fall wäre, so könnte nichts unschuldiger und untadeliger sein. Weder das Kind, das die Geheimnisse des Abcs entdeckt, noch die alte Frau, die sie ihm beibringt, müssen ob dieser Erkenntnis erröten. – Was aber hat sie in einer Abfassung zu suchen, der geballten Weisheit der Nation, deren Ziel einzig und allein ist, *Rechte zu erklären*?

Einfältig oder verderblich, das ist hier wieder einmal die Alternative. In Form eines Ratschlags kann eine Behauptung lehrreich oder banal, belebend oder abgestanden sein. Doch sei sie das eine oder das andere, sobald man sie in ein Gesetz verwandelt oder zu verwandeln versucht, das sich auf diejenigen beziehen soll, die man Gesetzgeber nennt, und das von denjenigen vollstreckt werden soll, die man nicht Gesetzgeber nennt, ist sie pures Gift, und zwar der stärksten Art.

> Artikel 16: Eine Gesellschaft, in der die Gewährleistung der Rechte nicht gesichert („*la garantie des droits n'est pas assurée*") und die Gewaltenteilung nicht festgelegt ist, hat keine Verfassung.[40]

Eine Darbietung, zu der wohl außer Frankreich keine Nation der Welt fähig wäre: – bis zum Wahnsinn aufgeblasener Eigendünkel. Gesetzgeber plustern sich auf wie Pfauen; das unwichtigere Geschäft der Verfassungsgebung wird zugunsten des wichtigeren Geschäftes der Prahlerei unterbrochen. Hätte die gesamte menschliche Spezies nach dem Wunsch des Tyrannen nur einen einzigen Hals,[41] sie fände in diesem Artikel ein eigens konstruiertes Schwert, ihn abzutrennen. Diese Verfassung, diese gesegnete Verfassung, deren Fundament diese göttliche Erklärung bildet, die Verfassung Frankreichs, ist nicht nur die bewundernswerteste Verfassung der Welt, – sie ist die einzige.

Daß kein Land außer Frankreich das Glück hat, jenes Etwas zu besitzen, was es auch sein mag, das sich Verfassung nennt, ist nun hinreichend deutlich geworden. Dies muß die Bedeutung des Artikels sein, falls er überhaupt etwas bedeutet; denn eine andere Bedeutung hat er gewiß nicht. *Hat die Nation*, so sagt ihr, *hat die Nation, der ich angehöre, so etwas wie eine eigene Verfassung oder nicht*? – Wollt ihr es wissen, so seht nach, ob sie eine Erklärung der Rechte beinhaltet, die Wort für Wort mit dieser übereinstimmt.

---

40 „Toute Société dans laquelle la garantie des Droits n'est pas assurée, ni la séparation des Pouvoirs déterminée, n'a point de Constitution."

41 Als das Publikum bei den römischen Zirkusspielen eine gegnerische Partei unterstützte, drohte ihm Gaius, besser bekannt als Caligula (12–41), seit 37 Herrscher von Rom, mit den Worten *utinam populus Romanus unam cervicem haberet*, d. h. „Hätte doch das römische Volk nur einen einzigen Hals!". Vgl. Sueton, *Die römischen Kaiser*, übers. u. hg. v. Hans Martinet, Düsseldorf/Zürich 2003, 4. Buch, S. 245; sowie Cassius Dio, *Römische Geschichte*, übers. v. Otto Feh, Düsseldorf 2009, 4. Bd, 59. Buch, S. 424 („O wenn ihr doch einen einzigen Nacken hättet!").

Eine Gesellschaft, in der die Gewährleistung der Rechte nicht gesichert ist, denn *Toute Société dans laquelle la garantie des droits n'est pas assurée*, ist, wie man allerdings zugeben muß, jämmerlichster Unsinn. Doch wäre die Übersetzung nicht wortgetreu, dann würde sie dem Original nicht gerecht; und wäre sie nicht unsinnig, dann wäre sie nicht wortgetreu. Was damit nicht ausgedrückt (denn durch Unsinn wird nichts ausgedrückt), sondern uns eingeflüstert werden soll, ist: eine Verfassung, die eine ebensolche Erklärung der Rechte beinhaltet wie die vorliegende, die dem Gesetzbuch dieser Gesellschaft in Form einer Präambel autoritativ vorangestellt ist.

Was die nicht vollkommen unsinnige, sondern nur überaus undurchsichtige Klausel bezüglich der in einer Gesellschaft festgelegten Gewaltenteilung betrifft, so scheint sie die Folge einer wirren Vorstellung von einer erweiterten Anwendung der alten Maxime *divide et impera* zu sein: Die Regierten sollen die Regierenden beherrschen, indem sie sie spalten. Einer noch älteren Maxime zufolge heißt es, daß ein Haus nicht bestehen kann, wenn es mit sich selbst uneins wird,[42] und denke ich mir beide Maximen auf den vorliegenden Gegenstand angewandt, so scheint diese mir auch die zutreffendere zu sein. In der Existenz zweier vollkommen unabhängiger und einander bekämpfender Hoheitsgewalten oder dreier solcher miteinander im Kampf liegender Gewalten (denn die Zustände in Großbritannien, wie sie angeblich sind oder vielmehr, wie sie angeblich *nicht sind*, aber *sein sollten*, scheinen hier als Beispiel gedient zu haben), besteht angeblich der Idealzustand guter Staatsführung oder zumindest jeder möglichen Annäherung an gute Staatsführung, die ohne eine *wortwörtliche* Übernahme einer Rechteerklärung wie dieser auszukommen vermag. Und kurz gesagt, obgleich Großbritannien gegenwärtig nicht über so etwas wie eine Verfassung verfügt, könnte es, falls im Laufe einer beliebigen Zeit von beispielsweise fünf oder zehn Jahren jemals der Fall eintreten sollte, daß das Unterhaus oder das Oberhaus sowohl jegliches Vertrauen in einen oder alle königlichen Minister verlöre als auch deren führende Rolle bei der Gesetzgebung (während sich das Unterhaus unverändert, wie wir annehmen müssen, nach dem allgemeinen Wahlrecht zusammensetzt) nicht weiter zu dulden vermöchte, falls dies so wäre, dann könnte Großbritannien vielleicht (denn davon auszugehen, wäre zuviel gesagt) sogar geneigt sein, sich guten Gewissens im Besitz einer Verfassung zu wähnen – von etwas, das, obgleich von minderer Qualität, unter der Bezeichnung Verfassung würde durchgehen können, selbst wenn ihr diese französische Erklärung der Rechte nicht vorangestellt wäre.

Daß Großbritannien gegenwärtig über etwas verfügte, das diese Bezeichnung rechtfertigen würde, wurde von Bürger Payne *in Folge* oder *im Vorfeld* (ich erinnere mich wirklich nicht mehr, auch ist es nicht wert, erinnert zu werden), jedenfalls *in Übereinstimmung mit* dieser Erklärung der Rechte förmlich verneint.[43]

---

42 Matthäus 12, 25; Markus 3, 25.

43 Vgl. Thomas Paine (1737–1809), *Rights of Man: being an answer to Mr. Burke's attack on the French Revolution*, London 1791: „Ich sehe recht gut, warum Herr Burke davon abkam, sich auf einen Vergleich der englischen und französischen Konstitution einzulassen; denn als er sich zu dem Geschäft niedersetzte, kam er nicht umhin zu bemerken, daß auf seiner Seite nichts dergleichen wie eine Konstitution existierte.“ Zitiert nach der dt. Ausgabe: *Die Rechte des Menschen*, hg., übers. und eingel. v. Wolfgang Mönke, 2. Aufl., Berlin 1983, S. 164. Paine bezieht sich auf Burkes *Reflec-*

Dem allgemeinen Verständnis nach und auch von der Etymologie bestätigt, scheint mit dem Wort *Verfassung* etwas *Bewährtes* gemeint zu sein, etwas *bereits* Bewährtes, etwas, dem *Beständigkeit* zukommt, etwas, das sich bereits als stabil *erwiesen* hat. Was würden wir sagen, wenn diese großartigste aller Prahlereien nicht nur einfach unwahr wäre, sondern wenn das genaue Gegenteil wahr wäre? Und wenn Frankreich nicht etwa das einzige Land wäre, das eine Verfassung besäße, sondern Frankreich gerade das einzige wäre, das keine besäße! Wenn nun aber der Staat von Gehorsam abhängig ist, die Stabilität des Staates von der Beständigkeit dieser Neigung zum Gehorsam und die Beständigkeit dieser Neigung vom Anhalten der Gewohnheit zu gehorchen, dann muß dies zweifellos der Fall sein. Und wenn es, statt zu sagen, man könne keine Verfassung haben, ohne eine zu machen, der Wahrheit viel näher käme oder vielmehr: die reine und einzige Wahrheit wäre, daß man keine Verfassung haben kann, wenn man versucht, eine zu machen. Eure Nachwelt vielleicht, wenn sie Glück hat, wenn sie sehr viel Glück hat; aber von Euch selbst, ihren Urhebern, kann man nicht wirklich behaupten, Ihr hättet eine. Was man also voller Sarkasmus über den (Erb-)Adel gesagt hat, läßt sich ganz im Ernst von einer Verfassung behaupten: Man bringt sie hervor, indem man lange Jahre ruhig im Sessel sitzt.

> Artikel 17: Da das Eigentum ein unverletzliches und geheiligtes Recht ist, kann es niemandem genommen werden, es sei denn, daß die gesetzlich festgestellte öffentliche Notwendigkeit dies eindeutig erfordert und vorher eine gerechte Entschädigung festgelegt wird.[44]

Hier wird diesem Haufen von Widersprüchen der letzte Schliff gegeben: Er paßt ganz gut zum Rest. Dem ersten Artikel zufolge sind alle Menschen hinsichtlich aller Arten von Rechten gleich; und sie bleiben es für alle Zeiten, ungeachtet all dessen, was per Gesetz erlassen werden kann. Dem zweiten Artikel zufolge zählt das Eigentum zu diesen Rechten. Diesem siebzehnten und letzten Artikel zufolge kann niemand seines Eigentums beraubt werden, nein, keines einzigen Atoms davon, ohne genau gleichwertige Entschädigung. Alle Menschen sind gleich an Eigentum, während John 50.000 Pfund im Jahr hat und Peter nichts. Alle Menschen sollen gleich an Eigentum sein, und zwar auf ewig, während zur selben Zeit demjenigen, der tausendmal soviel hat wie tausend andere zusammen, nicht ein Heller davon genommen werden darf, bevor er nicht ebensoviel dafür bekommen hat, Gott weiß woher. Der Verfasser konnte seine Feder nicht niederlegen, ohne zu enden wie er begann und diesen gesetzgebenden Schriftsatz einmal mehr mit dem blumigen Wort geheiligt zu dekorieren, das sich so gut in Gedichten, Theaterstücken und Schulaufsätzen macht. In der Sprache antiker Religion bedeutete

tions on the Revolution in France, erstmals veröffentlicht am 1. November 1790; vgl. *The Writings and Speeches of Edmund Burke. Volume VIII: The French Revolution 1790–1974*, hg. v. L. G. Mitchell, Oxford 1989, S. 53–293. Dt. Ausgabe: *Betrachtungen über die französische Revolution*, übers. v. Friedrich Gentz, hg. v. Ulrich Frank-Planitz, Zürich 1987.

44 „La propriété étant un droit inviolable et sacré, nul ne peut en être privé si ce n'est lorsque la nécessité publique, légalement constatée, l'exige évidemment, et sous la condition d'une juste et préalable indemnité."

die Weihe oft Zerstörung. In diesem Sinne mag man dieser Erklärung der Rechte zugestehen, das Eigentum geheiligt zu haben, so wie sich Jephthah verpflichtet fühlte, seine Tochter zu weihen, indem er ihr die Kehle durchschnitt.[45]

Wenn wir Unsinn und Widerspruch einmal beiseite lassen, dann erweist sich der hier berührte Gegenstand als eine jener Detailfragen, die geklärt werden müssen und geklärt werden können, und zwar durch Nützlichkeitserwägungen, die sich zur Zufriedenheit besonnener Menschen aus ruhigen und nüchternen Untersuchungen ableiten lassen, die aber der Aufmerksamkeit dieser Schöpfer der Menschenrechte ebenso gründlich entgehen wie die Sorge, ein stinkendes Hemd gegen ein frisches auszutauschen, der Aufmerksamkeit eines strohbekränzten Tollhauskönigs von Bedlam.[46] Notwendigkeit? Was heißt Notwendigkeit? – Denn auf die Superlative aller Art, mit denen diese wildgewordene Prosa so freigiebig übersät ist, kann man sich keinerlei Reim machen, solange man sie nicht durchgestrichen und besonnene Ausdrücke, die ihrer Bedeutung am nächsten kommen, an ihrer Statt eingefügt hat. Befiehlt Notwendigkeit den Bau neuer Straßen, neuer Wege, neuer Brücken, neuer Kanäle? Ist für das Fortleben einer Nation, die so viele Zeitalter mit dem Bestand von Wasserstraßen, die ihr die Natur vermachte, überdauert hat, irgendeine Erweiterung dieses Bestandes *notwendig*? – Wenn nicht, dann spricht aus jeder dieser Zeilen ein Ende allen Fortschritts. In all diesen Fällen bestehen Nachteile auf der einen Seite und Vorteile auf der anderen; was aber sind alle Vorteile der Welt im Vergleich zu den aus dem nicht erlassenen und unwiderruflichen Naturrecht abgeleiteten geheiligten und unverletzlichen Menschenrechten wert!

Hier spielt nun die Unterscheidung zwischen einer für den *Wert* der *Empfindung* empfänglichen und einer für diesen Wert nicht empfänglichen Spezies hinein: zwischen Verlusten, bezüglich deren sich die Angemessenheit einer Entschädigung mit Gewißheit feststellen läßt, und Verlusten, bezüglich deren sie zweifelhaft bleiben muß; und die Frage, in welchen Fällen es ein überproportionaler Gewinn für eine Person rechtfertigt, einer anderen Person mit oder ohne Entschädigung einen Verlust zuzufügen. All diese Unterscheidungen kann man treffen; zu all diesen Fragen kann man jeweils eine Lösung finden, die einen Menschen zufriedenstellen wird, der sich nicht zu schade ist, die Gefühle auf der einen Seite mit den Gefühlen auf der anderen zu vergleichen, und Regelungen nach ihrer Wirkung auf die Gefühle dessen zu beurteilen, der von ihnen betroffen ist, statt über sie durch die willkürliche Anwendung von Attributen und Phrasen zu befinden, die aus Theaterstücken und bombastischen Reden stammen.

45 Vgl. Richter 11, 29–40.

46 Eine Anspielung auf das 1247 als Priorat gegründete Bethlehem Royal Hospital, das Heinrich VIII. (1491–1547), seit 1509 König von England und seit 1541 König von Irland, der Stadt London 1547 als Irrenanstalt vermachte.

7. Anarchische Trugschlüsse [Auszug] (ca. 1795)

Schlußfolgerung

Wir haben gesehen, welch abscheulichen Unsinn die hervorragendsten Talente der französischen Nation auf dem Gebiet der Grundprinzipien der Staatsführung hervorgebracht haben.

Auf dem Gebiet der Chemie hat Europa die systematischen Ansichten ebenjener Nation, da sie von einer Reihe entscheidender Experimente und schlüssiger Beweisführungen gestützt wurden, mit Bewunderung begrüßt und einhellig und dankbar übernommen.

Man hat die Chemie gemeinhin und nicht ganz ohne Grund zu den dunkelsten Gebieten der Wissenschaft gerechnet. In der Chemie sehen wir, wie weit sie über das erhabenste Wissen vergangener Zeiten hinausgelangt sind; in der Gesetzgebung, wie tief sie unter das abgrundtiefste Unwissen gesunken sind: – Als wie viel minderwertiger hat sich der reifste Entwurf, der sich mit den vereinten Kräften der gesamten Nation bewerkstelligen ließ, im Vergleich zu der Weisheit und glücklichen Fügung jener zufälligen Mischung der britischen Verfassung erwiesen.

Während sich vergleichsweise wenige Auserwählte der Veredelung der Chemie widmeten, haben sich beinahe Unzählige der Wissenschaft der Gesetzgebung verschrieben.

Im Falle der Chemie fällt das Studienobjekt anerkanntermaßen in das Hoheitsgebiet der Wissenschaft: Anerkanntermaßen ist es eine dunkle und schwere Wissenschaft, zu deren Voraussetzungen ein langes Studium gehört, welches aber nur jenen offensteht, die zuvor das Privileg einer guten Allgemeinbildung genossen haben; sie aber so zu veredeln, daß man Verbesserungen in ihr bewirkt, verlangt von jemandem, daß er sie zum Hauptgeschäft seines Lebens mache; und diejenigen, die solche Verbesserungen bewirkt haben, haben sich ihr auf ebendiese Weise gewidmet.

In der Chemie gibt es keinen Raum für die Leidenschaft, sich einzumischen und den Verstand zu verwirren – Menschen in die Irre zu führen und ihre Augen vor der Erkenntnis zu verschließen: In der Gesetzgebung verhält es sich gerade umgekehrt, die Umstände sind meilenweit verschieden.

Was sollen wir also über jenes System der Staatsführung sagen, dessen erklärtes Ziel es ist, die unwissende und ungebildete Menge (die in ihrer Existenz darauf angewiesen ist, ihre gesamte Zeit für den Erwerb der Mittel zum eigenen Unterhalt aufzuwenden) dazu aufzufordern, sich ohne Unterlaß ausnahmslos mit allen Fragen der Staatsführung einschließlich der Gesetzgebung und Verwaltung zu beschäftigen – mit den wichtigen und unbedeutenden, den allgemeinsten und den speziellsten, insbesondere aber mit den wichtigsten und allgemeinsten, anders gesprochen also mit den wissenschaftlichsten – denen, die einem Mann das höchste Maß an Wissenschaftlichkeit abverlangen, bevor er qualifiziert ist, darüber zu entscheiden, und hinsichtlich deren jeder Mangel an Wissenschaft und Können die schlimmsten Folgen zeitigt?

Was hätten wir gesagt, wenn die französische Akademie der Wissenschaften (wären deren Mitglieder nicht umgebracht worden) die großen Fragen der Chemie an die Primärversammlungen verwiesen hätte mit der Absicht, die sichersten Entscheidungsgründe für jede beliebige dieser Fragen zusammenzutragen?

Falls eine Sammlung allgemeiner Aussagen, die in ebender Absicht zusammengestellt wurde, die dieser Darbietung zugrunde gelegen zu haben scheint – Aussagen von der allgemeinsten und weitreichendsten Art, die sich auf das gesamte Gebiet der Gesetzgebung erstrecken –, auf eine Weise in Worte gefaßt und gebündelt werden könnte, die sie nützlich macht, so könnte dies nur unter der Bedingung geschehen, daß sie in Form eines Auszugs aus einer bereits bestehenden Sammlung weniger allgemeiner Aussagen abgeleitet würde, die den wesentlichen Gehalt des Gesetzeswerks ausmachen. Um jene allgemeineren Aussagen aber aus diesem Werk von speziellen zu extrahieren, muß dieses Werk bereits existiert haben: Der allgemeine und einleitende Teil, obgleich er an erster Stelle steht, muß als letzter entworfen worden sein; – obgleich er der erste in der Reihe der Mitteilung ist, sollte er der letzte in der Reihe der Ausarbeitung gewesen sein. Für die Formulierung der Aussagen, die aufgenommen werden sollten, fehlte es an allem: an Zeit, Wissen, Begabung, Charakter, Geduld. Das System der Aussagen hingegen, welches diese beinhalten sollte, war beschlossene Sache, komme was wolle. Die wenige zur Verfügung stehende Zeit mag unter einer einzigen und sehr einfachen Bedingung tatsächlich hinreichend gewesen sein, daß nämlich nicht ein einziger Gedanke an die Aussagen verschwendet wurde, die aufgenommen werden sollten; und was Wissen, Begabung, Charakter und Geduld betrifft, so traten an die Stelle dieser trivialen Erfordernisse ein Übermaß an Frechheit und Verblendung. Statt auf dem Wege eines Auszugs wurde das Geschäft auf dem Wege der Vorwegnahme erledigt – durch lose Mutmaßungen darüber, was die in Frage stehenden speziellen Aussagen, so man sie denn finden könnte, zu bedeuten hätten.

Was ich hier anzugreifen gedenke, ist nicht der Untertan oder Bürger dieses oder jenes Landes – ist nicht dieser oder jener Bürger – nicht der Bürger Sieyès oder irgendein anderer Bürger, sondern alle widergesetzlichen Menschenrechte, alle Erklärungen solcher Rechte. Was ich anzugreifen gedenke, ist nicht die Ausführung eines solchen Planes in diesem oder jenem Falle, sondern den Plan an sich.

Nicht an ihrer Ausführung des Planes sind sie etwa gescheitert, weil sie dasselbe Wort auf verworrene Weise in zwei oder drei – widersprüchlichen und unvereinbaren – Bedeutungen verwendet hätten, sondern daran, daß sie einen Plan auszuführen gedachten, der ohne einen solchen Mißbrauch von Wörtern gar nicht auszuführen war. Man lasse jemanden die einzelnen Bedeutungen unterscheiden – man lasse ihn ohne Ausnahme jeder Bedeutung ein eigenes Wort zuteilen, und er wird es überhaupt unmöglich finden, sich eine Erklärung dieser Art auszudenken, ohne daß dies zu einem Unsinn führte, vor dem selbst die Hand des Verrücktesten aller Verrückten zurückschrecken würde.

Ex uno disce omnes – Man lerne von dieser Erklärung der Rechte, was alle anderen Erklärungen der Rechte – von Rechten, die gegen den Staat im allgemeinen geltend gemacht werden – auf ewig sein müssen: die Rechte der Anarchie – die Ordnung des Chaos.[1]

Es ist recht, daß der Mantel, den ich am Leib trage, in meinem Besitz bleibe – und so weiter im Hinblick auf alles, was ich als mein Eigentum betrachte, solange mindestens, bis ich mich entschließe, es herzugeben.

Es ist recht, daß ich die Freiheit haben sollte, so zu verfahren, wie mir beliebt – es wäre besser, wenn man mir anzufügen erlaubte: ob anderen nun gefällt, was ich zu tun beliebe oder nicht. Da dies aber hoffnungslos ist, muß ich mich mit einem solchen Maß an Freiheit zufriedengeben – dem Minimum, mit dem ich mich zufriedengeben kann –, wie es in der Freiheit besteht, zu tun, wie mir beliebt, allerdings unter der Bedingung, daß ich anderen keinen Schaden zufüge.

Es ist recht, daß ich vor jeder Art von Schaden geschützt sein sollte.

Es ist recht, daß ich jedem anderen gleichgestellt sein sollte – mindestens gleichgestellt; und wenn ich es fertig bringe, mich ein Stück weit über die anderen zu erheben, worin soll da der Schaden bestehen?

Wenn all dies aber gegenwärtig recht ist, wann verhielt es sich jemals anders? Es ist gegenwärtig der Natur gemäß recht, und zu welchem zukünftigen Zeitpunkt wird es sich anders verhalten? Es ist also unveränderlich recht bis in alle Ewigkeit.

Da es nun recht ist, sollte ich all diese Segnungen mein eigen nennen, ich habe ein Recht auf alle.

Wenn ich aber ein Recht auf den Mantel an meinem Leib habe, dann habe ich ein Recht, jeden niederzuschlagen, der versucht, ihn mir zu stehlen.

Aus demselben Grund, wenn ich nämlich ein Recht habe, mich vor jedem Schaden zu schützen, habe ich das Recht, jeden niederzuschlagen, der versucht, mir zu schaden.

Aus demselben Grund, wenn ich nämlich ein Recht habe, jedem in jeder Hinsicht gleichgestellt zu sein, folgt, daß, falls sich irgendwer anheischig machte, sein Haus höher zu bauen als meines – statt daß dies so fortgesetzt werden könnte, ich das Recht habe, es ihm über die Ohren zu ziehen und ihn niederzuschlagen, falls er versucht, mich daran zu hindern.

So einfach, so natürlich er unter dem Mandat der selbstsüchtigen und antisozialen Leidenschaften ist, so unmerklich ist der Wechsel von der Sprache der Nützlichkeit und des Friedens zur Sprache des Unheils. Wechsel, habe ich gesagt? – Welcher Wechsel? Von recht (*right*) zu Recht (*right*)? Die Aussagen sind identisch – es gibt in diesem Falle keinen Wechsel. Zumindest, was die Wörter betrifft, so gut wie keinen: nicht mehr, als wenn wir einem Mann für eine Woche unser Pferd anvertrauten und er es uns blind und lahm zurückbrächte: – Es war unser Pferd, das wir ihm anvertrauten – es ist unser Pferd, das wir zurückbekamen: – Was wir ihm anvertrauten, haben wir zurückbekommen.

Die Entdeckung der *Menschenrechte* hätte natürlicherweise nicht in Frankreich, sondern in England ihren Ausgang nehmen sollen: Wir sind es – wir Engländer, die darauf ein größeres *Anrecht* haben. In der englischen Sprache ist der Übergang natürlicher als vielleicht in den meisten anderen: auf jeden Fall natürlicher als in der französischen

1 Der nachfolgende Text entspricht nahezu vollständig dem Manuskript On the Use and Abuse of the Word Right, Bentham, *Rights, Representation and Reform*, S. 398–401.

Sprache. Im Englischen und nicht im Französischen können wir den Sinn verändern, ohne ein anderes Wort zu gebrauchen, und wie Don Quixote auf dem verzauberten Pferd bis zum Mond und weiter reiten, ohne jemals aus dem Sattel zu steigen. Ein und dasselbe Wort: recht – Recht, das verführerischste aller Wörter – ist ausreichend, um das Wunder in Gang zu setzen. Das Wort ist unser: dieses magische Wort, das durch seine einzigartigen Kräfte das Wunder ganz allein vollbringt. In seiner adjektivischen Form ist es unschuldig wie ein Lamm: Es atmet nichts als Moral und Frieden. In dieser Form ergreift besagtes Wort, das zunächst Eingang ins Herz findet, Besitz vom Verstand: – In der Folge dann nimmt es seine substantivische Form an und hißt, zusammen mit einem Rudel entsprechender Verbündeter, das Banner der Auflehnung, Anarchie und gesetzlosen Gewalt.

Es ist recht, daß die Menschen einander in jeder Hinsicht so weit wie möglich gleichgestellt sein sollten, solange dies mit der allgemeinen Sicherheit im Einklang steht. Hier haben wir es in seiner adjektivischen Form, gleichbedeutend mit wünschenswert, richtig, geziemend, im Einklang mit der allgemeinen Nützlichkeit und ähnlichem. Ich habe ein Recht, mich mit jedem in jeder Hinsicht gleichzustellen: Hier haben wir es in seiner *substantivischen* Bedeutung, die zusammen mit den anderen Wörtern einen dem folgenden entsprechenden Satz bildet: Wo immer ich jemandem begegne, der mir versagt, mich ihm in jeder Hinsicht gleichzustellen, ist es recht und richtig und geziemend, daß ich ihn niederschlagen sollte, so mir der Sinn danach steht, und sofern das nicht ausreicht, ihn auf den Kopf schlagen sollte usf.

Die französische Sprache ist in der glücklichen Lage, nicht über diesen unheilvollen Reichtum zu verfügen. Ein Franzose aber wird sich nicht aus Mangel an Wörtern von seinem Ziel abbringen lassen: Der Mangel eines Adjektivs, das aus denselben Buchstaben besteht wie das Substantiv *Recht*, ist für ihn kein Hindernis. Ist, ist gewesen, sollte sein, soll sein, kann – alle werden füreinander eingesetzt – alle werden in den Dienst gepreßt – alle müssen für dieselben Zwecke herhalten. Wir haben gesehen, wie sich alle Elemente des Verstandes an dieser berauschenden Mischung verwirrten, wie jede Faser des Herzens an ihr entflammte, wie die Lippen durch sie zu jeder Torheit und die Hände zu jedem Verbrechen bereit wurden.

Um es noch einmal zu sagen: Wir haben nach Lage der Dinge ein älteres Recht auf diese kostbare Entdeckung der Menschenrechte als die Franzosen. Man hat gesehen, daß wir über besonders viel Material verfügen, um sie zu machen. Das *Recht*, das substantivische *Recht* ist das Kind des Gesetzes: Aus *wirklichen* Gesetzen erwachsen *wirkliche* Rechte; doch aus *eingebildeten* Gesetzen, aus Naturgesetzen, die von Dichtern, Rhetorikern und den mit moralischen und geistigen Giften Handeltreibenden vorgestellt und erfunden werden, erwachsen *eingebildete* Rechte, eine Bastardbrut von Mißgeburten, „gräßlichen Gorgonen und Schimären“.[2] Und so kommt es, daß aus *gesetzlichen Rechten*, den Sprößlingen des Gesetzes und Freunden des Friedens, *widergesetzliche Rechte* werden, Todfeinde des Gesetzes, Verderber des Staates und Meuchler der Sicherheit.

2 Vgl. John Milton, *Paradise Lost*, London 1667, Buch ii, Z. 628.

Wird dieses Gegengift seine Wirkung tun gegen die zweite französische Krankheit?[3] – Wird dieses Mittel, das Herz und Verstand gegen den Zauber der Klänge schützen soll, Lippen finden, die es aufnehmen? Im Hinblick auf eine rasche oder unmittelbare Wirksamkeit ist dies wohl fast zuviel der Hoffnung. Ach! Wie sehr hängen Meinungen von Klängen ab! Wer soll die Ketten zerreißen, die sie aneinanderschmieden? Durch welche Kraft sollen die Verbindungen zwischen Wörtern und Ideen aufgelöst werden – Verbindungen, die von der Wiege an bestehen – Verbindungen, denen jedes Buch und jedes Gespräch zusätzliche Stärke verleiht? Mit welcher Autorität soll dieser Urfehler in der Struktur der Sprache korrigiert werden? Wie soll ein Wort, das in den Eingeweiden der Sprache nistet, ausgeschlossen werden? Mit welchen Mitteln soll ein in dauerhaftem Gebrauch befindliches Wort seiner halben Bedeutung beraubt werden? Die Sprache des einfachen, starken Sinns ist schwer zu erlernen; die Sprache des geschmeidigen Unsinns ist leicht und vertraut. Die eine erfordert ein Maß an Aufmerksamkeit, das sich gegen den Strom des Gebrauchs und des Vorbilds zu stemmen vermag; die andere erfordert weiter nichts, als sich ihm zu überlassen.

Bildung ist es, die tun muß, was getan werden kann; und in der Bildung besteht zwar unseligerweise das langsamste, aber auch das sicherste und früheste Hilfsmittel. Die Erkenntnis der Nichtigkeit der Naturrechte und der auf sie gegründeten Menschenrechte ist für einen Engländer als Wissensgebiet von ebenso großer, obgleich negativer Bedeutung wie die vollkommenste Vertrautheit, die sich mit den bestehenden Gesetzen Englands herstellen läßt.

Es muß so sein: – Shakespeare, dessen Stücke die englischen Herzen verzückten, als das Drama Frankreichs nicht besser war als das des Kaffernlands – Shakespeare, der einen Schlüssel zu allen Leidenschaften und allen Reichtümern der Sprache besaß, hätte sich ein Mittel der Verblendung von so überragender Qualität niemals entgehen lassen. Nein: Es ist unmöglich, daß die Menschenrechte – die natürlichen, prä-adamitischen, vor-gesetzlichen und wider-gesetzlichen Menschenrechte – Shakespeare unbekannt gewesen, von ihm nicht eingesetzt worden sein sollen. Wie sollten die Macbeths, die Jaffiers, die Jagos ohne sie auskommen?[4] Sie halten einen Deckmantel für jede Verschwörung bereit – sie reichen eine Maske für jedes Verbrechen; sie sind eines jeden Schurken Waffenarsenal – eines jeden Verschwenders Schatzkammer.

Doch wenn Engländer die Menschenrechte als erste von der Bühne ins Geheimzimmer verbannten, so haben sie sie auch auf Geheimzimmer und Bühne beschränkt. Frankreich blieb es vorbehalten – Frankreich in Zeiten des Zerfalls und der Entartung, in Zeiten, mit denen verglichen die schlimmsten Tage eingebildeter Tyrannei geradezu halkyonisch waren –, aus Debatten Tragödien zu machen und aus dem Senat eine Bühne.

Die Maske ist nun herunter, und den Anarchisten mag man an der Sprache erkennen, deren er sich bedient.

---

3 Als ‚französische Krankheit' wurde die Syphilis bezeichnet. Die Bemerkung findet sich nicht in den *Sophismes Anarchiques*.

4 Die drei Verschwörerfiguren entstammen Shakespeares *Macbeth* und *Othello* sowie Thomas Otways *Das gerettete Venedig* (1682).

Man wird beobachten, wie er *Rechte behauptet* und zugleich zugibt, daß der Staat sie nicht anerkennt. Indem er sich anstelle von *sollte* und *sollte nicht* der Worte *ist* oder *ist nicht* – *kann* oder *kann nicht* bedient.

In früheren Zeiten, in den Zeiten von Grotius und Pufendorf, waren diese Ausdrücke wenig mehr als Ungehörigkeiten der Sprache, die den Zuwachs an Wissen behinderten: Heutzutage, seit sie in die französische Menschenrechtserklärung Eingang gefunden haben und die Französische Revolution ihre Bedeutung mit einem praktischen Kommentar unterstrichen hat – ist schon ihr Gebrauch ein *moralisches Verbrechen*, nicht unwürdig, in den Rang eines Verbrechens vor dem Gesetz, eines Feindes des öffentlichen Friedens erhoben zu werden.

8. Einwand V: Die vorgeschlagene Maßnahme wäre eine Verletzung des Naturrechts (1795)

[Auszug aus den Marginalien zu *Staatseinnahmen ohne Belastung*]

Eine Verletzung natürlicher Rechte, so könnte man annehmen, zu denen das Eigentumsrecht gehört: ein Recht, das vom Gesetz nicht verändert, sondern nur gesichert werden soll. Unter den Eigentumsrechten ist eines das natürliche Recht, in sein Erbe einzutreten. Dieses Recht hat keine Grenzen, solange natürliche Erben vorhanden sind.

Die Erbfolge in der Familie, ein natürliches Recht? Wie ist das möglich? Wo doch ihr Genuß, wo immer er stattfindet, vollständig von den Vorgaben und Funktionsweisen des Gesetzes abhängt! – Die Erbfolge, ein natürliches, ein universelles Recht? Wie ist das möglich? – Wo es doch keine zwei Länder gibt, in denen sie gleich gehandhabt würde! Wenn natürlichen Rechten hier irgendeine Bedeutung zukommt, wenn an der Lehre von natürlichen Rechten irgend etwas Wahres ist, oder wenn sie in irgendeinem Zweig des Erbrechts einschlägig ist, dann sicher im Verhältnis zwischen Kindern und Eltern. Doch was geschieht mit dem natürlichen Recht sogar in diesem Fall? In ein und demselben Land – nicht zu reden von verschiedenen Ländern – in ein und demselben Land – in unserem eigenen Land – erbt in den Familien der Landadligen in den allermeisten Fällen der älteste Sohn alles – in einigen wenigen Fällen ist es der jüngste Sohn, der alles bekommt, und der älteste geht leer aus – und was wird, in beiden Fällen, aus dem natürlichen Recht der Töchter?[a] In Familien, in denen nur Geld zu vererben ist, bekommen alle Kinder, die Söhne wie die Töchter, einen gleichen Anteil.

Woher kommt diese erstaunliche Ungleichbehandlung? Worauf beruft sich dieser Anschlag auf die lebenswichtigen Organe des Naturrechts? – Auf einen Grund, den es einmal gab – einen feudalen Grund – einen Grund, der seit Jahrhunderten nicht mehr besteht. – Um ein einzelnes Familienmitglied zu erhalten, in der Erwartung, daß man bei Gelegenheit einen Soldaten für die Landesverteidigung abgibt, mußten all die anderen Mitglieder, denen die Natur gleiche Bedürfnisse und Ansprüche gegeben hatte, hungern: Um einen Einzelnen zu erhalten, ob dafür nun die gesamte Erbschaft nötig war oder ob ihr hundertster Teil ausgereicht hätte. Welchem Grund sollten wir uns also am ehesten beugen? Einem toten, überalterten Grund – einem längst verblichenen Grund, nicht allein in puncto Nützlichkeit und Ertrag, sondern schon völlig verblaßt aus der Erinne-

---

a Wenn also ein Kind enterbt werden kann, warum nicht auch ein zweites? Wenn neun Kinder, warum nicht auch ein zehntes? Wenn das Naturrecht wirkliches Recht und nicht nur eine Schimäre wäre und als solches in der Lage, verletzt werden zu können, welche Verletzungen könnten offensichtlicher sein als diejenigen, die es sich vom geltenden Recht Englands seit langem hat antun lassen und immer noch antun läßt?

rung, von wenigen spekulativen Köpfen einmal abgesehen – oder einem Grund voller Lebendigkeit – einem Grund, der jetzt all das ist, was der andere jemals war und zugleich unendlich viel mehr – einem Grund, ebenso sanft in seiner Vorgehensweise wie sein Gegenspieler ungerecht und schroff: einem Grund, der dem Land hundert Verteidiger verschaffte, wo sein Gegenspieler nur einen einzigen fände?

Die unendliche Verschiedenheit der Regeln, denen die Erbfolge in verschiedenen Ländern unterliegt, ist ein willkommener Beleg für unsere Zwecke. Was könnte ein beweiskräftigerer, überwältigenderer Beleg dafür sein, wie vollständig all diese vorgeblichen Naturrechte oder, um mich gleichzeitig substantieller und verständlicher auszudrücken, wie vollständig *Erwartungen* dem Befehl des Gesetzes unterliegen! Wo ist die besondere Härte, wenn ich in England einen Landsitz nicht erbe, der mir in Frankreich oder Rußland zugestanden hätte?

Ich kenne keine natürlichen Rechte außer denen, die vom allgemeinen Nutzen erzeugt werden: und selbst in dieser Bedeutung wäre es viel besser, man hätte den Ausdruck niemals verwendet. Diese ganze Ausdrucksweise ist in jedem Falle falsch: Sie ist entweder verderblich oder bestenfalls eine unstatthafte und fehlerhafte Weise, etwas Wahres zu bezeichnen.

Indem ich mich dem Thema oder besser gesagt dem Ausdruck widme, bin ich mir dessen sehr bewußt, was für eine Staubwolke von Unsinn ich aufwirble. Doch da diese Art Unsinn nicht nur zu den gebräuchlichsten Vorhaltungen gehört, sondern auch der vielleicht stärkste Gegner ist, mit dem es ein nützlicher, vernünftiger Vorschlag zu tun bekommen kann, weiß ich nicht, wie ich seine Erwähnung völlig vermeiden kann. Dennoch soll, was ich dazu sagen will, so knapp wie möglich ausfallen.

Verwandte haben ein natürliches Recht auf die Erbfolge: und da niemand bestimmen kann, wo dieses Recht endet, heißt dies ebensoviel, wie daß es nirgends endet. Dem Recht der Erbfolge irgendwelche Grenzen zu setzen, heißt, natürliche Rechte zu verletzen. Doch ein Gesetz, das ein beliebiges Naturrecht verletzt, ist ein Mißstand und ein Akt der Tyrannei: Gegen Tyrannei soll man sich wehren und erheben: Das Widerstandsrecht ist eines dieser natürlichen Rechte, die unauslöschlich und unveräußerlich sind etc., etc.

Gegen diese Vorhaltung bringe ich zwei Antworten vor. Die eine ist, daß es sich um bloßen Unsinn handelt: nicht zu reden davon, daß es sich um so verderblichen Unsinn handelt – ein Gesichtspunkt, der in diesem Zusammenhang nichts zur Sache tut.

Die andere ist, daß es sich um Unsinn handelt, der der Folgerichtigkeit entbehrt: Insofern er verständlich und gerecht ist, richtet er nicht mehr gegen das hier vorgeschlagene Arrangement aus als gegen alle anderen – tatsächlichen oder bloß vorstellbaren – Arrangements.

Zunächst also ist es offensichtlicher Unsinn, ein Widerspruch in sich.

Wer kann sich unter einem natürlichen Recht irgend etwas vorstellen? Ich jedenfalls nicht: Ein natürliches Recht ist ein rundes Quadrat oder ein körperloser Körper. Was ein juridisches Recht (*legal right*) ist, weiß ich. Ich weiß, wie es zustande kam. Ich weiß, was es bedeutet, wenn es zustande kam. Ein Recht und ein juridisches Recht sind für mich ein und dasselbe, und ich kenne kein anderes. Recht und Gesetz sind Ausdrücke, die aufeinander verweisen wie Sohn und Vater. Ein Recht ist für mich das Kind des Gesetzes: Aus verschiedenen Maßnahmen innerhalb des Rechts resultieren verschiedene

Arten von Rechten. Ein natürliches Recht ist ein Sohn, der nie einen Vater hatte. Unter einem natürlichem Recht versteht man etwas, das Rechtskraft haben soll, das eine dem Recht entsprechende Wirkung haben soll, aber das nicht nur unabhängig vom Recht besteht, sondern ihm entgegengesetzt ist: Seine Haupteigenschaft, sein einziger, anhaltender Gebrauch liegt darin, der ewige, unversöhnliche Feind des Gesetzesrechts zu sein. Wie man Scheren erfand, um Stoff in Stücke zu schneiden, so hat man natürliche Rechte erfunden, um das Gesetz und juridische Rechte in Stücke zu schneiden. Ein natürliches Recht ist eine Art kalter Hitze, eine Form trockener Feuchtigkeit, eine Sorte hell strahlender Dunkelheit.

Man nenne mir irgendein Recht, nenne etwas, was ich unter einem Recht verstehe, die einzige Art Recht, die für mich Bedeutung oder Existenz besitzt, kurz, man nenne mir ein wirkliches oder mögliches juridisches Recht, ein Recht, das es hier oder anderswo gibt, gab, oder geben wird. Ich zeige euch, von wem und wie es hergestellt wurde. Ich verweise auf die Gesetze, die an seiner Hervorbringung beteiligt waren. Aber diese natürlichen Rechte rühmen sich, bereits vor allen Gesetzen bestanden zu haben, ihnen von jeher entgegengesetzt gewesen zu sein und auf ewig weiter zu bestehen, wenn alle Gesetze längst vergangen sind.

Wenn natürliche Rechte nicht dem Gesetz entstammen, irgendeiner Art von Recht entsprungen sind – woher kamen sie dann? Ich erkläre es euch. – Sie sind der Sproß des Despotismus, gezeugt aus dem Unvermögen. Sie sind der Ausbruch eines harten Herzens, das auf einen umwölkten Verstand trifft. Wenn ein Mensch beabsichtigt, daß alles nach seinem Willen gehen soll und er keinen Grund dafür angibt, so sagt er: Ich habe ein Recht darauf, daß es sich so verhält. Wenn ein Mensch sich eine politische Laune erfüllen will und fest vorhat, sie sich zu erfüllen, wenn möglich um jeden Preis; wenn er den brennenden Wunsch verspürt, ihr nachzugeben, ohne daß er dafür über einen Grund verfügte; wenn er es für notwendig hält, die Menschen auf seine Seite zu bringen, aber es entweder versäumt hat nachzuforschen, ob sie dadurch besser gestellt oder glücklicher würden, oder sich nicht in der Lage sieht, das zu beweisen, so stimmt er einen Ruf nach Rechten an. Ich habe ein Recht darauf, daß es sich so verhält: Ihr habt alle ein Recht darauf: Niemand außer einem Tyrannen kann es uns verwehren. Gebt uns also unsere Rechte. Die Vorschriften der Vernunft und der Nützlichkeit sind das Ergebnis von Umständen, die zu entdecken man Einsicht braucht, die abzuwägen es der Geisteskraft bedarf, und die zu erforschen es Geduld braucht. Die Sprache natürlicher Rechte braucht nichts als ein schneidiges Auftreten, ein hartes Herz und eine unverschämte Haltung. Von Anfang bis Ende enthält sie nur unbegründete Behauptungen: Sie hat keinen Anteil an der Vernunft noch duldet sie ihre Erwähnung. Sie setzt als grundlegendes, unverletzliches Prinzip ausgerechnet das voraus, was gerade umstritten ist: Räume es ein, und du giltst als ehrlicher Mann, als wahrer Patriot: Stelle es in Frage oder verlange auch nur einen Beleg dafür, und du vereinigst alles Hassenswerte in dir und sündigst gleichermaßen gegen Vernunft und Gewissen.

Die Stärke der Vorhaltung entspricht der Lungenkraft derer, die sie machen. Das Prinzip der Nützlichkeit, entwickelt mit den vereinten Kräften eines Bacon, Locke, Hume, Smith und Paley, bedeutete nichts gegen einen Danton, der natürliche Rechte aus sich herausschreit. Die Stärke der Vorhaltung liegt in der Stärke der Lungen; das heißt, in erster Instanz, denn letztlich liegt sie in der Schärfe der Dolche, die ihre Parteigänger in der Tasche führen. Nur reden will ich Dolche, sagt Hamlet, keine brauchen: Hier jedoch hat die Unterscheidung keinen Ort. Dolche reden heißt, bei erster Gelegenheit wirkliche Dolche zu brauchen, und in diesem Versprechen liegt seine Kraft. So schwach sie als Vorhaltung ist, so stark ist sie als Beleidung und Drohung; und tatsächlich ist sie in nackter und unumwundener Gestalt bloße Drohung und nichts anderes. Reih dich ein unter meiner Flagge, teile mein Geschrei, verschlinge meinen Unsinn – oder du bist Tyrann, oder Sklave, ein Komplize der Tyrannen: Und was Tyrannen und ihren Gehilfen blüht – wer wüßte das nicht? Bedenke die Iden des März, sagte man zu Caesar, um ihn vor dem zu warnen, was ihm bevorstand. Bedenke die Iden des September, ist ein Leitspruch, den ich immer mitdenke, wenn ich von natürlichen Rechten höre: Wo sie das Bild im Vordergrund abgeben, sehe ich, wie im Hintergrund Bündel von Dolchen und Spießen in die Nationalversammlung hineingetragen werden, während ihr Präsident Condorcet dem offen eingeräumten Zweck Beifall klatscht, die Freunde des Königs auszulöschen. In jüngster Zeit hat man diese Dolche und Spieße am hellichten Tag ausgestellt und sie vernünftigen, nachdenklichen Menschen gezeigt, so wie man früher Mördern und Dieben den Galgen zeigte. Aber obschon man sie bis vor kurzem hinter dem Vorhang verbarg, waren sie doch jederzeit schnell zur Hand und zu nah in Griffweite manches wohlmeinenden Mannes, der kaum vermutete, wie nah daran er war, sie zu nutzen, oder wie entleert von aller Bedeutung seine Ansprache, seine Politik oder philosophische Vorliebe war, außer soweit er sich ihrer bedienen wollte.[b]

Man kann sagen, und sicher sehr zutreffend, daß diese Lehre, wenn sie auch äußerlich und in ihrer Wirkung neu scheint, einer alten Ausdrucksweise entspricht: So haben sich zu allen Zeiten alle Arten von Leuten ausgedrückt, die zurückhaltenden wie die leidenschaftlichen, die stumpfen wie die glanzvollen, die Grotius und Pufendorfs ebenso wie die Condorcets, Brissots und Robertspierres [sic]. Es trifft zu, daß sie nicht allein einem Übermaß an Eifer entspringt, sondern sich auch ohne den kleinsten Funken Eifer aus dem schieren Mangel an Argumenten ergibt: eine bloße Figur des Redens, ein

b Ein Buch, dessen Ziel es nicht war herauszufinden, was unsere natürlichen Rechte sind, sondern was jeweils unsere juridischen Rechte auf der Basis des Prinzips der Nützlichkeit sein *sollten*, das heißt, was die Rechte sind, die, wenn das Gesetz sie hervorbrächte, jeweils zum Glück der Gemeinschaft beitrügen, und welche Mittel man ergreifen solle, um sich ihres Besitzes zu versichern, ein Buch, in dem nebenbei einige der Widersinnigkeiten aufgedeckt wurden, die der Sprache natürlicher Rechte stets anhaften, wurde einst in die Hände des kaltblütigen Aufrührers zu vielfältigen Mordanschlägen gelegt, der nun irgendwo in wohlverdienter Entehrung und im Elend haust, auf der Flucht vor, soweit das möglich ist, noch bösartigeren Männern als ihm selbst. Die oben genannte Passage verwarf er in instinktivem, sozusagen prophetischem Schrecken, denn – ohne daß sie ihm gewidmet gewesen wäre – riß sie ihm die Maske vom Gesicht und konnte als Satire auf seine Reden und die Anlage seiner Gedanken verstanden werden. Nein, eine solche Untersuchung sollte man nicht vornehmen – Nützlichkeit war ein gefährliches, trügerisches Unterfangen. Sie war Hochverrat am ehrenwerten Anliegen natürlicher Rechte und natürlicher Gerechtigkeit. Natürliche Rechte sollten nicht angezweifelt oder untersucht werden; mit ihrer Untersuchung zu beginnen, hieß nichts anderes, als das Anliegen zu verraten. Sie sollte die Augen der Menschenmenge öffnen, aber deren Fügsamkeit beruhte auf ihrer Blindheit.

Surrogat des Sprechens, wenn jemand nichts zu sagen hatte. Nicht nur zurückhaltende, trübe Gestalten und solche, die wegen ihrer Trübheit zurückhaltend waren, sondern auch viele hervorragende und viele wohlmeinende Männer, die sich in anderen Hinsichten keineswegs als bar jeder Intelligenz erwiesen hatten; Männer, die der Menschheit in anderen Hinsichten nicht nur ein Begriff waren, sondern die sich ihr als Wohltäter erwiesen hatten.

Ich gestehe es ein, es kann nicht bestritten werden, allein wie eng liegen doch Wahrheit und Irrtum, Kleingeistigkeit und Größe, Schärfe und Stumpfheit, Klarheit und Verwirrung auch der größten Geister der Menschheit beieinander! Auf Wegen, die gänzlich mit Unsinn befallen sind, hat der Reisende nur die Wahl, ihn zu verwerfen oder sich ihm zu unterwerfen: sich der Menge entgegenzustellen oder in ihr aufzugehen.

Unsinn war es und bleibt es, doch diejenigen, denen er zur Last fiel und die unter ihm zu leiden hatten, während seine Bösartigkeit verdeckt war, können es nun, da sie sich in ihrer ganzen Schwärze offenbart hat, vielleicht ertragen, sich von ihm loszusagen.

Aus dem Englischen von Peter Niesen

IV. Utilitaristischer Antikolonialismus

9. Gebt eure Kolonien frei!

Eingabe an den französischen Nationalkonvent im Jahr 1793, in der Nutzlosigkeit und Nachteile aufgezeigt werden, die europäischen Staaten aus fernen Schutzgebieten erwachsen (1793/1830)

Eure Vorgänger haben mich zu einem französischen Staatsbürger gemacht;[1] so will ich denn wie einer zu euch sprechen. Zunehmend bedrängen Kriege euer Land:[2] Ich werde euch eine unermeßliche Ressource zeigen: – GEBT EURE KOLONIEN FREI. Ihr erschreckt: Hört mich an, und ihr werdet euch mit dem Gedanken anfreunden. Ich wiederhole: *Gebt eure Kolonien frei*. Gerechtigkeit, Folgerichtigkeit, weise Voraussicht, Sparsamkeit, Ehre, Großzügigkeit – sie alle verlangen es von euch: All das werdet ihr sehen. Erobert, und ihr nehmt nur weiter am Wettlauf des gemeinen Ehrgeizes teil; gebt frei – und ihr schlagt einen neuen Pfad zum Ruhm ein. Eroberungen sind das Geschäft eurer Armeen; eine Befreiung wäre eure persönliche Eroberung, euer persönlicher Sieg – über euch selbst. Freiheit auf Kosten anderer zu schenken, ist nichts anderes als eine verschleierte Eroberung: Um euch über die Eroberer zu erheben, müßt ihr selbst Opfer bringen. – Wenn ihr gewillt seid, ihnen Gehör zu schenken, wird es an Gründen nicht mangeln: einige drängender, als euch vielleicht lieb ist. Am meisten könnt ihr wohl profitieren, wenn ihr dem unerfreulichsten aller Gründe Gehör schenkt. Und wäre er noch so unerfreulich, hört ihn lieber, solange noch Zeit bleibt, als wenn es zu spät ist, und lieber von einem Freund als von einer Horde Feinde. Als Könige werdet ihr nichts als Schmeicheleien zu hören bekommen; als Republikaner werdet ihr harte Wahrheiten ertragen.

Ich beginne mit der *Gerechtigkeit*: Sie steht in eurem Denken an erster Stelle. – Und muß man euch erst noch belehren, daß die Frage auf diesem Terrain schon entschieden ist? Daß mindestens ihr sie entschieden und ein Urteil zu euren eigenen Ungunsten gesprochen habt? Ihr verabscheut die Tyrannei: Ihr verabscheut sie im ganzen nicht weniger als im Detail: Ihr verabscheut die Unterwerfung eines Volkes unter das andere: Ihr nennt es Sklaverei. Ihr fälltet ein Urteil im Falle Großbritanniens gegen seine Kolonien:[3] Habt ihr dieses Urteil so schnell vergessen? Habt ihr die Schule so schnell vergessen, in der ihr eure Lehrjahre der Freiheit verbrachtet?

---

1 Bentham war am 26. August 1792 von der Gesetzgebenden Versammlung zum französischen Staatsbürger ernannt worden. Der Nationalkonvent, der die Gesetzgebende Versammlung ablöste, war am 21. September 1792 zusammengetreten.

2 Frankreich stand seit dem 20. April 1792 mit Österreich und seit dem 13. Juni 1792 mit Preußen im Krieg. Am 1. Februar 1793 sollte Frankreich Großbritannien und der Niederländischen Republik und am 7. März 1793 Spanien den Krieg erklären.

3 Frankreich hatte während des amerikanischen Unabhängigkeitskrieges 1776-83 die amerikanischen Kolonien in ihrer Auflehnung gegen die britische Herrschaft unterstützt.

Ihr wählt eure eigene Regierung,[4] warum sollten es euch andere Völker nicht gleichtun? Habt ihr ernstlich vor, die Welt zu beherrschen, und nennt ihr das *Freiheit*? Was ist aus den Menschenrechten geworden?[5] Seid ihr die einzigen Menschen, die Rechte haben? Ach, meine Mitbürger, meßt ihr mit zweierlei Maß?

Oh! Doch sind sie nur ein Teil des Reiches, und ein Teil muß vom Ganzen regiert werden. – Teil des Reiches, sagt ihr? Ja, in der Tat, das sind sie gewiß oder waren es zumindest. Ja: Ebenso war New York ein Teil des britischen Empire, solange es die britische Armee besetzt hielt; ebenso waren Longwy und Verdun kürzlich Teil des preußischen oder österreichischen Reiches:[6] Daß ihr in ihrem *Besitz* seid oder mindestens wart, steht außer Zweifel: die Frage ist nur, ob ihr es jetzt sein solltet?

Jawohl, ihr seid oder wart es: Doch woher empfingt ihr sie? Woher, wenn nicht aus den Händen der Despotie? Bedenkt, wie ihr sie behandelt habt. Zusammen mit ihnen saßt ihr in derselben Bastille.[7] Ihr schlagt den Gefängniswärter nieder, ihr selbst befreit euch, ihr haltet sie weiter gefangen und setzt euch an seine Stelle. Ihr vernichtet den Verbrecher und streicht die Ausbeute ein, ich meine natürlich das, was ihr für die Ausbeute des Verbrechens haltet.

Oh, sie werden aber doch Delegierte schicken; und diese Delegierten werden über uns im selben Maße herrschen, wie wir über sie herrschen. Irrtum! – Was heißt dies anderes, als den Schaden zu verdoppeln, statt ihn zu verringern? Um einen Vorwand zu haben, über eine oder zwei Millionen Fremde zu herrschen, laßt ihr ein halbes Dutzend herein. Um über eine oder zwei Millionen Menschen zu herrschen, die euch gleichgültig sind, laßt ihr ein halbes Dutzend Menschen herein, denen ihr gleichgültig seid. Um über eine Reihe von Menschen zu herrschen, von deren Angelegenheiten ihr nicht das geringste versteht, belastet ihr euch mit einem halben Dutzend Gaffer, die von den euren nicht das geringste verstehen. Ist das Brüderlichkeit? Ist das Freiheit und Gleichheit? Eine offene Willkürherrschaft wäre weniger schmerzlich. Wäre ich Amerikaner, dann würde ich lieber überhaupt nicht als auf diese Weise vertreten. Wenn die Tyrannei nicht zu vermeiden ist, dann möge sie unverschleiert auftreten. *Oh, aber Informationen* – Fürwahr, die muß es geben; muß aber ein Mann ein Stimmrecht haben, um Informationen zu übermitteln?

---

4 Am 22. September 1792 hatte der Nationalkonvent die Monarchie abgeschafft und die Republik ausgerufen.

5 Eine Anspielung auf die Erklärung der Menschen- und Bürgerrechte, die am 26. August 1789 von der Nationalversammlung verabschiedet wurde. Vielleicht spielt Bentham auch indirekter auf das Brüderlichkeitsdekret oder erste Propagandadekret vom 19. November 1792 an, das allen nach Freiheit strebenden Völkern Hilfe anbot, sowie auf das zweite Propagandadekret vom 15. Dezember 1792, das die Abschaffung der Privilegien von Adel und Klerus sowie vom Volk gewählte Regierungen in den besetzten Gebieten vorsah.

6 Die Stadt Longwy in Lothringen, die am 23. August 1792 an die Preußen gefallen war, wurde am 22. Oktober von den Franzosen zurückerobert, während Verdun, das am 2. September an die Preußen gefallen war, am 8. Oktober zurückerobert wurde.

7 Das Gefängnis der Bastille, Symbol des Ancien régime, war am 14. Juli 1789 durch die Pariser Volksmassen erstürmt worden.

Franzosen, wie würde es euch gefallen, wenn euch ein englisches Parlament regierte, während ihr sechs Delegierte dorthin abordnetet? London ist nicht halb so weit von Paris entfernt wie von den Orkneyinseln oder wie Paris von Perpignan. Ihr erschreckt – bedenkt, wie die Kolonisten empfinden mögen. Sind sie Franzosen? Werden sie wie Franzosen empfinden? Sind sie keine Franzosen? Woher nehmt ihr dann das Recht, über sie zu herrschen?

Ist es Gleichheit, was ihr wollt? Ich werde euch erklären, wie ihr sie herstellt. Wann immer Frankreich Beauftragte mit Flotten und Armeen schickt, um über die Kolonien zu herrschen, laßt die Kolonien ebensolche Beauftragte mit Flotten und Armeen schicken, um über Frankreich zu herrschen.

Was zählen tausend Plädoyers in einem solchen Fall? Lassen wir die Einbildungskraft beiseite und befragen die Gefühle. Ist es zu ihrem Vorteil, von euch regiert zu werden, statt sich selbst zu regieren? Ist es zu eurem Vorteil, sie zu beherrschen, statt sie sich selbst zu überlassen?

Ist es zu ihrem Vorteil, von einem Volk beherrscht zu werden, das von ihren Neigungen oder Bedürfnissen niemals Kenntnis hat oder auch nur haben könnte? Was könnt ihr denn jemals über sie wissen? Kennt ihr die Wünsche, die sie hegen? Die Bedürfnisse, die sie plagen? Nichts dergleichen: nur die Wünsche, die sie vor zwei Monaten hegten, die Bedürfnisse, die sie damals plagten, Wünsche, die sich verändert haben mögen, und zwar aus gutem Grund: Bedürfnisse, die vielleicht erfüllt wurden oder unerfüllbar geworden sind. – Wenden sie sich an eure Gerichte? Die Wahrheit bleibt aus Mangel an Beweisen unergründlich. Nicht einmal ein Zehntel der Zeugen, die ihr brauchtet, habt ihr zur Verfügung, und auch die vielleicht alle von derselben Seite. – Erbitten sie euren Beistand? Ihr bürdet euch selbst unerhörte Kosten auf, rüstet eine Armee aus, und wenn sie ankommt, sieht sie sich aller Aufgaben ledig; die Partei, der ihr sie schickt, ist entweder zum Eroberer oder zum Eroberten geworden. – Brauchen sie Nahrungsmittel? Sie werden verhungert sein, bevor eure Lieferungen eintreffen. Keine Vernachlässigung könnte sie zu solcher Hilflosigkeit verurteilen wie die, zu der sie trotz all eurer Besorgtheit naturgemäß verurteilt sind, solange sie in Abhängigkeit von euch bleiben.

Besorgtheit, habe ich gesagt? Wie können sie etwas Derartiges erwarten? Inwiefern interessiert ihr euch für sie oder könnt ihr euch für sie interessieren? Was wißt ihr schon von ihnen? Welches Bild könnt ihr euch denn überhaupt von ihrem Land machen? Welchen Begriff könnt ihr euch von Sitten und Lebensgewohnheiten bilden, die sich so sehr von euren eigenen unterscheiden? Wann werdet ihr sie jemals zu Gesicht bekommen? Wann werden sie euch jemals zu Gesicht bekommen? Werden ihre Schreie euch jemals in den Ohren gellen, wenn sie leiden? Werden eure Augen jemals ihr Elend erblicken? Wieviel Zeit habt ihr, um über sie nachzudenken? Wie uninteressant wird – in Anbetracht der drängenden Probleme vor eurer eigenen Haustüre – der Bericht sein, der euch aus Santo Domingo oder Martinique erreicht?

Was versprecht ihr euch davon, über sie zu herrschen? Was anderes, als ihren Handel zu monopolisieren und in euren Schraubstock zu spannen? Warum könnten sie von euch beherrscht werden wollen? – Zu ihrer Verteidigung? – Die einzige Gefahr für sie seid ihr.

Werden sie gerne von euch beherrscht? Fragt sie, und ihr werdet es erfahren. Warum sie aber fragen, so als wüßtet ihr es nicht längst? Vielleicht werden sie lieber von euch als von sonst jemandem regiert; aber wäre es nicht denkbar, daß sie sich noch lieber selbst regieren würden? – Eine Minderheit von ihnen bevorzugt es vielleicht, durch euch und nicht durch ihre eigenen Gegenspieler, die Mehrheit, beherrscht zu werden; ist es aber eure Aufgabe, Minderheiten zu schützen? – Eine Mehrheit, die sich nicht so stark fühlt, wie sie gerne wäre, möchte sich vielleicht ein bißchen von eurer Stärke borgen: – Würdet ihr aber für ein kurzfristiges Darlehen eine Leibrente in der Form ewiger Knechtschaft verlangen?

Oh, aber sie sind Aristokraten – Sind sie das wirklich? – Dann habt ihr gewiß nicht das Recht, über sie zu herrschen; dann haben sie, da bin ich sicher, kein Interesse daran, von euch beherrscht zu werden. Sind sie Aristokraten? Dann hassen sie euch. Sind sie Aristokraten? Dann haßt ihr sie. Aus welchem Grund würdet ihr über ein Volk herrschen wollen, das euch haßt? Werden sie euch weniger hassen, weil sie von euch beherrscht werden? Macht es ein Volk glücklicher, von denen beherrscht zu werden, die es haßt? Wenn dem so ist, dann laßt nach dem Herzog von Braunschweig[8] schicken und setzt ihn auf euren Thron. Aus welchem Grund würdet ihr über ein Volk herrschen wollen, das ihr haßt? Ist es aus Lust, sie unglücklich zu machen? Heißt dies nicht, die Friedriche und Franze zu kopieren?[9] Heißt dies nicht, Aristokrat zu sein, und zwar Aristokrat der schlimmsten Sorte?

Warum sich aber mit Vermutungen und hypothetischen Fällen befassen? Zwei Kolonien, Martinique und Guadeloupe, haben bereits ihre Abspaltung erklärt. Wart ihr damit zufrieden? Ich fürchte vielmehr, es hat euch beunruhigt. Sie haben das Joch abgeworfen; und ihr habt den Beschluß gefaßt, eine Armee zu schicken, die es ihnen wieder anschirrt.[10] – Wieder einmal spielt ihr unser altes Spiel: in Europa Demokraten, in Amerika Aristokraten. Wo soll das enden? Wenn ihr keine guten Bürger und guten Franzosen sein wollt, dann seid gute Nachbarn und gute Verbündete: – Wenn ihr Martinique und Guadeloupe bezwungen habt, dann bezwingt die Vereinigten Staaten und gebt sie an Großbritannien zurück.

---

8 Herzog Karl Wilhelm Ferdinand von Braunschweig, Oberbefehlshaber der gegen Frankreich verbündeten österreichisch-preußischen Armeen, verfaßte jenes berüchtigte Manifest vom 25. Juli 1792, das mit der Vernichtung der Stadt Paris und ihrer Einwohner drohte, falls die Sicherheit der französischen Königsfamilie in Gefahr wäre.

9 Eine Anspielung auf Friedrich Wilhelm II., König von Preußen, und auf Franz II., Kaiser des Heiligen Römischen Reiches von 1792 bis 1806 und ab 1804 als Franz I. Kaiser von Österreich.

10 Donatien Marie Joseph de Vimeur, Vicomte de Rochambeau, war zum Generalgouverneur der Inseln über dem Winde (d. h. Martinique und Guadeloupe) ernannt worden und am 16. September 1792 mit einer Armee auf Martinique eingetroffen, um das Gesetz vom 4. April 1792 durchzusetzen, das freigelassenen Farbigen volle Bürgerrechte gewährte. Er war aber auf den Widerstand der Inselbewohner gestoßen und hatte sich nach Santo Domingo zurückgezogen. Die Kolonialversammlungen von Martinique und Guadeloupe hatten daraufhin in einem an Ludwig XVI. gerichteten Brief vom 9. Oktober 1792 dem König, dessen Funktion allerdings bereits am 22. September abgeschafft worden war, ihre Loyalität erklärt (eine Übersetzung des Briefes erschien in der *Times* vom 9. Januar 1793). Als Reaktion darauf beschloß der Nationalkonvent am 8. November, eine Armee von 2.400 Mann und sechs Schiffen nach Martinique und Guadeloupe zu entsenden. Dazu kam es jedoch nicht.

Oh, aber sie werden den Kapetingern[11] *in die Hände fallen?* Um so besser. Warum sollte man die Kapetinger nicht nach Amerika gehen lassen? Europa wäre sie dann los. Sind sie schlechte Nachbarn? Dann seid froh, daß sie außer Reichweite sind. Warum sollten die Kapetinger nicht sogar regieren, sofern es Leute gibt, die sich freiwillig von ihnen beherrschen lassen, warum sollten nicht sogar die Kapetinger regieren, solange es in einer anderen Hemisphäre geschieht? – Die Aristokraten, die ihr nicht umbringt, von denen sagt ihr selbst, man solle sie nach Übersee verschleppen. Was gedenkt ihr mit ihnen anzustellen, nachdem ihr sie einmal verschleppt habt? – Sie zu versklaven? Falls ihr unbedingt Sklaven haben wollt, haltet sie lieber zuhause, wo ihnen eine viel größere Zahl freier Männer gegenübersteht und sie leichter zu bändigen sind. Wenn ihr der Ansicht seid, man sollte sie verschleppen, ohne sie zu versklaven, warum sollten sie dann nicht auf eigene Faust nach Übersee gehen?

Verbietet euch das Feingefühl, mit abgesetzten Despoten zu verkehren? Ihr müßt nicht mit ihnen verkehren: Es ist das Volk, mit dem ihr verkehrt. Nehmt das Volk, wie ihr es vorfindet: Überlaßt es sich selbst: Und wenn es anschließend befindet, sich irgendwem sonst zu überlassen, so handelt es aus freien Stücken, und dies muß und soll nicht eure Angelegenheit sein.

Oh, aber die guten Bürger! Was wird aus den guten Bürgern werden? – Was wird aus ihnen werden? – Ihr Schicksal liegt in euren Händen. Wenn ihr euer Herrschaftsgebiet aufgebt, rettet ihr sie vielleicht; wenn ihr darum kämpft, vernichtet ihr sie. Stellt eine gleichmäßige Bekundung der Wünsche aller Bürger sicher, sofern es euch ohne Gewalt möglich ist, dann werden jene, die ihr gute Bürger nennt, herrschen, falls sie in der Mehrheit sind; sind sie in der Minderheit, dann werden und sollen sie nicht herrschen, ihr aber könnt ihnen Sicherheit geben, wenn es euch beliebt. Das könnt ihr auf jeden Fall für sie tun: egal, ob die, in deren Händen ihr sie vorfindet, den Willen der Mehrheit zu erfragen gewillt sind oder nicht. Denkt nicht, daß euch die Macht fehlt, für Gerechtigkeit zu sorgen, wenn ihr die Tyrannei aufgebt. Glaubt nicht, daß jene, die sich der Unterdrückung widersetzen, unempfänglich für Güte wären. Geht ihr, die ihr Gewalt anwenden könntet, wenn Zerstörung euer Ziel wäre, mit gerechtem Beispiel voran, und der Verdrehteste wird sich hüten, ihm nicht zu folgen. Wie unterschiedlich schmecken dieselben Worte aus dem Munde des Tyrannen oder dem des Wohltäters! Abscheu und Argwohn vergiften sie im einen Fall; Liebe und Vertrauen versüßen sie im anderen.

Wollt ihr, daß eure Gerechtigkeit in unvergleichlichem Glanze erstrahlt? Ruft Beauftragte aus einer anderen Nation herbei und stellt sie euren eigenen an die Seite. Tut dies, tut es aus freien Stücken, und man wird überzeugt sein, daß ihr nichts als Gerechtigkeit im Sinn habt. Die leidenschaftslose und unvoreingenommene Meinung dieser Fremden wird die Urteilskraft eurer eigenen Abgesandten anleiten und ihre Affekte zügeln. Sie werden euch und der Welt ein Unterpfand und ein Beweis für die Redlichkeit ihrer Kollegen sein. Glaubt nicht, ich wollte euch vorschlagen, vor der Frechheit bewaffneter

11 Kapetinger wurde als Synonym für Royalist gebraucht, nach Capet, dem Namen jener Familie, die von 987 an den französischen Thron innehatte. Die bis zur Abschaffung der Monarchie am 22. September 1792 herrschende Dynastie der Bourbonen war ein jüngerer Zweig der Familie, der 1589 an die Macht gekommen war.

Vermittler zu kriechen oder die Scheußlichkeiten des Garantiesystems zu übernehmen;[12] glaubt nicht, ich plädierte dafür, die Tragödien von Polen, Holland oder Genf ein weiteres Mal aufzuführen.[13] Die Angelegenheit, die es hier zu regeln gilt, ist nicht die Verfassung, sondern die Verwaltung: kein unbefristetes Gesetz, sondern eine zeitweilige Übereinkunft; die Vermittler kommen nur, weil ihr sie darum bittet, und sie kommen ohne Waffen.

Auf diese Weise *mögt* ihr wohl die guten Bürger retten: weil ihr jedermann retten mögt. Geht ihr weiter den Weg der Willkürherrschaft, dann rettet ihr niemanden. Die ersten Opfer sind ausgerechnet jene, die ihr so geflissentlich beschützen wollt; so wenigstens verhält es sich auf zwei großen Inseln,[14] denn dort sind sie bereits überwältigt. Als nächstes tritt eure Armee auf den Plan, mit zweifacher Zerstörung in ihrem Gefolge. Wird sie zurückgeschlagen, seid ihr enttäuscht und blamiert; ist sie siegreich, dann folgen Enthauptungen und Beschlagnahmungen. So sehen die beiden Alternativen aus. Für welche also entscheidet ihr euch? Für allgemeine Sicherheit oder für wechselseitige Zerstörung? Für Abscheu oder für Bewunderung? Für die Flüche eurer Freunde oder die Segenswünsche eurer Feinde?

Doch nehmen wir einmal an, die Kolonisten bäten euch einhellig darum, unter eurer Herrschaft zu bleiben, solltet ihr sie dann behalten? Auf keinen Fall: Sie sind ein oder zwei Millionen; ihr seid fünf- oder sechsundzwanzig Millionen. Glaubt nicht, daß ich diese Menschen, weil ich sie an erster Stelle nenne, zuvorderst um ihrer selbst willen in Freiheit sehen möchte. Nein, es ist das Unheil, das ihr euch durch diese unnatürliche Willkürherrschaft selbst zufügt; es ist das Unheil für die sechsundzwanzig Millionen, an das ich vorrangig denke.

Was, wenn euch Kolonien, wie man sie nennt, nichts einbringen? Was, wenn sie weniger als nichts einbringen? – Falls Ihr Ungerechtigkeit bevorzugt (man verzeihe mir die Annahme), liebt ihr sie dann so sehr, daß ihr sie sogar zu eurem eigenen Schaden begeht?

Was könnten sie euch denn anderes einbringen als einen überschüssigen Ertrag, einen Ertrag, der über das für den eigenen Unterhalt und die eigene Verteidigung Notwendige hinausgeht? Erwirtschaftet ihr einen solchen Überschuß aus ihnen? Wenn ihr dies tut,

---

12 Bentham dachte vermutlich an Abkommen, bei denen ein Land einem anderen Land die Unveränderlichkeit von dessen Verfassung oder Staatsform garantierte.

13 In jedem dieser Länder waren Versuche, ein größeres Maß an Einflußnahme des Volkes durchzusetzen, durch das Eingreifen ausländischer Mächte verhindert worden. Versuche, die polnische Verfassung zu reformieren, waren durch die erste Teilung von 1772 beendet worden, als Rußland, Preußen und Österreich beträchtliche Teile des polnischen Territoriums in Besitz genommen hatten. Der Prozeß wurde später durch die zweite und die dritte Teilung von 1793 bzw. 1795 vollendet, in deren Folge Polen als unabhängiger Staat zu existieren aufhörte. 1787 war Preußen mit Englands Hilfe in die niederländischen Provinzen eingefallen, um die Amtsgewalt des Statthalters wiederherzustellen, die von der patriotischen Partei bedroht worden war. Bestrebungen, die politische Repräsentation in Genf zu erweitern, wurden 1782 durch das militärische Eingreifen einer ausländischen Allianz unter Beteiligung Frankreichs erstickt.

14 Martinique und Guadeloupe.

dann plündert ihr sie aus und verletzt eure eigenen Prinzipien. Ihr tut dies aber nicht, habt es nie getan, habt es nie beabsichtigt und könntet dergleichen auch nie zuwege bringen.

Ihr mögt wissen, was es kostet, Frieden zu schaffen; und ich bezweifle sehr, ob irgendein Ertrag, den ihr von ihnen abschöpfen könnt, auch nur annähernd ausreicht, diese Kosten zu decken. Wie hoch die Verteidigungskosten aber in Kriegszeiten sind, das wißt ihr nicht und könnt es niemals im voraus wissen. Sie sind nicht geringer als die einer Marine, die imstande wäre, die Marine Großbritanniens zu überwältigen.

Oh, aber unsere Kolonien produzieren Waren im Wert von soundsoviel Millionen im Jahr; das haben sie bis vor kurzem getan und werden es erneut tun, sobald wieder Ruhe eingekehrt ist; wenn wir unsere Kolonien aufgeben müßten, verlören wir all das – Reine Einbildung! – Die Einkünfte eurer Kolonien eure Einkünfte? Nicht mehr, als euch die Einkünfte Großbritanniens gehören. Haben die Kolonisten denn kein Eigentum? Wenn die Einkünfte ihnen gehören, wie können sie dann euch gehören? Gehören sie ihnen und euch zugleich? – Unmöglich. – Wenn sie von hundert Millionen hundert Millionen ausgeben oder zurücklegen, wieviel bitte bleibt für euch übrig? Könnt ihr von diesen Einkünften auch nur einen Penny mehr nehmen, als sie gewillt sind, euch zu geben? Und würdet ihr es tun, wenn ihr könntet? – In unserem Land der, wie ihr sagt, unvollkommenen Freiheit erheben wir auf dergleichen keinen Anspruch, es sei denn, im Falle eroberter Kolonien.

Oh, aber von diesen ihren Einkünften fließt ein beträchtlicher Teil an uns; davon werden unsere Waren gekauft; sie machen einen beträchtlichen Teil unseres Handels aus – mindestens all das würden wir verlieren. Eine weitere Einbildung – Müßt ihr über ein Volk herrschen, um ihm eure Waren zu verkaufen? Verkauft ihr denn keine Waren an Großbritannien? Und herrscht ihr über Großbritannien? Wenn euch ein Kolonist Zucker liefert, gibt er ihn euch umsonst? Verlangt er dafür keinen Gegenwert von euch? – So zahlt ihm denn den Gegenwert, und ihr werdet die Ware immer noch bekommen. Wenn er sein eigener Herr ist, wird ihm dann der Zucker, den er nicht braucht, weniger zur Last fallen als jetzt? Wird er das, was immer er jetzt mit dem Zucker kauft, weniger benötigen? Angenommen, ihr würdet ihm das, was ihr ihm jetzt verkauft, nicht mehr verkaufen, wärt ihr dann ärmer? Gibt es niemanden sonst, der es kaufen würde? Ist es gar nichts wert? – Kann es euch nicht gleich sein, an wen ihr eure Waren verkauft? Wann wißt ihr schon im voraus, ob nun John oder Thomas eure Waren kaufen oder verzehren wird? Und was würde es euch nutzen, wenn ihr es wüßtet? – Befürchtet ihr also wirklich, nichts produzieren zu können, was einen Käufer finden wird? Ist es so, daß alles, was ihr zu verkaufen habt, nichts wert ist, und das, was ihr kaufen wollt, alles wert ist? – Wenn so euer Risiko aussieht, wie sieht das eures Kolonisten aus? Was ihr von ihm wollt, ist Luxus, was er von euch will, ist Lebensunterhalt. Angenommen, er bekommt den Artikel, was es auch sein mag, Korn oder sonst etwas; angenommen, er bekommt ihn im Augenblick von irgendeinem anderen Geschäft als dem euren. Gibt es auf der Welt infolge seines Wechsels auch nur ein einziges Gran Korn mehr zu verkaufen oder einen einzigen Mund weniger, der Korn haben will und Geld oder Geldeswert dafür zu bieten hat? Erleichtert er, indem er dort kauft, dieses andere Geschäft nicht gerade um so viel Korn, wie nun irgendein anderer Kunde, der es sonst in diesem Geschäft gekauft hätte, direkt oder indirekt von euch beziehen muß?

Ich will euch eine große und wichtige, aber allzu oft vernachlässigte Wahrheit offenbaren. DER HANDEL IST DAS KIND DES KAPITALS. Überall wird das Handelsvolumen eines Landes im Verhältnis zum Kapitalvolumen stehen, das dieses Land zur Verfügung hat. Solange nicht mehr Kapital in euren Handel fließt, als ihr dort eingesetzt habt, kann keine Macht der Welt euch mehr Handel verschaffen: Solange ihr über das Kapital verfügt, über das ihr nun einmal verfügt, kann keine Macht der Welt euch den Handel streitig machen, den ihr nun einmal treibt. Er mag die eine oder andere Form annehmen; er mag euch mehr fremde Konsumgüter oder mehr einheimische bescheren; er mag euch mehr Waren der einen Art bescheren oder mehr Waren der anderen; doch die Menge und der Wert aller möglichen Waren, die er euch beschert, wird immer gleich bleiben, ohne daß sich ein Unterschied feststellen ließe, über den nachzudenken sich lohnte. – Ich bin ein Kaufmann, ein Kapital von 10.000 Pfund steckt in meinem Handel. Angenommen, ich hätte unbeschränkten Zugang zu den spanischen Antillen, könnte ich dann mit meinen 10.000 Pfund mehr Handel treiben als augenblicklich? Angenommen, der Zugang zu den französischen Antillen wäre mir verwehrt, wären meine 10.000 Pfund dann nichts mehr wert? Selbst wenn mir der Zugang zu jedem fremden Markt komplett verwehrt würde, wären meine 10.000 Pfund in dem Fall nichts mehr wert? Gäbe es keinen Zucker zu kaufen, so gibt es doch auf jeden Fall kultivierbares Land. Wären einhundert Tonnen Zucker wertvoller als einhundert Tonnen Korn, Schlachtfleisch, Wein oder Öl, so wären Korn, Schlachtfleisch, Wein oder Öl dennoch nicht vollkommen wertlos. Würde euch euer Außenhandel Artikel um Artikel entzogen, dann könnte es euch schlimmstenfalls widerfahren, daß ihr gezwungen wärt, um so viel mehr für die Kultivierung eures Landes anzulegen, als ihr es sonst getan hättet. Die Annahme ist frei erfunden und fern jeder Möglichkeit: Wenn sie aber wahr wäre, wäre sie wirklich so schrecklich?

Ja – das *Kapitalvolumen*, nicht die *Größe des Marktes* bestimmt das Handelsvolumen. Selbst wenn ihr einen neuen Markt erschließt, werdet ihr die Handelssumme nicht steigern, es sei denn durch Zufall. Zieht euch aus einem alten Markt zurück, und ihr werdet die Handelssumme nicht verringern, es sei denn durch Zufall oder nur für den Moment. In welchem Falle also vergrößert ein neuer Markt die Handelssumme? Wenn die Rate des Reingewinns, den das in das neue Gewerbe investierte Kapital erwirtschaftet, die jedes beliebigen alten Gewerbes übersteigt, sonst nicht. Das Vorhandensein dieses zusätzlichen Gewinns wird allerdings immer vorausgesetzt, niemals bewiesen. Gewiß mag es zufälligerweise wahr sein; etwas anderes aber, das niemals der Wahrheit entspricht, wird ebenfalls vorausgesetzt: daß man nämlich den *gesamten* Gewinn, den das Kapital erwirtschaftet, das für dieses neue Gewerbe und nicht mehr für irgendein altes eingesetzt wird, zum andernfalls erwirtschafteten Gewinn der Volkswirtschaft hinzuzurechnen hätte: Was nur *verlagert* wurde, wird als *geschaffen* betrachtet. Wenn ein Mann zuvor in einem alten Gewerbe zwölf Prozent auf ein Kapital von 10.000 Pfund erwirtschaftete und nun in einem neuen Gewerbe nur zehn Prozent auf dasselbe Kapital erwirtschaftet, wem wäre da nicht klar, daß er, statt 1.200 Pfund im Jahr zu verdienen, selbst und durch ihn auch die Nation, der er angehört, infolge des Wechsels 200 Pfund einbüßt; und dasselbe gilt, wenn es nicht einen solchen Kaufmann, sondern hundert von ihnen gäbe. Anstelle dieses Verlustes von 200 Pfund im Jahr tragen eure *comités de commerce* und Handelskammern[15] in der nationalen Gesamtrechnung einen Gewinn von 1.000 Pfund im Jahr ein; insbesondere wenn es sich um einen weit entfernten und wenig bekannten Teil der Welt handelt, wie etwa eine südliche Walfischerei, eine abgefallene spanische Kolonie oder ein Nootka-Sund;[16] und man kann von Glück sprechen, wenn sie nicht obendrein das gesamte Kapital von 10.000 Pfund als Gewinn ausgeben.

Oh, aber wir verschaffen uns ein Monopol auf ihre Erzeugnisse, wodurch wir sie billiger bekommen, als wir sie sonst bekämen, und so lassen wir uns von ihnen dafür bezahlen, daß wir über sie herrschen. Ihr gewiß nicht; nicht einen Penny; der Versuch ist schändlich, und der Gewinn reine Einbildung.

Der Versuch, so sage ich, ist schändlich: eine aristokratische Ruchlosigkeit, ja, ein ganzer Haufen aristokratischer Ruchlosigkeiten. Ihnen gegenüber ist er schändlich; mehr noch aber im Hinblick auf euch selbst.

Die erste Ruchlosigkeit: Freiheit, Eigentum und Gleichheit einer großen Klasse von Bürgern (der Kolonisten) zu verletzen, indem man sie davon abhält, ihre Waren auf den Märkten anzubieten, die für sie vermutlich am gewinnbringendsten wären, und ihnen damit soviel vorenthält, wie sie andernfalls vermutlich erwerben würden.

Zweite Ruchlosigkeit: Einen Teil einer Nation (das französische Volk) zu besteuern, um das Geld aufzubringen, damit die auf diese Weise einem anderen Teil der Nation, den Kolonisten, auferlegten Beschränkungen gewaltsam aufrechterhalten werden können.

Dritte Ruchlosigkeit: Die Armen, die schließlich keinen Zucker kaufen können, die Armen in Frankreich zu besteuern, um den Reichen dessen Verzehr zu ermöglichen. Das Lebensnotwendige zugunsten des Luxus einzuschränken. Die Last tragen Arm und Reich gemeinsam; den Nutzen teilen die Reichen allein unter sich auf.

Dies ist nicht bloß eine scheinbare Ungerechtigkeit; wie es der Fall wäre, wenn das, was den Kolonisten so genommen wird oder scheinbar so genommen wird, zu Staatseinkünften würde: Dann wäre es nur eine Form der Besteuerung. In Frankreich (so könnte man dann sagen) werden Menschen auf die eine Weise besteuert, in den Kolonien auf eine andere; dann müßte man lediglich nach der Eignung der Art und Weise fragen. Um Staatseinkünfte handelt es sich hier aber sicher nicht: Die Nation als Ganze erhält nichts, Individuen erhalten alles; wenn es sich um eine Steuer handelt, so ist es eine Steuer, deren Ertrag verpraßt wird, noch bevor sie eingetrieben wurde; es ist eine Steuer, deren Ertrag nicht der Staatskasse zugeführt, sondern an die Zuckeresser verschenkt wird.

Doch selbst für die Zuckeresser ist der Gewinn, behaupte ich, eine Illusion. Hält denn das Monopol, das ihr euch gegenüber den Zuckerbauern verschafft, den Zuckerpreis überhaupt niedriger, als er andernfalls wäre? – Keinen Heller. Kein Monopol kann den

15 Frankreich hatte tatsächlich nur ein einziges *Comité de Commerce* und nichts, was genau der Britischen Handelskammer entsprochen hätte. Das *Comité de Commerce*, von der Gesetzgebenden Versammlung ins Leben gerufen und vom Nationalkonvent beibehalten, entwarf und debattierte die meisten der Wirtschaft und Handel betreffenden Anträge, die der gesamten gesetzgebenden Körperschaft vorgelegt wurden.

16 Um den Besitz des Nootka-Sunds, eines Meeresfjords an der Westküste von Vancouver Island nahe der Pazifikküste Nordamerikas, wäre 1789/90 fast ein Krieg zwischen England und Spanien ausgebrochen.

Preis dieser Ware oder einer beliebigen anderen auf Dauer unter das Niveau senken, auf das ihn die durchschnittliche Profitrate des Handels im allgemeinen bringt; ihr könnt eure Untertanen daran hindern, ihren Zucker andernorts zu verkaufen, doch könnt ihr sie nicht dazu zwingen, ihn für euch mit Verlust anzubauen. Kein Monopol kann ihn jemals unter diesem natürlichen Preis halten: Auf diesen Preis wird ihn der natürliche Wettbewerb auf jeden Fall früher oder später absenken, und zwar ohne Monopol. Sofern die Kundschaft gleich bleibt, kann der Preis nicht sinken, solange die Anzahl der Händler nicht zunimmt. Monopole, d. h. der Ausschluß von Kunden, haben gewiß nicht die Tendenz, die Zahl der Händler steigen zu lassen: Sie mögen die Gewinne derer drücken, die als erste von ihnen betroffen sind, doch werden sie auf diese Weise keinen anderen anspornen. Folglich verursachen Monopole, sofern sie überhaupt etwas bewirken, einen nicht wiedergutzumachenden Schaden. Andererseits können hohe Preise – das Übel, das Monopole abwenden sollen –, hohe Preise, die durch den Wettbewerb zwischen Kunden verursacht sind, in keiner Weise Unannehmlichkeiten bereiten, ohne zugleich eine entsprechende Grundlage für deren Beseitigung zu legen. Hohe Handelsrenditen führen zu einem Zustrom von Händlern, ein Zustrom von Händlern zum Wettbewerb zwischen Händlern, der Wettbewerb zwischen Händlern zu niedrigeren Preisen, bis die Profitrate des fraglichen Gewerbes auf dasselbe Niveau gebracht ist wie in anderen Branchen.

Wenn ein Monopol die Preise niedriger halten könnte, als sie andernfalls wären, könnte dann irgend jemand voraussagen, um wieviel niedriger und wie viele Heller die Zuckeresser dank der vielen Millionen sparen würden, die man dem Volk aufbürdet? Nein, niemals: Denn wo immer ein Monopol gegen Produzenten besteht, kann allein dieses Monopol verhindern, daß mehr Produzenten hinzukommen und miteinander konkurrieren – somit gehen Monopol und Wettbewerb Hand in Hand, und es läßt sich unmöglich beweisen, ob ein Teil des Effekts durch das Monopol und nicht durch den Wettbewerb hervorgerufen wird.

Oh, wir sind aber noch nicht fertig mit ihnen? Wir sichern uns ein weiteres Monopol – wir sichern uns das Monopol ihrer Kundschaft, und so zwingen wir sie, uns Dinge teurer abzukaufen, als sie sie sonst kaufen würden, ganz abgesehen davon, daß sie uns Dinge abkaufen müssen, die sie sonst bei anderen gekauft hätten, und auf diese Weise zwingen wir sie, uns dafür zu bezahlen, daß wir über sie herrschen. Reine Einbildung – Bei den Artikeln, die ihr besser und billiger herstellen könnt als andere Nationen, mit denen ihr sie zu besseren Konditionen versorgen könnt als andere Nationen, werdet ihr infolge des Monopols keinen Penny mehr verdienen, als ihr ohne das Monopol verdient hättet. Ihr verhindert, daß sie ihre Güter von Fremden beziehen: wohl wahr! Was aber bedeutet das? Ihr zwingt sie nicht, von einem bestimmten oder mehreren Angehörigen eures eigenen Volkes zu Lasten aller anderen zu kaufen. Eure eigene Bevölkerung hat damit immer noch die Möglichkeit, sich rückhaltlos gegenseitig zu unterbieten, und dazu hat sie unter dem Monopol dieselbe Veranlassung wie ohne Monopol. Es ist immer noch der Wettbewerb, der den Preis bestimmt. Das Monopol ist in diesem Falle ebenso wie im anderen weder gut noch schlecht. Es ist immer noch das Verhältnis des Profits in diesen Handelsbranchen zur durchschnittlichen Profitrate des Handels, das diesen Wettbewerb reguliert; es ist immer noch das dem Handel zur Verfügung stehende Kapitalvolumen, das die durchschnittliche Profitrate des Handels reguliert.

Im Falle jener Artikel, die ihr *nicht* besser oder billiger herstellen könnt als andere Nationen, im Falle von Artikeln, mit denen ihr sie *nicht* zu besseren Konditionen versorgen könnt als andere Nationen, ist es immer noch dieselbe Illusion, wenn sie auch nicht so offenkundig sein mag. An dieser Bevorzugung schlechter Artikel vor guten verdient die Nation (damit meine ich die Gesamtheit von Personen, die in allen Zweigen der herstellenden Industrie beschäftigt sind) nicht einen einzigen Penny mehr, als sie es sonst täte. In Frankreich verdienen Menschen, gerade so wie andernorts, nicht mehr an den Gütern, die sie produzieren, als sie verdienen würden, wenn es kein solches Monopol gäbe: Denn wenn die Profitrate der solchermaßen begünstigten Artikel in einem bestimmten Moment höher läge, dann würde der Wettbewerb sie im nächsten Moment drücken. Das Monopol, das ihr euch auf diese Weise über die Kundschaft eurer Kolonien sichert, bewirkt lediglich, daß Güter aller Art auf der ganzen Welt von schlechterer Qualität sind, als sie es sonst wären. In Frankreich sind Menschen damit beschäftigt, Konsumgüter für die französischen Kolonien zu produzieren, die sie vielleicht nicht so effizient herstellen wie die Menschen in England, statt für ihren eigenen Verbrauch oder den einer beliebigen anderen Nation Güter zu produzieren, die sie effizienter herstellen können als die Engländer. Da man sie davon abhält, jene Güter zu produzieren, die sie am effizientesten hätten herstellen können, verlegen sich die Menschen in England wiederum gezwungenermaßen auf die Produktion von Gütern, die sie nicht so effizient herstellen; und das geschieht überall auf der Welt. Vielleicht beeinträchtigt es das Glück der Menschheit wenig, ob sie nun Güter eines bestimmten Musters oder eines anderen trägt; und obwohl vielleicht niemandem ein großer Nachteil aus dieser Verteilung der Dinge erwächst, so ist doch eines gewiß: daß niemand durch sie etwas gewinnt, und insbesondere nicht Frankreich.

Wollt ihr die Erfahrung zur Lehrmeisterin? So wendet euch den Vereinigten Staaten zu. Vor der Trennung besaß Großbritannien das Monopol auf ihren Handel; durch die Trennung verlor es dieses Monopol natürlich. Um wieviel hat ihr Handel mit Großbritannien im Verhältnis zu vorher abgenommen? Im Gegenteil: Er ist heute wesentlich ausgedehnter.[17]

Wird das Monopol über die Kolonisten nicht die ganze Zeit durch ein *Gegenmonopol* belastet? Verbietet man den Menschen in Frankreich denn nicht, Kolonialerzeugnisse anderer Kolonien zu erwerben, auch wenn sie dort soviel billiger wären, nur um die eigenen Kolonisten für ihren Ausschluß aus anderen Märkten zu entschädigen? Würde der Nutzen, den Frankreich aus dem angeblich gewinnbringenden Monopol zieht, so es ihn denn gäbe, nicht durch die Last dessen aufgewogen, was anerkanntermaßen schwer lastet? Jawohl – der Nutzen ist eingebildet, die Last, die ihn beschwert, real.

Wenn man also Monopol und Gegenmonopol zusammen betrachtet, dann muß der Zucker die Zuckeresser eher teurer als billiger zu stehen kommen: in gewissem Maße auf Dauer; und in weit höherem Maße zu bestimmten Zeiten, wenn wegen des Gegenmonopols wider Frankreich die hohen Preise, die sich einer Mißernte in den französischen

17 1790 hatte das Handelsvolumen zwischen England und den Vereinigten Staaten dasjenige des Jahres 1774, des letzten Jahres, bevor der Handel ernsthaft durch den Konflikt unterbrochen wurde, übertroffen. Vgl. Brian. R. Mitchell, *British Historical Statistics*, Cambridge 1988, S. 494.

Kolonien verdanken, nicht dadurch gemildert werden können, daß man etwas aus anderen Kolonien importiert, in denen die Ernte besser ausgefallen ist.

Würden Monopole *Wohlfeilheit* begünstigen, was sie nicht tun, würden sie dies zu Lasten eines anderen Zieles von größerer Bedeutung tun, nämlich der Preis*stabilität*. Es ist nicht der Mangel an Zucker, der einen Menschen quält. Krösus, Apicius, Heliogabal – sie alle kannten noch keinen Zucker;[18] was einen Menschen quält, ist, nicht haben zu können, was er zu haben gewohnt ist, oder nicht soviel davon haben zu können, wie er es gewohnt ist. Selbst wenn das Monopol über die französischen Kolonien irgendeinen Beitrag zur Wohlfeilheit der Preise leisten würde, könnte es nichts zu deren Stabilität beitragen; infolge des Gegenmonopols, durch das es belastet ist, neigt es vielmehr dazu, die umgekehrte Unannehmlichkeit hervorzurufen: Schwankungen. Kein Monopol, das Frankreich zu seinen eigenen Gunsten über seine Kolonien verhängt, wird eines jener Mißgeschicke verhindern, das diese Kolonien weniger Zucker herstellen läßt als andere; und wenn er dort knapp ist, wird das Monopol gegen Frankreich Frankreich daran hindern, ihn andernorts zu beziehen, wo er billiger zu haben wäre.

Wieviel teurer ist der Zucker in Ländern, die keine Kolonien haben, als in Ländern, die welche besitzen? Sollen die es herausfinden, die meinen, es sei der Mühe wert. Sie werden dann sehen, was die Gemeinschaft der Zuckeresser in Frankreich im schlimmsten Fall verlieren könnte. Nicht daß dieser Verlust der oben genannten Differenz auch nur annähernd gleichkäme; denn sofern jene Länder ihren Zucker aus monopolisierten Kolonien beziehen, was nur auf dem Weg über ein monopolisierendes Land geschehen kann, finden sie ihn aufgrund des oben genannten Gegenmonopols durch eine zeitweilige Verteuerung und mehr oder weniger konstante Importsteuern belastet, ganz abgesehen von den Kosten für Transportumwege und die Gewinnspanne mehrerer Händler.

Kann denn ein Monopol die Preise nicht *zwangsweise absenken*? Aber gewiß. Wird es sie dann nicht *niedrig halten*? Auf keinen Fall. Wenn ich Güter habe, die ich nicht brauche, und es nur einen Menschen auf der Welt gibt, dem ich sie verkaufen kann, werde ich sie ihm, selbst wenn mich ihre Herstellung einhundert Pfund gekostet hat, ja lieber für einen Heller überlassen, als sie gar nicht zu verkaufen. Ein Monopol wird also die Preise absenken. – Doch werde ich sie auch weiterhin herstellen und zu diesem Preis verkaufen? Nicht, wenn ich bei Sinnen bin. Ein Monopol wird die Preise also nicht niedrig halten. – Daher rührt mithin die ganze Fehleinschätzung zugunsten der Monopole – weil man dem Unterschied zwischen der zwangsweisen Absenkung und dem Niedrighalten der Preise keine Beachtung schenkt.

Wenn ein Artikel teuer ist, ist es keinesfalls gleichgültig, ob ihn Freiheit oder Zwang teuer gemacht haben. Natürliche Teuerung ist ein Mißgeschick; künstliche Teuerung Anlaß zur Klage. Leiden nimmt eine ganz andere Qualität an, wenn ihm ein Gefühl von Unterdrückung beigemischt ist. Und sollte die Wirkung eines Monopols auch gleich Null

18 Alle drei waren in der antiken Welt für ihren großen Reichtum oder ihre Extravaganz berühmt. Krösus war von ca. 560 v. Chr. bis 546 v. Chr. der König Lydiens in Kleinasien (heute Türkei); Marcus Gavius Apicius war ein römischer Kaufmann aus dem ersten nachchristlichen Jahrhundert, bekannt als Autor eines berühmten Kochbuchs; und Marcus Aurelius Antonius war Kaiser Elagabal (oder Heliogabal) von 218-222 n. Chr.

sein, so wiegt die Ineffizienz des Heilmittels doch nicht die Bösartigkeit des künstlichen Mißstands auf.

Was also hat man unterm Strich vom Monopolsystem? Man kann sich den künstlichen Mißstand zugute halten; man bekommt zeitweilige Teuerungen; man ist in der Verlegenheit, zur Bekämpfung des Schmuggels eine Streitmacht zu unterhalten; man hat die Kosten der Strafverfolgung sowie die mit Geldstrafen und Beschlagnahmungen für die Betroffenen einhergehende Vergeudung und Not.

Oh, aber die Abgaben auf den Kolonialhandel bescheren uns Staatseinkünfte. Das glaube ich gern, was aber folgt daraus? Müßt ihr über ein Land herrschen, um euren Handel mit ihm zu besteuern? Gibt es dieses Land überhaupt, das euch keine Staatseinkünfte bringt? Besteuert ihr nicht euren Handel mit Großbritannien? Und regiert ihr Großbritannien? Ihr besteuert britische Güter so hoch, wie es der Schmuggel erlaubt: Könntet ihr sie höher besteuern, wenn sie aus den Kolonien kämen? Würdet ihr es tun, wenn ihr könntet? Würdet ihr eure eigenen Untertanen höher besteuern als Fremde?

Ich werde euch zeigen, wie ihr Einkünfte durch sie erzielen *könnt*; ich werde sie euch zeigen, die einzige Möglichkeit, wie ihr Frevel zu Gold machen könnt, wenn ihr euch dafür entscheidet. Besteuert keines ihrer Produkte, besteuert keinerlei Importe von dort: Jeden einzelnen Penny dieser Steuern zahlt ihr selbst. Besteuert eure Exporte dorthin; besteuert all eure Exporte dorthin; besteuert sie so hoch, wie es der Schmuggel erlaubt: Jeden einzelnen Penny dieser Steuern zahlen sie.

Ich werde euch zeigen, wieviel mehr ihr auf diese Weise von ihnen bekommen könntet als von Fremden. Man muß allerdings einräumen, daß ihr bestenfalls rein zufällig einen höheren Prozentsatz dessen einnehmen könntet, was sie euch abkauften, als dessen, was euch Fremde abkauften. Denn der Schmuggel, der den Prozentsatz begrenzt, den ihr so von Fremden abschöpfen könntet, begrenzt in gleicher Form den Prozentsatz, den ihr von euren Vasallen abschöpfen könntet. Vielleicht begünstigen ferne Länder wie die Kolonien den Schmuggel aus Frankreich tatsächlich weniger als angrenzende Länder, und man könnte so die Steuer höher ansetzen, ohne daß ihre Rentabilität durch den Schmuggel zunichte gemacht würde, dessen Kosten ja höher liegen; doch welcher Spielraum dadurch auch gegeben sein mag, er verdankt sich, wie man sieht, der Entfernung und nicht der Zugehörigkeit zu einer anderen Nation.

Ihr dürftet also im Prinzip, behaupte ich, von euren Vasallen auf diese Weise nicht mehr Prozente bekommen als von Fremden; was ihr von ihnen aber wohl bekommen könntet, ist dieselbe Profit*rate* mit größerer Gewißheit hinsichtlich ihrer *Erstreckung*. Fremde könnten sich jederzeit aus eurem Markt zurückziehen; und sie würden sich zurückziehen, wenn sie die Güter, die sie haben wollen, unter Berücksichtigung der von euch erhobenen Steuer nicht zu ebenso guten Bedingungen von euch bekommen könnten wie andernorts. Eure eigenen Vasallen könnten sich nicht aus eurem Markt zurückziehen, vom Schmuggel einmal abgesehen, denn der Voraussetzung nach haben sie keinen anderen. Fremden gegenüber ist die Steuer ein Experiment, und was ihr durch dieses Experiment riskiert, ist die jeglichem Rückgang des fraglichen Gewerbes entsprechende vorübergehende Not einzelner; denn die *absolute* Handelssumme oder, um es deutlicher zu sagen: die Summe des Volksvermögens nimmt, wie ihr gesehen habt, über den *relativen* und momentanen Rückgang hinaus keinen Schaden. So daß diese

Steuer nichts anderes bewirkt als eine eindeutige Erhöhung der Staatseinkünfte, für die, abgesehen von der genannten vorübergehenden und zufälligen Not einzelner Händler, nichts bezahlt oder riskiert werden muß. Euren eigenen Vasallen gegenüber gibt es nichts, wessen man sich erst durch ein Experiment vergewissern müßte: Ihr haltet sie ja in einem Gefängnis fest, und ihr setzt einen euch genehmen Preis für ihr Leben an; ihr müßt die Tür nur gut verschlossen halten, und falls das Gefängnis groß ist, mag das keine so einfache Aufgabe sein. Auf wieviel könnten sich die Kosten dafür in Guadeloupe, Martinique und Santo Domingo belaufen? – wenn alle Gefangenen widerspenstig wären, bei jeder Gelegenheit Löcher bohrten, Türen und Wände niederrissen, während ihnen Menschen von außen zu Hilfe kämen. – Laßt es jene berechnen, die meinen, es sei ihrer Mühe wert.

All diese Kalkulationen werden ohne Zahlen angestellt – warum? Weil nichts von Zahlen abhängt. Zahlen könnten zeigen, wie hoch die *Einkommen* eurer Kolonisten sind; und wie hoch die Einkommen eurer Kolonisten sind, kann euch gleich sein, denn es sind ihre Einkommen und nicht eure. – Zahlen könnten die Menge eurer *Importe* aus euren Kolonien beziffern; und das tut nichts zur Sache, da sie euch nichts verkaufen, ohne dafür bezahlt zu werden, und sie nicht weniger gerne dafür bezahlt würden, wenn sie frei wären. – Zahlen könnten den Ertrag eurer *Steuern* auf diese *Importe* zeigen; und das tut nichts zur Sache, denn ihr könntet ihn erzielen, ganz gleich, ob die Produzenten jener Artikel abhängig oder unabhängig wären, und es ist euer eigenes Volk zuhause, das ihn zahlt. Zahlen könnten zeigen, was ihr auf dem Wege des *Exports* in dieser oder jener Form an eure Kolonisten verkauft habt; und das tut nichts zur Sache, denn Verbrauch, nicht Verkauf ist schließlich der Zweck jeder Produktion, und wenn ihr sie nicht in dieser Form verkauftet, so würdet ihr sie in anderer Form verkaufen oder verbrauchen. Zahlen könnten euch den *Steuerbetrag* zeigen, den ihr auf diese *Exporte* erhebt; und nichts hängt von diesem Betrag ab, denn wenn der Preis des Artikels den Steuerbetrag ohne Hilfe eines solchen Monopols, wie es nur Unterwerfung garantieren kann, trägt, dann könnt ihr ihn von den Kolonisten, wenn sie unabhängig sind, genauso abschöpfen wie von anderen Fremden; und wenn der Preis ihn nicht trägt, dann werden weder sie es ertragen, ihn so weit angehoben zu sehen, noch werdet ihr es ertragen, ihn so weit anzuheben, daß er die Kosten einer Marine abdecken könnte, die imstande wäre, all ihre Häfen zu blockieren und die vielen großen und fernen Länder gegen rivalisierende Mächte zu verteidigen, welche die Einwohner auf ihrer Seite hätten.

Oh, aber sie machen einen Großteil unserer Macht aus – Sagt lieber, *eure ganze Schwäche*. In eurem eigenen natürlichen Körper seid ihr unbezwingbar; in diesen unnatürlichen Auswüchsen seid ihr verwundbar. Werdet ihr zuhause angegriffen? Nicht einen einzigen Mann könnt ihr je von ihnen bekommen; nicht einen Heller. Werden sie angegriffen? Sie nehmen eure Flotten und Armeen in Anspruch.

Wenn ihr fest entschlossen wärt, sie zu behalten, wärt ihr dazu in der Lage? Es lohnt sich vielleicht für euch, darüber nachzudenken. Könnte man daran nicht einigen Zweifel hegen, schon jetzt, da ihr sie lediglich gegen sich selbst verteidigen müßt; kann es auch nur den geringsten Zweifel daran geben, wenn die Macht Großbritanniens mit in die Wagschale geworfen wird? Fünf Kriegsschiffe oder etwas in der Art habt ihr meines

Wissens ausgesandt, um sie gegeneinander zu verteidigen.[19] Fragt euren Marineminister, ob er weitere fünfzig zur Verfügung hat, um sie gegen ihre Beschützer zu verteidigen? Fünfzehntausend ziehen nach Martinique, um Aristokraten zu bekämpfen;[20] fragt euren Kriegsminister, ob Custine[21] auf weitere dreißigtausend seiner besten Männer verzichten kann, um die Briten zu bekämpfen.

Macht euch keine Illusionen. Ihr könnt nicht überall sein; ihr könnt nicht alles zugleich tun. Eure Ressourcen, so beträchtlich sie auch sein mögen, sind doch begrenzt. Das Land gehört euch. Aber glaubt ihr, es steht in eurer Macht, es zu verteidigen, und das Meer noch dazu? – das Land gegen jedermann und gleichzeitig das Meer gegen Großbritannien? Blickt ein wenig zurück. Konnten euch Spanien, Holland und Amerika zusammen vor dem 10. April bewahren?[22] Wie wird es heute sein? Amerika ist neutral. Spanien und Holland sind gegen euch. Schickt so viele Schiffe, wie ihr könnt, England allein kann die doppelte Anzahl schicken, und sollte das nicht ausreichen, die dreifache.

Oh, aber die Zeiten haben sich geändert. Das glaube ich wohl. – Was größte Tapferkeit auszurichten imstande ist, wird getan werden. Wie gering aber zählt das in einem solchen Element? Kann Tapferkeit ein Schiff vor dem Untergang bewahren? Angenommen, die Fähigkeiten seien mehr oder weniger gleich verteilt, kann dann ein möglicher Unterschied in punkto Tapferkeit den Unterschied zwischen zwei und eins aufwiegen?

So bedenkt doch: Ein Schiff ist keine Stadt, die man mit Rednern bombardieren könnte und mit Beschlüssen zur Begünstigung der Fahnenflucht und mit Erklärungen der Menschenrechte; ein Schiff ist keine Stadt, aus der sich die Halbherzigen davonstehlen oder zu der euch ein paar Freunde Zutritt verschaffen könnten. Ihr seid tapfer; doch auch englischen Seeleuten gebricht es nicht nennenswert an Tapferkeit. So wie ihr eure Aufklärung habt, so haben sie ihre Vorurteile: Vielleicht fällt es ihnen nicht so leicht, wie ihr glauben mögt, die Lehre von der erzwungenen Freiheit zu verstehen; viel-

---

19 So wie unter Rochambeau eine Kriegsflotte nach Martinique und Guadeloupe geschickt worden war (s. o. Anm. 10), so wurde auch eine Flotte unter dem Kommando des neuen Generalgouverneurs Jean-Jacques Pierre d'Esparbès nebst drei Bevollmächtigten nach Santo Domingo entsandt, um das Gesetz vom 4. April 1792 umzusetzen. Nach Angaben der *Times* vom 16. November 1792 bestand sie aus sechs Kriegsschiffen, einem bewaffneten Schoner und einem Beiboot sowie 6.000 Soldaten.

20 D. h. die am 8. November 1792 angeordnete Bestückung der Kriegsflotte, die allerdings nur 2.400 Mann umfassen sollte, nicht etwa 15.000, wie Bentham behauptet. Bentham hat aber möglicherweise die jeweils 6.000 Mann starken Truppen, die mit Rochambeau und Esparbès geschickt wurden, mit dieser zusätzlichen Streitkraft verschmolzen.

21 Adam Phillipe, Comte de Custine, Oberbefehlshaber der Vogesen-Armee von Oktober 1792 bis März 1793, hatte sich bei der Rheinland-Offensive von September/Oktober 1792 durch eine Reihe von Siegen hervorgetan.

22 Bentham spielt vielleicht auf die Schlacht der Heiligen (eine Meerenge zwischen Guadeloupe und Dominica) an, die sich am 12. April (nicht am 10. April) 1782, gegen Ende des amerikanischen Unabhängigkeitskriegs, zutrug. Dieser entscheidende Seesieg der Engländer über die Franzosen zu einer Zeit, als Frankreich mit Spanien und Holland gegen England verbündet war und als England nach der Niederlage in Yorktown im Oktober 1781 de facto die amerikanischen Kolonien verloren hatte, vereitelte die französischen und spanischen Pläne für eine Invasion Jamaikas und stellte die Vorherrschaft der britischen Marine im Nordatlantik wieder her.

leicht ziehen sie eine bestehende Verfassung, die für Ruhe sorgt, einer nicht bestehenden vor, unter der Sicherheit noch auf sich warten läßt; vielleicht stellen sie das Recht jener Tausende, die sich an euch wenden, in Frage, für die Millionen zu sprechen, die euch wahrscheinlich verabscheuen; vielleicht ziehen sie den *George*, den sie kennen,[23] einem *Frost* vor, von dem sie noch nie etwas gehört haben.[24]

Hört ein Paradox, und zwar ein wahres: Gebt eure Kolonien auf, dann gehören sie euch; behaltet sie, dann gehören sie uns. Davor zittere ich am meisten: Verzeiht! – Ich bin Engländer – es berührt mich im Innersten.

Oh, aber die Bevölkerung von Bordeaux[25] – Tja – was wird aus der Bevölkerung von Bordeaux? Sollten die Leidenschaften einer Stadt das Interesse der gesamten Nation gegenstandslos machen? Sollte man um ihretwillen Gerechtigkeit, Wohlstand, Entwicklungsmöglichkeiten bekämpfen? – Man sollte von ihrem Patriotismus eine bessere Meinung haben. Wendet euch an sie, klärt sie auf, überzeugt sie; und wenn ihr Schwierigkeiten habt, diesen Flecken auf eurem eigenen Kontinent zu bändigen, bedenkt, ob es euch leichter fallen wird, so viele große und weit entfernte Inseln zu beherrschen, die Großbritannien auf ihrer Seite haben.

Früher oder später werden sich die mächtigsten und stolzesten Nationen der Gerechtigkeit beugen müssen. Je nachdem, in welcher Form dies geschieht, winken Schmach oder Ehre. Großbritannien gab gegenüber Amerika nach; Großbritannien gab gegenüber Irland nach. Bei welcher Gelegenheit war seiner Würde am besten gedient?[26]

Nennt es von dort aus, wo ihr Platz genommen habt, nicht *Mut*, weiter auf dem Pfad von Krieg und Gewalt fortzufahren.

Nichts an solchem Mut ist mit der niederträchtigsten Feigheit unvereinbar. Die Leidenschaften, die ihr befriedigt, sind eure eigenen Leidenschaften; das Blut aber, das ihr vergießt, ist das Blut eurer Mitbürger.

Wer kann sagen, was es euch gegenwärtig kostet, die Kolonien zu bewachen? Wer kann sagen, was ihr vielleicht sparen würdet, wenn ihr euch von ihnen trenntet? – Ich wage kaum, es auszusprechen – nahezu eure gesamte Marine? – Wofür unterhaltet ihr eine Marine, wenn nicht für die Bewachung der Kolonien? – Wen außer den Engländern habt ihr zu fürchten? – Und aus welchem Grund, wenn nicht wegen eurer Kolonien?

23 König Georg III.

24 Im November und Dezember 1792 wurde dem Nationalkonvent eine Reihe von Schreiben radikaler Gesellschaften aus England präsentiert. Berühmt wurde das Schreiben des Konstitutionsvereins, das am 28. November 1792 von John Frost, einem Londoner Anwalt, und Joel Barlow präsentiert wurde. Als Reaktion auf die wahrgenommene Bedrohung für Regierung und Verfassung allerdings verbreiteten sich loyalistische Vereinigungen nach dem Vorbild der von John Reeves am 20. November 1792 in der Crown and Anchor Tavern gegründeten Association for Preserving Liberty and Property against Republicans and Levellers schnell im ganzen Land. Diese massive loyalistische Reaktion führte schließlich dazu, daß radikale Umtriebe wirksam erstickt wurden.

25 Bordeaux war der wichtigste Einfuhrort für französische Importe aus den Westindischen Inseln.

26 Während England seine amerikanischen Kolonien nach einer militärischen Niederlage aufgeben mußte, gewährte es Irland 1782 ohne jede militärische Auseinandersetzung gesetzgeberische Unabhängigkeit.

Um euren Handel zu schützen, sagt ihr? Seid nicht ungerecht, wir sind keine Piraten. Wir würden eure Handelsschiffe in Ruhe lassen, auch wenn ihr keine einzige Fregatte hättet; wir würden eure Küsten nicht angreifen, auch wenn ihr keine einzige Festung hättet. Ehrgeiz und Ungerechtigkeit liegen uns durchaus nicht fern, doch nehmen sie nicht diese Form an. Greifen wir den Handel Dänemarks, Schwedens, Neapels, irgendeiner unterlegenen Macht an? Niemals; es sei denn, sie transportieren eure Fracht, während ihr euch mit uns wegen der Kolonien im Krieg befindet. – Was soll ich sagen? Selbst unsere Marine wird nicht wegen des Handels, sie wird wegen der Kolonien unterhalten; weil nämlich einige von uns euch gerne eure Kolonien abnehmen wollen und wir alle uns davor fürchten, daß ihr uns die unsrigen abnehmen könntet.

Bedeutet euch folgerichtiges Handeln etwas? Ist euer berühmter Eroberungen abschwörender Beschluß,[27] jener Beschluß, dessen man sich zu Recht rühmen dürfte, wenn man sich an ihn hielte, ist es diesem wohltätigsten aller Gesetze beschieden, mehr zu sein als Makulatur? – Gegen den Buchstaben, so fürchte ich, hat man schon lange verstoßen; sein Geist aber ließe sich noch retten und könnte dabei in noch hellerem Glanze erstrahlen. Laßt eure Kolonien frei, dann ist alles so, wie es sein soll. *Wir verleibten uns Savoyen und Avignon ein,*[28] so könntet ihr sagen, *weil sie sich uns anzuschließen wünschten; wir trennen uns von unseren fernen Brüdern, weil sie sich gleich uns selbst regieren wollen. – Der wechselseitige Vorteil sprach für unsere Einwilligung in die Wünsche unserer fremden Nachbarn; der wechselseitige Nachteil, die Folge einer unnatürlichen Verbindung, der wechselseitige Nachteil, einmal als solcher erkannt, ließ uns die Wünsche unserer fernen Mitbürger befolgen und gar antizipieren. – Eine Verringerung der Verteidigungskosten war Anlaß für unsere Vereinigung mit jenen, an die wir entweder angrenzten oder die wir umschlossen; derselbe Vorteil, aber von weit größerem Ausmaß, entschädigt uns für den Respekt, den wir den Wünschen und Interessen der Einwohner einer anderen Hemisphäre erweisen. – Neutralen Mächten geben wir reichlich Grund zur Genugtuung, keinen zur Eifersucht. Erworben haben wir zwei kleine Provinzen; geopfert haben wir, neben Festlandsiedlungen in allen Winkeln der Erde, eine Vielzahl von Inseln, von denen noch die geringste imstande wäre, beide unserer Erwerbungen zu umschließen.* – Sprächet ihr so, dann wäre alles erklärt, alles richtiggestellt. – Während ihr nehmt, was zu euch paßt, und behaltet, was nicht zu euch paßt, strebt ihr offen die Weltherrschaft an: Brüderlichkeit im Munde führend, erklärt ihr der Menschheit den Krieg.[29] Entledigt euch eurer goldenen Fesseln, so sind die Sünden eurer Jugend gesühnt, und euer Hang zu Wahrheit, Redlichkeit, Mäßigung und Menschenliebe wird auf eine feste Grundlage gestellt.

Für den Fall eines Bruchs mit Spanien hegt ihr, wie ich glaube, Absichten auf die spanischen Kolonien. Mit welchem Ziel? – Um sie zu behalten? Sagt es frei heraus

27 Durch einen Beschluß vom 22. Mai 1790 hatte die Nationalversammlung jeder Absicht abgeschworen, ausländische Gebiete erobern zu wollen.

28 Savoyen und Avignon wurden im November 1792 bzw. im September 1791 von Frankreich annektiert.

29 Eine erneute Anspielung auf das Brüderlichkeitsdekret vom 19. November 1792.

und gebt zu, würdige Nachfolger Ludwigs XIV. zu sein.[30] Um sie in die Unabhängigkeit zu führen? Warum nicht Unabhängigkeit gewähren, wo sie schon in eurer Macht steht? Wollt ihr euren Wählern allein für die Möglichkeit, Freiheit zu geben, unerhörte Kosten aufbürden und sie verweigern, wo ihr sie mit Gewißheit gewähren könnt, und zwar kostenlos? – Vergleicht die Bilder: Freiheit ohne Blutvergießen auf der einen Seite, Blutvergießen mit nicht mehr als der Aussicht auf Freiheit auf der anderen. Welches ist das beste Geschenk? Welches von beiden ist am ehesten nach eurem Geschmack? Ist es das blutige? – Dann geht zu diesen Kolonisten, geht mit der Freiheit im Munde und mit Fesseln in der Hand, geht und hört folgende Antwort: – *Franzosen, wir glauben gerne, daß ihr für uns Fremde die Freiheit wollt, wenn wir gesehen haben, wie ihr sie euren eigenen Brüdern bringt.*

Ihr, die ihr uns so geringschätzt; die ihr mit verächtlichem Mitleid auf unsere Korruption, unsere Vorurteile, unsere unvollkommene Freiheit herabschaut – wie lange noch wollt ihr euch von unserem Vorbild beherrschen lassen und ausgerechnet von jenen Aspekten, die daran am schlechtesten zu verteidigen sind? Wißt ihr denn nicht so gut wie wir, daß sie uns viel kosten, daß sie uns nichts einbringen – daß uns unsere Regierung dazu zwingt, sie dafür zu bezahlen, daß wir es erdulden, sie zu regieren – und daß der ganze Nutzen oder Zweck dieses Bunds darin besteht, profitable Stellen zu vergeben und Kriege vom Zaun zu brechen, die weitere Stellen mit sich bringen?

Ihr, die ihr mit soviel Verachtung auf unsere Korruption, unsere Vorurteile, unsere unvollkommene Freiheit herabseht, wie lange noch wollt ihr fügsam ein System kopieren, in dem sich Korruption und Vorurteil verbünden, um der Freiheit den Garaus zu machen? – einen Bund zwischen der Regierung und ihren Kolonien, dessen Opfer und Betrogener das Mutterland ist?

Bisher habt ihr nur das Wesentliche gesehen – zusätzliche Vorteile gibt es haufenweise. Zeitersparnis für Staatsbedienstete, Vereinfachung der Regierungsgeschäfte, Bewahrung der inneren Eintracht, Verbreitung der Freiheit und der guten Staatsführung auf der ganzen Welt.

Ihr seid vom Volke gewählt, und ihr wollt es sein; ihr seid vom zahlenmäßig größten Teil des Volkes gewählt, der zugleich der am wenigsten gebildete sein muß. An dieser Eigenschaft mit all ihren Vorteilen und Nachteilen müßt ihr, die Kinder des Volkes, mehr oder weniger teilhaben. Informiert euch, so gut ihr könnt, arbeitet, so hart ihr wollt, vereinfacht euer Geschäft, so weit ihr mögt, ihr habt nicht zu befürchten, daß es euch zu leicht würde. – An welchen Bergen von Argumenten und Berechnungen müßt ihr euch abarbeiten, wenn ihr im Kolonialsystem mit seinen Monopolen und Gegenmonopolen verbleibt! Welche Tarnung für Tyrannei und Unterschlagung! – Gebt euren Beauftragten nicht genügend Macht, so verlacht man sie; gebt ihnen genügend, so werden eure Diener ihren Herren gefährlich. – Dieser gesamten Plage könnt ihr euch auf dem einfachen Wege entledigen, jene gehen zu lassen, in deren Angelegenheiten euch einzumischen ihr kein Recht habt. Vom ganzen Unrat einer schädlichen und falschen Wissenschaft befreit,

30 Wegen der expansionistischen Politik Ludwigs XIV. befand sich Frankreich von 1667, als seine Armeen in die Spanischen Niederlande einfielen, bis zum Ende des spanischen Erbfolgekriegs im Jahr 1714 fast ununterbrochen im Kriegszustand.

werden sich eure Gesetze endlich in schönstem Ornat präsentieren können: Erst dann und keinen Moment zuvor könnt ihr sie so einfach finden, wie sie sein sollen, so einfach wie jene, die euch entsandten, so einfach wie euch selbst. Jawohl, Bürger: Eure Zeit, alle Zeit, die ihr entweder habt oder einsparen könnt, gehört denen, die ihr kennt und die euch kennen; ihr habt keine an jene entfernten Fremden zu verschenken.

Große Meinungsverschiedenheiten, mit nicht wenig Hingabe gepflegt, zwischen denen, die die Negersklaverei dulden, und denen, die sie verbieten wollen: – Gebt die Kolonien frei, und ihr verabschiedet all diese Feindschaften und Schwierigkeiten; es ist ein mittleres Prinzip, auf das sich alle Parteien verständigen können. Behaltet die Zuckerinseln, dann ist es euch unmöglich, das Rechte zu tun: – Laßt die Neger gehen, dann habt ihr keinen Zucker und keinen Grund mehr, diese Kolonien zu behalten; behaltet die Neger, dann tretet ihr die Menschenrechtserklärung mit Füßen und vergeht euch an ihren Prinzipien. – Die Bedenken müssen irgendwann einmal ein Ende haben: Ihr braucht euch nicht den Kopf zu zerbrechen, wie Zucker angebaut wird, solange ihr seinen Anbau nicht überwacht. Reformiert die Welt durch euer Vorbild, so handelt ihr großzügig und weise; reformiert die Welt mit Gewalt, so könntet ihr ebensowohl den Mond reformieren, und was dabei herauskommt, ist nur für mondsüchtige Irre gut.

Was ihr Gutes tut, wird nicht auf euch beschränkt bleiben. Es wird auf uns abfärben; ich meine nicht auf unsere Regierung, die euch die Stirn bietet, sondern auf das Volk, um dessen Freundschaft ihr im höchsten Maße bemüht seid. – Nein, was ihr der Welt Gutes tun mögt, kennt keine Grenzen; die Macht, die ihr über sie haben mögt, kennt keine Grenzen. Durch die Befreiung eurer eigenen Kolonien könnt ihr auch unsere befreien; indem ihr mit gutem Beispiel vorangeht, könnt ihr uns die Augen öffnen und uns zwingen, euch zu folgen. Durch die Verkleinerung eurer Marine könnt ihr auch unsere verkleinern; durch die Verkleinerung unserer Marine könnt ihr unsere Steuern senken; durch die Senkung unserer Steuern könnt ihr die Zahl öffentlicher Stellungen reduzieren; indem ihr die Zahl unserer Stellen vermindert, könnt ihr den Einfluß der Korruption bei uns begrenzen.

So könnt ihr durch die Befreiung unserer Kolonien unsere Parlamente läutern; ihr könnt unsere Verfassung läutern. – Ihr dürft sie nicht zerstören: Habt Nachsicht mit uns, wir sind ein schwerfälliges und etwas halsstarriges Volk; wir sind an sie gewöhnt, und sie erfüllt unseren Zweck. Ihr werdet sie nicht zerstören; wenn ihr es aber zufrieden seid, sie auf diese langsame Weise zu läutern, dann können wir nichts gegen eure Läuterung ausrichten.

Ein Wort genügt zu euren *ostindischen* Besitzungen. Von Affekten einmal abgesehen, die man bislang nicht kennt, gilt alles, was für die westindischen Inseln gilt, doppelt für den Osten. Die Inseln stellen keine Schwierigkeit dar: Die dortige Bevölkerung ist französisch; sie ist reif für die Selbstregierung. Es bleibt das Festland; ihr wißt, wie sehr sich die Dinge dort verändert haben: – Tipu Sahib ist nicht mehr an der Macht.[31] – Würde

31 Tipu Sahib, von 1784 an Sultan von Mysore, genannte der Tiger von Mysore, hatte versucht, sich mit den Franzosen gegen die Englische Ostindien-Kompanie zu verbünden. Im darauffolgenden dritten Mysorer Krieg (1790-1792) wurde er von Charles Cornwallis, Generalgouverneur Bengalens 1786-1793, am 6. Februar 1792 in der Schlacht von Seringapatam endgültig geschlagen und

der Baum der Freiheit dort gedeihen, wenn man ihn pflanzte? Ließe sich die Menschenrechtserklärung auf *Sanskrit* übersetzen? Würden sich *Brahmanen*, *Kschatrija*, *Waischia*, *Schudra* und *Harijans* auf Augenhöhe begegnen?[32] Wenn nicht, dann wird es euch einige Schwierigkeiten bereiten, sie ihrer eigenen Obhut zu überlassen. Aus schierer Notwendigkeit mögt ihr euch auf das beschränkt sehen, was wir hier einen praktischen Plan nennen sollten. Wenn es beschlossene Sache ist, daß sie Herren haben müssen, dann werdet ihr euch nach den vergleichsweise am wenigsten schlechten umsehen, die sich ihrer annehmen könnten; und nach allem, was wir gehört haben, bezweifle ich, daß ihr unschädlichere finden dürftet als unsere englische Kompanie.[33] Wenn euch diese Kaufleute für das Geschäft irgendwie entlohnen würden, so wäre es für euch ein klarer Gewinn; und es ist nicht auszuschließen, daß sie es täten. Ihr werdet nicht ernstlich glauben, für den ungestörten Besitz dieser Provinzen auch nur einen Bruchteil dessen zu erhalten, was man umstandslos für die Möglichkeit ausgeben würde, sie sich gewaltsam anzueignen; das Vergnügen der Plünderung, des Blutvergießens und der Verwüstung darf man nicht zu gering ansetzen; aber etwas würden sie euch sicher geben. Obschon das Land für euch eine Last ist, ist nicht gesagt, daß es für sie nicht Gewinne abwerfen könnte. Selbst wenn die Gesamtheit ihrer ausgedehnten Besitzungen eine Last für sie wäre, könnte die Erweiterung sie verringern, statt sie zu vergrößern; die Verteidigungsausgaben könnten gesenkt werden: Pondicherry könnte für sie das sein, was Savoyen für euch ist.[34]

Doch genug der Hypothesen und Spekulationen. – Wie ihr euch von den armen Menschen, die gegenwärtig eure Sklaven sind, trennen wollt, ist schließlich eine zweitrangige Überlegung; entscheidend ist, sie loszuwerden: Das solltet ihr selbst dann tun, wenn niemand sie ohne Entschädigung nehmen wollte. Welche Rechte sie auch haben mögen, sie haben nicht das Recht euch zu zwingen, zu eurem eigenen Nachteil über sie zu herrschen.

Oh, aber Sie sind ein Söldling; Sie sind ein Werkzeug Ihres Königs und seiner Ostindien-Kompanie; man hat Sie angestellt, um uns eine hübsche Geschichte zu erzählen

---

mit dem Vertrag von Seringapatam vom 18. März 1792 gezwungen, die Hälfte seines Territoriums abzutreten und hohe Reparationszahlungen zu leisten.

32 Die ersten vier Begriffe sind Sanskrit-Namen für die hinduistischen Kasten Indiens. Das Kastensystem führte zu per Geburt festgelegten Berufen und streng definierten Grenzen zwischen den unterschiedlichen Teilbereichen der Gesellschaft: Brahmanen stellten die Priester und Intellektuellen; Kschatrija waren die Kriegerkaste; den Waischia war Landwirtschaft und Handel vorbehalten; Schudra war die Kaste der niederen Arbeiter und Dienstboten. Harijans, ein Wort persisch-arabischen Ursprungs, bezeichnete die unterste und am meisten verachtete Klasse der „Unberührbaren".

33 D. h. die Englische Ostindien-Kompanie, die tatsächlich die britischen Besitzungen in Indien regierte, obwohl sie offiziell eine königlich privilegierte Handelsgesellschaft war. Sie wurde sukzessive von einer Handelsgesellschaft zu einer britischen Verwaltungsorganisation umgewandelt: so etwa 1773 von Norths Regulation Act und 1784 von Pitts India Act.

34 Das südlich von Madras an der indischen Küste gelegene Pondicherry bildete das Zentrum der französischen Militär- und Handelsinteressen in Indien. Die Kolonie war Schauplatz wiederholter Kämpfe zwischen Frankreich und England, das Pondicherry 1761 und 1778 besetzt hatte. Bentham geht es hier darum, daß die Kontrolle über Pondicherry für die britischen Interessen in Indien von vergleichbarer strategischer Bedeutung wäre wie die Kontrolle Savoyens für Frankreich.

und uns davon zu überzeugen, unsere Kolonien aufzugeben, da man sie uns nicht eigenhändig wegnehmen kann. – O ja; all das bin ich; ich habe nicht einmal Brot zu essen, und sobald euer Beschluß gefaßt ist, erhalte ich 50.000 Pfund von der Kompanie und einen Adelstitel vom König. – *Ich bin ein Söldling* – aber würdet *ihr* denn die Interessen eurer Wähler verraten, nur weil ein Mann angeheuert wurde, sie euch zu zeigen? – *Es wäre England von Nutzen* – aber gibt es nicht so etwas wie gemeinsame Interessen, und würdet ihr euch niemals selbst dienen, solange anderen damit ebenfalls gedient wäre? Ist eure Liebe zu euren Brüdern soviel schwächer ausgeprägt als euer Haß auf eure Nachbarn? – *Es wäre England von Nutzen.* – Sind denn aber *England* und *der König von England* zwei vollkommen gleichbedeutende Begriffe, und glaubt ausgerechnet ihr das? – *Es würde dem Interesse des Königs dienen*; doch seid ihr, selbst wenn ihr das Interesse eines Menschen, sein wahres und dauerhaftes Interesse, kennt, immer seiner Wünsche gewiß? Zählt vollendete Weisheit zu den Eigenschaften seiner Minister? Haben sie keine Leidenschaften, die sie verblenden, keine Vorurteile, die sie irreführen? Seid ihr sowenig imstande, eure eigenen Interessen zu verstehen, daß ihr sie nur durch die Meinung anderer erkennen könnt, jener anderen, die eure Feinde sind? – *Der König von England ist euer Feind* – aber werdet ihr euch, weil er es nun einmal ist, seinem Regiment unterstellen? Soll es in der Macht eines Feindes stehen, euch nach seiner Pfeife tanzen zu lassen, indem er einfach jemanden anheuert, der das Gegenteil vorschlägt? – Seht, was ein Mann erdulden muß, wenn er sich solche Frechheiten anhört! – *Ich wurde angeworben*: Aber werden nicht auch Anwälte angeworben, sobald eine Streitfrage vor Gericht geht? Und ist auf keiner Seite Gerechtigkeit zu finden, nur weil es auf beiden Seiten Männer gibt, die bezahlt werden? – Gesetzgeber, erlaubt mir, euch eine Ermahnung zu geben – dies ist nicht die einzige Gelegenheit, bei der sie dienlich sein mag. Jene, falls es sie denn gibt, welche die Aufmerksamkeit von den vorgetragenen Argumenten weg und hin zu den Motiven dessen lenken wollen, der sie vorträgt, zeigen dadurch, wie bescheiden ihre Vorstellung von der Güte ihrer Position oder dem Ausmaß ihrer eigenen Kräfte oder der Triftigkeit eures Urteils, um nicht zu sagen: von allen dreien, ist. Wenn sie euch mit Ratschlägen, die bar jeder Vernunft sind, hinters Licht führen wollen, dann weil sie entweder fürchten oder hoffen, daß ihr außerstande seid, der Vernunft zu gehorchen.

Noch eine kurze Zusammenfassung, dann bin ich am Ende. Ihr werdet, so behaupte ich, eure Kolonien aufgeben – weil ihr kein Recht habt, über sie zu herrschen; weil sie lieber nicht von euch beherrscht würden; weil es nicht in ihrem Interesse liegt, von euch beherrscht zu werden; weil ihr nichts davon habt, über sie zu herrschen; weil ihr sie nicht behalten könnt; weil die Kosten des Versuches, sie zu behalten, ruinös wären; weil eure Verfassung darunter leiden würde, wenn ihr sie behieltet; weil eure Prinzipien es euch verbieten, sie zu behalten, und weil ihr der ganzen Welt einen Gefallen tätet, wenn ihr euch von ihnen trenntet. Ist eine einzige Silbe meiner Rede unwahr? – Doch auch wenn drei Viertel davon falsch wären, bliebe die Schlußfolgerung doch dieselbe. – So erhebt euch über Vorurteil und Leidenschaft; das Ziel ist der Mühe wert. Erlaubt nicht einmal euren Tugenden, euch gegeneinander einzunehmen; haltet die Ehre in ihrem Zaum; und verschmäht auch nicht die Beschlüsse der Gerechtigkeit, nur weil Klugheit sie bestätigt.

Um zu schließen – wenn der Haß eure maßgebliche Leidenschaft ist und seine Befriedigung euer oberstes Ziel, dann werdet ihr eure Kolonien auch weiterhin nicht loslassen. Wenn euer Ziel das Glück der Menschheit ist und die Menschenrechtserklärung eure Führerin, so werdet ihr sie freigeben. – Je eher, desto besser: Es kostet euch nur ein Wort; und durch dieses Wort gelangt ihr auf den Gipfel eures Ruhms.

FINIS.

POSTSCRIPTUM, 24. Juni 1829.

Ein Argument, das dem Autor zum Zeitpunkt der Abfassung des vorliegenden Traktates noch nicht vor Augen stand, speist sich aus der Berücksichtigung, wieviel Gutes hieraus auf dem Feld der *protektions*bedingten *Korruption* erwachsen könnte.

Als Bürger *Großbritanniens* und *Irlands* sieht er sich dadurch in denselben Meinungen und entsprechend in denselben Wünschen bestätigt. Als Bürger des Britischen Empires hingegen – zu dem die bereits unter britischer Herrschaft stehenden sechzig Millionen Britisch-Indiens zählen sowie die wahrscheinlich bald unter britischer Herrschaft stehenden vierzig Millionen der näheren Umgebung Britisch-Indiens,[35] ganz zu schweigen von den hundertfünfzig Millionen, wie manche behaupten,[36] oder dreihundert Millionen, wie die Russen sagen, des angrenzenden chinesischen Reiches – sind seine Meinungen und daraus folgenden Wünsche die *entgegengesetzten*. Auf ähnliche Weise wäre die Kolonisierung *Australiens* zu bewerten; insbesondere, falls die Darstellungen der geplanten Siedlung am *Swan River* in der *Quarterly Review* vom April 1829 und im *Morning Chronicle* vom 26. April 1829 zuträfen.[37] Im Hinblick auf Australien ist es in seinen Augen überaus wahrscheinlich, daß sich die Siedlungen in diesem weiten, fernen Land, und zwar samt und sonders, lange bevor dieses Jahrhundert zu Ende gehen wird, selbst befreit und damit die Staatsform von einem Schutzgebiet der englischen Monarchie zu einer repräsentativen Demokratie gemacht haben werden.

Ein *Dilemma*, dies auf ein fernes Schutzgebiet anzuwenden. Wenn ihr *keine* Berufung (Rechtsmittel) gestattet, so schafft ihr damit *Unabhängigkeit*, es sei denn, eure Staatsform sei eine rein militärische; wenn ihr Berufung gestattet, so unterwerft ihr dadurch die *breite Masse* derjenigen, die sich die Kosten einer Berufung *nicht* leisten können, der Sklaverei unter die relativ wenigen, die es *können*.

---

35 Den Angaben Walter Hamiltons zufolge (*A Geographical, Statistical, and Historical Description of Hindostan, and the adjacent countries*, 2 Bde., London 1820, Bd. 1, S. xxxvii) befanden sich in der Tat dreiundachtzig Millionen Menschen in Indien unter britischer Herrschaft und weitere vierzig Millionen unter der Herrschaft britischer Verbündeter und Tributpflichtiger.

36 Vgl. etwa John Crawfurd, *Journal of an Embassy from the Governor-General of India in the Courts of Siam and Cochin China. Exhibiting a View of the Actual State of those Kingdoms*, London 1828, S. 527: „Das Nachbarland China hat nach gegenwärtigen Schätzungen hundertfünfzig Millionen Einwohner.“

37 Vgl. „Regulations for the Guidance of those who may propose to embark, as Settlers, for the New Settlement on the Western Coast of New Holland“, in: *Quarterly Review*, April 1829, Bd. XXXIX, Nr. LXXVIII, S. 315-344; und „Note I. – On the Swan River“, ebd., S. 520. Auszüge aus diesen Artikeln erschienen am 22. April 1829 (nicht am 26. April 1829, wie Bentham behauptet) im *Morning Chronicle*.

In den meisten Exemplaren, die von Zeit zu Zeit als Geschenk verteilt wurden, fand sich handschriftlich am unteren Ende der ersten Seite in Form einer Anmerkung zur Überschrift folgender Vermerk eingefügt: –

„Anno 1793, geschrieben unmittelbar vor der Abreise M. Talleyrands anläßlich des Bruchs zwischen Frankreich und England. Mit einer Kopie für Talleyrands Sekretär, Gallois, der davon sprach, es zu übersetzen."[38]

---

38 Charles Maurice de Talleyrand-Périgord, französischer Außenminister 1799-1807, war am 7. September 1792 von Frankreich nach England ausgereist, aber schließlich gezwungen, am 15. Februar 1794 (nicht 1793, wie Bentham schreibt) aus England in die Vereinigten Staaten zu fliehen. Bei ihrem Aufenthalt in England hatten Talleyrand und Jean Antoine Gauvain, pseud. Gallois, Benthams Bekanntschaft gemacht.

V. Politische Ökonomie

10. Staatseinnahmen ohne Belastung, oder: Heimfall statt Besteuerung

Ein Vorschlag zur Senkung der Steuern durch eine Ausweitung des Heimfallrechts, nebst kritischen Anmerkungen zur Besteuerung von Erbfolgen in der Seitenlinie, wie sie der Haushalt vom 7. Dezember 1795 vorsieht (1795)

Vorwort

Der hiermit dem Publikum vorgelegte Essay schlägt eine neue Einnahmequelle vor. Er wurde im September 1794 bei der zuständigen Behörde eingereicht, ohne daß ihm das Glück beschieden gewesen wäre, weiterer Aufmerksamkeit für würdig erachtet zu werden. Die Argumente, die er enthält, sprechen zweifellos für sich. Keines von ihnen wurde bestritten oder von seinem Empfänger auch nur angeführt, der lediglich sachlich feststellte, es sei in jüngster Zeit nicht üblich gewesen, daß die *Krone* von jener Art Vorrecht Gebrauch macht, das für den *öffentlichen* Nutzen weiterzuentwickeln hier vorgeschlagen wird.

Nichts spricht dafür, daß sich der Minister nicht bereitwillig dieser Einnahmequelle (wie jeder anderen) bedient hätte, wenn sie seiner Auffassung nach versprochen hätte, die Gunst der Öffentlichkeit zu gewinnen. Nichts spricht dafür, daß die öffentliche Meinung den Minister ob seiner Zustimmung der Rückständigkeit zeihen würde, sollte jemals eine Umsetzung des Plans die mit seiner bloßen Vorstellung verbundenen Befürchtungen zerstreuen. Es ist nur natürlich, daß sich die Schwierigkeiten im Zusammenhang mit einer Maßnahme von beträchtlicher Neuigkeit und Dimension besonders demjenigen aufdrängen, der die Verantwortung für die Situation trägt, in bezug auf welche die Maßnahme vorgeschlagen wird. Und es ist nur natürlich, daß sie sich der Vorstellungskraft desjenigen, in dessen Kopf sie entstand, in geringerem Maße aufdrängen, als es wohl nötig wäre.

Der Idee war die Ehre zuteil geworden, den Beifall verschiedener ranghoher Herren aus der Anwaltschaft zu finden – einige von ihnen mit Sitz im Parlament –, und zwar all derer, die das Papier in Händen hielten. Wenn sie mit ihren guten Wünschen zu seinen Gunsten recht hatten, folgt daraus keineswegs, daß jene, denen es von Amts wegen eingereicht wurde, weniger recht daran taten, keinen Gebrauch von ihm zu machen. Von allen Kompetenzen, auf welche die Behörde, der das Papier vorgelegt wurde, angewiesen ist, ist *die Wissenschaft von den Zeiten* eine der unverzichtbarsten; eine Wissenschaft, die, wollte man ihr auch den Titel einer *Wissenschaft* verweigern, darum in der fraglichen Situation doch um kein Jota weniger als den „*sieben klassischen Wissenschaften ebenbürtig*" gälte. Auf diese Ober-Wissenschaft kann niemand größeren Anspruch erheben als das glanzvolle Oberhaupt jenes Ministeriums, und niemand geringeren als der Verfasser dieser Seiten.

Dieser ist nicht so weit gegangen, eine sofortige Annahme seines Vorschlags zu erwarten oder auch nur zu wünschen. Nun liegt er in den Händen des Publikums, das ihm zu gegebener Zeit seinen Schlüssel zum Schatzamt und zum Parlament reichen oder verweigern wird, ganz wie er es verdient.

Dem „*Protest gegen Gerichtsgebühren*“ [law taxes] war größeres Glück beschieden: Die freimütige Aufnahme durch den Minister, dessen Pläne zu kommentieren er sich erlaubte, gewährte ihm alle Aufmerksamkeit; und wenn ich mich recht entsinne, ist es zu den Gebühren, denen die Klage galt, seither nicht gekommen.

Seine Veröffentlichung hierzulande wurde solange zurückgestellt, bis der Vorschlag eines Ersatzes für die beanstandeten Abgaben Form angenommen haben würde; ganz nach dem parlamentarischen Brauch, der es verbietet, einen Einwand gegen eine Steuer ohne einen Vorschlag für eine bessere vorzubringen. Beide Essays schienen nebeneinander keine schlechte Figur zu machen; versprachen sie doch, sich durch den Kontrast zwischen der besten und der schlechtesten aller Einnahmequellen gegenseitig zu beleuchten.

Abschnitt I.
Die Grundidee

In einem früheren Essay[a] habe ich, vorausgesetzt meine dortigen Schlußfolgerungen sind angemessen, aufgezeigt, welche Art von Steuer die *schlechteste* aller existierenden oder möglichen Steuern ist. Ziel des vorliegenden Essays ist es aufzuzeigen, welche Form von Einnahmequelle aufgrund ihres schieren Umfangs als die, wie ich mir schmeichle, absolut *beste* erscheinen darf.

Von welcher Form von Einnahmequelle ist ein Zwanzigstel eine Steuer, eine hohe zumal, während das Ganze keine Steuer wäre und niemanden drücken würde?

Dies klingt nach einer Rätselfrage; doch ist die in ihr enthaltene Behauptung bei allem Anschein von Paradoxie ebenso absolut wahr, wie sie offenkundig paradox erscheint.

Die Antwort lautet: Von einer Erweiterung des bestehenden *Heimfallrechts* – eines Rechts, das so alt ist wie die ersten Elemente der Verfassung und das ich zur Erleichterung seiner Umsetzung um eine gleichzeitige *Einschränkung* statt einer *Ausweitung* der *Testier*freiheit ergänzen würde.

Das Resultat eines in dem vorgeschlagenen Maße erweiterten Heimfallrechts wäre die Inbesitznahme aller herrenlosen Erbschaften – aus welcher Form von Eigentum auch immer sie sich zusammensetzen – zur Nutzung durch die Allgemeinheit, sobald es keine nahen Verwandten gibt, unabhängig davon, ob ein Testament existiert oder nicht, vorbehaltlich allein der Testierfreiheit in der weiter unten eingeschränkten Form.

Unter nahen Verwandten verstehe ich für den Zweck des vorliegenden Vorschlags die Verwandten jener *Grade*, im Hinblick auf die eine Eheschließung *verboten* ist.[1]

---

a „Protest gegen Gerichtsgebühren“ [„Protest against Law-taxes“], gedruckt 1793 und mit dem vorliegenden Essay gemeinsam zum ersten Mal veröffentlicht im Dezember 1795.

1 Das kanonische Recht der Anglikanischen Kirche verbietet die Eheschließung zwischen Blutsverwandten bis zum zweiten Verwandtschaftsgrad, also zwischen Onkeln und Nichten, Tanten und Neffen, nicht aber beispielsweise zwischen Cousins und Cousinen. Außerdem ist die Eheschließung mit ehemaligen Ehepartnern von Verwandten ersten und zweiten Grades sowie mit engen Ver-

Als weitere Erleichterung zur Umsetzung der entsprechenden Gesetze möchte ich im Falle von Verwandten *innerhalb dieser Grenzen,*[b] die nicht nur kinderlos sind, sondern auch *keine Aussicht auf Kinder* haben,[c] vorschlagen – was auch immer der Anteil ist, den sie nach derzeitigem Recht bekämen –, daß sie anstelle dieses Anteils in Form von *Bargeld* nur seine Zinsen bekommen sollten, in Form einer *Jahresrente auf Lebenszeit.*

Es wäre eine zusätzliche Hilfe für die Umsetzung der Maßnahme und würde (sofern man sich auf die Fälle beschränkt, in denen der Erbe aufgrund der Natur des Verhältnisses seine Lebenspläne aller Wahrscheinlichkeit nach nicht auf die Erwartung einer Erbschaft gegründet oder sonstwie eine entschiedene Abhängigkeit von ihr entwickelt hat) wohl kaum, wenn überhaupt, jemanden drücken, wenn der Allgemeinheit auch in solchen Fällen, in denen die verwandtschaftliche Beziehung innerhalb der Grenzen liegt, ein Teil des Erbes zufiele, sagen wir, ein *gleicher* Teil, nicht jedoch das ganze Erbe. Dies könnte bei Onkel und Tante gelten; bei Großmutter und Großvater; und vielleicht, es sei denn, besondere Umstände sprächen dagegen, bei Neffe und Nichte.

Was *Erbregelungs- und Abfindungsverträge* betrifft, so wird für die Personen, auf deren Wohl sie abzielen, mit wenigen oder gar keinen Ausnahmen durch die Vorbehalte zugunsten von Verwandten *innerhalb der Grenzen,* die dieser Plan umfaßt, gesorgt sein.

Um jene Fälle zu berücksichtigen, bei denen ein Besitztum aufgrund eines alten Abfindungsvertrags einem Verwandten außerhalb der *Grenzen* zufallen könnte, schlage ich als zusätzliche Klausel vor, daß immer dann, wenn der Verstorbene bei Volljährigkeit die Erbfolge durch einen einzigen Akt hätte aufheben können, so verfahren wird, als hätte er dies tatsächlich getan, um den Verwandten fernen Grades auszuschließen.

Dies soll für *bereits abgeschlossene* Verträge gelten; was die künftigen betrifft, so wird es noch weniger Mühen bereiten, *deren* Auswirkungen auf jenen Rahmen zu begrenzen, den der Geist des vorgeschlagenen Gesetzes für sie vorsieht.

Im Hinblick auf die Verfassungsgrundlagen ebensosehr wie auf die Chancen, daß diese Maßnahme das Oberhaus passiert, wäre ich zugleich geneigt, die Peers aus ihrem

---

wandten von ehemaligen Ehepartnern untersagt. Die kirchenrechtlichen Vorgaben folgen 3. Mose, 18, sind aber weniger restriktiv. S. „A Table of Kindred and Affinity, wherein whosoever are related are forbidden in Scripture and our Laws to marry together“, in: *Book of Common Prayer,* London 1853, unpaginiert (die letzten beiden Seiten). In seinen „Principles of the Civil Code“ entwickelt Bentham ein rationales Prinzip hinter den Eheverboten zwischen Verwandten: Es soll die Macht gebrochen werden, die Väter, Großväter oder Onkel an Vaters statt über die Töchter der Familie haben. Insgesamt soll die Familie als Schutzraum dienen, der einen Rückzug aus der „turbulence of rivalry“, Eifersucht und „all the fires of love“ ermöglicht. Die Tabelle von Eheverboten, die Bentham aus dieser Überlegung ableitet, ist ähnlich komplex wie die des *Book of Common Prayer* und stimmt mit ihr in den Ergebnissen überein. Bentham, *Theory of Legislation*, Bd. 1, hg. von Charles Milner Atkinson, Oxford 1914, S. 285–292.

b Um mir umständliche Umschreibungen zu sparen, werde ich Verwandte, die ich am Leitfaden dieser oder jeder anderen Definition der *nahen* Verwandtschaft auszuschließen vorschlage, als Verwandte *außerhalb der Grenzen* bezeichnen; und jene, die nach meinem Vorschlag nicht auszuschließen wären, als Verwandte *innerhalb* der Grenzen.

c Etwa für Frauen 48 Jahre; für Männer 60, wenn sie nicht innerhalb der letzten fünf Jahre ein Kind gehabt haben; oder 55, wenn sie mit einer über 48jährigen Frau verheiratet sind.

Anwendungsbereich auszuklammern, wann immer sie sonst zur Folge hätte, daß diesen ein Besitztitel aberkannt würde, der ihnen unter geltendem Recht zuständе.

Was den Spielraum betrifft, den die *Testierfreiheit* behalten sollte, schlage ich vor, ihn auf die *Hälfte* einer jeden Form von Eigentum zu begrenzen, die ihr derzeit unterliegt, und mit den Testamenten aller Personen, an deren Erbschaften der Allgemeinheit hiermit keine Beteiligung eingeräumt wird, Punkt für Punkt so zu verfahren, wie es gegenwärtig geschieht – nicht anders im übrigen als mit den Testamenten aller Personen, an deren Erbschaften der Allgemeinheit eine Beteiligung eingeräumt *wird*, bis zur Höhe jener Beteiligung – so daß der Plan die Rechte der Eltern in keiner Weise beschneidet.[d]

Um dem Plan die ihm gebührende Wirkung zu verschaffen, wird es sich als unumgänglich erweisen, erstens jegliches Eigentum, an dem die Allgemeinheit somit einen Anteil erworben hat, worin auch immer es besteht, in *Bargeld* zu verwandeln: wovon allein Eigentum an Staatsanleihen ausgenommen sein soll, das der Allgemeinheit auf keinem anderen Wege größeren Nutzen verspricht, als wenn sie zuallererst einen entsprechenden Anteil ihrer Verschuldung abbaut; und zweitens, um eine abgekartete Unterbewertung oder auch nur deren Anschein zu verhindern, den Umtausch stets in Form einer *öffentlichen Versteigerung* durchzuführen. Die Gründe für einen solchen Umtausch sind einigermaßen offensichtlich und werden zu gegebener Zeit im Detail dargestellt.

Was sich ebenfalls als nötig erweisen wird, ist, daß in jedem Falle einer unter dem vorgeschlagenen Gesetz erworbenen, wie auch immer gearteten öffentlichen Beteiligung

---

d Viele Autoren (so etwa Blackstone) haben um die Testierfreiheit nicht viel Aufhebens gemacht, und viele andere, die sich nicht im mindesten um einen öffentlichen Nutzen wie den hier in Frage stehenden bekümmern, haben sie gleich ganz abschaffen wollen (so etwa der Verfasser des „Project des Corporis Juris Fridericiani", [Samuel] Cocceji, Großkanzler des verstorbenen preußischen Königs; siehe die Vorrede zu jenem Werk [2 Bde., Halle 1749-51. Der zweite Band tritt unter dem Mantel einer naturrechtlichen Abhandlung für weitgehende Reformen des Erbrechts ein.]). Statt mich auf eine Diskussion einzulassen, die nichts zu unserem Zweck beiträgt, wird an dieser Stelle die Bemerkung ausreichen, daß es nicht nur die Rücksicht auf althergebrachte Privilegien und Gepflogenheiten, sondern auch der Erfolg des hier vorgeschlagenen Systems – obwohl es in so großem Ausmaß zu Lasten des fraglichen Rechts geht – womöglich nahelegen, diesem Recht erhebliche Befugnisse zu belassen. Räumte man einem Menschen überhaupt keine Befugnisse in bezug auf das Eigentum ein, das er hinterläßt, so wäre es ihm wohl in vielen Fällen von vornherein egal, ob er es überhaupt erwirbt, oder er würde es verbrauchen, sobald er es erworben hat, oder in gefälligere Gefilde überführen, wo man die Interessen der Gemeinschaft besser verstünde und den Gefühlen des einzelnen mehr Respekt entgegenbrächte; und so würde in Wirklichkeit der Eigentumswert insgesamt erheblich gemindert.

So viel zu der Frage, ob man dieses Recht gänzlich abschaffen soll. Sollte aber jemand in der Frage, ob man es in der hier vorgeschlagenen Weise schmälern soll, einwenden, dies bedeute eine übermäßige Härte, so möge man sich vor Augen führen, daß die hier im allgemeinen vorgeschlagene Beschneidung von Eigentumsrechten deutlich weniger als die Hälfte der Einschränkungen ausmacht, welche Eheverträge jener Klasse von Eigentümern auferlegen, die man hinsichtlich ihres Eigentums am meisten beneidet – der Aristokratie und den Landeigentümern. Nichts an diesem Plan hindert einen Mann daran, seinen Besitz zu *belasten* – seine *Natur* so oft *zu verändern*, wie es ihm beliebt – einen Teil desselben zu verbessern, indem er einen anderen verkauft oder belastet – oder ihn zu Lebzeiten *wegzugeben* oder *auszugeben*.

an irgendeinem Erbe dieses in seiner Gänze unverzüglich in den Besitz und die Verwaltung des Vertreters der Allgemeinheit, *d. h.* des Kronbeamten übergehen soll – nicht anders, als es Konkursverwalter mit dem gesamten Eigentum, also dem *unbeweglichen* und dem *beweglichen* Vermögen zusammengenommen halten,[2] oder als es Nachlaßverwalter und Testamentsvollstrecker mit dem beweglichen Vermögen tun; ganz zu schweigen von dem *unbeweglichen* in jenen Fällen, wo eine Bestimmung des Testaments seine Veräußerung verfügt.

Über die verschiedenen bislang vorgeschlagenen Zusatzbestimmungen läßt sich feststellen, daß sie zwar allesamt ertragssteigernd wirken und insofern zumindest auch die *Nützlichkeit* der Maßnahme erhöhen, keine von ihnen jedoch so unverzichtbar *notwendig* für deren Einführung ist, als daß man sie nicht streichen oder modifizieren oder sogar durch weitere Bestimmungen ergänzen und den Plan gleichwohl in seinen Grundzügen umsetzen könnte – ohne daß sein Grundgedanke Schaden nähme.

Es mag zur Zufriedenheit gereichen, bereits in diesem frühen Stadium der Untersuchung die Prinzipien zu sehen, mit denen sich der *Umfang* umreißen und begrenzen läßt, der dieser Einnahmequelle schicklicherweise beigemessen werden kann. Hierzu möchte ich die folgenden Behauptungen aufstellen: –

I. In welchem Ausmaß jemand nach den herkömmlichen Begriffen von *Schicklichkeit* auch immer zum Zwecke der *Vererbung* über sein Vermögen verfügen kann – anders gesagt, in welchem Maße auch immer jemand über sein Vermögen verfügen kann, ohne daß diejenigen, auf die sein anderweitig vermachter Besitz sonst übergegangen wäre, ihn unbotmäßiger *Härte* zeihen würden: genau in diesem Maße darf das Gesetz zum Nutzen der Allgemeinheit ein für allemal über seinen Besitz verfügen, ohne daß irgend jemand es unbotmäßiger *Härte* zeihen könnte – ohne daß man sagen könnte, es habe irgend jemandem *geschadet* – und folglich ohne Skrupel; und dies, obwohl das so aufgebrachte Geld andernfalls *nicht* in Form von Steuern hätte aufgebracht werden müssen.[e]

---

2 Rechtstechnisch unterscheidet das Common Law zwei Typen von Heimfallrecht als Prärogative der Krone, *bona vacantia* und *escheat*. *Bona vacantia* beziehen sich auf bewegliche Güter und Erbpachtverhältnisse; zu ihnen gehört auch der gewohnheitsrechtliche Anspruch der britischen Krone auf alle unmarkierten weißen Schwäne Englands. *Escheat* bezieht sich nur auf Grundbesitz. Erhellend hierzu: Volker Blase, *Das Heimfallrecht der englischen Krone*, Diss. Münster 1965.

e Überließe ich, ohne von meinen *Kindern* geärgert worden zu sein, Fremden oder bloßen Seitenverwandten einen gleich großen Anteil meines Vermögens, dann empfänden meine Kinder dies als verletzend, Dritte würden sie für verletzt halten, und mein Verhalten ihnen gegenüber würde allgemein als grausam und unnatürlich angesehen. Tatsächlich gestehen wir einem Menschen zu, in hohem Maße selbst über sein Vermögen zu verfügen, was eines seiner Kinder im Verhältnis zu einem anderen betrifft, jedoch nur in sehr geringem Maße, was seine Kinder insgesamt im Verhältnis zu Seitenlinien oder Fremden betrifft.

Und wie sieht es im Hinblick auf Neffen und Nichten aus? Unterstellen wir ihn diesen gegenüber denselben Beschränkungen? – Nicht im geringsten. Sollte es jemandem gefallen, ihnen alles zu geben, so mag er dies tun, da sie ja seine nächsten Verwandten sind, und niemand wird dies unstatthaft finden; sollte es ihm aber gefallen, ihnen eine Reihe persönlicher Freunde oder eine öffentliche Einrichtung vorzuziehen – sagen wir, in bezug auf die Hälfte, solange er ihnen nur die andere Hälfte gibt, so würde man von ihnen kaum sagen, daß sie schlecht behandelt worden seien. Hätte er

II. Jede darüber hinausgehende Verfügungsgewalt, die auf diese Weise zum öffentlichen Nutzen ausgeübt werden könnte und deren Ausübung – auch wenn sie nicht völlig gegen die Unterstellung gefeit wäre, sie könnte als hart empfunden werden – zugleich eine *geringere* Härte bedeuten würde als noch die geringste Steuer, die man an ihre Stelle setzen könnte, sollte, sofern man nur die Öffentlichkeit hinreichend mit ihr anfreunden kann, jedweder neuen Steuer vorgezogen werden.

III. Eine auf diese Weise zugunsten des Staatssäckels ausgeübte Verfügungsgewalt würde dann den Ermessensspielraum der ersten Regel übersteigen und den Eindruck einer Härte hervorrufen, wenn sie so weit ginge, in irgendeinem Maße eine der folgenden Auswirkungen nach sich zu ziehen, nämlich:

1. Wenn sie den Mitbesitz schmälern würde, der üblicherweise den *natürlichen* und zwangsläufigen Nachkommen eines Menschen, wie etwa Kindern und Nachkommen an Kindes statt, zusteht.

2. Wenn sie einen Menschen um die Möglichkeit brächte, auch nach seinem Tode noch eine Unterstützung zu leisten, die er anderweitigen *Verwandten* zukommen zu lassen pflegte, deren Anspruch auf eine solche Unterstützung und deren Abhängigkeit von ihr aus Gründen der verwandtschaftlichen Nähe zu stark in der menschlichen Natur und in der öffentlichen Meinung verwurzelt sind, als daß sie von gesetzlichen Vorkehrungen aufgehoben werden könnten.

3. Wenn sie dadurch, daß sie verhindert, einem Angehörigen der Elterngeneration beim Tode eines jüngeren Angehörigen eine adäquate Entschädigung für die notwendige Unterstützung in Form von *Pflege und Nahrung* zukommen zu lassen, drohen würde, der weiten Verbreitung einer so nützlichen Form natürlicher Güte Abbruch zu tun, indem sie den Anreiz dafür verringert.

4. Wenn sie einen Menschen um die Möglichkeit brächte, eine angemessene *Belohnung für verdienstvolle Gefälligkeiten* zu gewähren, welcher Art auch immer diese waren und von wem auch immer sie erwiesen wurden, womit sie die allgemeine Neigung der Menschen schwächen würde, derartige Gefälligkeiten zu erweisen.

5. Die Auswirkungen einer solchen Ausweitung der vorgeschlagenen Verfügungsgewalt wären durchweg nachteilig, wenn das, was auf der einen Seite durch die Vergrößerung des Anteils, der dem Zugriff des Staates unterliegt, auf Kosten der Testierfreiheit gewonnen würde, auf der anderen Seite verlorenginge, weil sich die Gesamtheit des Eigentums im Lande durch die Verringerung der Anreize, Eigentum anzuhäufen statt es zu verausgaben, in entsprechendem Maße verringern würde.

6. Auf die öffentliche Meinung muß in diesem wie in jedem anderen Fall angemessen Rücksicht genommen werden. In diesem wie in jedem anderen Fall kann ein Gesetz, wie gut auch immer es für sich betrachtet ist (vorausgesetzt natürlich, es wird beschlossen),

---

tatsächlich gar keine Verfügung über sein Vermögen getroffen – hätte er diesbezüglich einfach dem Gesetz freien Lauf gelassen, dann hätten sie zugegebenermaßen alles bekommen. Aber warum? Doch nur, weil irgend jemand es ja bekommen muß, und da sie ihm am nächsten stehen, gibt es niemanden sonst, der es beanspruchen könnte. Zu Brüdern und Schwestern, Vätern und Müttern, Onkeln und Tanten, Großvätern und Großmüttern möchte ich mich hier nicht äußern, um mich nicht zu sehr in Details zu verstricken.

aus Mangel an Popularität beliebig schlecht werden: wenn es zu plötzlich und direkt gegen Meinungen und Vorlieben verstößt, in denen die Menschheit befangen ist.

Soviel zu den Regeln, die uns dabei anleiten können, den möglichen Umfang der vorgeschlagenen Einnahmequelle zu bestimmen. Man sollte meinen, daß man zumindest für den Moment auf sie bauen kann, so selbstverständlich sind sie. Ihre Anwendung auf die Praxis, ihre Anwendung auf die verschiedenen Arten und Grade von Verwandtschaft und auf die diversen Umstände und Bedürfnisse der Familien ist eine Detailfrage, die uns zu gegebener Zeit beschäftigen wird.

Abschnitt II.
Reihenfolge der zu behandelnden Details

Den Faden dieses Vorschlags weiter spinnend, möchte ich wie folgt verfahren: –

1. Einen kurzen Überblick über die *Vorteile* oder günstigen Eigenschaften geben, die eine Umsetzung der Maßnahme durch die Regierung zu empfehlen scheinen.
2. Aufzeigen, wie sehr sie sich in Wirklichkeit von jedweder Steuer auf Erbschaften in der *Seitenlinie*, die bislang eingeführt oder vorgeschlagen wurde, *unterscheidet* und wie sehr der Unterschied zu ihren Gunsten spricht.
3. Das wahrscheinliche Ausmaß des *Ertrags*, den sie erwarten läßt, so genau abschätzen, wie ich es vermag.
4. Ich werde einige Bemerkungen bezüglich der vorteilhaftesten *Verwendung* jenes Ertrags anfügen.

Weiter ins Detail gehend,[f]

5. Werde ich ein genaueres Bild jener *Regelungen* geben, die einzuführen angemessen scheint, um die zuvor vorgestellten Prinzipien in der Praxis anzuwenden.
6. Werde ich versuchen, eine *offizielle Einrichtung* zum *Eintreiben* des Ertrags zu skizzieren.
7. Werde ich die Maßnahme im Hinblick auf jene Fälle erörtern, bei denen die Interessen der Angehörigen gänzlich *fremder* Nationen oder der britischen *gleichgestellter* oder *untergebener* Nationen betroffen sind.
8. Werde ich sie im Hinblick auf jene Fälle erörtern, in denen das fragliche *Eigentum* sich *außerhalb* der Zuständigkeit der Gesetze Großbritanniens *befindet*.
9. Werde ich mich am groben Umriß eines *Plans* zum *Eintreiben* des Ertrags versuchen und in diesem Zusammenhang Gelegenheit haben, auf die Unterschiede einzugehen, die durch die *Natur* des *Eigentums* nahegelegt werden, das von Fall zu Fall einzu-

f Die zu den folgenden Punkten gehörenden Aspekte sind nicht vollständig in der vorliegenden Publikation enthalten. Keiner dieser Aspekte wurde dem Adressaten unterbreitet, da das Interesse daran davon abhängt, ob man das Prinzip der Maßnahme gutheißt oder ablehnt; auch ist nie daran gedacht geworden, sie in detaillierterer Form auszuarbeiten, als sie sich im folgenden finden. – *Fußnote hinzugefügt im Dezember 1795.*

treiben ist: auf die Mittel, sich gegen *Verheimlichungen von Vermögenswerten* und andere *Betrügereien* abzusichern, denen das Eigentum in seinen verschiedenen Formen seitens jener Personen ausgesetzt sein kann, deren Interessen oder Neigungen in dieser Frage vielleicht mit dem öffentlichen Interesse über Kreuz liegen; genauso wie gegen solche Formen von *Machtmißbrauch* und *schlechter Verwaltung*, deren die mit dieser Angelegenheit befaßten Staatsdiener je nach ihrer persönlichen Situation schuldig zu werden versucht sein könnten.

In einer Art Anhang, dessen Lektüre sich all jene sparen können, die von dem Prinzip dieser Art von Staatshaushalt bereits überzeugt sind,

10. Werde ich die vorgeschlagene Institution gegen jeden *Einwand* verteidigen, von dem ich mir nur irgend vorzustellen vermag, daß er sich stellen könnte.[g]
11. Werde ich zeigen, daß nach *Meinung* unserer angesehensten Autoren ein Ermessenspielraum gewährleistet ist, der weit über das hinausgeht, was hier anzunehmen vorgeschlagen wird.
12. Daß dieser ebenfalls durch *Präzedenzfälle*, d. h. die Rechtslage hierzulande von den Uranfängen der Verfassung bis zur heutigen Zeit gewährleistet ist.
13. Zuletzt werde ich in Form einer Ergänzung zur Widerlegung der verschiedenen vorstellbaren Einwände gegen die vorgeschlagene Maßnahme versuchen, eine umfassende Vorstellung der verschiedenen – unmittelbaren wie ferneren – *Folgen* zu vermitteln, deren Eintreten auch nur im geringsten wahrscheinlich zu sein scheint und die ich unter jedem vorstellbaren Gesichtspunkt erörtern werde.

Abschnitt III.
Vorteile

Man kann die vorteilhaften Eigenschaften der vorgeschlagenen Einnahmequelle auf die folgenden Nenner bringen, nämlich –

1. Daß sie unbeschwerlich ist.
2. Daß sie dazu beitragen wird, eine erhebliche Quelle von Rechtsstreitigkeiten zu beseitigen.
3. Daß sie Eheschließungen begünstigt.
4. Daß sie aus diesem Grund beim Volk beliebt sein dürfte.

---

g Die stichpunktartigen Einwände wurden zusammen mit Erwiderungen in Form einer Tabelle unterbreitet und bilden nun, wortwörtlich abgedruckt, den Inhalt eines der folgenden Abschnitte. – *Fußnote hinzugefügt im Dezember 1795.* [Eine ausführlichere Liste von Einwänden und Gegeneinwänden als im folgenden erörtert (s. u. Abschnitt VII) findet sich im Anhang von „Supply without Burthen“, in W. Stark (Hg.), *Jeremy Bentham's Economic Writings*, 1. Bd., London 1951, S. 318-355. Für Einwand V zu naturrechtlichen Vorbehalten gegenüber einem reformierten Heimfallrecht vgl. in diesem Band S. 193–197.]

Ihre *Unbeschwerlichkeit*, ihr großer und überragender Vorteil, ist keine bloße Mutmaßung, sondern durch Erfahrung bestätigt und, wie wir sehen werden, von den unbestreitbarsten Grundlagen der menschlichen Natur untermauert – von der grundlegenden Verfassung der menschlichen Gefühle.

1. Die *Erfahrung* bestätigt sie. Nach dem Ableben meines Onkels, dessen Kinder vor mir auf die Welt kamen, spricht das Gesetz seinen Kindern alles und mir nichts zu. Macht es mir etwas aus, daß ich mich derart ausgeschlossen sehe? Rein gar nichts – nicht mehr als der Gedanke, daß ich jenen Fremden nicht beerbe, der gerade im Leichenwagen an mir vorbeigefahren wird.

Sollte es mir dann etwas ausmachen, wenn ich im voraus wüßte, daß das Eigentum meines Onkels nicht an seine Kinder geht, sondern an die Allgemeinheit? Wenigstens was meine persönlichen Gefühle angeht, nein. Das Mitgefühl für meine Cousins und Cousinen, sollten diese mittellos bleiben, ist eine andere Angelegenheit.

Ich lebe unter englischem Recht und sehe mich von einer Erbfolge ausgeschlossen, an der ich Anteil hätte, lebte ich unter spanischem Recht. Macht es mir etwas aus, wenn ich dies erfahre? Rein gar nichts: nicht mehr als der Gedanke, daß ich nicht König von Spanien bin. Würde aber das englische Recht in diesem Punkt entsprechend der vorgeschlagenen Maßnahme geändert, dann bedeutete mir das jetzt bestehende Recht nicht mehr als das spanische.

Mein Vater bekommt ein Amt: Nach seinem Hinscheiden fällt das Amt an den Kandidaten des Königs, von welchem er es erhalten hatte, und nicht an mich. Betrachte ich den Nachfolger als Eindringling? – Empfinde ich es als ungebührliche Härte, daß er das Amt übernimmt? Nicht mehr als die Thronfolge, die dem König statt meiner zur Krone verhalf.

Unter dem *bestehenden* Heimfallrecht fällt Grundbesitz bereits an die Krone, wenn sich partout kein Erbe findet. Empfindet dies *irgend jemand* als Härte? Wenn ja, dann wäre es eine grausame Härte, denn *jedermann* würde sie empfinden.[h] Man erweitere dieses Rechtsgebiet im vorgeschlagenen Umfang, wahre stets die oben umrissenen Grenzen, und es wird auch dann noch so unbeschwerlich sein, wie es jetzt ist.

So verhält es sich mit der Unbeschwerlichkeit der Einnahmequelle, wie die Erfahrung lehrt. Wovon hängt eine so einzigartige Eigenschaft ab? Von einem höchst simplen und unbestreitbaren Prinzip der menschlichen Natur – dem Gefühl der *Erwartung*. Was bekommen oder nicht bekommen, behalten oder nicht behalten betrifft, so gibt es hier keine Härte ohne vorherige Erwartung. Eine *Enttäuschung* ist eine Erwartung, die sich nicht erfüllt hat; und in Fragen der Eigentumsverteilung gibt es kein Gefühl der Härte, das nicht mit einer entsprechenden Enttäuschung einherginge. Die Erwartung aber folgt mit unbeirrbarer Unterwürfigkeit dem Fingerzeig des Gesetzes, solange man den Men-

h Ich schließe aus dieser Annahme den Fall aus, daß ein Vater, ein Großvater oder ein halbbürtiger Verwandter zurückbleibt und der Nachlaß dem Staat zu ihrem Schaden anheimfällt. Dies sind höchst reale Härtefälle; aber sie sind es unter dem bestehenden Recht, wurden versehentlich in es aufgenommen und würden, wenn es nach mir ginge, in der vorgeschlagenen erweiterten Form nicht beibehalten. Soviel muß eingeräumt werden: Sie zu beseitigen, ist eine Frage für sich, die mit der hier behandelten Maßnahme in keinem notwendigen Zusammenhang steht.

schen das Gesetz nur recht vor Augen hält. Von physischer Not durch Mangel einmal abgesehen, warum sollte es mir etwas ausmachen, wenn man mir das Eigentum, das ich *meines* nenne und gewohnt bin, als meines anzusehen, wegnimmt? Aus diesem und keinem anderen Grund: weil ich *davon ausging*, daß es meines bleiben würde. Hätte das Gesetz von vornherein festgelegt, daß das Eigentum, welches ich als meines behandle, ab heute nicht mehr meines wäre, dann hätte ich nicht mehr *erwartet*, es weiterhin als meines behandeln zu dürfen: Aufzuhören, es zu besitzen, aufzuhören, es als meines zu behandeln, wäre keine *Enttäuschung*, keine Härte, kein Verlust für mich. Aus welchem Grund denn leide ich nicht an dem Gedanken, daß mein Nachbar sich seines Eigentums erfreut – und nicht ich? Weil ich nie *davon ausging*, sein Eigentum meines zu nennen. Kurz gesagt, verhält es sich mit Eigentum im allgemeinen und Erbschaften im besonderen also wie folgt: *Härte* hängt von *Enttäuschung* ab; *Enttäuschung* von *Erwartung*; *Erwartung* von den Regelungen, genauer den *bekannten* Regelungen des Gesetzes.

Das Rätsel beginnt sich zu lösen: Man nehme einen Teil weg, und ein Gefühl der Last bleibt; man nehme alles weg, und kein derartiges Gefühl wird hervorgerufen: Die Wirkung eines Teils ist größer als die Wirkung eines Ganzen; das alte griechische Paradox ist bestätigt, der Teil ist größer als das Ganze. Man lasse eine gewisse Menge Eigentum, an dem ein Mann Interesse hat, *in seine Hände fallen*, und seine Erwartung, seine Vorstellungskraft, mindestens seine Aufmerksamkeit wird sich auf das Ganze richten. Man nehme ihm anschließend einen Teil, und zwar jenen Teil und keinen anderen, von dem er zu dem Zeitpunkt, als er wußte, daß das Ganze in seine Hände fallen würde, wußte, daß er ihn würde aufgeben müssen: So wird trotzdem, wenn es an der Zeit ist, ihn aufzugeben, der Verzicht unweigerlich ein gewisses Gefühl des Verlusts hervorrufen – ein Gefühl, welches zweifellos mehr oder weniger scharf empfunden wird, je nachdem, wie hartnäckig der Betroffene ist. *Ach, warum gehörte nicht auch das mir? Ach, warum muß ich darauf verzichten? Gibt es denn gar keine Möglichkeit, es zu behalten? Nun, ich will jedenfalls versuchen, es so lange zu behalten, wie ich kann, und vielleicht ist das Glück mir ja hold.* Und nun nehmen wir ihm – aber ich sollte nicht *nehmen* sagen, sondern: nun *enthalten* wir ihm das Ganze *vor*, und zwar so, daß er zu keiner Zeit erwarten durfte, es zu erhalten. Jedwede Härte, jedwedes Leid ist ausgeschlossen: Wäre er nun leidgeprüft, dann wäre er fürwahr leidgeprüft, denn er wäre leidgeprüft durch jedes Atom von Eigentum, das irgend jemand irgendwo auf der Welt besitzt, er wäre so elend dran, wie die Welt groß ist.[i]

---

i *Besser nichts haben als einen Teil haben* (sagt da ein Kritiker)*? Wie kann das sein? Kann der Mann das nicht am besten selbst beurteilen? Fragen wir ihn doch, was besser für ihn ist – ein Anteil oder kein Anteil?* Meine Antwort hierauf ist: Die Frage verfehlt ihr Ziel. Der Kritiker geht davon aus, daß die Aufmerksamkeit des Mannes von vornherein auf den Gegenstand gerichtet ist: – Der Kritiker hat seine Erwartung angestachelt und ihn vor die Alternative von *etwas* oder *nichts* gestellt, und dann kann natürlich die Antwort des Mannes nicht anders ausfallen, als der Kritiker unterstellt. Gar nichts abzubekommen, wäre nunmehr eine Enttäuschung. Es wird sogar eine Enttäuschung sein, wenn der Anteil, den er bekommt, geringer ausfällt als erhofft; und die Enttäuschung wird nicht geringer, sondern größer ausfallen, wenn er gar keinen Anteil erhält. Wohl wahr; aber all dies hängt von der *Alternative* ab, und entsprechend gibt es in dem Fall, von dem der Kritiker ausgeht, eine

Bei einer Erbschaftssteuer wird ein Mann überhaupt erst dazu gebracht, das Gesamte in einem allgemeinen Sinne als seines zu betrachten, und dann fordert man ihn auf, einen Teil davon abzugeben. Sein Anteil beläuft sich auf so und so viel – diesen Anteil soll er *haben*; nur muß er davon so und so viel *Prozent* zahlen. Seine Vorstellungskraft umschließt also zuerst einmal das *Ganze*, seine Erwartung richtet sich auf das Ganze. Dann kommt das Gesetz und erhebt Anspruch auf seinen *Teil* und zwingt ihn, seinen Griff zu lockern. Dies ist unweigerlich schmerzhaft für ihn: Wäre es anders, dann wäre keine Steuer, nicht einmal eine Eigentumssteuer, eine Last für ihn; und weder Grundsteuer noch Armensteuer könnten je zu hoch sein.[j]

Nun läßt sich die Nützlichkeit der in dem Vorschlag vorgesehenen Maßnahme, das Ganze zunächst einem Vertreter der Allgemeinheit, dem Kronbeamten, zu überschreiben, unabhängig davon, ob der Allgemeinheit letztlich das Ganze oder nur ein Teil zugesprochen wird, in vollem Umfang erkennen. Diese Vorkehrung ist nicht mehr der *Umsicht* geschuldet, die der Allgemeinheit zugute kommt, als der *Feinfühligkeit*, die dem einzelnen zugute kommt. Hätte man ihm erlaubt, *seine Hände auf das Ganze zu legen* und ihn später oder im selben Moment aufgefordert, einen *Teil* davon aufzugeben, dann hätte sich seine Aufmerksamkeit unvermeidlich auf das Ganze gerichtet; und jenen Teil aufzugeben, hätte ein Gefühl hervorgerufen, das vielleicht schwächer, aber doch von der Art der Empfindung eines unerwarteten *Verlusts* wäre: Da er hingegen dem Vorschlag zufolge nichts *bekommt*, was er nicht *behält*, wird kein derartig unangenehmes Gefühl hervorgerufen.

Der Fall, in dem ein Individuum auf dem Wege der *Erbschaftsteilung* etwas zugunsten der Allgemeinheit abzugeben hat, ist in dieser Hinsicht zwischen dem Fall, in dem die Allgemeinheit erst einmal alles bekommt, und jenem, in dem ihm ein Teil in Form einer *Steuer* abgenommen wird, angesiedelt. Ob das Individuum nach dem Teilungsplan irgendeinen Verlust empfindet, hängt zum einen davon ab, auf welche Art der Anteil *bemessen* wird – zum anderen von der *Quote*, die das Gesetz verlangt – und nicht zuletzt vom Charakter und Gemüt des Betreffenden. Was die *Art der Bemessung* betrifft, besteht das ganze Geheimnis darin, den Amtsträger und nicht den Betreffenden *bemessen* zu lassen – die Gründe haben wir bereits kennengelernt. Was die Quote angeht – so gilt, um auf das Paradoxon zurückzukommen: je größer der Anteil der Allgemeinheit, desto besser – sogar, was die Gefühle unseres Mannes angeht; denn je größer der Anteil ist, desto deutlicher wird er als Ausdruck einer *staatlichen* Regelung von Erbangelegenheiten erscheinen; und je geringer er ist, desto greifbarer wird der Anstrich eines *fiskalischen* Zwangs –

Alternative, während es in dem Fall, von dem ich ausgehe, *keine* Alternative gibt. Wenn einem Mann in England ein Nachlaß ganz und gar verwehrt ist, so wird er ihn keines Blickes würdigen: – Warum sollte er auch? Er ist so wenig eine Alternative für ihn wie das spanische Königreich.

j Man mache das Experiment mit einem hungrigen Kind: Man gebe ihm einen kleinen Kuchen und sage ihm, nachdem es ihn bekommen hat, oder vielleicht noch davor, daß es einen Teil des Kuchens zurückgeben muß. Ein andermal gebe man dem Kind einen ganzen Kuchen von der Größe dessen, was ihm von dem anderen geblieben wäre, keinen Krümel mehr, und lasse dem Kind diesen Kuchen ungeschmälert: – Besteht irgendein Zweifel daran, welcher Kuchen ihm das reinste Vergnügen bietet?

desto mehr wird er sich, in einem Wort, wie eine *Steuer* anfühlen. Je mehr unter der Bezeichnung Steuer eingezogen wird, desto schwerer wiegt die Last dieser Maßnahme, wie jedermann weiß. Und zugleich gilt: Solange dem einzelnen ein ebenso großer oder minimal größerer Anteil bleibt, wird die Maßnahme um so weniger als belastend empfunden, je mehr für die Allgemeinheit unter der Bezeichnung einer *Erbschaftsteilung* eingesammelt wird, weil sie um so weniger als Steuer empfunden wird. Die römische Steuer von *fünf Prozent* auf Erbschaften in Seitenlinien galt als schwere Belastung; eine Steuer von *fünfzig Prozent*, unter der Bezeichnung Steuer erhoben, wäre unerträglich gewesen. Doch man verabschiede statt der Steuer ein Erbschaftsgesetz, das der Allgemeinheit bei bestimmten Erbschaften *fünfzig Prozent* zuspricht, und die Belastung ist kaum noch spürbar; man verabschiede ein Erbschaftsgesetz, das der Allgemeinheit alles zuspricht, und die Belastung löst sich in Luft auf. Grenzenlos herrscht die Vorstellungskraft über die Gefühle, und der Einfluß von Bezeichnungen auf die Vorstellungskraft ist wohlbekannt. Ohne sie eines Blickes zu würdigen, fügen sich die Menschen unter einer Bezeichnung manchen Dingen, die sie unter einer anderen Bezeichnung zur Weißglut brächten. Der großen Mehrheit des Volkes wird durch Gerichtsgebühren jede Gerechtigkeit vorenthalten, und die blinde Menge leidet's, ohne zu murren. Würde die gleichmäßige Ausübung von Gerechtigkeit ausdrücklich verboten, bei Androhung einer Strafe von einem Zehntel der Gerichtsgebühren, dann würde das Parlament in die Luft gejagt oder ins Irrenhaus gesteckt.

Wäre es dann nicht im ganzen gesehen besser, wenn die Allgemeinheit *alles* bekäme und keinem Verwandten einen Anteil ließe? Sicherlich nicht in jedem Fall: Das Recht ist mächtig in diesem Zusammenhang, aber selbst in *diesem* Zusammenhang nicht allmächtig. Es kann die *Erwartung* vollkommen steuern, immer nur insoweit allerdings, als es sich den Menschen zu Bewußtsein bringt; doch ist die Beeinflussung der Erwartung nicht alles. Es mag verhindern, daß ich *enttäuscht* bin, keinen Bissen Brot zu haben; wenn es mich aber hungern läßt, indem es verhindert, daß ich einen Bissen Brot habe, wird es nicht verhindern, daß ich darunter leide, hungern zu müssen. Es kann mir auf diesem Wege eine *ideelle Härte* ersparen, nicht aber körperliches Leid. Es kann mir die Enttäuschung darüber ersparen, gar nicht erst in den Genuß einer Sache zu *kommen*, aber es kann mir nicht die Enttäuschung ersparen, etwas nicht *weiterhin* genießen zu können, das mir bereits zur Gewohnheit geworden ist. Daher die Notwendigkeit, die Regeln *vorbeugender Feinfühligkeit* zu beachten, die oben dargelegt wurden.

Noch in einer anderen Hinsicht zeichnet sich diese Form von Staatshaushalt durch ihre Unbeschwerlichkeit aus: nämlich im Hinblick auf die Art und Weise, wie die Mittel *eingetrieben* werden. In vielen Fällen ist die zusätzliche Belastung, die aus dieser Quelle erwächst, so groß, daß sie der Hauptbelastung als unmittelbarer Folge des Steuerwesens an realem Gewicht fast gleichkommt und sie an vermeintlichem Gewicht sogar noch übertrifft. Dies ist am deutlichsten bei *Zöllen* und *Verbrauchssteuern* der Fall – jenen Bereichen des Steuerwesens, die bei weitem den größten Teil der Staatseinnahmen ausmachen. Der Beamte, der die Verbrauchssteuern erhebt, ist überall nur Gast, wohin er auch kommt; und zwar der unwillkommenste Gast, der sich denken läßt. Der Fiskal, der das Heimfallgut einzieht, kann nirgendwo hinkommen, wo er nicht *zu Hause* wäre – in keine Wohnung, kein Gebäude, nicht einmal auf einen Streifen Land, der nicht seinem

Zwecke diente – der nicht *ihm* gehörte statt irgendeinem *Individuum*. Keine Mißgunst – keine Kollision von Rechten – keine Teilbesitznahmen, die Eigentümern auf Kosten ihres Wohlergehens und ihrer Unabhängigkeit abgepreßt würden. Die Verbrauchssteuer ist nicht nur die produktivste Form von Staatseinnahme, sondern auch diejenige, die sich am ehesten ausweiten läßt und die daher auch am ehesten ausgeweitet wird. Neben ihren sonstigen Vorzügen ist es gewiß kein geringer Verdienst der vorgeschlagenen Quelle zur Staatsfinanzierung, daß sie in dem Maße, wie sie ausgeweitet wird, der Ausweitung der Verbrauchssteuer Einhalt gebietet.

2. Die folgenden Vorzüge sind von minderem Gewicht. Der Vorteil, auf diese Weise Rechtsstreitigkeiten einen Riegel vorzuschieben, indem ihnen die Nahrung entzogen wird, ist gleichwohl nicht zu verachten. Im Trüben von *Rechtsstreitigkeiten* zu fischen, um das Eigentum eines fernen oder mutmaßlichen Verwandten ganz oder zum Teil zu ergattern, ist eine der verführerischsten und zugleich gefährlichsten Beschäftigungen, die einen Abenteuerlustigen in die Lotterie des Gerichtswesens hineinlocken kann. Sie gleicht der Suche nach einer Goldmine – einer Suche, bei der das Eigentum des Abenteurers allzuoft weggeschmolzen ist, bevor das kostbare Erz geborgen wird. Prozesse dieser Art sind in Westminster Hall alles andere als selten; bei dem berühmten *Selby*-Prozeß etwa ging es um ein Vermächtnis, das nominell auf Angehörige, in Wirklichkeit aber auf den Berufsstand lautete. Mit der hier vorgeschlagenen Maßnahme würde dieser Quell von Rechtshändeln wirksam trockengelegt.

Ein Posten, der sich der Summe der Vorteile zwanglos hinzuschlagen läßt, ist die Begünstigung der *Ehe* und insbesondere der *fruchtbaren Ehe* – jener Art Ehe also, die mit den besten Gründen Anspruch auf die Gunst des Gesetzgebers erheben darf.

Daß sich das in Rede stehende System günstig auf die Ehe und besonders die fruchtbare Ehe auswirken würde, dürfte kaum bestritten werden. Es schmälert die Verfügungsgewalt von Familienvätern und -müttern nicht, sondern privilegiert und bevorzugt diese gegenüber nichtverheirateten Personen beiderlei Geschlechts. In der Stube desjenigen, dessen Ehe den Zweck der Ehe erfüllt hat, ist kein Platz für den Fuß des Finanzbeamten. Sein Testament wird in allen Punkten befolgt; was immer er vermacht – wem immer er es vermacht – dem eigenen Nachwuchs, Verwandten oder Fremden –, ohne Abzüge wird es ausgehändigt. Jegliche Einschränkung, die das System auferlegt, geschieht zu Lasten der Junggesellen und Ledigen. Wäre die Bezeichnung *Steuer* nicht so unangemessen, dann wäre es eine *Steuer* auf *Ehelosigkeit*.[k]

Ein weniger fragwürdiger Vorzug besteht in der Popularität, die jede Maßnahme des oben erwähnten Anstrichs genießen dürfte; denn Popularität – auf wie dünnem Eise auch immer – muß zugegebenermaßen stets zu den Vorteilen einer Maßnahme gezählt

---

k Meiner eigenen Einschätzung nach stellt sich der Gewinn, der aus jedweder *positiven* Ermutigung zur Ehe erwachsen mag, eingestandenermaßen in einem höchst fragwürdigen Lichte dar; doch haben die Gründe für diese Auffassung mit dem gegenwärtigen Thema nichts zu tun und werden folglich besser ausgespart. Ich sage *positive* Ermutigung, denn was die negative Form von Ermutigung betrifft, die überall dort, wo sich chronische Hindernisse politischer Natur nachweisen lassen, durch eine Beseitigung dieser Hindernisse gewährt werden mag, so steht ihre Nützlichkeit auf einem ganz anderen Blatt.

werden. Die Zufriedenheit auf seiten eines Volkes – diese Zufriedenheit ist, solange sie währt, ein echtes Gut – solange sie währt, denn ihr Anspruch auf diese Bezeichnung ist ganz unabhängig von der Quelle, aus der sie fließt. Sollte die Nützlichkeit der Maßnahme tatsächlich illusorisch sein, dann ist es, wenn die Illusion zerstört wird, mit dem Vorzug vorbei; doch ist der Vorzug, solange er währt, darum nicht weniger *real*. Glücklicherweise ist der Vorteil im gegenwärtigen Fall nicht nur *real*, sondern auch *rein*. Sollte die vorgeschlagene Maßnahme hinsichtlich der Ermunterung zur Ehe in Wirklichkeit keine großen Dienste über das hinaus tun, was man sich nun einmal von ihr versprochen hat, so kann man sich des Vergnügens, sie aus diesem Grunde populär zu sehen, um so vorbehaltloser erfreuen, als aus dem Irrtum, wenn es denn einer ist, keinerlei gefährlichen Folgen erwachsen.

Abschnitt IV.
Originalität

Wäre der Vorschlag bezüglich dieser Einnahmequelle nicht *originell*, so könnte man diesen Mangel an Originalität für einen möglichen Einwand halten. Wenn er nicht originell ist, ist er bereits *unterbreitet* worden; und wenn er unterbreitet worden ist, dann wurde er *zurückgewiesen*, denn ganz gewiß hat man ihn noch nirgends umgesetzt.

Eine *Steuer auf Erbschaften* könnte auf den ersten Blick eine Ähnlichkeit mit der vorgeschlagenen Einnahmequelle aufweisen, als eine Art Variante derselben – als ein erster Schritt zu ihr hin – als ein Ableger gewissermaßen. Doch haben wir bereits gesehen, wie vollkommen verschieden oder vielmehr in ihrer Auswirkung sogar gegensätzlich die *Steuer* im Verhältnis zu der vorgeschlagenen *Regelung* ist und wie sehr ihr dieser Unterschied zum Nachteil gereicht. So schwer eine Erbschaftssteuer auf dem einzelnen lastet, so wenig fällt sie für den Fiskus ins Gewicht.

Steuern auf Erbschaften (ganz zu schweigen von der alten römischen Steuer, der *vicesima hereditatum*, den *fünf Prozent* auf Erbschaften in Seitenlinien) gibt es in diesem Land bereits: Es gibt sie in Form einer – mitunter anteiligen – Stempelgebühr auf Testamentsabschriften und auf die Berufung von Treuhändern; es gibt sie in Form einer Stempelgebühr auf Empfangsbestätigungen für Nachlässe und Erbteile. In welchem Umfang die Abgaben auf Nachlässe *bezahlt* werden, entzieht sich meiner Kenntnis; doch bin ich sicher, daß man sie *umgeht*, und zwar sehr häufig umgeht. Fast sollte man es bedauern, wenn sie *nicht* umgangen würden: denn sie werden in dem Maße umgangen, wie man einander in den Familien traut. Die gesamte Masse des Eigentums geht zunächst in die Hände von Individuen, wohin sie zwangsläufig auch gehen muß, solange die Einnahmequelle den Charakter einer Steuer hat. Der private Testamentsvollstrecker nimmt zunächst einmal alles an sich, und die Allgemeinheit bekommt, was dieser überaus vertrauliche Freund des Verstorbenen für angemessen hält; und natürlich wird er nichts für angemessen halten, was zu Lasten des Freunds des Erblassers ginge, solange er selbst auch nur einigermaßen davon überzeugt ist, daß die Person, der gegenüber er sich freundschaftlich erweist, ihm seine Großzügigkeit nicht auf so niederträchtige Art vergelten wird, daß er selbst die Erbschaft noch einmal aus seiner eigenen Tasche bezahlen müßte.

Ein weiterer Umstand trägt dazu bei, den potentiellen Ertrag einer Erbschaftssteuer zu schmälern. Wenn sich die Abgaben zu einer für erklecklich geltenden Summe aufaddieren und in Form einer Steuer erhoben werden – einer Steuer, die von einer Einzelperson erhoben wird, und zwar auf einen Schlag –, dann wird diese so respekteinflößend erscheinen, daß selbst der Finanzbeamte bei ihrem Anblick zurückschreckt: Er senkt darum den Satz, und senkt ihn um so mehr, je größer der Nachlaß ist; womit jegliche Verhältnismäßigkeit zerstört wird. Auf diese Weise gilt: Je eher es sich jemand leisten kann zu zahlen, desto weniger zahlt er, und die Steuer erweckt den Anschein einer Verschwörung der reicheren gegen die ärmeren Klassen der Menschheit.

Wodurch kommt dies? Allein dadurch, daß sie in Form einer *Steuer* statt einer *Regelung* erhoben wird, wie oben vorgeschlagen. Mit einer solchen Regelung wird die Allgemeinheit an sich selbst zahlen; der Beamte im öffentlichen Dienst bleibt Herr des Verfahrens; eine Parteilichkeit, die für die Belange der Staatsfinanzen so ungünstig wie in den Augen der Gerechtigkeit ungehörig ist, wird sich in Luft auflösen, und üppige Erbschaften werden Erträge abwerfen, die im Verhältnis zu ihrer Größe stehen.[1]

Abschnitt V.
Ertrag

Herrn —[3]

Ich muß mich darauf beschränken, Ihnen statt der für diesen Abschnitt vorgesehenen Ausführungen kaum mehr als eine leere Seite zu senden. Ich hätte sie nicht füllen können, ohne den Versuch zu unternehmen, Sie durch ein Labyrinth von Berechnungen zu führen, die ich letztlich aus Mangel an *Daten* ohne Ihre Hilfe doch nicht hätte zum Abschluß bringen können und die, wenn man das *Grundprinzip* der Maßnahme nicht gutheißt, keinen Anspruch auf Gehör erheben könnten.

Da aber unterdessen das Ergebnis der Berechnungen nicht auf die Berechnungen selber warten muß und da eine Hypothese dieser Art, wie schwach auch ihre Berechtigung sei, befriedigender sein mag als eine völlige Leere, möchte ich Sie um Nachsicht für den folgenden *kurzen Überblick* ersuchen.

Jährlicher Nettoertrag dieser Einnahmequelle mehr als 2.000.000 £, über die Kosten der Erhebung hinaus: –

---

1 Die jüngste und bedeutendste Steuer auf Nachlässe und Erbanteile (die von 29 Geo. III. c. 51, anno 1789) entgeht diesem Einwand bisher; jedoch bleiben die Abgaben auf Testamentsabschriften und die Berufung von Treuhändern ihm ebenso ausgesetzt wie die älteren Steuern auf Nachlässe und Erbanteile, die durch 20 Geo. III. c. 28, anno 1780 auferlegt wurden. Der Grund dafür scheint im Fall der Abgaben auf Testamentsabschriften und auf die Berufung von Treuhändern darin zu liegen, daß der Gegenstandswert in dieser Phase nur *geschätzt* werden kann, während er in den anderen Fällen *festgesetzt* worden ist.

3 Der Adressat der Schrift war Charles Long, 1760-1838, seit 1791 Staatssekretär im Schatzamt.

Kosten der Erhebung.

Fiskale, die das Heimfallgut einziehen, sowie ihre Helfer à 5 Prozent des obigen Ertrags:	100.000 £
Einrichtung einer Justizabteilung zu diesem Zwecke, auf die man, wie ich fürchte, nicht wird verzichten können, à 2 ½ Prozent:	50.000 £
Summe à 7 ½ Prozent	150.000 £

Es wäre nur natürlich, wenn ich allzu optimistisch bin, doch muß ich gestehen, die obige Summe eher für zu niedrig als zu hoch zu halten. Gegenwärtig lassen die Berechnungen drei Millionen erwarten; doch fehlen noch Abzüge auf der einen Seite ebenso wie Nachträge auf der anderen.[m]

Ginge es nach mir, so wäre ich sehr geneigt, allen Berechnungen den Rücken zu kehren; denn würde man nur das *Grundprinzip* der Einnahmequelle gutheißen, so wären 200.000 £ im Jahr eine ebenso hinreichende Rechtfertigung für sie wie 2.000.000 £, da es sich in jedem Falle, sei die Summe klein oder groß, um einen eindeutigen Gewinn handelte, den niemand als Verlust empfände.

Indes können die Berechnungen auf ihrem jetzigen Stand jederzeit binnen ein bis zwei Tagen vorgelegt werden, sofern gewünscht. Sie werden auf jeden Fall Einblick in die *Daten* gewähren, die der Gegenstand bietet, in die Probleme, die gelöst werden müssen, und in die Ungewißheiten, die ohne die Hilfe des Parlaments nicht beseitigt werden können.

Abschnitt VI.
Verwendung

Das eine oder andere Wort bezüglich der Verwendung des Ertrags mag nicht fehl am Platz sein. Im allgemeinen scheint diese Frage recht unabhängig von der Erörterung, wie man die Mittel bereitstellt; dies ist aber hier, wie wir sehen werden, nicht durchweg der Fall.

Sofern die schwebende Schuld abgesichert ist, gibt es in Friedenszeiten nur zwei Optionen, neue Mittel zu verwenden: die Tilgung von Schulden und die Abschaffung von Steuern; denn alle bestehenden Leistungen sind durch die vorhandenen Gelder abgedeckt.

In Kriegszeiten bestehen zwei weitere Optionen: die Verpfändung zur Absicherung von weiteren Krediten und die Verwendung für bestehende Leistungen.

---

m Als *Daten* für die Kalkulation wurden Fälle von Erbschaften in *Seitenlinien* verschiedenen Grades im Vergleich mit solchen in *direkter* Nachkommenschaft herangezogen, wie sie in Publikationen über die Peerage dokumentiert sind. Die so erhaltenen *Daten* wurden in Tabellenform gebracht und umfassen Schotten und Iren ebenso wie Engländer und Briten, lebende wie tote. – *Fußnote hinzugefügt am 9. Dez. 1795.* [Bentham vergleicht offenbar verschiedene Publikationen, die von der schottischen, irischen, englischen oder der gesamten britischen Aristokratie handeln.]

Ich werde mit dem Kriegsfall beginnen; denn so sehr die Maßnahme auch geeignet ist, zu beiden Zeiten gleichermaßen eingeführt zu werden, verspricht doch die Kriegszeit gewiß am ehesten, daß sie auch tatsächlich eingeführt wird. Die *Not*, Mutter der *Erfindung*, mag dann auch zu ihrer *Adoption* führen, wobei letzteres die eindeutig schwierigere Geburt ist.

Ich würde nicht wünschen, ja nicht einmal erwarten, daß der Ertrag dieser Einnahmequelle für bestehende Leistungen verwendet wird; ich würde nicht wünschen, ja nicht einmal erwarten, ihn inmitten der Unmenge von Pfandtiteln wiederzufinden, die zur Kreditabsicherung ausgegeben werden. Sowohl seine neuartige Beschaffenheit als auch die Ungewißheit über seine Höhe scheinen ihn von beiden Zwecken auszuschließen: Er kann phantastisch oder erbärmlich ausfallen; man weiß gar nicht, wofür man ihn *halten* soll; Einnahmequellen der üblichen Art, die darum als sicherer gelten – *Steuern*, mit einem Wort, wären die Mittel, die man natürlicherweise solchen Zwecken widmet.

Bleiben also die *Tilgung* von Schulden und die *Abschaffung von Steuern*. Zwischen diesen beiden Verwendungen sähe ich ihn gerne aufgeteilt, vielleicht sogar ziemlich gleichmäßig aufgeteilt.

Eine Erbmasse kann einen Anteil umfassen, den man – selbst in Kriegszeiten, unter welchen Zwängen auch immer – schwerlich anders als zur Tilgung von Staatsschulden verwenden könnte: Ich meine jenen Anteil, der bereits die entsprechende Form hat – bei der das Eigentum in einer Staatsschuld besteht, die durch eine Jahresrente abgebaut wird, bis sie getilgt ist; kurz gesagt, Eigentum in Form von Staatsrenten oder (wie man dies zur erheblichen Verwirrung gewöhnlich nennt) *Geld in Staatspapieren*. Die Tilgung eines entsprechenden Anteils der Schulden ist hier eine so natürliche Folge, daß man sie zu einer unvermeidlichen erklären kann: – Denn es bei den Schulden zu belassen und sie zugunsten des Staates zu verkaufen (gerade so, wie man sie zugunsten von Privatpersonen verkaufen könnte, wenn sie in die Hände von Privatpersonen fielen), wird gewiß niemandem einfallen.

Steuern senken? In Kriegszeiten? Das wäre fürwahr ein ungewöhnlicher Verwendungszweck! Ungewöhnlich in der Tat, aber darum nicht weniger berechtigt: Ein neuer Segen strahlt um so heller, eben weil er neu ist.

Durch diese Neuerung böte sich eine Gelegenheit – und vielleicht ist dies die einzige Neuerung, bei der sich diese Gelegenheit böte –, das Joch einiger der drückendsten Steuern abzuwerfen. Man müßte den ganzen Steuerkatalog überprüfen und die schlimmsten Steuern bestimmen, herausgreifen und abschaffen.[n]

---

n *Neue* Steuern sind in vielen Fällen aufgrund der neu gemachten Erfahrung ihrer Untauglichkeit oder Unpopularität wieder abgeschafft worden, während Beispiele für die Abschaffung einer *altbewährten* Steuer in der Tat höchst selten sind.

Die *Steuer auf Kohlen, die man zur Küste transportiert*, ist ein Fall, der so ungewöhnlich wie ruhmreich für diejenigen ist, die ihre Beseitigung betrieben haben. Was Steuern betrifft, die nicht *ersatzlos gestrichen*, sondern *gesenkt* werden, so wurde die *Commutation Tax* gesenkt, nicht weil sie *mangelhaft* gewesen wäre, denn sie war alles andere als mangelhaft, sondern weil sie derart hoch angesetzt war, daß sie *unergiebig* wurde: Die Senkung geschah nicht zum Zwecke der *Entlastung*, sondern um *Einnahmen* zu erzielen. [Das Parlament reduzierte im *Commutation Act* von

Ganz oben auf der Liste stehen für meinen Begriff, wie schon gesagt, die Gebühren im Rechtswesen [taxes upon justice]. Zu ihnen kann ich mich guten Gewissens äußern, nachdem ich sie auf Herz und Nieren geprüft und nachgewiesen habe – sonst wüßte ich nicht, worin ein Nachweis eigentlich bestünde –, daß sie die schlimmsten aller bestehenden oder denkbaren Steuern sind.

Weiter werde ich die meinem Thema gezogenen Grenzen nicht zu überschreiten suchen; es sei denn für eine Phantasterei nach Art eines Tagtraums. So frei von *Härte* und nach allem menschlichen Ermessen so frei von *Verhaßtheit*, wie sich uns die vorgeschlagene Einnahmequelle gezeigt hat, welches Potential an *Entlastung* dürfen wir ihr wenigstens in der *Vorstellung* zuschreiben! Keine Gerichtsgebühren – und Gerechtigkeit wird nicht länger unterbunden. Keine Steuern auf Medikamente – und der Kampf gegen Krankheit und Tod wird nicht länger unterbunden. Keine Fenstersteuer – und frische Luft, Licht, Gesundheit und Frohsinn werden nicht länger unterbunden. Keine Seifensteuer – und Sauberkeit wird nicht länger unterbunden. Keine Salzsteuer – und die einzige Nahrungsquelle eines ausgehungerten Volkes wird nicht länger unterbunden.[o] Man mache das beste aus dieser Einnahmequelle, und man mag sich, wenn nicht alle, so vielleicht wenigstens die wichtigsten dieser Entlastungen selbst unter den Zwängen eines Krieges leisten können. All dies verwirklicht, und der Staat wäre um keinen Deut ärmer! All dies verwirklicht, und ein reichhaltiger Überschuß stünde dem sinkenden Steueraufkommen entgegen! Welch ein Fest für die Menschheit! Welch eine Ernte an Beliebtheit! Welch reiche Belohnung für die Weisheit und Tugend eines Ministers!

Es bedarf kaum der Erwähnung, daß man sich weder bei irgendeiner dieser Maßnahmen noch bei irgendeiner anderen auf die jeweilige Entlastung verpflichten sollte, bevor man die Mittel für sie wirklich in Händen hält. Der Ertrag sollte als nicht vorhanden gelten, bis er tatsächlich im Schatzamt ist. Sobald eine einjährige Probephase abgelaufen ist, wird der Betrag, was auch immer an gegenteiligen Annahmen angeführt werden mag, so gleichmäßig sein wie jener der konstantesten Steuer.

Abschnitt VII.
Stichpunktartige Einwände und Erwiderungen[p]

EINWAND I. *Mutmaßliche Tendenz, einer Verschleuderung des nationalen Wohlstands Vorschub zu leisten*, indem die Menschen dazu verführt werden, von ihrem Kapital zu leben oder dieses für eine persönliche Jahresrente zu verkaufen, da es ihnen ja verwehrt ist, ihren Liebsten nach ihrem Ableben Gutes zu tun.

1784 auf Anraten der Ostindischen Kompanie den Einfuhrzoll auf Tee von 119% auf 12,5%, um die Anreize für Schmuggel zu senken, den Teekonsum zu steigern und so insgesamt das Steueraufkommen zu erhalten. Hinweis von Michael Quinn.]

o Fisch für die schottischen Highlander.

p *Herrn* —. Dies ist nicht mehr als ein Verzeichnis; ausführlich stehen die Einwände und Erwiderungen im Hauptteil dieser Schrift.

Antwort: Es gibt keine solche Tendenz, weil –

1. Kein Mensch verhindern wird, daß seine Liebsten *einen* Teil erhalten, bloß weil es einen *gewissen* Teil gibt, den sie *nicht* erhalten können, wie sehr er es auch wollte.
2. Auch keiner darauf verzichten wird, auf diese Weise *selbst* über *einen* Teil zu verfügen, nur weil es einen *gewissen* Teil gibt, über den er *nicht* derart verfügen kann.
3. Das Vermögen, anderen nach dem Tod Gutes zu tun, nicht der einzige Grund ist, warum man Besitz ansammelt: Ein anderer, wesentlich stärkerer und verbreiteterer Grund ist die Möglichkeit, dergestalt die Mittel für das eigene Wohlergehen zu Lebzeiten zu erhöhen – eine Möglichkeit, deren man sich berauben würde, gäbe man sein Kapital für eine Jahresrente drein.
4. Eine solche Verschleuderung, sollte sie infolge der Reformmaßnahme tatsächlich hier und da einmal eintreten, lediglich eine *Minderung*, und zwar eine ganz unbedeutende, ihres *Nutzens* wäre – nicht aber ein *Einwand* gegen ihr *Prinzip*.

Einwand II. Vertrauensbruch gegenüber den Eigentümern von Staatspapieren.

Antwort: Nur, sofern die Reformmaßnahme auf jene Form von Eigentum *beschränkt* wäre, was jedoch nicht vorgeschlagen wird, –

Nicht mehr als bei den *bestehenden* Steuern auf *Erbteile* und *Nachlässe*, die, soweit keine anderen Mittel zu ihrer Bezahlung vorhanden sind, aus jeglichem Eigentum, das jemand an Staatspapieren hat, kommen müssen; nicht mehr als bei jeder Verbrauchssteuer, die den *Besitzer von Wertpapieren* genauso trifft wie alle anderen; denn insoweit jemand sein Einkommen aus Staatspapieren bezieht, wird jede Steuer, die er bezahlt, aus seinem Eigentum an Staatspapieren bezahlt.

Auf diese Weise ist Eigentum nicht *stärker* betroffen, weil es in Staatspapieren besteht, da es in jeder anderen Form gleichermaßen von der vorgeschlagenen Regelung erfaßt würde.

Einwand III. *Vertrauensbruch gegenüber Besitzern von Auslandswerten, die im Ausland leben* und nicht von den Steuern betroffen wären, an deren Stelle der jetzige Vorschlag treten soll.

Antwort: Mitnichten; denn sie können ja verkaufen.

Erwiderung: Die Art von Zwang, der sie damit unterworfen werden, nämlich der Zwang zu verkaufen, ist gleichwohl eine Härte; um so mehr, als ihre Einwilligung den Preis senken wird.

Antwort: Ja; wäre es wahrscheinlich, daß viele aus diesem Grund verkaufen müßten, was aber nicht der Fall ist, –

1. Weil sich ein Großteil dieser Wertpapiere in den Händen von *juristischen Personen* befindet.
2. Nur ein kleiner Teil der Privatpersonen wird keinerlei Verwandte *innerhalb der Grenzen* haben.
3. Der Kreis derer, die sich eine Einschränkung, von der jedermanns enge Verwandte ausgenommen sind, derart zu Herzen nehmen würden, wird noch kleiner sein.
4. Niemand wird *sofort* oder *hernach* verkaufen, nachdem es in seiner Macht steht, *jederzeit* zu verkaufen.

Einwand IV. Die vorgeschlagene Reformmaßnahme kann vergleichsweise leicht umgangen werden.

Antwort: 1. Nicht auf eine Weise, gegen die man sich nicht ziemlich effektiv mit ordentlichen *Registern* &c. absichern könnte.

2. Und auch wenn dies nicht der Fall wäre, so würde sich der Einwand nicht gegen das *Prinzip* der Maßnahme, sondern gegen das *Ausmaß* ihrer Vorteile richten.

3. Er entkräftet insofern den Einwand des *Vertrauensbruchs*: Soweit jemand die Regelung *umgehen* kann, wird er durch sie nicht *geschädigt*.

Einwand V. Tendenz, die Grundstückspreise fallen zu lassen, indem der Markt mit Land überschwemmt wird.

Antwort: 1. Es gibt ebensowenig Grund, davon auszugehen, daß die Regelung die Preise sinken lassen wird, wie davon, daß sie sie steigen lassen wird; denn

I. Einkommen aus *Grundbesitz*, das ja grundsätzlich attraktiver ist, wird immer höheren Gewinn erzielen als das gleiche Einkommen aus *Staatspapieren* – und nochmals mehr als das gleiche Einkommen, das allein von *persönlichen* Sicherheiten abhängt.

II. Nichts kann folglich die Grundstückspreise sinken lassen, ohne mit diesen auch die Wertpapierpreise sinken zu lassen; und ohne die Wertpapierpreise stärker als die Grundstückspreise sinken zu lassen; und nichts kann die Wertpapierpreise steigen lassen, ohne die Grundstückspreise steigen zu lassen.

III. Die Maßnahme wird die Wertpapierpreise auf jeden Fall *steigen* lassen, weil sie sich auf diesen Eigentumsanteil, der *jetzt schon* aus Wertpapieren besteht, auswirkt und ihn selbstverständlich tilgen und vom Markt nehmen wird. Dies gilt auch für jede andere Form von Tilgung der Staatsverschuldung.

Zugegeben, ein Wertverlust des Grundbesitzes im Verhältnis zum Wert von Staatspapieren könnte stattfinden, wenn Grund und Boden noch zu Monopolpreisen notieren würden, wie Adam Smith zu glauben scheint, vgl. B. iii. c. 4.[4]

Dies scheint aber nicht der Fall zu sein, da man *drei Prozent Gewinn* machen kann, wenn man sein Geld in Grundbesitz investiert, während man nur *dreieinhalb Prozent* Gewinn machen kann, wenn man sein Geld in Staatspapieren anlegt, was nichts weiter als ein billiger Unterschied zwischen den beiden Einkommensarten ist, in dem sich ihre unterschiedliche Attraktivität widerspiegelt.

2. Adam Smith (B. iii. c. 4) hält fallende Grundstückspreise nicht für ein unerwünschtes, sondern für ein wünschenswertes Ereignis; im Gegensatz zu mir, der ich alles auf die Gefühle des einzelnen beziehe und daher das durch eine solche Entwicklung hervorgerufene Gefühl eines Verlustes als ein Übel betrachte, das jeden möglichen Vorteil überwiegt.

Einwand VI. Auf diese Weise erlangtes Geld wird zu höheren *Kosten eingetrieben* als durch Steuern erlangtes.

Antwort: 1. Kein besonderer Grund, davon auszugehen.

---

4 Bentham bezieht sich auf Smith' *The Wealth of Nations*, London 1776 (dt. *Der Wohlstand der Nationen*, übs. v. Horst C. Recktenwald, München 2003).

2. Wäre es so, würde dies keinen Einwand darstellen, weil so keine der *Härten* verursacht würde, die aus der Ausgabenfinanzierung durch Steuern bekannt sind.

Einwand VII. Wachsender Einfluß der Krone durch die neuen Ämter, die hierfür nötig wären.

Antwort: 1. Nicht mehr durch *diese* Art von Staatshaushalt als durch jede andere von vergleichbarer Größe.

2. Wäre der Einwand halbwegs präzise, so würde er sich nicht gegen eine *nützliche* Einrichtung wie diese, sondern gegen *nutzlose* oder *weniger nützliche* Ämter richten.

3. Wäre es der Mühe wert, dann ließe sich dem Einwand zum Teil damit begegnen, daß man die *Freisassen*, die man jetzt zu *Leichenbeschauern* bestellt, zu *Fiskalen* ernennt.

Einwand VIII. Die Macht, die man zum Zwecke der Eintreibung verleihen muß, würde mißbraucht werden.

Antwort: 1. Diese Art von Staatshaushalt öffnet dem Machtmißbrauch, der persönlichen *Voreingenommenheit* nicht mehr Tor und Tür als jede andere.

2. Machtmißbrauch durch eine unzulässige *Nachgiebigkeit* gegenüber dem einzelnen zu Lasten der Staatseinnahmen betrifft nur das *Ausmaß* der Vorteile und bildet insofern keinen Einwand gegen das *Prinzip* der Maßnahme; und was den einzelnen betrifft, so wird ihm, sofern man sich ihm gegenüber – zulässiger- oder unzulässigerweise – *nachgiebig* zeigt, jedenfalls kein *Schaden* zugefügt.

3. Beiden Formen von Mißbrauch läßt sich mit unserer Methode effektiver wehren als mit anderen; nämlich durch die Öffentlichkeit, in der das Verfahren – schon aus ganz anderen Gründen – stattfinden müßte.

Die Bemerkung taugt zwar nicht als *Einwand*, doch ist sie eine willkommene *Warnung* und wird als solche berücksichtigt werden.

Einwand IX. Weil die vorgeschlagene Maßnahme eine so leichte Einnahmequelle für den Staat darstellt, würde sie ihn zur *Verschwendung* ermuntern.

Antwort: Wäre dies ein Einwand, dann wäre die mühsamste Einnahmequelle die beste.

Die Versorgung des Staates beschwerlicher als nötig zu machen, ist ein Heilmittel, das schlimmer ist als die Krankheit; oder vielmehr eine Verschlimmerung der Krankheit bei gleichzeitiger Verweigerung des Heilmittels.

Die folgenden Hypothesen muß der Einwand voraussetzen: – 1. daß alle Ausgaben unnötig sind; 2. daß diese Art von Einnahmequelle umgesetzt wird; 3. jedoch keine andere.

Es wäre eine merkwürdige Ungereimtheit, wenn jene, die nicht dazu zu bewegen waren, der Verschwendung auf andere Weise Einhalt zu gebieten, nun dazu gebracht werden könnten, diese Art der Einnahmequelle zu verwerfen, allein um der Verschwendung Einhalt zu gebieten.

Einwand X. Die Reformmaßnahme würde das Eigentum, wie wir es kennen, *revolutionieren.*

Antwort: Dieser Einwand, dessen Kraft einzig im Mißbrauch eines Wortes liegt, geht dahin, das berechtigte Entsetzen über die *Französische* Revolution auf den falschen Gegenstand zu lenken. Die Besonderheit *jener* Revolution besteht darin, in jeder denkbaren Weise auf den Gefühlen der Individuen herumzutrampeln. Die Besonderheit *dieser*

Maßnahme besteht darin, *jenen* Gefühlen rücksichtsvoller zu begegnen, als es die Steuern *können*, die zu ersetzen sie vorgeschlagen wird.

EINWAND XI. Das Eigentum der Nation würde so vom Schatzamt *verschluckt*.

Antwort: Nicht mehr als bei Steuern in gleicher Höhe.

EINWAND XII. Es wäre eine *Zersetzung* des althergebrachten Erbrechts in diesem Land.

Antwort: Eine *bedächtige* Änderung, vollzogen durch eine bloße *Ausweitung* des *alten* Gesetzes – eines Zweiges, der älter ist als nahezu alle, zu deren Lasten er ausgeweitet wird. Keine *Zersetzung*, sofern nicht jede *Novellierung* eine *Zersetzung* ist.

EINWAND XIII. Es wäre eine *Neuerung*.

Antwort: Nicht mehr als jedes *neue* Gesetz; wie wir gesehen haben, nicht einmal in dem *Ausmaß* wie die meisten neuen Gesetze; und nicht mehr als eine Reihe von Steuern in gleicher Höhe.

Nicht in dem Ausmaß: denn alle Gesetze bezüglich Staatseinnahmen, die wir haben, sind im Vergleich mit dem *Heimfallrecht Neuerungen*.

Abschnitt VIII.
Das geltende Recht

Läßt sich der vorgeschlagenen Maßnahme irgendeine Form von *Härte* unterstellen? Nicht, wenn man sie für sich betrachtet, wie wir bereits gesehen haben. Betrachten wir sie also im Vergleich mit dem bestehenden Recht. *Hier* wie *dort* findet kein Ausschluß des Vaters unter dem Vorwand der *Gewichtigkeit* von Erbteilen statt; kein Ausschluß des Halbbluts, so als wäre der Sohn meines Vaters oder meiner Mutter ein Fremder für mich; kein Ausschluß aller nicht-erstgeborenen Kinder, so als lebten nur die Erstgeborenen von Nahrungsmitteln, alle anderen aber von Luft; kein Ausschluß der besseren Hälfte der Gattung, so als wäre das zarte Geschlecht nicht auf einen Lebensunterhalt angewiesen. Die Gefühle des einzelnen, diese einzigen Elemente öffentlichen Glücks und sie allein bilden die Faktoren, die *hier* zu Rate gezogen wurden, und an dem, was sie nahelegten, ist unbeirrt festgehalten worden – an den Gefühlen der Menschen, dem einzig wahren Standard für richtig und falsch beim Geschäft der Gesetzgebung, nicht an den Spitzfindigkeiten der Rechtsgelehrten und auch nicht an den Argumenten früherer Zeiten, die mit diesen verblaßt sind.

Verfolgen wir den Vergleich weiter: auf der einen Seite überhaupt keine Härte, wie wir gesehen haben, auf der anderen Seite unversöhnliche Härte. Das vorgeschlagene Gesetz, das sich von der Natur an die Hand nehmen läßt, lenkt die Erwartungen der Menschen wie an einem unsichtbaren Faden; das bestehende Gesetz hingegen, das den Geistern verblichener Gründe folgt, durchkreuzt die Erwartungen bei jedem Schritt – und muß dies unweigerlich tun. Dies tut es, weil es die *sprachlose* Gestalt des *Common Law* hat; und würde es auch dann tun, wenn man es in *Worte* kleidete und in *kodifiziertes Recht* verwandelte. Gründe, die in der Nützlichkeit wurzeln, gleichen Ankern, mit denen sich ein Gesetz ins Gedächtnis eingräbt: Die Spitzfindigkeiten der Rechtsgelehrten bieten eine trügerische Sicherheit, die kaum sich selbst und erst recht nichts anderes zu tragen vermag. Der Eindruck, den Regeln und Spitzfindigkeiten auf den Geist machen, gleicht dem des Windes auf die Wellen; und wenn plötzlich ein Ereignis eintritt, das sie auf den Plan ruft, ist man wie vom Donner gerührt.

Abschnitt IX.
Das alte Recht

Sollen wir im Altertum wühlen? Wir würden in noch günstigerem Licht dastehen. Blickt man bis zum Untergang des Römischen Reiches zurück, so ist der Begriff eines Eigentums, das seinen Eigentümer überlebt, eine verhältnismäßig moderne Erscheinung. In den frühen Tagen des Feudalsystems waren Vermögen, die über den Besitz auf Lebenszeit hinausgingen, unbekannt; aller wirklich feste Besitz fiel beim Tode des Besitzers an die Gemeinschaft zurück; und noch bevor die Herrschaft Wilhelm des Eroberers zu Ende war, hatte der vom Kontinent auf diese unsre Insel verpflanzte Lehnsbaum seinen düsteren Schatten nahezu über das gesamte Gebiet des Königreichs geworfen. Dieses altehrwürdige System hatte bereits vor jener Zeit einen Gutteil seiner Kraft – und damit seiner Strenge – eingebüßt; und so hatte das Prinzip der Erbfolge unter seiner Herrschaft Fuß gefaßt, freilich nur um den Preis seiner Schwächung durch eine Flut von Bedingungen sowie durch Veruntreuungen und Verzerrungen weit über die bereits erwähnten hinaus, die uns bis auf den heutigen Tag plagen. Auch die Lockerung stellte eine Neuerung dar, die in den Worten antiquarischer Götzendiener ebenso wie in der Sprache unkritischer Verzagtheit auf die Verderbnis der seit je bestehenden Ordnung der Dinge hinauslief.

In einer sehr viel späteren Epoche entwickelte sich das bewegliche Eigentum zwar nicht genau in dieselbe Richtung wie das unbewegliche, aber doch in eine der Nützlichkeit entgegengesetzte und zugleich der von der Natur scheinbar vorgeschriebenen widerstrebende Richtung. Der substantiellere Teil – der unbewegliche – blieb dem Rachen der Feudalanarchie vorbehalten, der leichtere – der bewegliche – wurde von der einen oder anderen heiligen Gestalt zu *frommem Gebrauche* weggeschleppt, dessen frommster der zu ihrem eigenen Vorteil war. Bewegliches und unbewegliches Eigentum zusammen gerieten in die Fänge einer gnadenlosen Macht oder eines schamlosen Betrugs; die Ansprüche von Witwen und Waisen wurden so wenig berücksichtigt wie die der fernsten Verwandten. Noch in der letzten Phase der Herrschaft Edwards III.[q] mußte das Parlament von seiner Macht Gebrauch machen, um den Mann Gottes – zugunsten der Vaterlosen und Witwen – wieder ausspeien zu lassen, was er sich einverleibt hatte.[r]

---

q 31 Edward III. parl. 1, ch. ii. 9, co. 40, in Burns *Eccl. Law*, iv. 197.

r Hume irrt sich in diesem Zusammenhang, wenn er annimmt, daß unter der Herrschaft Heinrichs II. bewegliche Güter Beute nicht der geistlichen, sondern der zeitlichen Macht wurden. „Aus Glanville", schreibt er, „dem berühmten Richter Heinrichs II., scheint hervorzugehen, daß, wenn zu seiner Zeit jemand starb, ohne ein Testament zu hinterlassen – was häufig genug vorgekommen sein muß, so wenig verbreitet die Kunst des Schreibens war –, der König oder der Lehnsherr sich erlaubte, alle beweglichen Güter in Beschlag zu nehmen und jeglichen Erben, sogar die Kinder des Verstorbenen,

Die Testierfreiheit als das Recht einer Person, über ein Eigentum zu verfügen, wenn sie nicht mehr am Leben ist, um sich seiner zu erfreuen, ist noch moderner. In bezug auf die beweglichen Güter wurde es der geistlichen Macht durch allmähliche und undefinierbare Eingriffe abgerungen: wobei seine Rechtskraft von den Tagen der Eroberung bis in die heutige Zeit von einer Entscheidung ebenjener Macht abhing, die bis zum oben erwähnten Statut Edwards III. daran interessiert war, es zu verweigern; und nachdem das Recht gesichert war, muß sich sein ungestörter Gebrauch lange Zeit durch die Seltenheit der Lese- und Schreibkundigkeit in sehr engen Grenzen gehalten haben. Bezogen auf unbewegliche Güter wurde es erst durch das Statut Heinrichs VIII. fest verankert, und dann auch nur indirekt; und immer noch dauerte es (um mich der Worte Blackstones zu bedienen) „sogar bis nach der Restauration, bis das Vermögen, Grundbesitz zu vermachen, so allgemein wurde, wie es heute ist".[s]

Während dieser ganzen Zeit besteht das mit der Herrschaft des Eroberers aufgekommene Heimfallrecht – unter Heinrich II. als wichtiger Gegenstand ausführlich behandelt,[t] in zahllosen Reihen von Statuten bis zurück zu den Tagen Edwards VI. angesprochen, in Entscheidungen jüngsten Datums unter dem verstorbenen König anerkannt[u] – in unumstrittener Geltung fort; obzwar die Leichtigkeit, mit der in unseren Zeiten allgemeiner und unverzüglicher Kommunikation Erben ausfindig gemacht werden können, zusätzlich zum Fehlen einer Verwaltung, die auf das Eintreiben einer solchen Art von Staatseinnahmen ausgerichtet wäre, verhindert, daß es in seiner gegenwärtigen Gestalt im Rechnungsbuch des Schatzkanzlers überhaupt bemerkt würde.

Abschnitt X.
Blackstone

Sind *Meinungen* ein guter Ratgeber? Ist einmal das *fiat* der Nützlichkeit in so lesbaren Zeichen niedergeschrieben, bieten sie eine äußerst schwache Gewähr. In Moral, Politik und Gesetzgebung ist mir, muß ich gestehen, die *Tafel der menschlichen Gefühle* das, was dem guten Muselmanen der Koran war: Meinungen, die sich nicht mit ihr vereinbaren lassen, sind falsch – und solche, die sich mit ihr vereinbaren lassen, nutzlos. Viele würdige Denker sehen das anders: So wollen wir denn, um sie zufriedenzustellen, selbst diese trübe Quelle von Argumenten nicht ununtersucht lassen. Soll Blackstone also unser Orakel sein? Blackstone, das obschon jüngste, dennoch meistgepriesene Orakel? Von ihm bekommen wir einen uneingeschränkten Freibrief – von ihm bekommen wir einen Ermessensspielraum, der die Grenzen dessen, was Menschlichkeit und Klugheit uns an-

auszuschließen – das unverkennbare Anzeichen einer tyrannischen und willkürlichen Herrschaft." Soweit Hume, *History of England*, Bd. 1 zum 12. Jahrhundert, unter Verweis auf Glanville, I. vii. c. 16. Was Hume aber für eine Beschreibung von Hinterlassenschaften ohne Testament hält, bezieht sich bei Glanville nur auf die von unehelichen Kindern.

s *Commentaries on the Laws of England*, B. II, ch. i.

f Glanville, I. vii. c. 17.

u [Georg II.] Atkyns Berichte.

zusetzen erlauben würden, bis zur völligen Überspanntheit ausweitet. Aber hören wir ihn selbst:

Blackst. Comment., B. II, ch. 12. „Testamente also“, sagt er, „Erbberechtigungen und Erbfolgen sind samt und sonders Hervorbringungen des bürgerlichen Rechts oder kommunaler Gesetze und werden folglich in allen Einzelheiten durch diese geregelt; wobei jedes Land eigene Zeremonien und Voraussetzungen hat, die ein Testament erst vollgültig machen: Und nichts weist mehr Unterschiede auf als das Erbrecht in seinen verschiedenen nationalen Ausprägungen. Zumal in England hat man diese Mannigfaltigkeit so weit getrieben, *als ob die Absicht bestanden hätte, die Macht der Gesetze bei der Regelung der Erbschaft von Eigentum ebenso unter Beweis zu stellen wie die Vergeblichkeit eines jeden Anspruchs, der sich nicht auf positive staatliche Regelungen stützen kann.*“

– „Bei persönlichem Besitz kann der Vater seine Kinder beerben; bei Grundbesitz ist es kategorisch ausgeschlossen, daß er ihr direkter Erbe ist; im allgemeinen haben nur der älteste Sohn, an manchen Orten nur der jüngste, an anderen alle Söhne zusammen das Recht, das Erbe anzutreten. Bei Liegenschaften werden die Männer den Frauen vorgezogen, und der älteste Mann wird üblicherweise unter Ausschluß aller anderen bevorzugt. Bei der Aufteilung beweglicher Habe sind die Frauen gleichen Grades zusammen mit den Männern zugelassen, und ein Ältestenrecht wird nicht zugebilligt.“

Soweit unser Apollo. Vermächtnisnehmer, stellen wir fest, bedeuten ihm gar nichts; er opfert uns Eltern und sogar Kinder; er sieht nicht, daß Kinder nicht nur *Anwärter* sind, sondern auch *Mitbesitzer*.

Kein Mitleid angesichts enttäuschter Erwartungen – kein Gefühl für ruinierten Reichtum – kein Respekt vor verdienstvollem Einsatz – kein Mitgefühl mit der abstoßenden Gebrechlichkeit, die auf Unterstützung verzichten oder sie von der selbstsüchtigen Hoffnung borgen muß. Das Gesetz, sein Idol, ist eines ohne Unterleib: Warum sollten wir dann einen haben? Die Rechte von Vermächtnisnehmern, die Rechte von Kindern sind bloße Schöpfungen des Gesetzes – als ob die Rechte von Besitzenden etwas anderes wären. Mit Testamenten, sogar mit Erbfolgen weiß er nicht mehr anzufangen, als eine Rauferei zu verhindern.

Das Geschäft des Erbens ist ein Theater, auf das sich die nationalen Gesetzgeber wie verabredet gestürzt haben, um ein Spektakel der Willkür aufzuführen, wobei sich das englische Recht besonders hervorgetan hat. Es hat Absichten in dieser Sache, und es sind durchweg weise Absichten: – den Bürger zu beleidigen, ihm zu zeigen, was die Willkür der Macht ist, und ihm Respekt vor ihr beizubringen.

„Diese eine Überlegung“, führt er weiter aus, „mag dazu beitragen, die Bedenken vieler Personen zu zerstreuen, die es *gut meinen*, sich aber mit einem *irregeleiteten* Gewissen gegen die rechtlichen Regeln wenden. Wenn ein Mann in einem ordnungsgemäß ausgefertigten Testament *seinen Sohn enterbt* und seine Erbmasse einem Fremden vermacht, dann sehen viele in dieser Vorgehensweise einen *Verstoß gegen die natürliche Gerechtigkeit*; während andere so kompromißlos an dem unterstellten Willen des Toten festhalten, daß sie sich im Falle einer Willenserklärung über Grundbesitz, die nur von *zwei* und nicht von den gesetzlich erforderten *drei* Zeugen beglaubigt wurde, der Vorstellung hingeben, der Erbe sei durch sein Gewissen verpflichtet, seinen Anspruch auf die Hinterlassenschaft aufzugeben. Beide Gruppen *gehen zweifellos von irrigen Prinzipien aus*; als ob nämlich im einen Fall der Sohn *von Natur aus* ein Recht hätte, das Land seines Vaters zu erben, oder als ob im anderen Fall der Eigentümer von Natur aus ein Recht darauf hätte, die Rechtsnachfolge seines Eigentums nach seinem Hinscheiden zu bestimmen. Wohingegen das *Naturrecht* nahelegt, daß beim Tode eines Besitzers sein persönlicher Besitz wieder zum Allgemeingut werden und dem nächsten Inhaber offenstehen sollte, wenn es das positive Recht der Gesellschaft nicht um des bürgerlichen Friedens willen anders verfügt."

„Das Erbrecht", sagt er nur zwei Seiten zuvor, „oder Recht der Übertragung auf die Kinder und Verwandten des Verstorbenen scheint schon viel früher bestanden zu haben als das Recht, etwas mittels eines Testaments zu vermachen. So vermeinen wir auf den ersten Blick, daß es die *Natur* auf seiner Seite hat,[v] doch *verwechseln* wir oft mit *Natur*, was sich bei genauerem Hinsehen als eine in alten und eingefleischten Sitten gründende Einrichtung erweist.[w] Es ist gewiß eine kluge und effektive, zugleich aber eine eindeutig *politische* Einrichtung,[x] da das *dauerhafte* Besitzrecht[y] des Vorfahren selbst nicht *natürlich*, sondern lediglich ein *bürgerliches* Recht war."[z]

Was wir aus all dem lernen, ist: Solange jemand einen Vorwand finden kann, die Wendung vom „*Verstoß gegen die natürliche Gerechtigkeit*" abzuschütteln, ist's kein Schaden, wenn er seine Kinder nach seinem Tode am Hungertuche nagen läßt; und diejenigen, die das „*Gewissen*" plagen würde, wenn sie ihre Kinder so dem Hunger ausgesetzt zurückließen, „*meinen es gut*", sind aber „*irregeleitet*". Frage: Wer ist diese nämliche Königin „*Natur*", die solche Dinge unter der Bezeichnung Gesetze macht? Frage: In welchem Jahr ihrer, oder sonst jemandes, Herrschaft hat sie sie gemacht? Und in welchem Laden kann ich eine Ausgabe davon kaufen, um sie von den Händen eines gewöhnlichen Henkers verbrennen und Ihre Majestät hinten an einen Karren binden und mit der Peitsche disziplinieren zu lassen?

Wenn man als *Tatsache* unterstellt, daß den Kindern vom *Gesetz* das fragliche Recht eingeräumt wird oder nicht, dann ist die einzige vernünftige Frage, die noch zu klären ist, die, ob ihnen unter dem Aspekt der *Nützlichkeit* ein solches Recht gegeben werden *sollte* oder nicht. Von einem *Gesetz der Natur* zu sprechen, das ihnen ein *Naturrecht* verleiht oder nicht, ist nichts als schierer Unsinn, der weder die eine noch die andere Frage beantwortet.

---

v Frage: Was ist „die Natur"?

w Frage: der Unterschied zwischen „*Natur*" an dieser Stelle und „*Sitten*"?

x Frage: Welche „*Einrichtungen*" gibt es auf der Welt, die keine politischen wären? Frage: Was besagt es, ob eine „*politische Einrichtung*" eine „*natürliche*" ist oder nicht, solange es sich um eine „*kluge und effektive*" handelt?

y Wenn ein „*nicht dauerhaftes*" Recht ein „*natürliches*" ist, um wieviel Uhr hört es dann auf, eines zu sein? Wenn es *natürlich* ist, daß ein Besitzrecht *beginnt*, wie wird es dann *unnatürlich*, daß es *fortbesteht*?

z Frage: Was besagt es, ob es ein „*natürliches Recht*" war oder nicht? Frage: Was für eine Art Ding ist ein „*natürliches Recht*" und wo lebt sein Schöpfer, zumal in der *Atheistenstadt*, in der diese so üppig gedeihen?

Textnachweise

Die mit Buchstaben gekennzeichneten Fußnoten stammen von Jeremy Bentham. Die mit Ziffern gekennzeichneten Fußnoten und Ergänzungen in eckigen Klammern stammen von den jeweiligen Herausgeberinnen.

1. Überlegungen eines Engländers zur Zusammensetzung der Generalstände (Auszug)
Considérations d'un Anglois sur la Composition des États-Généraux y compris Réponses aux Questions Proposées aux Notables &c. 1788. In: Jeremy Bentham, *Rights, Representation and Reform*. Hg. v. Philip Schofield, Catherine Pease-Watkin und Cyprian Blamires, Oxford 2002, 63–146, hier 67–79.

2. Verfassungsentwurf für Frankreich (Auszug)
Projet of a Constitutional Code for France. In: Bentham, *Rights, Representation and Reform*, 227–262, hier 246–250.

3. Die Notwendigkeit einer allmächtigen Gesetzgebung
Necessity of an Omnipotent Legislature. In: Bentham, *Rights, Representation and Reform*, 265–288.

4. Zur Gewaltenteilung
Division of Power. In: Bentham, *Rights, Representation and Reform*, 405–418.

5. Anmerkungen zu den Entwürfen der Menschen- und Bürgerrechtserklärungen, die dem Verfassungskomitee der Französischen Nationalversammlung vorgelegt wurden
Observations on the Draughts of Declarations-of-Rights, presented to the Committee of the Constitution of the National Assembly of France. In: Bentham, *Rights, Representation and Reform*, 179–192.

6. Unsinn auf Stelzen, oder: Pandoras Büchse geöffnet, oder: die Französische Erklärung der Rechte, die der Verfassung von 1791 voransteht, ausgebreitet und entblößt
Nonsense upon Stilts, or: Pandora's Box Opened, or: The French Declaration of Rights Prefixed to the Constitution of 1791 Laid Open and Exposed – with a Comparative Sketch of What Has Been Done on the Same Subject in the Constitution of 1795, and a Sample of Citizen Sieyès. In: Bentham, *Rights, Representation and Reform*, 319–401, hier 319–375.

7. Anarchische Trugschlüsse (Auszug)
Anarchical Fallacies. An Examination of the Declaration of the Rights of the Man and the Citizen Decreed by the Constituent Assembly in France. In: Jeremy Bentham, *Works.* Hg. v. John Bowring, Edinburgh 1843, Bd. 4, 489–524, hier 521–524. Der Text entspricht in seinem zweiten Teil, den Passagen auf 522–524, weitgehend dem Fragment „On the Use and Abuse of the Word *Right*". In: Bentham, *Rights, Representation and Reform*, 398–401.

8. Einwand V. Die vorgeschlagene Maßnahme wäre eine Verletzung des Naturrechts [Objection V. The Measure Would Be an Infringement upon the Law of Nature] In: Supply without Burthen, or: Escheat Vice Taxation: Being a Proposal for a Saving of Taxes by an Extension of the Law of Escheat: Including Strictures on the Taxes on Collateral Succession, Comprised in the Budget of the 7th December, 1795. In: Jeremy Bentham, *Economic Writings*, hg. v. Werner Stark, Bd. 1. London 1952, 272–374, hier 332–337.

9. Gebt eure Kolonien frei! Eingabe an den französischen Nationalkonvent im Jahr 1793, in der Nutzlosigkeit und Nachteile aufgezeigt werden, die europäischen Staaten aus fernen Schutzgebieten erwachsen
Emancipate your Colonies! Addressed to the National Convention of France, A° 1793, Shewing the Uselessness and Mischievousness of Distant Dependencies to an European State. In: Bentham, *Rights, Representation and Reform*, 291–315.

10. Staatseinnahmen ohne Belastung, oder: Heimfall statt Besteuerung. Ein Vorschlag zur Senkung der Steuern durch eine Ausweitung des Heimfallrechts, nebst kritischen Anmerkungen zur Besteuerung von Erbfolgen in der Seitenlinie, wie sie der Haushalt vom 7. Dezember 1795 vorsieht
Supply without Burthen, or: Escheat Vice Taxation: Being a Proposal for a Saving of Taxes by an Extension of the Law of Escheat: Including Strictures on the Taxes on Collateral Succession, Comprised in the Budget of the 7th December, 1795. In: Bentham, *Economic Writings*, Bd. 1. 281–374, hier 283-310.

Namenregister

www.ingramcontent.com/pod-product-compliance
Lightning Source LLC
LaVergne TN
LVHW081518300926
849161LV00006B/1216